本书由安徽省教育厅科学研究重点项目（编号：2022AH051561）、淮南师范学院科学研究重点项目（编号：2022XJZD035）资助出版

AI时代教育教学新模式

陈浩　邱源　著

合肥工業大學出版社

图书在版编目(CIP)数据

AI时代教育教学新模式/陈浩，邱源著．--合肥：合肥工业大学出版社，2025.1．--ISBN 978-7-5650-7139-3

Ⅰ．G420-39

中国国家版本馆CIP数据核字第2025K7P262号

AI时代教育教学新模式

AI SHIDAI JIAOYU JIAOXUE XINMOSHI

陈 浩 邱 源 著　　　责任编辑 张择瑞　　　责任校对 陈雅宁

出 版	合肥工业大学出版社	版 次	2025年1月第1版
地 址	合肥市屯溪路193号	印 次	2025年1月第1次印刷
邮 编	230009	开 本	710毫米×1010毫米 1/16
电 话	理工图书出版中心：0551-62903204	印 张	24
	营销与储运管理中心：0551-62903198	字 数	431千字
网 址	press.hfut.edu.cn	印 刷	安徽联众印刷有限公司
E-mail	hfutpress@163.com	发 行	全国新华书店

ISBN 978-7-5650-7139-3　　　定价：68.00元

前　言

在历史的长河中，每一次科技的飞跃都深刻地改变着人类社会的面貌，推动着文明的进步。而今，我们正处于一个前所未有的时代——人工智能（AI）时代，它以其独特的魅力和无限的潜力，正逐步渗透到我们生活的方方面面，其中，对教育的重塑与革新尤为显著。本书《AI时代教育教学新模式》正是在这一背景下应运而生，它旨在深入探讨AI作为第五种社会模态（继狩猎社会、农业社会、工业社会、信息社会之后）对教育教学领域的颠覆性革命意义，为教育工作者、政策制定者及广大读者提供一个全新的视角和思考框架。

一、AI时代的来临与教育的挑战

随着AI技术的飞速发展，其影响力已远远超出了技术本身的范畴，渗透到社会的各个角落，包括教育这一关乎国家未来与民族希望的重要领域。传统教育模式，在知识传授、技能培养、评价体系等方面，虽历经数百年发展，但面对AI时代的挑战，其局限性日益凸显。AI不仅能够迅速检索和处理海量信息，更能在某种程度上模拟人类思维，进行复杂决策与创造性活动，这迫使我们重新审视教育的目标、内容、方法及评价体系。

二、AI作为第五种社会模态的深刻影响

AI不仅仅是一种技术工具，更是一种全新的社会模态，它从狩猎社会、农耕社会，工业社会、信息化社会加速演化而来，以其独特的智能性、学习性、适应性，深刻改变着人类社会的生产方式、生活方式乃至思维方式。在教育领域，AI的引入带来了前所未有的变革：

1. 教育理念的革新：传统教育侧重于知识灌输和记忆，而在AI时代，单纯的知识获取已不再是核心竞争力。教育目标需要转向培养学生的创新能力、批判性思维、复杂问题解决能力以及适应快速变化社会的终身学习能力。AI技术的发展促使教育者重新设定面向未来的教育目标，强调“软技能”的

培养，如求异创新、团队协作能力、道德伦理判断力等。

2. 教育内容的重构：AI 不仅改变了教育的实施手段，也在深度上更新了教育内容。随着 AI 技术的普及，AI 素养和数字公民素养成为教育不可或缺的一部分。学生需要理解 AI 的基本原理、应用潜力以及可能带来的社会伦理问题，学会与智能技术共存和发展。

3. 教学模式的变革：AI 技术为教学提供了全新的工具和平台，推动了教学模式的深刻变革。智能推荐系统可以根据学生的学习情况提供个性化学习路径和资源，虚拟助手能够实时解答疑问，远程教育平台打破了时空限制，实现线上线下无缝对接。这些变化要求教师角色从知识传授者转变为引导学生主动学习、个性成长的导师。

4. 教育资源分配的优化：AI 技术的引入为解决教育资源分配不均问题提供了新的可能。通过智能教学系统和远程教育资源，可以跨越地域限制，让偏远地区的学生也能享受到优质的教育资源，促进教育公平与包容性增长。

5. 评价体系的升级：AI 技术为教学评价提供了全新视角。通过对学习行为和成果的大数据分析，可以更准确、全面地评估学生的学习进步与潜能挖掘。然而，这也要求我们在建立评价体系时兼顾定量与定性评价、短期成效与长期发展，并处理好数据隐私保护与透明度之间的平衡。

三、AI 时代教育教学新模式的探索与实践

本书通过多个章节，系统阐述了 AI 时代教育教学新模式的理论与实践。从中小学人工智能教育的概述、应用场景、挑战与解决方案，到智能教育平台的构建、AI 教师助教的应用、个性化学习的实现，再到未来教育教学的展望，全方位展示了 AI 技术如何与教育深度融合，推动教育教学模式的革新。在中小学人工智能教育的实践案例中，我们看到了智能教育平台如何通过大数据分析为学生提供定制化的学习资源和路径，帮助学生更好地掌握知识和技能；AI 如何辅助教师进行教学管理、作业批改、课堂互动，减轻教师的工作负担，提高教学质量；AI 技术在个性化学习中的应用，如何满足学生多样化的学习需求，促进每个学生的全面发展。

有人问我，这些新模式是改良性的还是革命性的？我认为这些新模式无疑是兼具改良性与革命性的双重特性。它们是对传统教育模式的一次深刻反思与积极改良，通过引入先进的人工智能技术，优化了教学资源分配、提升了教学效率与效果，使得教育更加精准、高效。同时，这些新模式也预示着教育领域的一场深刻革命，它不仅改变了教学内容的呈现方式、学习方式的灵活性与多样性，更在根本上挑战了“一刀切”的教学模式，推动了教育向

更加个性化、智能化的方向发展。因此，可以说这些新模式是教育发展历程中一次重要的革新，既是对过往的改良，也是面向未来的革命。

四、结语

我有幸在两位年轻才俊的成长道路上扮演了引导者的角色，他们如今已是本书的共同作者，他们的才华与努力让我深感自豪。回望往昔，我目睹了他们从青涩到成熟的蜕变，每一步都凝聚着对知识的渴望、对创新的追求以及对教育事业的热爱。他们曾以我为师，虚心求教，不断探索；而今，他们的成就与贡献已远远超越了我的期望，让我由衷地感到欣慰与骄傲。

这本书，是他们智慧的结晶，更是AI时代教育教学新模式探索与实践的生动写照。它不仅展现了AI技术如何逐步渗透到教育的各个环节，从教育理念、内容、模式到评价体系进行全面革新，还深刻剖析了这些变革背后的逻辑与动因。通过丰富的案例和深入的分析，本书为我们勾勒出一幅未来教育的宏伟蓝图，其中既有对技术赋能教育的乐观期待，也有对潜在挑战与问题的深刻反思。

尤令我感慨的是，我的这两位弟子在书中不仅展现了他们对AI技术的深刻理解与运用，更体现出了对教育事业的深沉情怀与责任担当。他们用自己的行动诠释了何为“学高为师，身正为范”，激励着我们每一位教育工作者不断前行，勇于创新，为培养适应未来社会需求的高素质人才贡献自己的力量。

在此，我衷心希望《AI时代教育教学新模式》的出版能够引起更多人的关注与思考，激发更多关于教育变革的讨论与探索。愿我们携手共进，在AI技术的助力下，共同开创一个更加公平、高效、充满活力的教育新时代。同时，我也期待我的弟子们在未来能够继续秉持初心，勇攀高峰，为教育事业的发展贡献更多的智慧与力量。

目　录

第一章　AI 时代概述

在科技浪潮汹涌的当下，AI 时代已然来临。本章首先回顾不同社会形态下教育教学的发展，探寻人工智能技术的起源与崛起的关键因素，接着展示人工智能在国际教育中的成功案例，最后分析 AI 时代教育教学面临的机遇与挑战，以及对教师角色的影响。

第一节　五种社会形态的演化

马克思认为："联系不断采取新的形式，因而就表现为'历史'"。在人类文明的浩瀚长河中，社会形态的演变犹如一幅波澜壮阔的画卷，展现出人类不断进步与发展的历程。而"没有发展"，也就是"没有历史"。在马克思看来，历史就是变化。从狩猎社会到农耕社会，从工业社会到信息化社会以及如今崭露头角的人工智能社会，这一历史进程就是联系的新形式不断产生的过程，也就是发展过程或发展历史。它不仅见证了技术的飞跃，更深刻反映了人类生活方式、思维模式和社会结构的巨大变革。

一、渐进性：历史长河中的逐步演进

社会形态的演变，如同自然界中的生物进化，是一个漫长而复杂的渐进过程。每一种社会形态的形成与发展，都是对前一阶段的继承与超越，是对人类智慧的累积与创新的体现。这一过程不仅包含了技术的革新、生产力的提升，更涉及人类思想观念的转变、社会制度的重塑以及文化模式的演进。图 1－1 展示了从狩猎社会到农耕社会，从工业社会到信息社会，从信息社会再到 AI 社会的重要里程碑，通过时间线，读者可以直观地看到 AI 时代的演化过程。

（一）狩猎社会向农耕社会的平稳过渡

狩猎社会作为人类文明的起点，其生存方式主要依赖于对自然资源的直

图 1-1　狩猎社会到 AI 社会的演化

接采集与狩猎。然而，随着人口的增长和环境的变迁，这种生活方式逐渐显露出其局限性。为了应对食物短缺和资源竞争的挑战，人类开始尝试种植谷物、驯养动物，从而逐步过渡到农耕社会。

这一过渡并非一蹴而就，而是经历了漫长而复杂的适应与变革过程。人类通过观察自然现象、积累实践经验，逐渐掌握了农作物的种植技术和动物的驯养方法。同时，随着农业生产力的提高，人们开始定居下来，形成村落和社区，进而发展出更为复杂的社会结构和分工体系。这一过程中，灌溉系统、农具制造、土壤管理等技术的发明与应用，都为农耕社会的稳定与发展提供了有力支撑。

（二）农耕社会向工业社会的跨越式发展

农耕社会的稳定发展，为人类社会的进一步繁荣奠定了坚实基础。然而，随着人口的不断增长和资源的日益紧张，农业生产的局限性也逐渐显现。为了突破这一瓶颈，人类开始寻求新的生产方式和技术手段，从而推动了工业革命的到来。

工业革命是人类历史上一次深刻的社会变革，它以机器生产代替手工劳动为标志，极大地提高了生产效率和社会生产力。蒸汽机的发明与应用，为大规模机器生产提供了动力支持；纺织机械、钢铁制造等技术的创新，则为工业生产的快速发展提供了重要保障。随着工业革命的深入发展，人类社会逐渐从农耕时代迈入工业时代，实现了生产方式、生活方式和社会结构的全面变革。

（三）工业社会向信息化社会的飞跃

工业社会的发展，为人类创造了前所未有的物质财富和社会进步。然而，随着科技的飞速发展和全球化的加速推进，工业社会也面临着诸多挑战和困境。为了应对这些挑战并把握新的发展机遇，人类社会开始进入信息化时代。

信息化社会以信息技术的广泛应用为标志，它改变了人类获取、处理、传播和利用信息的方式和手段。计算机、互联网、移动通信等技术的普及和发展，使得信息资源的共享与交流变得更加便捷和高效。同时，信息化社会也催生了大量新兴产业和新兴业态，如电子商务、在线教育、远程医疗等，为经济社会发展注入了新的活力和动力。

在信息化社会中，人们的生活方式和工作方式都发生了深刻变化。人们可以通过互联网随时随地获取所需的信息和资源；可以通过电子商务平台购买商品和服务；可以通过在线教育平台学习知识和技能；可以通过社交媒体与世界各地的人们进行交流和互动。这些变化不仅提高了人们的生活质量和幸福感，也促进了社会文化的多元化和全球化发展。

（四）信息化社会向人工智能社会的展望

随着人工智能技术的不断发展和应用，人类社会正逐步迈向人工智能时代。人工智能作为一种新兴的技术形态和生产力方式，将深刻改变人类社会的生产、生活和管理方式。

人工智能技术的广泛应用将极大地提高生产效率和社会生产力。通过智能化设备和系统的应用，企业可以实现生产过程的自动化和智能化控制；通过大数据分析和预测技术的应用，企业可以更加精准地把握市场需求和变化趋势；通过人工智能算法的优化和应用，企业可以实现资源的高效配置和利用。这些变化将使得人类社会的生产效率和经济效益得到显著提升。

同时，人工智能技术的发展也将带来社会结构和文化模式的深刻变革。随着智能机器人、自动驾驶、智能家居等智能化设备和系统的普及和应用，人们的生活方式和工作方式将发生巨大变化。人们将拥有更多的自由时间和空间去从事自己感兴趣的事情和追求自己的价值；同时，人们也将面临更多的挑战和机遇去适应和引领这种变化。

此外，人工智能技术的发展还将促进全球化和文化多元化的进一步发展。随着智能化设备和系统的广泛应用和普及，不同国家和地区之间的信息交流和文化交融将变得更加便捷和高效。这将有助于增进不同国家和地区之间的相互了解和信任；同时也有助于促进全球文化的多样性和包容性发展。

但是，整个世界不是齐步走的。例如，中国和欧美国家在工业社会的演化方面就存在明显差异：欧美国家工业革命起步早，中国在晚清洋务运动时期才开始引入西方工业技术，起步晚了近一个世纪。欧美国家在工业时代早期和中期发展迅速，积累了雄厚的工业基础和技术优势。而中国在这两个阶段发展相对缓慢，受到内忧外患的影响，工业发展进程多次被打断。到了工业时代后期（信息时代），中国抓住机遇，奋起直追，在信息技术领域取得了显著成就，与欧美国家的差距逐渐缩小。但在一些核心技术方面，欧美国家仍然占据领先地位。纵观马克思经典论述与历史发展，我们可以得出，马克思反对社会发展的单线论，对于其理解应为：社会发展的具体道路是多样的，社会形态更替呈现树枝状发展空间的可能性，并有网状交叉的可能性。

二、技术驱动：社会形态变迁的核心动力

技术是社会形态变迁的核心动力之一。从狩猎社会到农耕社会、从工业社会到信息化社会以及未来的人工智能社会，每一次社会形态的变迁都伴随着技术的飞跃和创新。

在狩猎社会向农耕社会的过渡过程中，农业技术的发明与应用起到了关键作用。灌溉系统、农具制造、土壤管理等技术的创新和应用使得农业生产效率得到显著提高，同时这些技术也促进了社会分工的细化和生产关系的变革。

在工业社会向信息化社会的跨越过程中，信息技术的广泛应用和发展起到了决定性作用。计算机、互联网、移动通信等技术的普及和应用使得信息资源的共享与交流变得更加便捷和高效，同时这些技术也催生了大量新兴产业和新兴业态为经济社会发展注入了新的活力和动力。

在未来的人工智能社会中，人工智能技术的广泛应用和发展将成为推动社会形态变迁的核心动力之一。通过智能化设备和系统的应用，人们可以实现生产过程的自动化和智能化控制；通过大数据分析和预测技术的应用人们可以更加精准地把握市场需求和变化趋势；通过人工智能算法的优化和应用人们可以实现资源的高效配置和利用。这些变化将使得人类社会的生产效率和经济效益得到显著提升同时也将带来社会结构和文化模式的深刻变革。2016 年，日本内阁会议首次提出“社会 5.0”战略。“社会 5.0”是指人类的社会发展从狩猎社会到农耕社会、工业社会、信息社会，下一个阶段将是超智慧社会（本书称之为 AI 社会）。这个概念的核心是精准并有效地进行社会服务—将必要的物品，向必要的人，在必要的时候进行必要的提供。这一点也许是中国应该学习的地方。目前国内的科技巨头，包括阿里、华为、腾讯、百度等互联网公司都在争相布局超智慧的 AI 产品，但大多只是在软件或硬件层面上进行投入，并没有像日立这样做到软硬件同步革新。

三、社会分工细化：生产效率与社会结构的双重变革

随着社会形态的演进和技术的不断发展，社会分工也越来越细化。这种细化不仅提高了生产效率，也带来了社会结构的深刻变革。

在狩猎社会中社会分工主要基于性别、年龄等自然因素进行简单划分。男性主要负责狩猎，女性主要负责采集和照顾家庭。这种简单的分工方式虽然保证了部落的生存与发展，但也限制了生产效率的进一步提高。

随着农耕社会的发展，社会分工开始逐渐细化。农民负责种植农作物和饲养家畜；手工业者通过手工制作各种工具、器具和工艺品；商人则促进了不同地区之间的商品交换。这种分工方式不仅提高了生产效率，也促进了社会结构的多样化发展。

进入工业社会后社会分工更加精细化。工程师负责设计和开发机器设备、工艺流程；工人操作机器设备进行生产加工；管理者组织和协调企业的生产、销售、财务等环节；销售人员则负责推销企业的产品和服务。这种高度专业化的分工方式极大地提高了生产效率，但也带来了社会结构的复杂化和阶层分化的问题。

在信息化社会和未来的人工智能社会中，社会分工将进一步细化并呈现出新的特点。随着智能化设备和系统的广泛应用和普及，新的职业和行业将不断涌现，同时一些传统职业也将逐渐被智能化技术所取代。这种变化将要求社会成员不断学习新知识、新技能以适应新的工作环境和市场需求。同时这种变化也将促进社会结构的多样化和包容性发展，使得不同阶层、不同背景的人们都能够在社会中找到自己的位置和价值。

四、全球化趋势加强：跨越国界的联系与互动

随着社会形态的演进，人类社会的联系越来越紧密，全球化趋势不断加强，体现在经济、文化、政治等多个层面。

（一）经济全球化的深化

从农耕社会的地区性贸易到工业社会的国际贸易体系，再到人工智能社会的全球供应链网络，经济全球化不断深化。跨国公司的兴起、国际贸易协定的签订、国际金融市场的融合，都是经济全球化的具体表现。

（二）文化全球化的交融

交通和通信技术的发展促进了不同文化之间的交流与融合。电影、音乐、时尚等文化产品跨越国界，成为连接不同国家和地区人民的桥梁。

（三）政治全球化的挑战与机遇

全球化带来了全球气候变化、跨国犯罪、难民危机等全球性挑战，需要国际社会共同努力加强合作。同时，全球化也为国家间的政治合作提供了新的机遇，如联合国等国际组织的建立，为处理全球性事务提供了平台。

五、文化多元与冲突：全球化背景下的文化碰撞

在全球化的大背景下，不同社会形态之间的交流融合中，文化呈现出多元性和冲突性。

（一）文化多元性的价值

文化多元性是人类文明多样性的重要体现，促进了不同文化之间的交流与互鉴，激发了文化创新的活力。

（二）文化冲突的根源

文化冲突往往源于不同文化之间的价值观差异、历史遗留问题以及资源竞争等。

（三）文化融合与和谐共处

面对文化冲突，寻求文化融合与和谐共处是解决问题的关键。要求人们尊重不同文化的独特性，增进相互理解和包容，通过对话、协商等方式解决分歧。

狩猎社会、农耕社会、工业社会、信息社会及人工智能社会这五种社会形态之间的交流融合，是一个复杂而多元的历史进程。这一进程展现出渐进性、技术驱动性、社会分工细化、全球化趋势加强以及文化多元与冲突等显著特点。了解这些特点，有助于我们更好地理解人类社会的发展历程和未来趋势，为应对当前和未来的社会挑战提供有益的启示。在人工智能社会，大语言模型等新兴技术的发展将继续推动社会的进步与变革，我们应积极拥抱技术进步，促进文化的交流与融合，推动社会的和谐发展与共同进步。

第二节　不同时代形态下的教育教学发展

教育教学作为推动人类文明进步的关键力量，伴随着社会形态的变迁而不断演进。从原始的狩猎社会，经由农耕社会的积淀，进入工业社会的飞跃，直至当前的人工智能时代，教育教学的模式、理念、技术和成效均展现出显著的阶段性特征。本文旨在深入剖析这四种社会形态下教育教学的演变历程，

特别聚焦于人工智能时代教育教学的深化理论、创新实践及具体案例，以期揭示其对社会发展的全面影响。

一、五种不同社会形态下的教育教学发展

（一）狩猎社会的教育教学模式

在狩猎社会，教育教学具有鲜明的原始性和实用性特征。

教育主要在日常生活和实际活动中进行。长辈们通过言传身教，将狩猎技巧、生存技能以及部落的传统习俗传授给年轻一代。由于生存环境恶劣，教育的首要目的是确保个体能够在艰苦的自然环境中生存下来。

教学方式极为直观和具体。例如，在狩猎实践中，长辈会亲自示范如何制作和使用工具、如何追踪猎物、如何识别危险等。年轻人通过观察、模仿和实践来学习这些技能。

教育内容紧紧围绕狩猎和生存展开，包括制作武器、寻找食物、搭建住所等。同时，也会涉及一些简单的道德规范和社会习俗的传承，以维护部落的团结和稳定。

（二）农耕社会的教育教学模式

农耕社会的教育教学模式与狩猎社会相比有了很大的发展。

教育开始具有一定的组织性和系统性。出现了专门的教育场所，如私塾、书院等。教育对象也不再局限于特定的群体，逐渐向更多的人开放。

图 1-2 展示了农耕社会时期具有代表性的教育场所——东林书院的外观及内部教学场景。类似东林书院的教学内容更加丰富多样。除了农业生产技能外，还包括文学、历史、哲学、礼仪等方面的知识。这些知识的传授旨在

图 1-2 农耕社会的教育教学模式：东林书院

培养有文化、有道德的社会成员，以适应农耕社会相对稳定的生活和社会秩序。

教学方法以讲授和背诵为主。教师在课堂上讲解经典著作和知识要点，学生通过反复背诵来加深记忆。同时，也会有一些实践教学，如田间劳作、礼仪演练等，以增强学生的实际操作能力。

（三）工业社会的教育教学模式

工业社会的到来使教育教学发生了巨大的变革。

教育具有普及性和标准化的特点。随着工业化的发展，对劳动力素质的要求提高，教育逐渐普及到广大民众。同时，建立了统一的教育体系和课程标准，以确保培养出符合工业社会需求的人才。

教学内容更加注重科学技术和实用知识。自然科学、工程技术、商业管理等学科成为教育的重要组成部分。教育的目的是为工业生产和经济发展培养专业人才。

教学方法多样化。除了传统的课堂讲授外，还引入了实验教学、实习实训等方法。同时，随着信息技术的发展，多媒体教学、在线教育等新型教学方式也逐渐兴起。

教学组织形式更加灵活。出现了班级授课制、分组教学等形式，以满足不同学生的学习需求。此外，职业教育和成人教育也得到了快速发展，为人们提供了更多的学习机会和途径。

（四）信息时代的教育教学模式

信息时代的教育教学模式以前所未有的速度和广度重塑着教育的面貌，它不仅仅是对传统教育模式的补充，更是对其根本性的变革。

1. 个性化与定制化学习

信息时代最显著的特点之一是教育资源的极大丰富和获取途径的多样化。这使得每个学生都能根据自己的兴趣、能力和学习节奏进行个性化学习。智能学习系统通过分析学生的学习数据，提供定制化的学习计划和资源，实现因材施教。

2. 混合式学习模式

线上与线下学习相结合成为常态。线上学习平台提供灵活的学习时间和地点，让学生能够随时随地接入高质量的教育资源；线下课堂则侧重于深度讨论、实践操作和人际互动，两者相辅相成，共同提升学习效果。

3. 项目式与问题导向学习

信息时代的教育更加注重培养学生的批判性思维、创新能力和解决问题的能力。通过项目式学习和问题导向学习，学生需要主动探索、分析、解决问题，并在过程中学习新知识，这种学习方式有助于将理论知识与实际应用紧密结合。

4. 终身学习与开放教育资源

随着知识更新速度的加快，终身学习成为信息时代的重要特征。开放教育资源（OER）的兴起，使得全球范围内的优质教育资源得以免费或低成本地共享，为终身学习提供了强大支持。人们可以在任何阶段、任何地点进行学习，不断提升自己的能力和素养。

5. 技术驱动的评估与反馈

信息技术的发展使得教育评估与反馈更加及时、精准和个性化。通过大数据分析、人工智能等技术手段，可以实时监测学生的学习进度、掌握情况和薄弱环节，为教师提供有针对性的教学建议，同时也帮助学生自我反思和调整学习策略。

6. 虚拟现实与增强现实技术的应用

VR 和 AR 技术为教育带来了沉浸式的学习体验。学生可以在虚拟环境中进行科学实验、历史场景重现、地理探索等，这种直观、互动的学习方式极大地提高了学生的学习兴趣和参与度。

7. 社群与合作学习的强化

信息时代强调合作与共享的精神。在线教育平台和社交媒体为学生提供了广阔的交流空间，促进了学生之间的合作学习、知识共享和思维碰撞。同时，教师也可以利用这些平台组建学习社群，引导学生共同参与学习项目的策划与实施。

概言之，信息时代的教育教学模式正在经历深刻的变革，它正朝着更加个性化、灵活化、高效化和全球化的方向发展，为培养适应未来社会需求的人才奠定了坚实的基础。

（五）人工智能时代的教育教学模式

在人工智能技术的驱动下，教育教学正经历前所未有的变革，展现出以下更为细化、理论化、条理化的特点：

1. 个性化教学深化

智能推荐系统：基于学习者的历史学习数据、兴趣偏好及能力水平，智能系统能精准推荐个性化学习资源，如定制化课程、习题集等。

2. 动态调整学习路径

通过实时监测学习进度和成效，AI 能动态调整学习计划，确保学习内容的难度与学生的学习节奏相匹配。

3. 智能化教学工具的应用

教育机器人不仅提供语音交互问答，还能根据学生的学习情绪调整交流方式，甚至进行情感支持，增强学习动力。

4. 智能评估与反馈

利用机器学习算法，自动批改作业，提供即时反馈，包括错误解析、改进建议及后续学习方向。

5. 多元化教学环境的构建

虚拟现实（VR）与增强现实（AR）可助力创建沉浸式学习环境，如历史场景重现、科学实验模拟，使抽象概念具体化，提高学习兴趣和效率。

6. 在线协作平台

促进全球范围内学生的交流与合作，通过项目式学习、远程协作等方式，培养跨文化沟通能力和团队协作精神。

7. 自适应学习模型

动态调整教学内容和策略，实现真正意义上的“因材施教”。智能辅导系统，如某在线教育平台，利用AI分析学生作业，识别知识薄弱点，推送针对性强化练习，显著提升学习成绩。

二、五种不同社会形态下教育教学的交互发展过程

五种不同社会形态下教育教学的交互发展过程，确实是一个从原始到现代、从简单到复杂、从局部到全球的逐步演进过程。以下是对这一过程更详细的阐述：

（一）狩猎社会：基础技能与生存教育的萌芽

特点：教育主要基于生存需求，通过长辈的言传身教进行。内容集中在狩猎技巧、生存技能及部落习俗的传承。

交互发展：狩猎社会的教育为后来的社会形态奠定了实践经验和生存智慧的基础。虽然形式简单，但它强调了教育在生存中的重要性，为后续社会形态中教育功能的扩展提供了必要的起点。

（二）农耕社会：文化积累与制度化的初步形成

特点：教育开始具有组织性和系统性，出现了专门的教育场所如私塾、书院，教育内容扩展到文学、历史、哲学等。

交互发展：农耕社会的稳定生活为教育提供了更多的时间和空间，促进了知识的积累和文化的传承。同时，这种制度化的教育模式也为后续工业社会教育体系的建立提供了借鉴和模板。

（三）工业社会：技能专业化与普及化的双重推动

特点：教育普及化，建立了统一的教育体系和课程标准，注重科学技术

和实用知识的培养。

交互发展：工业社会对专业技能的需求推动了教育的专业化和细分化，同时也要求教育向更广泛的人群开放，以实现劳动力的整体素质提升。这一阶段的教育不仅继承了农耕社会的文化精髓，还结合工业生产的实际需求，为信息时代的教育奠定了知识和技能的基础。

（四）信息社会：技术创新与个性化学习的融合

特点：教育教学模式发生巨大变革，个性化学习、混合式学习、项目式学习等新型模式兴起。信息技术的发展为教育提供了丰富的资源和手段。

交互发展：信息社会在继承工业社会教育成果的基础上，充分利用信息技术手段，打破了时间和空间的限制，使教育更加灵活多样。同时，个性化学习的理念也促使教育更加关注学生的个体差异和需求，推动教育向更加人性化的方向发展。

（五）人工智能社会：持续创新与全球融合的展望

特点（预测）：随着科技的不断进步和社会发展的加速，人工智能社会的教育将更加注重创新能力、批判性思维、跨文化交流等能力的培养。同时，全球化趋势将进一步加强，教育将跨越国界，实现全球资源的共享和互补。

交互发展：人工智能社会的教育将在继承前四个社会形态教育成果的基础上，不断融合新技术、新理念和新方法，推动教育的持续创新和发展。同时，全球范围内的教育交流与合作也将更加频繁和深入，共同推动人类文明的进步和繁荣。

综上所述，五种不同社会形态下的教育教学在相互影响、相互促进中不断发展演进。每个阶段的教育都为后续阶段提供了重要的基础和支撑，同时也为自身的不断完善和革新注入了新的动力。

三、人工智能时代的教育教学理念

在人工智能时代，“个性化与智能化并重”的教育教学理念愈发重要。每个学生都有独特的学习风格、兴趣爱好和学习需求，传统的“一刀切”教育模式已无法满足学生的发展。人工智能技术能够根据学生的学习数据，为其量身定制个性化的学习方案。通过分析学生的学习进度、知识掌握程度、错题类型等信息，智能系统可以精准地推送适合学生的学习资源和练习题目，帮助学生高效地提升学习效果。

“技术赋能教育公平”也是人工智能时代的重要教育教学理念。在传统教育中，由于地域、经济等因素的限制，教育资源分配不均的问题一直存在。而人工智能技术可以打破时空限制，让优质的教育资源惠及更多的学生。通过在线教育平台，学生可以随时随地接受来自世界各地的优秀教师的授课；智能教育软件可以为偏远地区的学生提供与城市学生同等水平的学习资源和辅导服务。

此外，人工智能技术还可以为特殊教育群体提供更好的教育支持。例如，为视力障碍学生提供语音识别和合成技术，帮助他们更好地学习；为肢体残疾学生提供智能辅助设备，让他们能够更加方便地参与学习活动。

四、人工智能时代教育教学对社会发展的影响

在人工智能时代，教育教学正以前所未有的方式影响着社会的发展。

首先，人工智能助力教育教学极大地提升了人才培养的质量和效率。例如，自适应学习平台可以根据学生的学习进度和能力水平，自动调整教学内容和难度，为学生提供个性化的学习路径。像“松鼠 AI”智能教育系统，通过分析学生的答题数据，精准定位学生的知识薄弱点，有针对性地进行辅导，让学生能够更高效地掌握知识和技能。这样培养出的人才具备更强的创新能力和实践能力，为社会的科技进步和经济发展提供了有力的支撑。

其次，人工智能时代的教育教学促进了教育公平。偏远地区的学生可以通过在线教育平台，接触到优质的教育资源，与城市学生享受同等的教育机会。例如，“腾讯课堂”等在线教育平台，汇聚了众多优秀教师的课程，无论学生身处何地，只要有网络，就能够进行学习。同时，智能教育机器人也可以为资源匮乏地区的学校提供辅助教学，帮助学生更好地理解知识。

再者，人工智能在教育领域的应用推动了科技创新。教育机构和企业合作开发各种智能教育产品，如智能教学助手、虚拟实验室等。这些创新产品不仅提升了教学效果，还激发了更多的科技创新。例如，一些中小学利用虚拟现实技术打造的虚拟实验室，让学生能够在虚拟环境中进行实验操作，拓展了实验教学的边界。

最后，人工智能时代的教育教学也影响着社会的文化和价值观。新的教育模式和技术传递着创新、合作、开放的价值观。例如，在项目式学习中，学生通过小组合作利用人工智能工具解决实际问题，培养了团队合作精神和创新思维。同时，教育也引导人们正确认识和使用人工智能技术，使其更好地服务于社会，避免技术滥用带来的负面影响。概言之，人工智能时代的教育教学为社会发展带来了多方面的积极影响。

人工智能时代的教育教学，不仅是对传统教育模式的革新，更是对未来社会人才培养体系的重构。通过深度个性化、智能化、多元化的教学策略，不仅能够有效提升学生的学习效率和创新能力，还能促进教育公平，推动经

济、文化乃至政治制度的全面发展。因此，我们应积极拥抱人工智能技术，不断探索其在教育教学中的应用潜力，为构建更加公平、高效、创新的教育体系贡献力量。

第三节　人工智能技术的起源与发展

一、人工智能的起源及发展

（一）起源

人工智能（AI）的起源与发展可以追溯到1956年的Dartmouth会议，这场历史性的聚会上，John McCarthy首次提出了“人工智能”这一概念。这一提案汇聚了包括John McCarthy、Marvin Minsky、Nathaniel Rochester以及Claude Shannon等多位顶尖学者的智慧，共同描绘了AI的宏伟蓝图（见图1-3）。在提案中，他们探讨了计算机使用人类语言、神经元网络的应用、机器的自我改进与学习能力，以及如何通过传感器感知并抽象理解世界等前沿议题。尽管当时计算资源极为有限，这一构想却展现出了前所未有的雄心壮志。

追溯AI的历史长河，Alan Turing无疑是先驱之一。早在1950年，他就通过《计算机器与智能》一书提出了“图灵测试”，尽管书中“智能”一词仅被提及一次，但他坚信机器能够模拟人类思维，并预测了2000年前实现这一目标的可能性。此外，1948年便已撰写的《智能机器》一文，虽迟至1970年才发表，但同样为AI领域奠定了重要基础。

图1-3　1956年达特茅斯会议主要人物

AI 的最初灵感源于对人类智能的模仿与超越。过去六十年间，尽管无数研究人员投身其中，但真正实现与人类智能相媲美的目标依然遥不可及。这并非因为缺乏努力或才华，而是由于该领域挑战的复杂性与深度超乎想象。

早期 AI 研究多聚焦于无需复杂感知与行动的场景，如游戏编程，这催生了“树搜索”等关键概念，成为计算机科学的重要工具。随着研究深入，AI 领域逐渐拓展至自然语言处理、计算机视觉、机器人技术等多个子领域，每个分支都孕育着新的突破与挑战。图 1-4 描绘了图灵测试的基本场景，展示了人类测试者、被测试者以及通过某种媒介（如键盘、屏幕）进行了交流的过程。

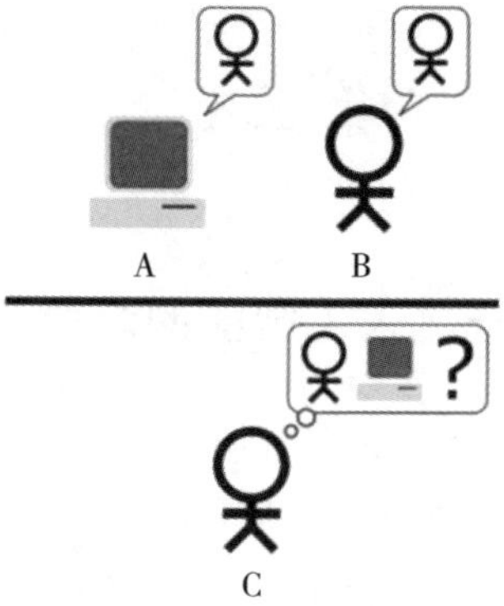

图 1-4　图灵测试

近年来，强人工智能（AGI）或通用人工智能的概念在媒体和非专业人士中引发了广泛关注，但值得注意的是，尽管这一领域已有长达 62 年的研究历史，真正意义上的突破仍未见端倪。这要求我们保持理性与耐心，认识到 AI 发展的长期性与复杂性。

最后，Alan Turing 在《计算机器与智能》中的一句结语至今仍发人深省：“我们的目光所及，只是不远的前方，但是可以看到，那里有许多工作要做。”这句话不仅是对 AI 研究现状的精准概括，也是对未来无限可能的深切期许。在 AI 的征途上，每一步探索都充满挑战，但正是这些挑战，引领我们不断前行，向着更加智能的未来迈进。

（二）发展

自人工智能学科正式建立以来，其发展历程可以大致划分为以下几个关键阶段：

1. 早期探索阶段（20 世纪 50 年代—60 年代）

在这个阶段，研究人员主要尝试使用符号逻辑和推理规则来模拟人类思维。他们开发了各种符号处理系统，试图通过逻辑推理和规则匹配来解决复杂问题。

2. 专家系统阶段（20 世纪 60 年代—80 年代）

随着研究的深入，专家系统逐渐成为人工智能的主流方向。专家系统是一种拥有大量专业知识并能利用这些专业知识去解决特定领域中本需要由人类专家才能解决的计算机程序。这一阶段的成果包括各种领域的专家系统，如医疗诊断系统、金融分析系统等。

3. 连接主义阶段（20 世纪 80 年代—90 年代）

80 年代，连接主义逐渐取代了符号主义成为人工智能的主流学派。连接主义认为人的智能是由神经元之间的连接实现的，因此人工智能也应该通过建立类似神经网络的模型来实现。这一阶段的代表性成果包括神经网络的复兴和机器学习技术的广泛应用。

4. 深度学习阶段（2000 年以后）

进入 21 世纪后，随着大数据和计算能力的提升，深度学习技术得到了广泛应用。深度学习通过建立多层次的神经网络模型来实现高级的认知和决策能力，在图像识别、语音识别、自然语言处理等领域取得了突破性进展。这一阶段的代表性成果包括谷歌的 AlphaGo 在围棋比赛中战胜人类顶尖选手等。

当前，人工智能已经渗透到各行各业，并在多个领域展现出巨大的潜力和应用前景。未来，人工智能的发展将呈现多元化、深度化和融合化的特点。生成式 AI、量子计算与 AI 的结合、合成数据的应用等新技术将推动人工智能的进一步发展。同时，人工智能也将面临更多的挑战和机遇，如算法优化、隐私保护、伦理道德等问题需要得到更多的关注和解决。

二、人工智能快速崛起的关键因素

（一）计算能力的提升

随着计算机技术的不断发展，计算机的计算能力得到了极大的提升。特别是近年来，图形处理器（GPU）、张量处理器（TPU）等专用计算芯片的出现，使得计算机的计算速度和效率得到了大幅提高。这为人工智能算法的训练和运行提供了强大的计算支持，使得人工智能能够处理大规模的数据和复杂的计算任务。

（二）数据量的爆炸式增长

互联网的普及和数字化技术的发展，使得人类社会产生的数据量呈爆炸式增长。大数据为人工智能的发展提供了丰富的训练数据，使得人工智能算法能够从大量的数据中学习规律和模式，提高算法的准确性和泛化能力。同时，数据的不断积累也为人工智能的持续发展提供了动力。

（三）算法的不断创新

人工智能算法的不断创新是 AI 快速崛起的关键因素之一。近年来，深度学习、强化学习等机器学习算法的出现，使得人工智能在图像识别、语音识别、自然语言处理等领域取得了重大突破。这些算法具有强大的学习能力和泛化能力，能够自动从数据中学习特征和规律，实现智能决策和预测。

（四）应用场景的不断拓展

人工智能技术的应用场景不断拓展，为AI的快速崛起提供了广阔的市场空间。如图1－5所示，目前，人工智能技术已经在医疗、金融、交通、教育、安防等多个领域得到了广泛应用。例如，在医疗领域，人工智能可以用于疾病诊断、医疗影像分析、药物研发等；在金融领域，人工智能可以用于风险评估、信用评级、投资决策等；在交通领域，人工智能可以用于智能交通管理、自动驾驶等。

图1－5　AI的应用场景

（五）政策支持和投资推动

各国政府对人工智能的发展给予了高度重视，纷纷出台了一系列政策措施，加大对人工智能的支持力度。同时，风险投资机构也对人工智能领域进行了大量的投资，为人工智能企业的发展提供了资金支持。政策支持和投资推动为人工智能的快速崛起提供了良好的政策环境和资金保障。

对于中小学教师来说，了解AI时代的来临具有重要意义。人工智能技术的发展为教育带来了新的机遇和挑战。教师可以利用人工智能技术辅助教学，提高教学效率和质量。例如，使用智能教学辅助工具、个性化学习平台等，为学生提供更加个性化的学习体验。同时，教师也需要不断提升自己的技术素养，适应人工智能时代的教育变革。

三、人工智能关键技术的突破

如果说现代人工智能有一份圣经式的宝典，那一定就是谷歌公司2017年发布的研究论文，标题是《Attention is all you need》，翻译过来就是《你需要的只是注意力》。这篇论文介绍了一种称之为Transformer的新型深度学习架构，也即是GPT里面的T，T指的就是这个Transformer架构。全球的人工智能浪潮都可以直接追溯到Transformer的发明。除了大家所熟知的ChatGPT，GPT－4，还有谷歌的Bard，微软的必应，还有文生图的工具Midjourney Stable Diffusion，以及前不久火热的文生视频Sora，包括当今世界最先进的机器人等等，都是使用 Transformer 构建的。在《你需要的只是注意力》的这篇论文发表之前，人工智能语言领域最先进的技术是一种被称为递归神经网络，如图 1-6 所示。

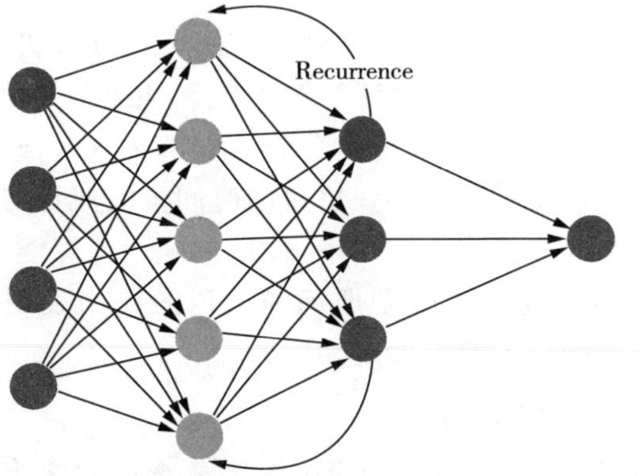

图 1-6 递归神经网络示意图

RNN 是按照顺序处理数据的，也就是按照一个序列里面单词出现的顺序一次处理一个单词。但是，一个序列里面单词之间重要的关系它不是一定按照顺序先后出现的。有的时候重要的关系反而存在于两个距离很远的单词之间，于是一种被称为 Attention 注意力的机制就变得流行起来。简单来说，Attention 注意力机制使得模型能够考虑两个单词之间的关系来确定段落中哪些单词和短语最值得关注。在 Transformer 之前的 AI 领域的算法研究人员，只是将 Attention 注意力机制作为原来的 RNN 架构的一个附加的一个组件。而谷歌公司这篇论文完全摒弃了原来的 RNN 递归模型，而是纯粹依靠 Attention 注意力来进行语言建模。这个算法的并行架构，与人工智能背后的英伟达公司的 GPU 芯片相契合。英伟达公司的 GPU 芯片最大的优势就是高效的、大规模的并行计算。于是谷歌公司开发的 Transformer 算法的并行架构和英伟达 GPU 的并行计算就这么完美结合起来。英伟达 GPU 与谷歌 Transformer 算法的融合具有以下机制和原理：（1）并行计算机制：英伟达 GPU 具有大量的计算核心，能够同时处理多个数据线程，这与 Transformer 算法中需要对大量数据进行并行计算的需求高度匹配。在 Transformer 结构中，无论是对输入序列的处理，还是在模型训练过程中计算梯度等操作，都可以通过并行化来极大地提高效率。（2）数据处理适配性：Transformer 算法通常需要处理大规模的文本或其他数据，而 GPU 的高速内存访问和数据处理能力可以快速地加载和处理这些数据。GPU 的架构能够高效地执行矩阵运算等关键操作，这对于 Transformer 中涉及的权重计算和特征变换等至关重要。（3）高效通信：在大规模模型训练中，节点之间需要高效通信。英伟达的 GPU 架构支持高效的内部通信和数据交换，使得在分布式训练环境下，不同 GPU 之间能够快速协同工作，保证算法的顺利执行。（4）硬件加速特性：GPU 具备专门针对浮点计算等特性的优化，能够加速 Transformer 算法中涉及的复杂计算操作，使得模型能够在更短的时间内完成训练和推理。概言之，这种融合使得生成性人工智能能够利用 GPU 的强大计算能力，快速处理和生成大量数据，从而实现高效的模型训练和出色的应用表现。两者相互促进，共同推动了人工智能领域的快速发展和创新。

（三）人工智能发展的评估

对于 AI 的发展以及可能带来的影响，需要全面和客观地评估：一方面，AI 的快速发展确实带来了诸多变革和挑战。以下是一些可能令人担忧的方面：（1）就业结构改变：某些重复性强、规律性的工作可能被 AI 取代，导致部分人群失业，引发社会经济结构的调整和就业压力。（2）智能超越担忧：人们担心随着 AI 不断进化，其智能水平可能会在某些领域超越人类，从而使人类失去对一些关键领域的掌控。（3）安全风险：如果 AI 系统被恶意利用或出现故障，可能会对社会安全、个人隐私等造成严重威胁。另一方面，也应该看到其积极影响和潜力：（1）提高效率和生产力：AI 可以在众多领域辅助人类，极大提高工作效率和生产能力，推动经济发展和社会进步。（2）创新驱动：促进新的技术和应用的产生，为解决各种复杂问题提供新的途径。（3）提高生活质量：在医疗、教育、交通等领域为人们提供更好的服务和体验。图 1-7 展示了注意力机制在语言建模中的应用，可更直观地理解注意力机制在语言建模中的应用原理及其优势。

关于 AI 可能在智能方面取代和超越人类并带来巨大安全隐患的观点，虽然有一定道理，但也不能过分夸大。人类具有独特的创造力、情感认知和伦理道德判断能力，这些是难以被完全模拟的。而且，AI 的发展是由人类主导和控制的，通过合理的政策、法规和伦理准则的制定，可以引导 AI 朝着有益的方向发展，降低潜在风险。我们应该以开放和积极的态度来迎接 AI 的发展，充分发挥其优势，同时努力解决可能出现的问题，确保人类能够与 AI 和谐共生、共同发展，而不是简单地对其发展进行质疑和抵制。概言之，AI 对人类生活的影响是复杂的，需要我们在利用其优势的同时，谨慎应对可能的挑战。

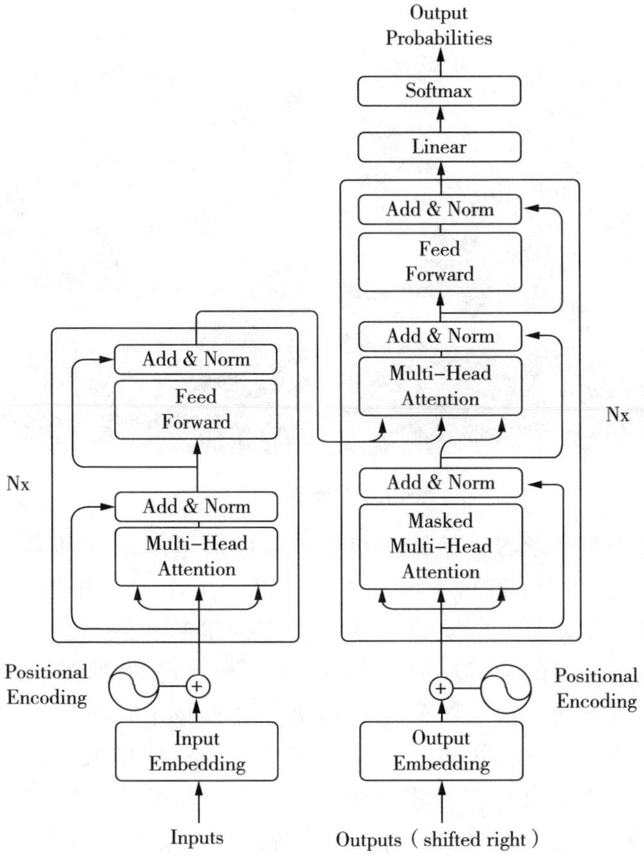

图 1-7　注意力的语言建模示意图

四、人工智能助力教育的成功案例

在国际上，许多学校已经开始利用人工智能进行个性化学习，取得了显著的成效。

（一）个性化学习实践

美国某中学采用了一套基于人工智能的个性化学习系统。该系统通过收集学生的学习数据，包括课堂表现、作业完成情况、考试成绩等，分析学生的学习特点和需求。然后，系统根据每个学生的情况，为他们制定个性化的学习计划。如图 1-8（a）描绘的是个性化学习计划制定与调整，（b）展示的是与自然语言处理技术应用的场景。

图 1－8　利用人工智能进行个性化学习

例如，对于数学学习，系统会根据学生的数学基础和学习进度，为他们推荐适合的教材、练习题和学习资源。如果学生在某个知识点上存在困难，系统会自动调整学习计划，为学生提供更多的讲解和练习机会。同时，系统还会为学生提供实时的学习反馈，帮助他们了解自己的学习进展和问题所在。

在英语学习方面，该系统利用自然语言处理技术，对学生的英语作文进行自动批改和分析。系统可以指出学生作文中的语法错误、拼写错误和表达不清晰的地方，并给出相应的修改建议。此外，系统还可以根据学生的作文水平，为他们推荐适合的阅读材料和写作练习，提高学生的英语写作能力。

通过这种个性化学习方式，该中学的学生在学习成绩和学习兴趣方面都有了显著提高。学生们不再感到学习是一种负担，而是能够根据自己的需求和兴趣进行学习，提高了学习的积极性和主动性。

（二）人工智能教育实践

芬兰某小学将人工智能融入日常教学中，取得了良好的效果。该校采用了一种名为“智能教室”的教学模式，通过人工智能技术实现了教学的个性化和互动化。

在智能教室里，每个学生都配备了一台平板电脑，学生可以通过平板电脑与教师和其他学生进行互动。教师可以利用人工智能技术，实时了解学生的学习情况，调整教学进度和方法。例如，教师可以通过平板电脑上的教学软件，了解每个学生的答题情况、学习进度和问题所在，然后根据学生的情况进行个性化的辅导。

此外，智能教室还配备了智能教具，如智能白板、智能投影仪等。这些教具可以通过人工智能技术，实现与学生的互动。例如，智能白板可以根据学生的手势和声音指令，进行操作和展示；智能投影仪可以根据学生的学习需求，自动调整投影内容和方式。

通过这种智能教室的教学模式，芬兰某小学的学生在学习兴趣和学习效果方面都有了很大的提高。学生们不再被动地接受知识，而是能够积极参与到教学过程中，提高了学习的主动性和创造性。

（三）智能考勤系统的功能与特点

国内外中小学引入的智能考勤系统如图 1－9 所示，主要具备以下功能和特点：

图 1－9　智能考勤系统

人脸识别技术：该系统采用了先进的人脸识别技术，能够快速准确地识别学生和教师的身份。学生和教师只需在考勤设备前站立片刻，系统就能自动识别他们的身份，并记录考勤时间。这种人脸识别技术不仅提高了考勤的准确性和效率，还避免了传统考勤方式中可能出现的代打卡等问题。

实时监控与预警：智能考勤系统可以与校园监控系统相结合，实现对学生和教师的实时监控。如果学生或教师在考勤时间内未出现在校园内，系统会自动发出预警，提醒学校管理人员及时关注。此外，系统还可以对学生的出勤情况进行统计和分析，为学校管理人员提供决策依据。

与家长手机端连接：该系统可以与家长的手机端连接，实时推送学生的到校和离校信息。家长可以通过手机随时了解孩子的动态，提高了家长对孩子的监管力度。同时，家长也可以通过手机端向学校请假或反馈孩子的情况，方便了家校沟通。

数据统计与分析：智能考勤系统可以对学生和教师的考勤数据进行统计和分析，生成各种报表和图表。学校管理人员可以通过这些报表和图表，了解学生和教师的出勤情况、迟到早退情况等，为学校的管理决策提供数据支持。

概言之，人工智能在教育领域的早期探索案例，充分展示了人工智能在教育领域的巨大潜力和应用价值。对于中小学教师来说，了解和掌握这些案例，可以为他们在教学中应用人工智能技术提供参考和借鉴，提高教学质量和效率，促进学生的全面发展。

第四节　人工智能时代教育面临的机遇与挑战

一、人工智能为教育带来的新机遇

从传统媒体到融媒体，再到智媒体、大语言模型，信息传播领域正经历着前所未有的变革，其特性由最初的平面、静态、定时逐渐演变为移动化、社交化、视频化和智能化的高度融合。这一转变不仅重塑了信息传播的方式，更为思想政治教育开辟了新的路径，带来了前所未有的机遇与挑战。

（一）教育内容更精准：从“大水漫灌”到“精准滴灌”

在信息爆炸的时代背景下，90 后、00 后作为新一代大学生的主力军，其需求日益呈现出个性化、精准化的特点。传统教育模式中“一刀切”的灌输方式已难以满足他们的成长需求，难以触及心灵深处，实现“盐溶于水”的教育效果。智媒体依托其强大的“数据＋算力＋算法”能力，能够深度挖掘学生的日常浏览偏好、互动频率、行为轨迹等多维度数据，进行全方位、智能化的分析处理。这不仅帮助思政教育工作者绘制出每位学生的精准“画像”，还使得教育内容的推送更加贴合学生的实际需求，实现从“广撒网”到“精准滴灌”的跨越。通过数据分析，教育工作者能够精准把握学生的思想动态、学习困惑及生活需求，从而量身定制教育方案，提升教育的针对性和实效性。

（二）教育形式更丰富：从单一载体到多元融合

传统教育往往局限于课堂讲授与日常谈话，形式单一，难以激发学生的兴趣和共鸣。智媒体时代，AR、VR 等前沿技术的引入，为教育注入了新的活力。这些技术不仅能够将抽象的理论知识具象化、生动化，还能通过沉浸式、交互式的体验方式，让学生在"场"与"景"的有机融合中深刻感知教育内容。例如，利用 VR 技术重现历史场景，让学生身临其境地感受革命先烈的英勇事迹；或是通过 AR 技术将思政课程与校园文化景点结合，使学生在游览中接受教育。此外，智媒体还促进了教育资源的整合与共享，构建起线上线下相结合、多平台联动的教育生态，使教育内容更加丰富多元，教育形式更加灵活多样。

（三）师生关系更平等：从单向灌输到双向互动

传统媒体时代，教育往往呈现出教师主导、学生被动接受的单向灌输模式，师生之间的互动交流有限。而智媒体的出现打破了这一僵局，它鼓励师生共同参与教育过程，实现了话语权的平等分配。在智媒体平台上，教师不再是单一的信息输出者，而是成为引导学生思考、促进学生成长的伙伴；学生也不再是被动接受者，而是能够主动发声、积极参与讨论的主体。这种双向互动的交流模式不仅增强了教育的互动性和趣味性，还促进了师生之间的情感交流和思想碰撞，使得教育过程更加生动、有效。

（四）时空拓展更无限：从物理限制到虚拟无限

传统媒体时代，教育受到物理空间的限制，难以实现全天候、全覆盖的教育服务。而智媒体则打破了这一界限，它利用互联网技术的无限延展性，构建了一个跨越时空的教育网络。在这个网络中，学生可以随时随地通过智能手机、电脑等设备接入教育资源库，获取所需信息；教师则可以通过在线平台实现远程授课、答疑解惑等功能。此外，智媒体还促进了教育资源的共享与复用，使得优质教育资源能够跨越地域、时间限制惠及更多学生。这种时空的无限拓展不仅提升了教育效率和质量，还为学生提供了更加便捷、灵活的学习方式。

综上所述，智媒体时代为教育带来了前所未有的机遇与挑战。通过精准化的教育内容、多元化的教育形式、平等化的师生关系以及无限拓展的时空边界，智媒体正逐步推动教育向更高水平迈进。未来，随着技术的不断进步和应用场景的不断拓展，智媒体将在教育中发挥更加重要的作用。

二、AI 给教育带来的挑战分析

在 AI 智媒体时代，机遇与挑战如同双刃剑，相互交织，深刻影响着教育教学工作的方方面面。为了更细致地探讨这一议题，我们需要从多个维度深入分析 AI 智媒体所带来的具体挑战。

（一）教师角色的转变

随着 AI 在教育中的应用，教师的角色面临着重大转变。传统上，教师主要是知识的传授者，但在 AI 时代，教师需要更多地扮演引导者和促进者的角色。教师需要引导学生正确使用 AI 工具，培养学生的自主学习能力和批判性思维。同时，教师还需要关注学生的情感需求和心理健康，因为 AI 可能无法完全满足学生在这方面的需求。对于一些习惯于传统教学方式的教师来说，这种角色转变可能会带来一定的挑战，需要他们不断学习和适应新的教学模式。此外，教师还需要担心被 AI 取代的风险，这可能会影响他们的职业认同感和工作积极性。

（二）师生主体能动性的保护与提升

智媒体虽能高效筛选与整合信息，但其算法推荐机制若被过度依赖，可能削弱师生的主体能动性。对此，首先应增强师生的媒介素养教育，使他们能够批判性地审视智媒体内容，避免盲目跟从算法推荐。教育者应提升自身的教学创新能力，结合智媒体技术，设计更多元化的教学活动，激发学生的主动思考与探索欲望。同时，鼓励学生培养自主筛选信息的能力，通过组织信息筛选与批判性思维训练课程，让学生在实践中学会独立分析与判断。

（三）强化主流价值的引领力

面对智媒体时代的信息洪流与意识形态斗争，需构建更加坚实的主流价值引领体系。一方面，教育者应紧跟时代步伐，提升媒介素养，学会在复杂信息环境中把握方向，有效传播正能量。通过开设媒介素养课程、定期举办学术研讨会等形式，提升教师队伍的整体水平。另一方面，加强网络监管，打击算法歧视与虚假信息传播，营造清朗的网络空间。同时，利用智媒体平台创新思政教育形式，如开发互动式学习 App、制作高质量的短视频与微电影等，以更贴近学生的方式传播主流价值观。

（四）打破信息壁垒，促进多元交流

AI 智媒体时代的信息壁垒与圈层化现象，要求我们采取有效措施促进信息的多元化与开放性。首先，鼓励跨圈层交流，通过组织线上线下的交流活动，让学生接触不同领域、不同背景的思想与文化。其次，利用智媒体平台的推荐算法优化功能，增加异质性信息的推送比例，打破“信息茧房”效应。同时，建立信息反馈与纠正机制，及时发现并纠正网络中的错误信息与偏见，引导学生形成全面、客观的认知体系。

（五）加强信息安全管理，保护用户隐私

信息安全是智媒体时代不可忽视的重大问题。应建立健全信息安全管理制度，加强对师生信息安全的培训与教育，提高师生的自我保护意识。同时，加强对智媒体平台的监管，确保其数据收集、存储、使用等过程符合相关法律法规要求，防止隐私泄露与算法歧视。对于不法商家侵犯用户隐私的行为，应加大打击力度，维护网络环境的健康与安全。此外，还应推动技术创新，研发更加安全、高效的数据加密与隐私保护技术，为用户的网络生活提供坚实保障。

综上所述，智媒体时代为教育工作带来了前所未有的机遇与挑战。面对这些挑战，我们需要从提升师生媒介素养、强化主流价值引领、打破信息壁垒、加强信息安全管理等多个方面入手，以更加积极、主动的姿态应对智媒体带来的变革，推动教育教学工作不断向前发展。

三、应对机遇与挑战的策略探讨

（一）应对卡脖子的策略探讨

当前我们被西方列强卡脖子以及爆发科技战，原因在于科技发展方向已固定，剩下的便是科研和人才的竞争。如第一颗原子弹成功后，技术方向确定，追随者追赶相对容易。然而，科技并非线性发展，每一个科技树的发展结果难以预料。

回顾历史，从清朝的窗户纸到玻璃的转变，西方在玻璃上发展出现代玻璃材料科技；爱迪生的直流电与特斯拉的交流电之争，证明交流电才是正确方向；电子管和晶体管的发展中，美国沿晶体管路线发展出集成电路。几乎所有尖端高科技领域都存在多条技术路径之争。

未来中国科技发展的难点不在于达到与美国相同的技术水平，而可能在于美国的科技树方向是否正确。我们不能执着于在现有科技树方向超越美国，可以换道超车，开辟新的科技树，如光电芯片、玻璃穿孔技术等。

同时，我们应认识到科技进步不是孤立发生的，它需要一定的社会认同背景。一个倡导创新、容忍失败、强调自由竞争的科技文化环境，更容易催生科技爆发和突破。盲目自我否定是科技进步的最大绊脚石，我们需要提供宽容、自信、进步的土壤，否则科技兴国无从谈起。

（二）教师专业发展

为适应 AI 时代教育需求，教师需进行专业发展。可参加各类培训和学习活动，如 AI 教育研讨会、在线课程学习、教学实践交流等，了解 AI 技术在教育中的应用方法和最新发展趋势。同时，培养信息技术素养和创新教学能力，学会利用 AI 工具进行教学设计和教学评价。还可与其他教师合作，共同探索 AI 在教学中的应用，分享教学经验和资源，以更好地发挥教育作用，提高教学质量和效果。

（三）加强数据安全管理

教育机构和政府部门应加强数据安全管理，保护学生数据安全和隐私。具体措施包括：建立严格的数据安全管理制度，明确数据收集、存储、使用和销毁流程，加强访问控制和加密保护；加强对教育软件和平台的监管，确保符合数据安全标准和隐私政策；对教师和学生进行数据安全和隐私保护教育，提高安全意识和防范能力；建立数据安全应急响应机制，及时处理数据泄露和安全事件，为 AI 在教育中的应用提供安全保障。

（四）促进教育公平

为确保 AI 在教育中的公平应用，需采取一系列措施。政府可加大对贫困地区和薄弱学校的教育投入，提供资金和技术支持，帮助建设数字化教育基础设施，引进 AI 教育资源。通过政策引导，鼓励企业和社会组织参与教育扶贫，为贫困地区和薄弱学校提供免费或低价的 AI 教育服务。教育机构可通过在线教育平台将优质教育资源向更多地区和学生开放，缩小教育差距。教师应关注学生个体差异，为不同背景的学生提供个性化教学支持，确保每个学生都能受益于 AI 教育。

（五）培养学生的自主学习能力和批判性思维

在 AI 时代，培养学生的自主学习能力和批判性思维至关重要。教师可通过教学方法创新，如采用项目式学习、探究式学习等，引导学生主动探索知识，培养问题解决能力和创新思维。同时，引导学生对 AI 生成的信息和答案进行批判性思考，培养判断能力和质疑精神。家长也应在家庭教育中注重培养孩子的自主学习习惯和批判性思维，为孩子未来发展奠定基础。

概言之，AI 时代为教育带来新机遇和挑战。中小学教师需认识到这些机遇和挑战，积极采取应对策略，充分发挥 AI 在教育中的优势，克服其带来的问题，为学生提供更好的教育服务，培养适应未来社会发展的创新人才。

第二章　AI技术在教育领域的应用模式

AI技术在教育领域的应用日益广泛。本章详细介绍了以下几个方面，（1）智能教学辅助工具的功能与案例，如智能辅导软件、作业批改系统等；（2）个性化学习平台的架构、推荐机制及成功案例；（3）虚拟实验室的技术实现、学科应用及对实践教学的促进；（4）AI教师助手的功能模块、发展现状与未来展望及应用实例。

第一节　智能教学辅助工具

一、智能辅导软件的功能与特点

（一）个性化学习路径规划

智能辅导软件能够根据学生的学习情况和特点，为其规划个性化的学习路径。通过对学生的学习历史、答题表现、知识点掌握程度等数据的分析，软件可以准确地识别学生的优势和不足，从而为其推荐最适合的学习内容和学习顺序。例如，对于数学学科，若学生在代数部分的表现较弱，软件会优先推荐代数相关的学习资源，并根据学生的学习进度逐步调整难度。这种个性化的学习路径规划能够提高学生的学习效率，让他们在有限的时间内取得最大的学习成果。

1. 精准评估学生能力

智能辅导软件利用先进的数据分析技术，对学生的学习能力进行精准评估。它可以通过学生在练习题、测试中的答题情况，分析出学生对各个知识点的掌握程度，以及学生的思维方式和学习习惯。例如，软件可以判断学生是在概念理解上存在问题，还是在解题方法上需要提高，从而为学生提供有针对性的学习建议。

2. 动态调整学习内容

基于对学生能力的评估，智能辅导软件能够动态调整学习内容。当学生在某个知识点上取得进步时，软件会及时调整学习计划，增加难度更高的内容；当学生遇到困难时，软件会降低难度，提供更多的讲解和练习，帮助学生逐步攻克难关。这种动态调整的学习内容能够确保学生始终在最适合自己的学习节奏上前进，避免了学习过程中的过于困难或过于简单的情况。

（二）实时反馈与指导

智能辅导软件可以为学生提供实时的反馈和指导，帮助他们及时纠正错误，提高学习效果。当学生完成一道练习题或一次测试后，软件能够立即给出答案和详细的解析，让学生了解自己的答题情况和错误原因。同时，软件还可以根据学生的错误类型，提供针对性的学习建议和练习题目，帮助学生巩固薄弱知识点。

1. 即时反馈答题结果

学生在使用智能辅导软件进行学习时，能够立即得到答题结果的反馈。这种即时反馈可以让学生及时了解自己的学习情况，增强学习的积极性和主动性。例如，当学生回答正确时，软件可以给予鼓励和肯定，增强学生的自信心；当学生回答错误时，软件可以及时指出错误，并提供正确答案和解释，帮助学生纠正错误。

2. 详细的错题解析

智能辅导软件不仅能够给出答题结果，还能提供详细的错题解析。对于学生做错的题目，软件会分析错误原因，如概念理解错误、计算错误、解题方法错误等，并给出相应的纠正建议。这种详细的错题解析可以帮助学生深入理解知识点，避免再次犯同样的错误。

3. 个性化学习建议

根据学生的答题情况和学习历史，智能辅导软件可以为学生提供个性化的学习建议。例如，如果学生在某个知识点上反复出错，软件会建议学生加强对该知识点的学习，提供相关的学习资源和练习题目；如果学生的学习进度较慢，软件会建议学生调整学习方法，提高学习效率。

（三）丰富的学习资源

智能辅导软件通常拥有丰富的学习资源，包括练习题、教学视频、电子书籍、在线课程等。这些资源涵盖了各个学科和不同难度级别，可以满足不同学生的学习需求。学生可以根据自己的学习进度和兴趣爱好，选择适合自己的学习资源进行学习。

1. 多样化的练习题

智能辅导软件提供了大量的练习题，包括选择题、填空题、解答题等多种题型。这些练习题涵盖了各个知识点和难度级别，可以帮助学生巩固所学知识，提高解题能力。同时，软件还可以根据学生的答题情况，自动生成个性化的练习题集，让学生进行针对性的练习。

2. 优质的教学视频

许多智能辅导软件都配备了优质的教学视频，由专业的教师或教育专家录制。这些教学视频讲解清晰、生动形象，可以帮助学生更好地理解知识点。学生可以在学习过程中随时观看教学视频，进行自主学习。

3. 电子书籍和在线课程

智能辅导软件还提供了丰富的电子书籍和在线课程资源。学生可以阅读电子书籍，深入学习各个学科的知识；也可以参加在线课程，与教师和其他学生进行互动学习。这些资源可以拓宽学生的知识面，提高学生的学习兴趣。

（四）互动学习体验

智能辅导软件通常具有互动性强的特点，能够为学生提供良好的互动学习体验。学生可以通过软件与教师、同学进行交流和互动，分享学习经验和心得。同时，软件还可以通过游戏化的方式，激发学生的学习兴趣，提高学习的积极性。

1. 在线交流与讨论

学生可以在智能辅导软件上与教师和同学进行在线交流和讨论。他们可以提出问题、分享自己的见解和经验，共同解决学习中遇到的问题。这种在线交流与讨论的方式可以拓宽学生的思维，提高学生的合作能力和沟通能力。

2. 学习社区

一些智能辅导软件还设有学习社区，学生可以在社区中发布学习动态、分享学习成果，与其他学生进行互动和竞争。学习社区可以营造良好的学习氛围，激发学生的学习动力。

3. 游戏化学习

为了提高学生的学习兴趣，智能辅导软件常常采用游戏化的学习方式。例如，软件可以设置积分、排行榜等激励机制，让学生在学习过程中获得成就感；也可以设计一些小游戏，将学习内容融入其中，让学生在游戏中学习知识。

二、智能作业批改系统的应用

（一）高效批改作业

智能作业批改系统能够快速、准确地批改学生的作业，大大提高了教师的工作效率。系统可以自动识别学生的答题内容，判断答案的正确性，并给出相应的分数和评语。与传统的人工批改方式相比，智能作业批改系统可以在短时间内处理大量的作业，为教师节省大量的时间和精力，如图 2－1 所示。

图 2－1　智能教育教学辅助工具

1. 快速识别答题内容

智能作业批改系统利用图像识别技术和自然语言处理技术，能够快速识别学生的答题内容。无论是手写作业还是电子作业，系统都可以准确地读取学生的答案，并进行分析和判断。

2. 准确判断答案正确性

系统通过与标准答案进行对比，能够准确判断学生答案的正确性。对于选择题、填空题等客观题，系统可以直接给出正确答案；对于解答题等主观题，系统可以根据预设的评分标准进行评分，并给出详细的评语和建议。

3. 自动生成作业报告

智能作业批改系统可以自动生成作业报告，为教师提供详细的作业情况分析。报告中包括学生的答题情况、错误率分布、知识点掌握情况等信息，教师可以根据这些信息了解学生的学习情况，调整教学策略。

（二）个性化反馈与指导

智能作业批改系统不仅能够批改作业，还能为学生提供个性化的反馈和指导。系统可以根据学生的答题情况，分析学生的学习问题和薄弱环节，并为学生提供针对性的学习建议和练习题目。这种个性化的反馈和指导可以帮助学生及时发现自己的问题，提高学习效果。

1. 分析学习问题

系统通过对学生作业的分析，能够找出学生在学习中存在的问题。例如，系统可以发现学生在某个知识点上的错误率较高，或者学生在解题方法上存在问题。系统会将这些问题反馈给学生，让学生了解自己的不足之处。

2. 提供学习建议

根据学生的学习问题，智能作业批改系统可以为学生提供个性化的学习建议。例如，如果学生在某个知识点上掌握不牢固，系统会建议学生加强对该知识点的学习，提供相关的学习资源和练习题目；如果学生在解题方法上存在问题，系统会提供一些解题技巧和方法，帮助学生提高解题能力。

3. 推送针对性练习

为了帮助学生巩固薄弱知识点，智能作业批改系统可以根据学生的学习情况，推送针对性的练习题目。这些练习题目与学生的学习问题紧密相关，可以帮助学生有针对性地进行练习，提高学习效果。

（三）促进家校合作

智能作业批改系统可以促进家校合作，让家长更好地了解孩子的学习情况。系统可以将学生的作业情况及时反馈给家长，让家长了解孩子的学习进度和学习问题。家长可以根据系统提供的信息，与教师进行沟通和交流，共同关注孩子的学习成长。

1. 家长端实时查看作业情况

智能作业批改系统通常设有家长端，家长可以通过手机或电脑登录家长端，实时查看孩子的作业情况。家长可以了解孩子的作业完成情况、得分情况、错误情况等信息，及时掌握孩子的学习动态。

2. 与教师沟通交流

家长可以通过智能作业批改系统与教师进行沟通和交流。家长可以向教师咨询孩子的学习问题，了解教师的教学计划和教学方法；教师也可以向家长反馈孩子的学习情况，提出一些家庭教育的建议。这种家校合作的方式可以共同促进孩子的学习成长。

3. 关注孩子学习成长

通过智能作业批改系统，家长可以更加关注孩子的学习成长。家长可以根据孩子的作业情况，及时发现孩子的学习问题，并与孩子一起制定学习计划，帮助孩子提高学习成绩。同时，家长也可以鼓励孩子积极参与学习，培养孩子的学习兴趣和学习习惯。

三、智能教学资源推荐平台

（一）精准推荐学习资源

智能教学资源推荐平台如图 2 - 2 所示，利用大数据分析和人工智能技术，能够根据学生的学习需求和兴趣爱好，为其精准推荐学习资源。平台可以分析学生的学习历史、答题表现、搜索记录等数据，了解学生的学习情况和兴趣爱好，从而为其推荐最适合的学习资源。

图 2 - 2　智能教学资源推荐平台

1. 分析学生学习需求

平台通过对学生学习数据的分析，能够准确地了解学生的学习需求。例如，平台可以发现学生在某个学科上的学习进度较慢，或者学生对某个知识点的理解存在困难。平台会根据这些信息，为学生推荐相关的学习资源，帮助学生解决学习问题。

2. 考虑学生兴趣爱好

除了学习需求外，智能教学资源推荐平台还会考虑学生的兴趣爱好。平台可以分析学生的搜索记录、浏览历史等数据，了解学生的兴趣爱好和特长。例如，如果学生对音乐感兴趣，平台会为其推荐一些音乐相关的学习资源，如音乐课程、音乐书籍等。

3. 个性化资源推荐

基于对学生学习需求和兴趣爱好的分析，智能教学资源推荐平台可以为学生提供个性化的资源推荐。每个学生都可以在平台上获得适合自己的学习资源，提高学习的针对性和有效性。

（二）丰富的资源种类

智能教学资源推荐平台拥有丰富的资源种类，包括教学视频、电子书籍、在线课程、练习题、学习工具等。这些资源涵盖了各个学科和不同难度级别，可以满足不同学生的学习需求。学生可以根据自己的学习进度和兴趣爱好，选择适合自己的学习资源进行学习。

1. 教学视频

平台提供了大量的教学视频，由专业的教师或教育专家录制。这些教学视频讲解清晰、生动形象，可以帮助学生更好地理解知识点。学生可以在学习过程中随时观看教学视频，进行自主学习。

2. 电子书籍

智能教学资源推荐平台还提供了丰富的电子书籍资源。学生可以阅读电子书籍，深入学习各个学科的知识。电子书籍具有便携性和可搜索性等优点，方便学生随时随地进行学习。

3. 在线课程

平台上的在线课程资源丰富多样，包括同步课程、培优课程、兴趣课程等。学生可以根据自己的学习需求和兴趣爱好，选择适合自己的在线课程进行学习。在线课程具有互动性强、学习时间灵活等优点，可以满足不同学生的学习需求。

4. 练习题和学习工具

除了教学视频、电子书籍和在线课程外，智能教学资源推荐平台还提供了大量的练习题和学习工具。练习题可以帮助学生巩固所学知识，提高解题能力；学习工具如字典、计算器、思维导图软件等，可以帮助学生提高学习效率。

（三）资源更新及时

智能教学资源推荐平台的资源更新及时，能够保证学生获取到最新的学习资源。随着学科知识的不断发展和教学方法的不断创新，学习资源也需要不断更新和完善。智能教学资源推荐平台会及时关注学科领域的最新动态，更新平台上的学习资源，确保学生能够学习到最前沿的知识。

1. 关注学科发展动态

平台的运营团队会密切关注学科领域的发展动态，及时了解学科知识的更新和教学方法的创新。他们会与教育专家、教师和出版社等合作，获取最新的学习资源，并将其推荐给学生。

2. 定期更新资源

为了保证学习资源的时效性，智能教学资源推荐平台会定期更新资源。平台会根据学生的反馈和评价，对资源进行筛选和优化，删除过时的资源，添加新的资源。这样可以确保学生始终能够获取到高质量的学习资源。

3. 个性化资源更新提醒

智能教学资源推荐平台还可以为学生提供个性化的资源更新提醒服务。当平台上有与学生学习需求相关的新资源上线时，系统会自动向学生发送提醒消息，让学生及时了解到最新的学习资源。

四、智能教学辅助工具案例分析

（一）案例背景

某地区的一所学校在教学过程中面临着作业批改量大、教师工作负担重等问题。为了提高教学效率，减轻教师的工作负担，学校决定引入智能作业批改系统。该系统利用图像识别技术和自然语言处理技术，能够快速、准确地批改学生的作业，并为学生提供个性化的反馈和指导。

（二）实施过程

1. 系统培训

学校组织教师参加智能作业批改系统的培训，让教师了解系统的功能和使用方法。培训内容包括系统的操作流程、评分标准的设置、作业报告的解读等。通过培训，教师能够熟练地使用系统，为学生提供更好的教学服务。

2. 学生试用

在教师熟练掌握系统的使用方法后，学校组织学生进行试用。学生在试用过程中逐渐熟悉系统的操作流程和功能，学会如何查看作业批改结果和学习建议。同时，学生也可以向教师反馈系统使用过程中遇到的问题，以便学校及时进行调整和改进。

3. 全面推广

经过一段时间的试用和调整，学校决定全面推广智能作业批改系统。学校要求教师将系统应用于日常教学中，让学生养成使用系统进行学习的习惯。同时，学校也加强了对系统使用情况的监督和管理，确保系统的正常运行和教学效果的提升。

（三）效果分析

1. 学生作业完成情况的改善

引入智能作业批改系统后，学生的作业完成情况得到了明显的改善。系统的快速批改和个性化反馈功能，让学生能够及时了解自己的作业情况，发现自己的问题并及时进行改正。同时，系统的激励机制也激发了学生的学习兴趣，提高了学生的学习积极性。例如，系统设置了积分和排行榜等激励机制，学生可以通过完成作业获得积分，提高自己的排名。这种竞争机制让学生更加积极地参与学习，提高了作业的完成质量和效率。

3. 教师工作效率的提高

智能作业批改系统的应用大大减轻了教师的工作负担，提高了教师的工作效率。教师不再需要花费大量的时间批改作业，而是可以将更多的时间用于备课、教学和与学生的交流互动上。同时，系统生成的作业报告也为教师提供了详细的学生学习情况分析，帮助教师更好地了解学生的学习问题和薄弱环节，从而调整教学策略，提高教学效果。

4. 教学质量的提升

通过智能作业批改系统的应用，学校的教学质量得到了显著的提升。系统的个性化反馈和指导功能，让学生能够有针对性地进行学习，提高了学习效果。同时，教师也可以根据系统提供的学生学习情况分析，调整教学策略，优化教学内容和方法，提高教学质量。此外，系统的应用也促进了家校合作，让家长更好地了解孩子的学习情况，共同关注孩子的学习成长。

五、利用智能语音助手辅助英语教学的案例

（一）案例背景

某小学在英语教学中面临着学生口语表达能力不足、教师教学资源有限等问题。为了提高学生的英语口语水平，丰富教学资源，学校决定引入智能语音助手辅助英语教学。该智能语音助手具有语音识别、语音合成、口语评测等功能，可以为学生提供个性化的口语练习和学习建议。

（二）实施过程

1. 设备配置

学校为每个班级配备了智能语音助手设备，并将设备连接到教室的多媒体教学系统上。教师可以通过多媒体教学系统控制智能语音助手，为学生播放英语听力材料、进行口语练习等。

2. 教学应用

在英语教学中，教师充分利用智能语音助手的功能，为学生提供丰富的

口语练习机会。例如，教师可以让学生通过智能语音助手进行单词发音练习、句子朗读练习、对话练习等。智能语音助手可以实时识别学生的发音，并给出准确的评测结果和改进建议。同时，教师还可以利用智能语音助手为学生播放英语故事、儿歌等听力材料，提高学生的听力水平。

3. 学生自主学习

除了在课堂上使用智能语音助手外，学校还鼓励学生在课余时间自主使用智能语音助手进行学习。学生可以通过智能语音助手进行口语练习、听力训练、单词记忆等，提高自己的英语综合能力。同时，学生也可以与智能语音助手进行互动交流，提高自己的英语表达能力和思维能力。

（三）效果分析

1. 学生口语表达能力的提高

通过智能语音助手的辅助教学，学生的英语口语表达能力得到了显著的提高。智能语音助手的语音识别和口语评测功能，让学生能够及时了解自己的发音问题，并进行针对性的练习。同时，智能语音助手的丰富听力材料和口语练习资源，也为学生提供了更多的学习机会，提高了学生的英语听说能力。

2. 教学资源的丰富

智能语音助手为教师提供了丰富的教学资源，如英语听力材料、口语练习题目、教学课件等。教师可以根据教学需要，选择合适的资源进行教学，提高教学效果。同时，智能语音助手的在线更新功能，也可以让教师及时获取到最新的教学资源，保持教学内容的时效性。

3. 学生学习兴趣的激发

智能语音助手的互动性和趣味性，激发了学生的学习兴趣。学生可以通过与智能语音助手进行互动交流，提高自己的英语表达能力。

第二节　个性化学习平台

一、个性化学习平台的架构与设计

（一）平台架构概述

个性化学习平台是一种利用人工智能、大数据等技术，为学生提供个性化学习服务的教育平台。其架构通常包括数据层、算法层、服务层和应用层四个部分，如图 2－3 所示。

图 2-3　平台架构

1. 数据层

数据层是个性化学习平台的基础，主要负责收集、存储和管理学生的学习数据。这些数据包括学生的基本信息、学习历史、答题记录、学习行为等。通过对这些数据的分析，平台可以了解学生的学习情况和需求，为个性化学习推荐提供数据支持。

2. 算法层

算法层是个性化学习平台的核心，主要负责对学生的学习数据进行分析和处理，为学生提供个性化学习推荐。算法层通常包括机器学习算法、数据挖掘算法、推荐算法等。这些算法可以根据学生的学习数据，预测学生的学习需求和兴趣爱好，为学生推荐最适合的学习资源和学习路径。

3. 服务层

服务层是个性化学习平台的中间层，主要负责为应用层提供各种服务。服务层通常包括用户管理服务、学习资源管理服务、学习路径规划服务、学习推荐服务等。这些服务可以为学生提供个性化的学习服务，提高学生的学习效率和学习效果。

4. 应用层

应用层是个性化学习平台的最上层，主要负责为学生和教师提供各种应用。应用层通常包括学生端应用和教师端应用。学生端应用主要包括学习资源浏览、学习路径规划、学习推荐、学习记录查询等功能；教师端应用主要包括学生管理、学习资源管理、学习路径规划、学习推荐管理等功能。

（二）平台设计原则

1. 以学生为中心

个性化学习平台的设计应以学生为中心，充分考虑学生的学习需求和兴趣爱好。平台应该为学生提供个性化的学习服务，让学生在学习过程中感受到自己的主体地位，提高学生的学习积极性和主动性。

2. 数据驱动

个性化学习平台的设计应数据驱动，充分利用学生的学习数据为学生提供个性化学习推荐。平台应该通过对学生学习数据的分析和处理，了解学生的学习情况和需求，为学生推荐最适合的学习资源和学习路径。

3. 智能化

个性化学习平台的设计应智能化，充分利用人工智能、大数据等技术为学生提供智能化的学习服务。平台应该具备自动分析学生学习数据、自动推荐学习资源、自动规划学习路径等功能，提高学生的学习效率和学习效果。

4. 开放性

个性化学习平台的设计应开放性，充分考虑与其他教育平台和教育资源的整合。平台应该具备开放的接口和标准，方便与其他教育平台和教育资源进行整合，为学生提供更加丰富的学习资源和学习服务。

（三）平台功能模块

1. 学习资源管理模块

学习资源管理模块主要负责管理平台上的学习资源，包括学习视频、学习文档、练习题、测试题等。该模块应该具备学习资源的上传、下载、编辑、删除等功能，方便教师和学生对学习资源进行管理和使用。

2. 学生管理模块

学生管理模块主要负责管理平台上的学生信息，包括学生的基本信息、学习历史、答题记录、学习行为等。该模块应该具备学生信息的录入、修改、查询、统计等功能，方便教师对学生进行管理和评价。

3. 学习路径规划模块

学习路径规划模块主要负责为学生规划个性化的学习路径。该模块应该根据学生的学习情况和需求，为学生推荐最适合的学习资源和学习顺序，帮助学生高效地完成学习任务。

4. 学习推荐模块

学习推荐模块主要负责为学生推荐个性化的学习资源。该模块应该根据学生的学习历史、答题记录、学习行为等数据，为学生推荐最适合的学习视频、学习文档、练习题、测试题等学习资源，提高学生的学习效率和学习效果。

5. 学习记录查询模块

学习记录查询模块主要负责为学生和教师提供学习记录查询服务。该模块应该具备学生学习记录的查询、统计、分析等功能，方便学生和教师了解学生的学习情况和进步情况。

6. 互动交流模块

互动交流模块主要负责为学生和教师提供互动交流平台。该模块应该具备在线讨论、答疑解惑、作业提交、作业批改等功能，方便学生和教师进行互动交流，提高学生的学习效果和教师的教学质量。

二、基于大数据的个性化学习推荐

（一）数据收集与分析

国内外关于学习者数据收集与分析大多与个案画像联系在一起（表2-1）：

表2-1　学习者画像的数据收集与分析

<table>
<tr><th colspan="2">研究领域</th><th>主要算法</th><th>算法应用</th><th>研究重点</th></tr>
<tr><td rowspan="3">学习者画像构成要素</td><td>学习风格</td><td>Bayesian网络</td><td>高精度检测学生的学习风格</td><td rowspan="3">利用数据挖掘对知识层面进行刻画，反映学习者个性化学习心理和外在表现特征</td></tr>
<tr><td>知识水平</td><td>多层次聚类算法</td><td>对数据进行预处理、挖掘活动数据与认知能力的关联</td></tr>
<tr><td>学习动机</td><td>神经网络和贝叶斯数据简化算法（BDRA）</td><td>对学习者的相关数据进行处理、简化和分类</td></tr>
<tr><td rowspan="3">学习者画像分析技术</td><td>多元分析</td><td>多元性回归分析算法</td><td>探究影响某一因素的多个变量，确定影响学生学业成绩的因素</td><td rowspan="3">利用学习分析技术对个性化学习行为进行构建，确定对学习者成绩的影响因素或对其认知水平进行信息预测</td></tr>
<tr><td>聚类分析</td><td>K-Means聚类算法</td><td>分析学习迁移测试中聚类成员对参与者分数的影响程度</td></tr>
<tr><td>预测分析</td><td>循环神经网络（RNN）算法</td><td>预测学习者认知水平</td></tr>
<tr><td rowspan="3">学习者画像可视化</td><td>数据关联</td><td>Shapelet算法</td><td>分析数据序列的趋势特征，对数据进行同步跟踪，动态关联个性画像数据和知识能力数据</td><td rowspan="3">如何基于数据，利用多种算法将学习者画像以图示的方式对抽象的内部结构加以处理</td></tr>
<tr><td>同步处理</td><td>非递归算法</td><td>处理数据集之中数据间存在的时间关系并同步处理</td></tr>
<tr><td>数据可视化</td><td>Visibility Graph算法</td><td>将动态实时变化的学习者知识能力数据流转化为网络图</td></tr>
</table>

1. 数据收集

基于大数据的个性化学习推荐首先需要收集大量的学生学习数据。这些数据可以包括学生的基本信息、学习历史、答题记录、学习行为等。数据收集可以通过多种方式进行，如在线学习平台、智能教育设备、学习管理系统等。

2. 数据分析

收集到学生学习数据后，需要对这些数据进行分析。数据分析可以采用机器学习算法、数据挖掘算法等技术，对学生的学习数据进行深入挖掘，了解学生的学习情况和需求。例如，可以通过分析学生的答题记录，了解学生对各个知识点的掌握程度；通过分析学生的学习行为，了解学生的学习习惯和兴趣爱好。

（二）推荐算法选择

1. 循环神经网络（RNN）算法

对学习者的认知水平进行信息预测。学习者画像可视化需要进行数据关联、同步处理和数据可视化。基于 Shapelet 算法分析数据序列的趋势特征以及数据间的时序数据，对数据进行同步跟踪，将学习者个性画像数据以及知识能力数据动态关联。也有学者提出了一种利用时间序列数据构造可视化图的有效非递归算法处理数据集之中数据间存在的时间关系，将相应的实时数据进行同步处理。利用 Visibility Graph 算法将动态实时变化的学习者知识能力数据流转化为网络，从而实现学习者画像及个性化知识与能力三维立体图谱的可视化。

2. 内容推荐算法

内容推荐算法是一种基于物品内容的推荐算法，它通过分析物品的内容特征，找到与目标物品内容相似的其他物品，然后根据这些相似物品的推荐为目标物品进行推荐。在个性化学习推荐中，可以采用内容推荐算法，根据学习资源的内容特征，找到与目标学生学习需求相关的学习资源，然后为目标学生进行推荐。

3. 混合推荐算法

混合推荐算法是一种将多种推荐算法进行组合的推荐算法，它可以综合利用不同推荐算法的优点，提高推荐的准确性和效果。在个性化学习推荐中，可以采用混合推荐算法，将协同过滤算法和内容推荐算法进行组合，根据学生的学习历史、答题记录和学习需求，为学生进行个性化学习推荐。

（三）推荐结果展示

1. 学习资源推荐

基于大数据的个性化学习推荐可以为学生推荐个性化的学习资源，如学习视频、学习文档、练习题、测试题等。推荐结果可以根据学生的学习需求和兴趣爱好进行排序，方便学生选择和使用。

2. 学习路径推荐

除了学习资源推荐外，基于大数据的个性化学习推荐还可以为学生推荐个性化的学习路径。学习路径推荐可以根据学生的学习情况和需求，为学生规划最适合的学习顺序和学习进度，帮助学生高效地完成学习任务。

3. 学习建议推荐

基于大数据的个性化学习推荐还可以为学生提供个性化的学习建议，如学习方法、学习技巧、学习时间安排等。学习建议推荐可以根据学生的学习情况和需求，为学生提供有针对性的学习建议，帮助学生提高学习效率和学习效果。

三、个性化学习平台的用户体验

（一）界面设计

1. 简洁明了

个性化学习平台的界面如图 2－4 所示。设计应该简洁明了，方便学生和教师使用。界面应该避免过于复杂的布局和过多的装饰，让用户能够快速找到自己需要的功能和信息。

2. 色彩搭配合理

界面的色彩搭配应该合理，避免过于刺眼或过于暗淡的颜色。色彩搭配应该符合学生的心理特点和审美需求，让用户在使用平台时感到舒适和愉悦。

图 2－4　个性化学习平台界面

3. 图标和文字易于识别

界面上的图标和文字应该易于识别，避免使用过于抽象或模糊的图标和文字。图标和文字的大小和颜色应该适中，让用户能够轻松地看清和理解。

（二）功能操作

1. 操作简单方便

个性化学习平台的功能操作应该简单方便，避免过于复杂的操作流程和繁琐的操作步骤。功能操作应该符合学生的认知水平和操作习惯，让用户能够轻松地完成各种操作。

2. 响应速度快

平台的响应速度应该快，避免出现卡顿或延迟的情况。用户在进行操作时，平台应该能够及时地给出响应，让用户感受到良好的操作体验。

3. 错误提示明确

当用户在操作过程中出现错误时，平台应该给出明确的错误提示，让用户能够快速地找到错误原因并进行纠正。错误提示应该简洁明了，避免使用过于专业或复杂的语言。

（三）学习体验

1. 个性化学习服务

个性化学习平台应该为学生提供个性化的学习服务，让学生在学习过程中感受到自己的主体地位。个性化学习服务可以包括个性化的学习资源推荐、学习路径规划、学习建议推荐等。

2. 互动交流平台

平台应该为学生和教师提供互动交流平台，方便学生和教师进行互动交流。互动交流平台可以包括在线讨论、答疑解惑、作业提交、作业批改等功能。

3. 学习进度跟踪

平台应该为学生提供学习进度跟踪功能，让学生能够随时了解自己的学习情况和进步情况。学习进度跟踪可以包括学习时间统计、学习资源完成情况、测试成绩分析等功能。

四、个性化学习平台成功案例

（一）案例背景

某学生在学习过程中遇到了一些困难，成绩一直不理想。为了提高自己的学习成绩，该学生开始使用个性化学习平台进行学习。

（二）平台使用过程

1. 学习者三维度画像

Alan Cooper（交互设计之父）最早提出了用户画像（Persona）的概念，用来勾画目标用户、进行产品定位、联系用户诉求与设计方向。本文中学习者画像是学习者的标签化，依据学习者的基本属性和学习过程、学习结果特征而抽象出标签化的学习者模型，能够最大限度地表现出学习者的学习需求和偏好，以便应用于推荐个性化学习路径。本文从学习者的基本属性、学习过程和学习结果三个维度设计学习者画像，如图 2－5 所示。

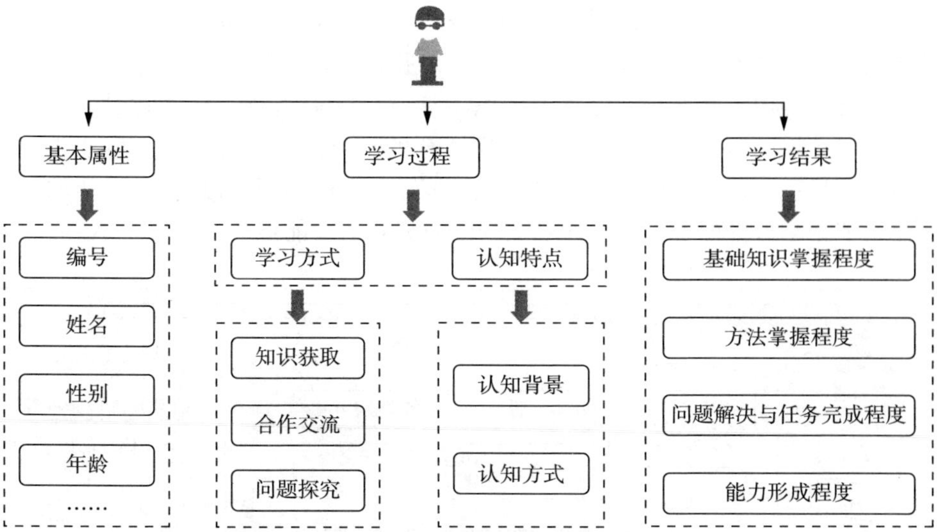

图 2-5 学习者三维度画像

2. 学习路径规划

对该学生的学习历史、答题记录、学习行为等数据进行了收集和分析。通过分析这些数据，平台了解了该学生的学习情况和需求，为该学生制定了个性化的学习路径规划，即针对每个学习者的学习画像，在主流学习路径的基础上，为该学习者匹配适合其个性发展的学习路径。

基于学习者画像的学习路径规划框架如图 2-6 所示。该框架由学习目标、学习内容、学习活动、学习评价四个要素作为基本构成。其中，学习内容与学习活动是学习者实现知识学习与能力达成的具体方式。学习目标是依据学习需求制定的且符合学习者的个体差异，是学习内容与活动安排的重要依据。学习评价包括过程性评价和总结性评价，检验学习内容与活动的安排是否达成了学习目标。此外，还包括学习者、知识图谱、主流学习路径、学习者大数据、学习者画像、个性化学习路径六大部分。学习者画像处于整个框架的核心位置，体现“以学习者为中心”的思想，关注学习者的自身特点与个性差异。学习者通过完成学习任务，经历理解—感悟—探究知识的过程，建立知识汲取与能力显现的实质性联系，构建基础知识体系、问题与任务体系、解决问题与任务的过程中使用的方法体系和最终形成的能力体系，形成知识图谱，并产生学习大数据。学习大数据包括学习过程大数据和学习结果大数据。学习大数据和学习者基本情况大数据构成学习者大数据。依据学习者大数据可建立体现学习者基本属性、学习方式、认知特点、学习结果的学习者画像。其中，基本属性来源于学习者基本情况大数据；学习方式和认知特点来源于学习过程大数据；学习结果的四种程度（基础知识的掌握程度、学习方法的掌握程度、问题解决与任务完成程度、能力形成程度）来源于学习结果大数据。针对学习者画像，在充分考虑学习者基本属性、学习方式、认知背景、认知方式、学习结果的基础上，为学习者匹配适合的学习路径，将学习内容或学习活动适应性呈现。同时，依据学习者的基本信息、知识水平为其推送最佳的学习伙伴；依据学习者的学习方式偏好实现学习方式的智能推荐。

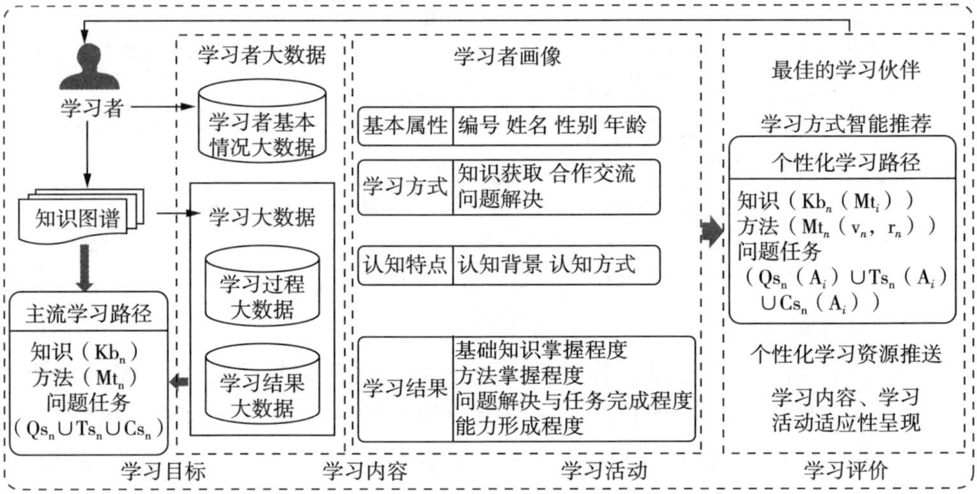

图 2－6　基于学习者画像的学习路径规划框架

3. 互动交流平台

在学习过程中，该学生还可以通过个性化学习平台的互动交流平台与教师和其他学生进行互动交流。互动交流平台可以帮助该学生解决学习中遇到的问题，提高学习效果。

（三）效果分析

1. 成绩大幅提升

通过使用个性化学习平台进行学习，该学生的成绩得到了大幅提升。在使用平台之前，该学生的成绩一直处于中等水平，经过一段时间的学习后，该学生的成绩有了明显的提高，在班级中的排名也上升了很多。

2. 学习兴趣提高

个性化学习平台为该学生提供了个性化的学习服务，让该学生在学习过程中感受到了自己的主体地位。这种个性化的学习服务激发了该学生的学习兴趣，让该学生更加积极地参与到学习中去。

3. 学习习惯改善

在使用个性化学习平台的过程中，该学生逐渐养成了良好的学习习惯。平台为该学生提供了学习进度跟踪功能，让该学生能够随时了解自己的学习情况和进步情况。这种学习进度跟踪功能促使该学生更加自觉地进行学习，提高了学习效率。

五、利用个性化学习平台为特长生定制课程的案例

（一）案例背景

某中学有一些特长生，他们在某些学科或领域具有较高的天赋和潜力。为了更好地培养这些特长生，学校决定利用个性化学习平台为他们定制课程。

（二）平台使用过程

1. 学生需求分析

学校首先对特长生的需求进行了分析。通过与特长生及其家长进行沟通，了解了特长生的兴趣爱好、学习目标、学习进度等情况。同时，学校还对特长生的学习能力和潜力进行了评估，为定制课程提供了依据。

2. 课程定制

根据特长生的需求分析结果，学校利用个性化学习平台为特长生定制了一系列课程。这些课程都是根据特长生的兴趣爱好和学习目标进行定制的，具有很强的针对性和实用性。例如，对于有音乐特长的学生，学校为他们定制了音乐理论、音乐欣赏、乐器演奏等课程；对于有体育特长的学生，学校为他们定制了体育理论、运动训练、体育比赛等课程。

3. 学习资源推荐

在定制课程的同时，学校还利用个性化学习平台为特长生推荐了一系列个性化的学习资源，如学习视频、学习文档、练习题、测试题等。这些学习资源都是根据特长生的学习进度和掌握程度进行推荐的，具有很强的针对性和实用性。

4. 学习进度跟踪

学校还利用个性化学习平台为特长生提供了学习进度跟踪功能，让特长生能够随时了解自己的学习情况和进步情况。同时，学校还为特长生配备了专门的指导教师，指导教师可以根据特长生的学习进度和掌握程度，及时调整课程内容和学习资源推荐，确保特长生能够高效地完成学习任务。

（三）效果分析

1. 特长生培养效果显著

通过利用个性化学习平台为特长生定制课程，学校的特长生培养效果显

著。特长生在自己擅长的领域得到了更加系统和专业的培养，他们的学习兴趣和学习动力得到了极大的提高。同时，特长生的学习成绩和综合素质也得到了明显的提升，为他们的未来发展打下了坚实的基础。

2. 学校教育教学质量提高

利用个性化学习平台为特长生定制课程，不仅提高了特长生的培养效果，也提高了学校的教育教学质量。学校通过为特长生定制课程，探索出了一种新的教育教学模式，这种模式可以为其他学生的培养提供借鉴和参考。同时，学校还通过个性化学习平台与家长进行了更加紧密的沟通和合作，形成了家校共育的良好局面。

第三节　虚拟实验室与教学实践

一、虚拟实验室的技术实现

（一）虚拟现实技术

虚拟现实（Virtual Reality，简称 VR）技术是虚拟实验室的核心技术之一（见图 2-7）。它通过计算机生成一种模拟环境，使用户沉浸其中，如同身临其境一般。在虚拟实验室中，VR 技术可以为学生提供逼真的实验场景，让学生在虚拟环境中进行实验操作。

图 2-7　虚拟现实技术

1. 头戴式显示器

头戴式显示器（Head-Mounted Display，简称 HMD）是 VR 技术的重要设备之一。它可以将计算机生成的虚拟图像呈现在用户眼前，使用户感受到身临其境的效果。在虚拟实验室中，学生可以佩戴 HMD，进入虚拟实验场景，进行实验操作。

2. 手柄和传感器

手柄和传感器是VR技术的另一个重要组成部分。它们可以捕捉用户的手部动作和身体姿势，将其转化为计算机可以识别的信号，从而实现用户与虚拟环境的交互。在虚拟实验室中，学生可以使用手柄和传感器进行实验操作，如抓取实验器材、调节实验参数等。

3. 计算机图形学

计算机图形学是VR技术的基础。它通过计算机生成逼真的三维图形，为用户提供身临其境的视觉体验。在虚拟实验室中，计算机图形学可以为学生提供逼真的实验场景，如实验室设备、实验材料、实验现象等。

（二）增强现实技术

增强现实（Augmented Reality，简称AR）技术是另一种与虚拟实验室相关的技术。它通过将虚拟信息叠加在真实世界中，为用户提供更加丰富的信息和体验。在虚拟实验室中，AR技术可以为学生提供更加直观的实验指导，帮助学生更好地理解实验原理和操作方法。

1. 智能手机和平板电脑

智能手机和平板电脑是AR技术的常见设备之一。它们可以通过摄像头捕捉真实世界的图像，然后将虚拟信息叠加在图像上，呈现给用户。在虚拟实验室中，学生可以使用智能手机或平板电脑，通过扫描实验器材或实验手册上的二维码，获取实验指导和相关信息。

2. 智能眼镜

智能眼镜是一种更加先进的AR设备。它可以将虚拟信息直接呈现在用户眼前，无需使用手机或平板电脑等设备。在虚拟实验室中，学生可以佩戴智能眼镜，进行实验操作，同时获取实时的实验指导和相关信息。

（三）模拟仿真技术

模拟仿真技术是虚拟实验室的另一个重要技术。它通过计算机模拟真实世界的物理现象和过程，为学生提供虚拟实验环境。在虚拟实验室中，模拟仿真技术可以为学生提供安全、高效、低成本的实验环境，让学生在虚拟环境中进行各种实验操作。

1. 物理引擎

物理引擎是模拟仿真技术的核心之一。它可以模拟真实世界的物理规律，如重力、摩擦力、弹力等，为用户提供逼真的物理体验。在虚拟实验室中，物理引擎可以为学生提供逼真的实验环境，让学生在虚拟环境中进行各种物理实验操作。

2. 数学模型

数学模型是模拟仿真技术的另一个重要组成部分。它可以通过数学公式和算法，模拟真实世界的物理现象和过程。在虚拟实验室中，数学模型可以为学生提供更加精确的实验环境，让学生在虚拟环境中进行各种复杂的实验操作。

二、虚拟实验室在不同学科的应用

（一）物理学科

在物理学科中，虚拟实验室可以为学生提供各种物理实验环境，如力学实验、电学实验、光学实验等。学生可以在虚拟环境中进行实验操作，观察实验现象，探索物理规律。

1. 力学实验

在力学实验中，虚拟实验室可以为学生提供各种力学实验环境，如牛顿运动定律实验、万有引力实验、摩擦力实验等。学生可以在虚拟环境中进行实验操作，观察物体的运动状态，探索力学规律。

2. 电学实验

在电学实验中，虚拟实验室可以为学生提供各种电学实验环境，如欧姆定律实验、电路实验、电磁感应实验等。学生可以在虚拟环境中进行实验操作，观察电路的工作状态，探索电学规律。

3. 光学实验

在光学实验中，虚拟实验室可以为学生提供各种光学实验环境，如光的反射实验、光的折射实验、光的干涉实验等。学生可以在虚拟环境中进行实验操作，观察光的传播路径，探索光学规律。

（二）化学学科

在化学学科中，虚拟实验室可以为学生提供各种化学实验环境，如化学反应实验、化学平衡实验、化学分析实验等。学生可以在虚拟环境中进行实验操作，观察实验现象，探索化学规律。

1. 化学反应实验

在化学反应实验中，虚拟实验室可以为学生提供各种化学反应实验环境，如酸碱中和反应实验、氧化还原反应实验、沉淀反应实验等。学生可以在虚拟环境中进行实验操作，观察化学反应的过程，探索化学反应规律。

2. 化学平衡实验

在化学平衡实验中，虚拟实验室可以为学生提供各种化学平衡实验环境，如化学平衡常数实验、化学平衡移动实验等。学生可以在虚拟环境中进行实验操作，观察化学平衡的变化，探索化学平衡规律。

3. 化学分析实验

在化学分析实验中，虚拟实验室可以为学生提供各种化学分析实验环境，如酸碱滴定实验、氧化还原滴定实验、分光光度法实验等。学生可以在虚拟环境中进行实验操作，观察化学分析的过程，探索化学分析方法。

（三）生物学科

在生物学科中，虚拟实验室可以为学生提供各种生物实验环境，如细胞实验、遗传实验、生态实验等。学生可以在虚拟环境中进行实验操作，观察实验现象，探索生命规律。

1. 细胞实验

在细胞实验中，虚拟实验室可以为学生提供各种细胞实验环境，如细胞结构观察实验、细胞分裂实验、细胞培养实验等。学生可以在虚拟环境中进行实验操作，观察细胞的形态结构，探索细胞的生命活动规律。

2. 遗传实验

在遗传实验中，虚拟实验室可以为学生提供各种遗传实验环境，如孟德尔遗传实验、基因突变实验、染色体变异实验等。学生可以在虚拟环境中进行实验操作，观察遗传现象，探索遗传规律。

3. 生态实验

在生态实验中，虚拟实验室可以为学生提供各种生态实验环境，如生态系统结构观察实验、生态系统功能实验、生态系统稳定性实验等。学生可以在虚拟环境中进行实验操作，观察生态系统的组成和结构，探索生态系统的运行规律。

三、虚拟实验室对教学实践的促进作用

（一）提高实验安全性

在传统的实验教学中，一些实验可能存在一定的危险性，如化学实验中的爆炸、燃烧等，物理实验中的高压电、高速运动等。虚拟实验室可以为学生提供安全的实验环境，避免学生在实验过程中受到伤害。

1. 避免危险操作

在虚拟实验室中，学生可以进行各种危险操作，而不会对自己和他人造成伤害。例如，在化学实验中，学生可以进行爆炸实验、燃烧实验等，而不用担心发生危险；在物理实验中，学生可以进行高压电实验、高速运动实验等，而不用担心受到电击或伤害。

2. 模拟事故场景

虚拟实验室还可以模拟各种事故场景，让学生了解事故发生的原因和后果，提高学生的安全意识。例如，在化学实验中，虚拟实验室可以模拟化学药品泄漏、爆炸等事故场景，让学生了解如何正确处理化学事故；在物理实验中，虚拟实验室可以模拟高压电触电、高速运动物体碰撞等事故场景，让学生了解如何正确处理物理事故。

（二）降低实验成本

在传统的实验教学中，一些实验需要昂贵的实验设备和材料，如物理实验中的大型仪器设备、化学实验中的稀有化学药品等。虚拟实验室可以为学生提供低成本的实验环境，降低实验教学的成本。

1. 减少设备和材料的消耗

在虚拟实验室中，学生可以进行各种实验操作，而不需要使用实际的实验设备和材料。这可以减少设备和材料的消耗，降低实验教学的成本。例如，在物理实验中，学生可以使用虚拟实验室进行大型仪器设备的模拟操作，而不需要实际使用这些设备；在化学实验中，学生可以使用虚拟实验室进行稀有化学药品的模拟实验，而不需要实际使用这些药品。

2. 提高设备和材料的利用率

虚拟实验室还可以提高设备和材料的利用率。在传统的实验教学中，一些实验设备和材料可能只能使用一次或几次，然后就需要更换或报废。在虚拟实验室中，这些设备和材料可以反复使用，提高了设备和材料的利用率，降低了实验教学的成本。

（三）增强实验可重复性

在传统的实验教学中，一些实验可能受到各种因素的影响，如实验环境、实验设备、实验人员等，导致实验结果的可重复性较差。虚拟实验室可以为学生提供稳定的实验环境，增强实验的可重复性。

1. 控制实验条件

在虚拟实验室中，学生可以精确地控制实验条件，如温度、湿度、压力、光照等，避免实验结果受到外界因素的影响。这可以提高实验结果的可重复性，让学生更好地理解实验原理和规律。

2. 重复实验操作

虚拟实验室还可以让学生反复进行实验操作，直到得到满意的实验结果。这可以帮助学生更好地掌握实验技能，提高实验操作的准确性和熟练程度。同时，也可以让学生更好地理解实验结果的不确定性，培养学生的科学思维和实验能力。

（四）拓展实验教学内容

在传统的实验教学中，一些实验可能受到实验设备和材料的限制，无法进行。虚拟实验室可以为学生提供丰富的实验教学内容，拓展学生的实验视野。

1. 进行复杂实验

虚拟实验室可以为学生提供进行复杂实验的机会。在传统的实验教学中，一些复杂实验可能需要昂贵的实验设备和材料，或者需要专业的实验人员进行操作，学生很难有机会进行这些实验。在虚拟实验室中，学生可以进行各种复杂实验，如大型物理实验、生物医学实验等，拓展学生的实验视野。

2. 进行前沿实验

虚拟实验室还可以为学生提供进行前沿实验的机会。在传统的实验教学中，一些前沿实验可能还处于研究阶段，没有成熟的实验设备和方法，学生很难有机会进行这些实验。在虚拟实验室中，学生可以进行各种前沿实验，如量子物理实验、基因编辑实验等，了解科学研究的最新进展，激发学生的科学兴趣和创新精神。

四、虚拟实验室教学案例展示

（一）案例背景

某学校在物理实验教学中面临着一些问题，如实验设备不足、实验安全隐患、实验教学内容单一等。为了解决这些问题，学校决定引入虚拟实验室进行物理实验教学（如图 2－8）。

图 2－8 虚拟实验室教学案例

（二）虚拟实验室的建设

1. 硬件设备

学校为虚拟实验室配备了高性能的计算机、头戴式显示器、手柄和传感器等硬件设备。这些设备可以为学生提供逼真的虚拟实验环境，让学生感受到身临其境的效果。

2. 软件平台

学校还为虚拟实验室选择了一款功能强大的虚拟实验软件平台。该软件平台可以为学生提供各种物理实验环境，如力学实验、电学实验、光学实验等。同时，该软件平台还具有良好的交互性和可操作性，让学生可以轻松地进行实验操作。

（三）教学实施过程

1. 实验预习

在进行虚拟实验之前，教师会让学生进行实验预习。学生可以通过观看虚拟实验软件平台提供的实验视频、阅读实验手册等方式，了解实验目的、实验原理、实验步骤和注意事项等内容。

2. 虚拟实验操作

在实验预习完成后，学生可以进入虚拟实验室进行实验操作。学生可以佩戴头戴式显示器，使用手柄和传感器进行实验操作，观察实验现象，记录实验数据。在实验过程中，教师可以通过软件平台对学生进行指导和监控，确保学生正确地进行实验操作。学生直接在“虚拟实验室”完成实验的预习，还可反复操作、不断改正错误操作，真正做到“心中有数”，极大地提高了进入实验室实际操作的能力。

3. 实验报告撰写

在实验操作完成后，学生需要撰写实验报告。学生可以根据自己在虚拟实验中的观察和记录，分析实验结果，总结实验结论，提出实验中存在的问题和改进建议等。教师可以通过软件平台对学生的实验报告进行批改和评价，及时反馈学生的学习情况。

（四）教学效果分析

1. 提高学生学习兴趣

虚拟实验室为学生提供了一种全新的实验教学方式，让学生在虚拟环境中进行实验操作，感受科技的魅力。这种新颖的教学方式可以激发学生的学习兴趣，提高学生的学习积极性和主动性。

2. 增强学生实验能力

在虚拟实验室中，学生可以进行各种物理实验操作，提高自己的实验技能和动手能力。同时，学生还可以通过对实验数据的分析和处理，提高自己的科学思维和实验能力。

3. 拓展学生实验视野

虚拟实验室可以为学生提供丰富的实验教学内容，拓展学生的实验视野。学生可以进行各种复杂实验和前沿实验，了解科学研究的最新进展，激发自己的科学兴趣和创新精神。

4. 提高教学效率和质量

虚拟实验室可以为学生提供安全、高效、低成本的实验环境，让学生在短时间内进行多次实验操作，提高教学效率。同时，虚拟实验室还可以为学生提供个性化的实验教学服务，满足不同学生的学习需求，提高教学质量。

概言之，虚拟实验室作为一种新型的实验教学方式，具有提高实验安全性、降低实验成本、增强实验可重复性、拓展实验教学内容等优点。在教育领域中，虚拟实验室的应用可以为学生提供更加丰富、生动、有趣的实验教学体验，提高学生的学习兴趣和实验能力，促进教育教学的改革和发展。

第四节　AI教师助手的发展

一、AI教师助手的功能模块

（一）教学资源管理

1. 资源收集与整理

AI教师助手能够自动收集和整理各种教学资源，包括教材、课件、教案、试题、教学视频等。它可以从互联网上搜索相关资源，并根据教师的需求进行分类和筛选，为教师提供丰富的教学素材。

2. 资源推荐

根据教师的教学科目、教学进度和学生的学习情况，AI教师助手可以为教师推荐合适的教学资源。例如，当教师准备讲解某个知识点时，助手可以推荐相关的教学视频、案例分析和练习题，帮助教师更好地进行教学。

3. 资源更新与维护

AI教师助手可以定期检查教学资源的有效性和时效性，及时更新和维护资源库。它可以删除过时的资源，添加新的资源，并对资源进行优化和改进，确保教师能够使用到最新、最优质的教学资源。

（二）教学设计辅助

1. 教学目标分析

AI教师助手可以帮助教师分析教学目标，确定教学重点和难点。它可以根据课程标准和学生的实际情况，为教师提供教学目标的建议和指导，帮助教师制定合理的教学计划。

2. 教学方法选择

根据教学目标和教学内容，AI教师助手可以为教师推荐合适的教学方法。它可以分析不同教学方法的优缺点，并结合学生的学习特点和需求，为教师提供最佳的教学方法选择方案。

3. 教学活动设计

AI教师助手可以协助教师设计各种教学活动，如课堂讨论、小组合作、实验探究等。它可以提供教学活动的设计模板和案例，帮助教师更好地组织教学活动，提高学生的参与度和学习效果。

（三）课堂教学支持

1. 智能备课

AI教师助手可以为教师提供智能备课功能，帮助教师快速准备教学内容。它可以根据教师的教学计划和教学资源，自动生成教案和课件，并提供教学建议和注意事项，让教师的备课更加轻松高效。

2. 课堂互动

在课堂教学中，AI教师助手可以为教师提供各种互动工具，如投票、问答、抢答等。它可以帮助教师了解学生的学习情况和需求，提高学生的参与度和学习兴趣。

3. 实时反馈

AI教师助手可以实时监测学生的学习情况，为教师提供及时的反馈和建议。它可以分析学生的答题情况、课堂表现和学习进度，帮助教师调整教学策略，提高教学效果。

（四）学生学习评估

1. 作业批改

AI教师助手可以自动批改学生的作业，包括选择题、填空题、简答题等。它可以快速准确地给出作业的评分和评语，并分析学生的错误原因，为教师提供教学参考。

2. 考试测评

AI教师助手可以协助教师进行考试测评，包括出题、组卷、考试管理和成绩分析等。它可以根据教学目标和学生的学习情况，自动生成试卷，并提供考试分析报告，帮助教师了解学生的学习成果和存在的问题。

3. 学习过程评估

除了作业批改和考试测评外，AI教师助手还可以对学生的学习过程进行评估。它可以分析学生的学习行为、学习时间和学习进度，为教师提供学生的学习画像，帮助教师更好地了解学生的学习情况和需求，为个性化教学提供依据。

（五）教师专业发展

1. 教学反思

AI教师助手可以帮助教师进行教学反思，提供教学反思的模板和问题引导。它可以分析教师的教学过程和学生的学习情况，为教师提供教学反思的建议和改进方向，帮助教师不断提高教学水平。

2. 培训资源推荐

根据教师的专业发展需求，AI教师助手可以为教师推荐合适的培训资源，如在线课程、教学讲座、教学研讨会等。它可以帮助教师了解最新的教育教学理念和方法，提高教师的专业素养和教学能力。

3. 同行交流

AI教师助手可以为教师提供同行交流的平台，让教师可以与其他教师进行交流和分享。它可以组织教学研讨活动、教学案例分享和教学经验交流等，帮助教师拓展教学思路，提高教学质量。

二、AI教师助手的发展现状

（一）技术发展

1. 人工智能技术的应用

随着人工智能技术的不断发展，AI教师助手的功能也在不断增强。目前，AI教师助手主要应用了自然语言处理、机器学习、计算机视觉等人工智能技术，实现了教学资源管理、教学设计辅助、课堂教学支持、学生学习评估和教师专业发展等功能。

2. 大数据分析的应用

AI教师助手还应用了大数据分析技术，对学生的学习数据进行分析和挖掘，为教师提供个性化的教学建议和学习指导。通过大数据分析，AI教师助手可以了解学生的学习情况和需求，为教师提供更加精准的教学服务。

3. 智能硬件的应用

随着智能硬件的不断发展，AI教师助手也开始与智能硬件相结合，为教师提供更加便捷的教学服务。例如，AI 教师助手可以与智能白板、智能投影仪等设备相结合，实现更加智能化的课堂教学（见图 2-9）。

图 2-9　AI 教师助手

（二）市场应用

1. 教育机构的应用

目前，许多教育机构已经开始应用 AI 教师助手，提高教学效率和质量。例如，一些在线教育平台已经推出了 AI 教师助手，为教师提供教学资源管理、教学设计辅助、学生学习评估等功能，帮助教师更好地进行在线教学。

2. 学校的应用

越来越多的学校也开始引入 AI 教师助手，提升教学水平和管理效率。一些学校已经在课堂教学中使用 AI 教师助手，为教师提供课堂互动、实时反馈等功能，提高学生的参与度和学习效果。同时，一些学校也在教师专业发展方面应用 AI 教师助手，为教师提供教学反思、培训资源推荐等功能，帮助教师不断提高教学水平。

3. 个人教师的应用

除了教育机构和学校外，一些个人教师也开始使用 AI 教师助手，提高教学效率和质量。个人教师可以通过下载安装 AI 教师助手的应用程序，随时随地使用助手的功能，为自己的教学工作提供便利。

（三）存在的问题

1. 技术不成熟

虽然 AI 教师助手的技术在不断发展，但目前仍然存在一些技术不成熟的问题。例如，AI 教师助手在自然语言处理、机器学习等方面还存在一定的局限性，不能完全准确地理解和处理教师和学生的语言和行为。此外，AI 教师助手在大数据分析方面也存在一些问题，如数据安全、数据隐私等。

2. 缺乏人性化

AI 教师助手虽然可以为教师提供很多便利，但它缺乏人性化的特点。与人类教师相比，AI 教师助手不能与学生进行情感交流和互动，不能关注学生的情感需求和心理健康。此外，AI 教师助手也不能根据学生的个性特点和学习需求进行个性化的教学，缺乏灵活性和创新性。

3. 成本较高

目前，AI 教师助手的开发和应用成本较高，这限制了它的普及和推广。对于一些教育资源匮乏的地区和学校来说，购买和使用 AI 教师助手可能会面临一定的经济压力。此外，AI 教师助手的维护和更新也需要一定的成本，这也增加了学校和教育机构的负担。

三、AI 教师助手的未来展望

（一）技术发展趋势

1. 智能化程度不断提高

随着人工智能技术的不断发展，AI 教师助手的智能化程度将不断提高。它将能够更加准确地理解和处理教师和学生的语言和行为，为教师和学生提供更加精准的教学服务。同时，AI 教师助手也将能够更加灵活地适应不同的教学场景和教学需求，为教师和学生提供更加个性化的教学服务（见图 2 - 10）。

图 2 - 10　教师助手的未来展望

2. 与教育教学深度融合

未来，AI教师助手将与教育教学深度融合，成为教育教学的重要组成部分。它将不仅仅是一个工具，而是能够与教师和学生进行深度互动和合作，共同促进教育教学的发展。例如，AI教师助手可以与教师一起进行教学设计和教学反思，为教师提供更加专业的教学建议和指导。

3. 多模态交互技术的应用

随着多模态交互技术的不断发展，AI教师助手将能够实现更加自然和便捷的交互方式。它可以通过语音、图像、手势等多种方式与教师和学生进行交互，提高交互的效率和质量。例如，教师可以通过语音指令让AI教师助手播放教学视频、展示课件等，学生可以通过手势操作让AI教师助手回答问题、进行互动等。

（二）市场发展趋势

1. 普及化程度不断提高

随着技术的不断发展和成本的不断降低，AI教师助手的普及化程度将不断提高。它将不仅仅应用于教育机构和学校，还将逐渐普及到个人教师和家庭教学中。同时，AI教师助手也将逐渐覆盖到各个学科和各个年龄段的教学中，为更多的教师和学生提供服务。

2. 个性化服务成为主流

未来，AI教师助手将更加注重个性化服务，为教师和学生提供更加精准的教学服务。它将可以根据教师和学生的个性特点、学习需求和学习进度，为他们提供个性化的教学资源、教学方法和学习指导。同时，AI教师助手也将可以根据教师和学生的反馈和评价，不断优化和改进自己的服务，提高服务的质量和满意度。

3. 与其他教育技术融合发展

AI教师助手将与其他教育技术融合发展，形成更加完善的教育教学解决方案。例如，它可以与虚拟现实、增强现实、智能硬件等技术相结合，为教师和学生提供更加丰富和生动的教学体验。同时，AI教师助手也可以与在线教育平台、教育管理系统等相结合，实现教育教学的全流程管理和服务。

四、AI教师助手应用实例

（一）案例背景

李老师是一位中学语文教师，他在教学过程中一直面临着备课时间长、教学资源不足等问题。为了提高备课效率和教学质量，他开始尝试使用AI教师助手。

（二）AI教师助手的使用过程

1. 教学资源管理

李老师通过AI教师助手的资源收集与整理功能，快速找到了与教学内容相关的教材、课件、教案、试题和教学视频等资源。助手还根据他的教学进度和学生的学习情况，为他推荐了一些合适的教学资源，如拓展阅读材料、写作范文等。这些资源丰富了他的教学内容，提高了教学的趣味性和吸引力。

2. 教学设计辅助

在进行教学设计时，李老师利用AI教师助手的教学目标分析功能，确定了本节课的教学重点和难点。助手还为他推荐了一些适合的教学方法，如小组讨论、角色扮演等。在设计教学活动时，李老师参考了助手提供的教学活动设计模板和案例，设计了一个生动有趣的课堂讨论活动，让学生在讨论中深入理解课文内容（见图2-11）。

图2-11　教学设计辅助

3. 智能备课

在备课过程中，李老师使用了AI教师助手的智能备课功能。助手根据他的教学计划和教学资源，自动生成了一份教案和课件。教案内容详细，包括教学目标、教学重难点、教学方法、教学过程和教学反思等。课件制作精美，包含了图片、视频、音频等多种元素，让教学更加生动形象。李老师在助手生成的教案和课件的基础上进行了适当的修改和完善，大大提高了备课效率。

4. 课堂教学支持

在课堂教学中，李老师利用AI教师助手的课堂互动功能，组织了一次小组讨论活动。学生们通过手机或平板电脑参与讨论，发表自己的观点和想法。

助手实时监测学生的讨论情况，为李老师提供了学生的发言记录和讨论热点分析。李老师根据这些信息，及时调整教学策略，引导学生深入思考问题。同时，助手还为李老师提供了实时反馈功能，让他了解学生的学习情况和掌握程度。在教学过程中，李老师根据助手的反馈信息，及时调整教学进度和难度，确保每个学生都能跟上教学节奏。

5. 学生学习评估

课后，李老师使用 AI 教师助手的作业批改功能，快速批改了学生的作业。助手自动给出了作业的评分和评语，并分析了学生的错误原因。李老师根据这些信息，了解了学生对本节课知识的掌握情况，为下一次教学提供了参考。同时，助手还为李老师提供了学生的学习过程评估报告，让他了解学生的学习行为、学习时间和学习进度等情况。李老师根据这些信息，对学生进行了个性化的学习指导，帮助学生提高学习效果。

（三）效果分析

1. 提高备课效率

通过使用 AI 教师助手，李老师的备课时间大大缩短。助手为他提供了丰富的教学资源和教学设计辅助，让他能够快速准备教学内容。同时，助手的智能备课功能也让他省去了很多繁琐的工作，提高了备课效率。

2. 丰富教学内容

AI 教师助手为李老师提供了大量的教学资源，如教材、课件、教案、试题和教学视频等。这些资源丰富了他的教学内容，提高了教学的趣味性和吸引力。同时，助手还为他推荐了一些拓展阅读材料和写作范文等，让学生能够更好地理解课文内容，提高语文素养。

3. 提高学生参与度

在课堂教学中，李老师利用 AI 教师助手的课堂互动功能，组织了小组讨论活动。学生们通过手机或平板电脑参与讨论，发表自己的观点和想法。这种互动方式提高了学生的参与度和学习兴趣，让学生更加积极地参与到课堂教学中来。

4. 个性化教学

AI 教师助手为李老师提供了学生的学习过程评估报告，让他了解学生的学习行为、学习时间和学习进度等情况。李老师根据这些信息，对学生进行了个性化的学习指导，帮助学生提高学习效果。这种个性化教学方式满足了不同学生的学习需求，提高了教学质量。

五、利用 AI 教师助手弥补师资不足的案例

（一）案例背景

某乡村学校地处偏远地区，师资力量薄弱，教学资源匮乏。为了提高教

学质量，学校决定引入 AI 教师助手，弥补师资不足的问题。

（二）AI 教师助手的使用过程

1. 教学资源管理

AI 教师助手为学校提供了丰富的教学资源，包括教材、课件、教案、试题和教学视频等。这些资源涵盖了各个学科和各个年级，满足了学校的教学需求。同时，助手还根据学校的教学进度和学生的学习情况，为教师推荐了一些合适的教学资源，如拓展阅读材料、实验视频等。这些资源丰富了教师的教学内容，提高了教学的趣味性和吸引力。

2. 教学设计辅助

在进行教学设计时，教师们利用 AI 教师助手的教学目标分析功能，确定了本节课的教学重点和难点。助手还为他们推荐了一些适合的教学方法，如直观教学法、探究式教学法等。在设计教学活动时，教师们参考了助手提供的教学活动设计模板和案例，设计了一些生动有趣的课堂教学活动，如小组合作学习、角色扮演等。这些活动提高了学生的参与度和学习兴趣，让课堂教学更加生动活泼。

3. 课堂教学支持

在课堂教学中，教师们利用 AI 教师助手的智能备课功能，快速准备了教学内容。助手根据教师的教学计划和教学资源，自动生成了一份教案和课件。教案内容详细，包括教学目标、教学重难点、教学方法、教学过程和教学反思等。课件制作精美，包含了图片、视频、音频等多种元素，让教学更加生动形象。教师们在助手生成的教案和课件的基础上进行了适当的修改和完善，大大提高了备课效率。同时，助手还为教师们提供了课堂互动功能，如投票、问答、抢答等。这些互动方式提高了学生的参与度和学习兴趣，让课堂教学更加生动活泼。

4. 学生学习评估

课后，教师们使用 AI 教师助手的作业批改功能，快速批改了学生的作业。助手自动给出了作业的评分和评语，并分析了学生的错误原因。教师们根据这些信息，了解了学生对本节课知识的掌握情况，为下一次教学提供了参考。同时，助手还为教师们提供了学生的学习过程评估报告，让他们了解学生的学习行为、学习时间和学习进度等情况。教师们根据这些信息，对学生进行了个性化的学习指导，帮助学生提高学习效果。

5. 教师专业发展

AI 教师助手还为教师们提供了教师专业发展的支持。助手为教师们推荐了一些在线课程、教学讲座和教学研讨会等培训资源，帮助教师们了解最新的教育教学理念和方法，提高教师的专业素养和教学能力。同时，助手还为教师们提供了教学反思的模板和问题引导，帮助教师们进行教学反思，不断提高教学水平。

（三）效果分析

1. 提高教学质量

通过使用 AI 教师助手，乡村学校的教学质量得到了显著提高。助手为教师们提供了丰富的教学资源和教学设计辅助，让教师们能够更好地进行教学。同时，助手的课堂教学支持和学生学习评估功能也让教师们能够更加了解学生的学习情况，及时调整教学策略，提高教学效果。

2. 弥补师资不足

AI 教师助手的引入，有效地弥补了乡村学校师资不足的问题。助手可以为教师们提供教学资源管理、教学设计辅助、课堂教学支持和学生学习评估等功能，让教师们能够更加轻松地进行教学。同时，助手还可以为学生们提供个性化的学习指导，满足不同学生的学习需求。

3. 促进教育公平

乡村学校利用 AI 教师助手，提高了教学质量，缩小了与城市学校的差距，促进了教育公平。同时，助手为教师们提供的教师专业发展支持也让乡村教师能够不断提高自己的教学水平，为乡村教育的发展做出更大的贡献。

概言之，AI 教师助手作为一种新兴的教育技术，具有很多优势和潜力。它可以为教师提供教学资源管理、教学设计辅助、课堂教学支持、学生学习评估和教师专业发展等功能，帮助教师提高备课效率、丰富教学内容、提高学生参与度。

第三章　AI时代的个性化教育模式

在AI时代，个性化教育成为教育发展的重要方向。本章围绕个性化教育展开，介绍了基于数据分析的学生画像，包括数据采集方法、构建过程及应用场景等；个性化学习路径规划，涵盖学习目标设定、生成算法及动态调整机制等；还阐述了自适应学习系统的构建，如原理架构、内容适配机制及效果评估等，并通过多个案例加以说明。

第一节　基于数据分析的学生画像

一、数据采集的方法与渠道

（一）学习管理系统数据

1. 课程参与记录

学习管理系统可以记录学生在课程中的参与情况，包括登录次数、在线时长、课程进度等。这些数据可以反映学生的学习积极性和投入程度。例如，一个经常登录学习管理系统并花费大量时间学习的学生，可能表现出较高的学习热情和自律性。

2. 作业与考试成绩

学生在学习管理系统中提交的作业和参加的考试成绩是重要的数据来源。这些成绩可以反映学生对知识的掌握程度和学习能力。通过分析不同学科的作业和考试成绩，还可以了解学生的学科优势和劣势。

3. 讨论区互动

学习管理系统中的讨论区是学生交流和互动的场所。学生在讨论区的发言次数、回复他人的情况以及提出的问题质量等数据，可以反映学生的思维活跃程度、合作能力和学习态度。例如，积极参与讨论并提出有深度问题的学生，可能具有较强的批判性思维和求知欲。

(二) 智能教学辅助工具数据

1. 智能辅导软件记录

智能辅导软件可以记录学生的学习过程和行为。例如，学生在软件上的答题时间、错误类型、知识点掌握情况等数据，可以帮助教师了解学生的学习难点和薄弱环节。同时，软件还可以根据学生的学习情况提供个性化的学习建议和练习题目。

2. 智能作业批改系统数据

智能作业批改系统可以快速批改学生的作业，并提供详细的反馈和分析。系统可以记录学生的作业完成时间、正确率、错误原因等数据，这些数据可以帮助教师了解学生的学习进度和问题所在，及时调整教学策略。

3. 智能教学资源推荐平台数据

智能教学资源推荐平台可以根据学生的学习需求和兴趣爱好为其推荐个性化的学习资源。平台可以记录学生对不同资源的浏览次数、收藏情况、评价等数据，这些数据可以反映学生的学习兴趣和偏好，为教师提供教学资源选择的参考。

(三) 校园信息化系统数据

1. 图书馆借阅记录

学生在图书馆的借阅记录可以反映他们的阅读兴趣和学习需求。通过分析学生借阅的书籍类型、数量和频率等数据，可以了解学生的知识储备和学习方向。例如，经常借阅专业书籍的学生，可能对该学科有较高的兴趣和深入学习的需求。

2. 校园卡消费记录

校园卡消费记录可以提供学生的生活习惯和行为模式信息。例如，学生在食堂的消费时间和金额可以反映他们的饮食习惯和生活规律；在校园商店的消费记录可以了解他们的兴趣爱好和消费倾向。虽然这些数据与学习直接关系不大，但可以从侧面反映学生的生活状态和心理状态，为全面了解学生提供参考。

3. 考勤记录

学生的考勤记录可以反映他们的学习态度和纪律性。频繁缺勤的学生可能存在学习动力不足或其他问题，需要教师关注和引导。同时，考勤记录也可以与学生的学习成绩进行关联分析，了解出勤情况对学习成绩的影响。

(四) 在线学习平台数据

1. 视频观看记录

在线学习平台上的视频观看记录可以反映学生的学习进度和重点关注的

内容。例如，学生反复观看某些视频片段可能表明他们对该部分内容理解困难，需要教师进行重点讲解或提供额外的学习资源。

2. 在线测试成绩

在线学习平台通常会提供各种测试和评估，学生的在线测试成绩可以反映他们对知识的掌握程度和学习效果。与传统考试成绩相比，在线测试成绩可以更及时地反馈学生的学习情况，为教师调整教学提供依据。

3. 互动交流记录

在线学习平台上的互动交流记录包括学生在论坛、讨论组中的发言、提问和回复等。这些记录可以反映学生的学习积极性、合作能力和思维活跃度，积极参与互动交流的学生可能更容易获得学习上的帮助和进步。

二、学生画像的构建过程

（一）数据清洗与整合

1. 去除无效数据

在采集到的数据中，可能存在一些无效数据，如重复数据、错误数据或不完整数据。这些数据会影响学生画像的准确性，因此需要进行清洗和去除。例如，对于重复的作业提交记录，可以只保留其中一份；对于明显错误的考试成绩，可以进行核实和修正；对于不完整的考勤记录，可以通过其他渠道进行补充或标记为缺失值。

2. 数据格式转换

不同来源的数据可能采用不同的格式和单位，需要进行格式转换和统一。例如，将学习时间从小时转换为分钟，将成绩从百分制转换为等级制等。这样可以方便后续的数据处理和分析。

3. 数据整合

将来自不同渠道的数据进行整合，形成一个完整的学生数据集。可以通过数据仓库或数据库管理系统进行数据整合，确保数据的一致性和完整性。例如，将学习管理系统中的成绩数据、智能辅导软件中的答题记录和校园卡消费记录等进行整合，为学生画像提供全面的数据支持。如图 3 - 1 所展示的是学生画像构建中数据清洗与整合的环节。最终形成完整的数据集，为画像构建提供全面准确的数据。

（二）特征提取与选择

1. 学习行为特征

从学生的学习数据中提取学习行为特征，如学习时间分布、作业完成情况、考试成绩波动等，这些特征可以反映学生的学习习惯、努力程度和学习效果。例如，一个学生经常在晚上学习，可能说明他有较好的自律性和时间管理能力；一个学生的作业完成质量高但考试成绩不稳定，可能需要教师关注他的应试技巧和心理状态。

图 3-1-1　收集数据

图 3-1-2　数据清洗

图 3-1-3　数据分析

图 3-1-4　画像构建完成

图 3-1　学生画像的构建过程

2. 兴趣爱好特征

通过分析学生的图书馆借阅记录、在线学习平台的视频观看记录和互动交流内容等，可以提取学生的兴趣爱好特征。例如，一个学生经常借阅文学书籍并在在线学习平台上观看文学讲座视频，可能表明他对文学有浓厚的兴趣。

3. 社交行为特征

学生在校园中的社交行为也可以作为学生画像的一部分。例如，学生参加社团活动的情况、与同学的互动频率等可以反映他们的社交能力和团队合作精神。同时，社交行为也可能对学生的学习产生影响，如与学习成绩好的同学互动较多的学生可能更容易获得学习上的帮助和进步。

4. 特征选择

在提取到大量特征后，需要进行特征选择，选择对学生画像最有价值的特征。可以采用特征重要性评估方法，如随机森林、主成分分析等，确定每个特征的重要性程度。然后，选择重要性较高的特征进行学生画像的构建，以提高画像的准确性和有效性。

（三）聚类分析画像模型构建

聚类分析画像模型构建是一个细致且系统化的过程，旨在深入探索学生数据的内在结构，以支持更加精准和个性化的教学策略。该过程始于学习者基本属性的全面收集与整理，这些属性包括但不限于学习者编号（ID）、姓名（Name）、年龄（Age）、性别（Gen）、学科（Sub）及学段（Sec），它们共同构成了学习者特征的全息图谱。

首先，为每个学习者分配一个独一无二的编号（ID），确保数据的可追溯性与管理的便捷性。随后，通过数据收集系统，汇集每位学习者的姓名、年龄、性别、学习科目及当前学段等关键信息，构建出一个庞大的目标信息库 D，该库以学习者 ID 为索引，包含了 n 个学习者的详细资料。

在聚类分析阶段，选取年龄、性别、学科及学段作为四个主要的聚类维度，即聚类中心矢量｛Age，Gen，Sub，Sec｝。采用 K-Means 算法作为核心聚类工具，该算法通过迭代计算每个学习者信息与各聚类中心之间的相似度（如欧氏距离），将学习者分配至与其最相似的聚类中心所在的簇中。这一过程确保了每个簇内的学习者在某一或某几个特征上具有较高的相似性。

具体而言，对于 D 中的每一个学习者 ID，算法会评估其与四个聚类中心（Age、Gen、Sub、Sec）的相似度，并将该学习者归入相似度最高的聚类中心所对应的簇中。例如，若某学习者在年龄上与某聚类中心高度相似，则会被归入以该年龄为中心的簇 N（Age）中，以此类推，形成 N（Gen）、N（Sub）、N（Sec）等多个簇向量。

随着聚类的深入，可能需要对簇进行进一步的合并或调整，以优化聚类效果。特别是在最后阶段，通过比较各簇之间的相似度，将最相似的两个簇合并成一个更大的集群，直至所有学习者数据都被合理地分配到各个集群中。这一过程不仅揭示了学习者群体内部的相似性与差异性，还为教育工作者提供了宝贵的洞察，以指导教学资源的优化配置和个性化教学策略的制定。最终，聚类结果可通过可视化图表（如图 3－2 所示）直观呈现，便于理解与分析。

（四）画像评估与优化

1. 准确性评估

通过与实际情况进行对比，评估学生画像的准确性。可以选择一部分学生进行详细的调查和分析，比较学生画像与实际情况的差异。如果发现画像存在偏差，可以通过调整数据采集方法、特征选择和模型参数等方式进行优化。

2. 有效性评估

评估学生画像在教学中的有效性。可以通过实施个性化教学方案，观察学生的学习成绩、学习兴趣和学习动力等方面的变化，判断学生画像是否对教学产生了积极的影响。如果发现画像的有效性不足，可以进一步改进画像的构建方法和应用策略。

3. 持续优化

学生画像不是一次性构建完成的，需要随着时间的推移和数据的积累进行持续优化。学生数据可以定期更新，重新进行特征提取和模型构建，以确保学生画像的准确性和有效性。同时，也可以根据教学实践中的反馈和经验，不断改进画像的应用策略和方法，如图 3 - 2 所示。

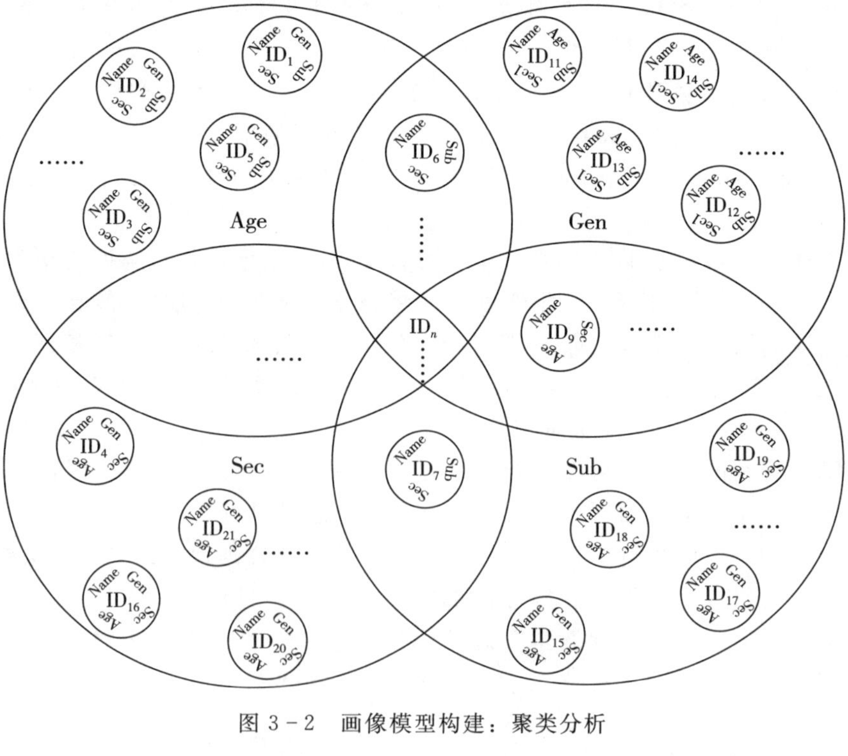

图 3 - 2　画像模型构建：聚类分析

三、学生画像的应用场景

（一）个性化学习推荐

1. 学习资源推荐

根据学生画像中的学习行为、兴趣爱好和知识掌握程度等特征，为学生推荐个性化的学习资源。例如，对于一个对数学有浓厚兴趣但在几何部分存在困难的学生，可以推荐几何相关的教学视频、练习题和学习资料。这样可以提高学生的学习兴趣和效率，满足他们的个性化学习需求。

2. 学习路径规划

基于学生画像，为学生制定个性化的学习路径。根据学生的学习目标、现有知识水平和学习能力，规划最适合他们的学习顺序和进度。例如，对于一个准备参加高考的学生，可以根据他的学科优势和劣势，制定针对性的复习计划，合理分配学习时间，提高复习效果。

3. 学习伙伴推荐

通过分析学生画像中的社交行为和兴趣爱好等特征，为学生推荐合适的学习伙伴。具有相似学习目标和兴趣爱好的学生可以组成学习小组，相互交流、合作学习，提高学习效果。同时，学习伙伴之间的互动也可以激发学生的学习动力和积极性。

（二）教学策略调整

1. 差异化教学

根据学生画像中的不同类型和特点，教师可以采用差异化的教学策略。对于学习成绩优秀的学生，可以提供更高难度的学习任务和挑战，激发他们的学习潜力；对于学习努力但成绩一般的学生，可以加强个别辅导和学习方法指导，帮助他们提高学习效率；对于学习动力不足的学生，可以通过激励机制和心理疏导，提高他们的学习积极性。

2. 精准教学干预

通过学生画像，教师可以及时发现学生在学习中存在的问题和困难，并进行精准的教学干预。例如，对于一个在某个知识点上反复出错的学生，教师可以进行针对性的讲解和练习，帮助他克服困难；对于一个学习态度不端正的学生，教师可以进行思想教育和心理辅导，引导他树立正确的学习态度。

3. 教学资源优化

根据学生画像中的学习需求和兴趣爱好，教师可以优化教学资源的选择和配置。例如，对于一个对实验教学感兴趣的班级，可以增加实验课程的比例和难度；对于一个喜欢多媒体教学的学生群体，可以制作更多的教学视频和动画，提高教学的趣味性和吸引力。

（三）教育管理决策

1. 学生评价与选拔

学生画像可以为学生评价和选拔提供更加全面和客观的依据。传统的学生评价主要基于考试成绩，而学生画像可以综合考虑学生的学习行为、兴趣爱好、社交能力等多方面因素，更准确地反映学生的综合素质和潜力。在学生选拔中，如奖学金评定、优秀学生评选等，学生画像可以帮助决策者更好地了解学生的实际情况，做出更加公正和合理的决策。

2. 班级管理与排课

学生画像可以为班级管理和排课提供参考。通过分析学生的学习行为和兴趣爱好等特征，可以将具有相似特点的学生组成班级，提高班级管理的效率和效果。同时，也可以根据学生的学习需求和时间安排，合理安排课程表，避免课程冲突，提高学生的学习满意度。

3. 教育资源分配

学生画像可以帮助教育管理者更加合理地分配教育资源。根据不同地区、学校和学生群体的需求和特点，有针对性地分配师资、教学设备、图书资料等教育资源，提高资源的利用效率和教育公平性。例如，对于一个贫困地区的学校，可以根据学生画像中的学习需求，优先分配一些基础学科的教学资源；对于一个艺术特色学校，可以加大对艺术教育资源的投入。

四、学生画像案例解读

（一）案例背景

某中学为了提高教学质量，决定引入学生画像技术，为学生定制个性化学习方案。学校希望通过了解每个学生的学习特点和需求，提供更加精准的教学服务，激发学生的学习兴趣和潜力。

（二）数据采集与分析

1. 数据采集

学校通过学习管理系统、智能作业批改系统、在线学习平台等渠道，收集了学生的学习成绩、作业完成情况、在线测试成绩、视频观看记录、互动交流记录等数据。同时，还通过问卷调查和访谈等方式，了解了学生的学习兴趣、学习目标、学习习惯等方面的信息。

2. 数据分析

学校采用数据清洗、特征提取和画像模型构建等方法，对采集到的数据进行分析和处理。首先，去除无效数据和进行数据格式转换，确保数据的准确性和一致性。然后，提取学生的学习行为、兴趣爱好和社交行为等特征，并进行特征选择，选择对学生画像最有价值的特征。最后，使用聚类分析和分类算法等画像模型，构建学生画像，如图 3-3 所示。

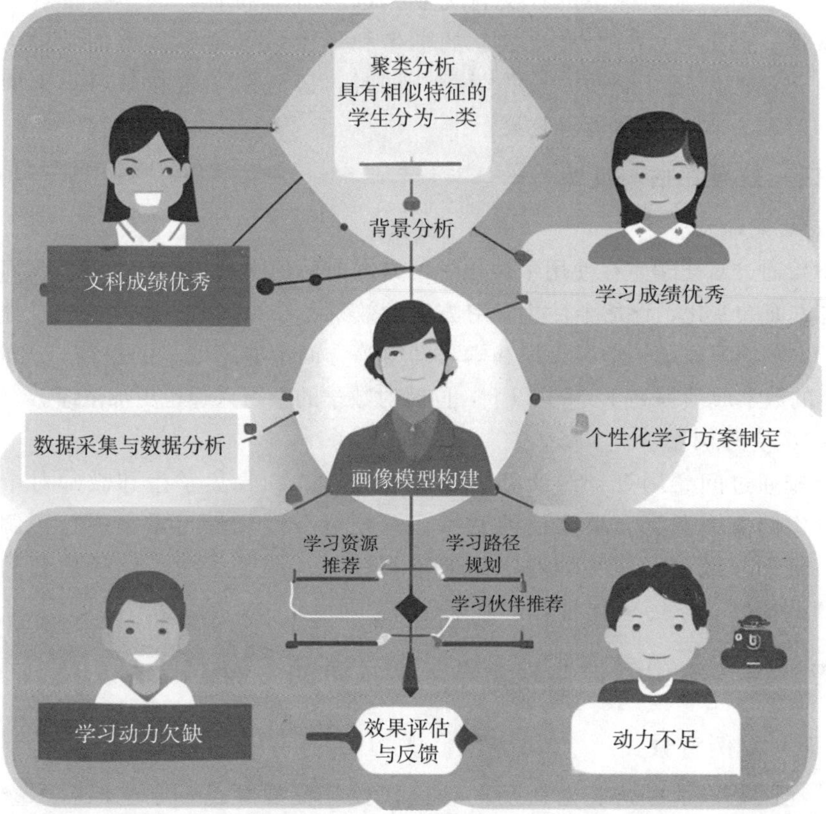

图 3-3　学生画像

（三）个性化学习方案制定

1. 学习资源推荐

根据学生画像中的学习行为和知识掌握程度等特征，为学生推荐个性化的学习资源。例如，对于一个在数学函数部分存在困难的学生，推荐了一些函数相关的教学视频、练习题和学习资料。同时，还根据学生的兴趣爱好，为他推荐了一些数学趣味故事和数学竞赛活动，提高他的学习兴趣。

2. 学习路径规划

基于学生画像中的学习目标和现有知识水平等特征，为学生制定个性化的学习路径。例如，对于一个准备参加中考的学生，根据他的学科优势和劣势，制定了针对性的复习计划。在复习过程中，先重点复习薄弱学科，然后逐步提高难度，进行综合复习。同时，还为他安排了一些模拟考试和错题分析，帮助他及时发现问题并进行改进。

3. 学习伙伴推荐

通过分析学生画像中的社交行为和兴趣爱好等特征，为学生推荐合适的学习伙伴。例如，将一个喜欢数学的学生和一个数学成绩优秀的学生组成学习小组，让他们相互交流、合作学习。同时，还鼓励学生在学习小组中分享学习经验和心得，提高学习效果。

（四）效果评估与反馈

1. 效果评估

学校通过对比学生在使用个性化学习方案前后的学习成绩、学习兴趣和学习动力等方面的变化，评估个性化学习方案的效果。结果发现，使用个性化学习方案的学生在学习成绩、学习兴趣和学习动力等方面都有了明显的提高。例如，一些学生的数学成绩提高了20分以上，同时对数学的学习兴趣也更加浓厚。

2. 反馈与调整

学校通过问卷调查、访谈和在线反馈等方式，收集学生和教师对个性化学习方案的反馈意见。根据反馈意见，学校对个性化学习方案进行了调整和优化。例如，增加了一些学习资源的推荐种类，调整了学习路径规划的难度和进度，提高了学习伙伴推荐的准确性等。

五、通过学生画像实现精准教育扶贫的案例

（一）案例背景

某地区是一个经济相对落后的地区，教育资源匮乏，学生的学习条件和学习成绩普遍较差。为了实现精准教育扶贫，提高该地区的教育质量，当地政府决定引入学生画像技术，了解学生的学习需求和困难，为他们提供个性化的教育支持。

（二）数据采集与分析

1. 数据采集

当地政府通过学校、家庭和社会等渠道，收集了学生的家庭背景、学习成绩、学习行为、兴趣爱好等方面的数据。同时，还组织了志愿者对贫困学生进行家访，了解他们的生活情况和学习困难。

2. 数据分析

政府采用数据清洗、特征提取和画像模型构建等方法，对采集到的数据进行分析和处理。首先，去除无效数据和进行数据格式转换，确保数据的准

确性和一致性。然后，提取学生的家庭背景、学习行为和兴趣爱好等特征，并进行特征选择，选择对学生画像最有价值的特征。最后，使用聚类分析和分类算法等画像模型，构建学生画像。

（三）精准教育扶贫措施制定

1. 个性化学习支持

根据学生画像中的学习需求和困难，为学生提供个性化的学习支持。例如，对于一个家庭经济困难但学习成绩优秀的学生，提供奖学金和学习资料支持；对于一个学习动力不足但对艺术有兴趣的学生，提供艺术培训和比赛机会，激发他的学习兴趣。

2. 家庭教育指导

通过分析学生画像中的家庭背景和家长教育水平等特征，为家长提供个性化的家庭教育指导。例如，对于一个家长教育水平较低的家庭，组织家庭教育讲座和培训，提高家长的教育意识和教育能力；对于一个留守儿童家庭，建立关爱机制，定期与家长沟通，了解孩子的学习情况和生活情况。

3. 教师培训与支持

根据学生画像中的学习需求和困难，为教师提供个性化的培训和支持。例如，对于一个学生数学基础薄弱的班级，组织数学教师参加数学教学方法培训，提高教师的教学水平；对于一个学生学习动力不足的班级，组织教师参加心理辅导培训，提高教师的心理辅导能力。

（四）效果评估与持续改进

1. 效果评估

当地政府通过对比学生在实施精准教育扶贫措施前后的学习成绩、学习兴趣和学习动力等方面的变化，评估精准教育扶贫的效果。结果发现，实施精准教育扶贫措施后，学生的学习成绩、学习兴趣和学习动力等方面都有了明显的提高。例如，一些贫困学生的学习成绩从班级下游上升到了中游水平，同时对学习的兴趣也更加浓厚。

2. 持续改进

政府根据效果评估的结果，对精准教育扶贫措施进行持续改进。例如，增加对贫困学生的资助力度，扩大教育资源的覆盖范围，提高教师培训的质量和效果等。同时，政府还加强了对精准教育扶贫工作的监督和管理，确保各项措施得到有效落实。

概言之，基于数据分析的学生画像技术在教育领域具有广泛的应用前景。通过采集和分析学生的学习数据，可以构建准确、全面的学生画像，为个性化学习推荐、教学策略调整和教育管理决策提供有力支持。同时，学生画像技术也可以在精准教育扶贫等方面发挥重要作用，帮助贫困地区的学生获得更好的教育机会和发展前景。

第二节　个性化学习路径规划

一、学习目标的设定与分析

（一）学习目标的重要性

学习目标是学生学习的导向和动力源泉。明确的学习目标能够帮助学生集中注意力，提高学习效率，增强学习的成就感。对于教师而言，了解学生的学习目标有助于制定个性化的教学计划，满足学生的不同需求。

1. 激发学习动力

当学生明确自己的学习目标时，他们会更有动力去努力学习。学习目标可以是短期的，如完成一次作业或通过一次考试；也可以是长期的，如掌握一门外语或获得某个专业证书。无论目标的大小，只要学生对其有清晰的认识，就能够激发他们的学习热情。

2. 提高学习效率

有了明确的学习目标，学生可以更有针对性地进行学习。他们可以根据目标选择合适的学习资源和方法，避免在无关的内容上浪费时间。同时，学习目标还可以帮助学生制定合理的学习计划，合理分配时间和精力，提高学习效率。

3. 增强学习成就感

当学生实现自己的学习目标时，会获得一种成就感。这种成就感可以进一步激发他们的学习动力，促使他们设定更高的目标，不断挑战自我。同时，学习成就感也可以增强学生的自信心，提高他们的学习兴趣。

（二）学习目标的设定方法

1. 基于学生兴趣爱好

学生的兴趣爱好是设定学习目标的重要依据之一。如果学生对某个领域有浓厚的兴趣，那么他们会更愿意投入时间和精力去学习。教师可以通过与学生交流、观察学生的行为等方式，了解学生的兴趣爱好，然后根据这些兴趣爱好为学生设定相应的学习目标。

2. 结合学科要求

学习目标还应该结合学科的要求来设定。教师可以根据教学大纲和课程标准，确定学生在各个学科领域应该掌握的知识和技能，然后将这些要求转化为具体的学习目标。例如，在数学学科中，学生可能需要掌握代数、几何、统计等方面的知识和技能，教师可以根据这些要求为学生设定相应的学习目标。

3. 考虑学生个体差异

每个学生的学习能力、学习进度和学习需求都有所不同，因此学习目标的设定也应该考虑学生的个体差异。教师可以通过对学生进行评估，了解学生的学习水平和潜力，然后为学生设定适合他们的学习目标。对于学习能力较强的学生，可以设定更高的学习目标，挑战他们的极限；对于学习困难的学生，可以设定相对较低的学习目标，帮助他们逐步提高。

（三）学习目标的分析方法

1. 分解学习目标

将学习目标分解为具体的子目标，可以帮助学生更好地理解和实现学习目标。教师可以将一个大的学习目标分解为若干个小的子目标，每个子目标都有明确的要求和时间节点。学生可以通过逐步完成这些子目标，最终实现学习目标。

2. 评估学习目标的可行性

在设定学习目标后，教师和学生需要对学习目标的可行性进行评估。评估的内容包括学习目标的难度、时间要求、资源需求等方面。如果学习目标过于困难或时间要求过高，可能会导致学生失去信心；如果学习资源不足，也可能会影响学习目标的实现。因此，在设定学习目标时，需要充分考虑这些因素，确保学习目标的可行性。

3. 调整学习目标

在学习过程中，学生可能会遇到各种问题和困难，导致学习目标无法按时完成。此时，教师和学生需要及时调整学习目标，根据实际情况重新制定合理的学习计划。调整学习目标时，需要考虑学生的学习进度、学习能力和学习需求等因素，确保调整后的学习目标既具有挑战性，又能够在学生的能力范围内实现。

二、个性化学习路径的生成算法

（一）基于知识图谱的学习路径生成

1. 知识图谱的构建

知识图谱是一种用于描述知识之间关系的图形化表示方法，如图3-4所示。在教育领域中，知识图谱可以用于表示学科知识之间的关系，帮助学生更好地理解和掌握知识。构建知识图谱的方法包括手动构建和自动构建两种。手动构建需要教师和专家根据学科知识体系进行构建，工作量较大；自动构建可以通过机器学习和自然语言处理等技术，从教材、论文、试题等数据源中自动提取知识，并构建知识图谱。

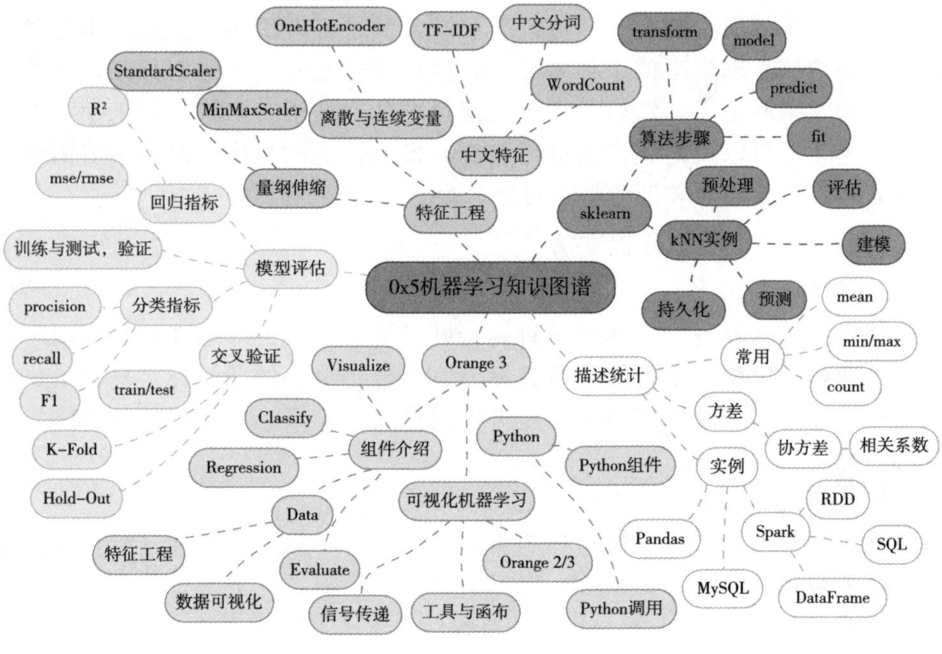

图 3－4　知识图谱

2. 学习路径的生成

基于知识图谱的学习路径生成算法可以根据学生的学习目标和现有知识水平，自动生成个性化的学习路径。算法的基本思想是从知识图谱中找到与学生学习目标相关的知识点，并根据知识点之间的关系和学生的现有知识水平，确定学习的先后顺序和难度级别。例如，如果学生的学习目标是掌握数学中的函数知识，算法可以从知识图谱中找到与函数相关的知识点，如函数的定义、性质、图像等，并根据知识点之间的关系和学生的现有知识水平，确定学习的先后顺序和难度级别。

（二）基于机器学习的学习路径生成

1. 数据收集与预处理

基于机器学习的学习路径生成算法需要大量的学习数据作为训练样本。这些数据可以包括学生的学习历史、答题记录、考试成绩等。在收集到数据后，需要对数据进行预处理，包括数据清洗、特征提取、数据标注等步骤。数据清洗可以去除无效数据和噪声数据；特征提取可以从原始数据中提取出有用的特征，如学生的知识点掌握程度、学习时间、答题正确率等；数据标注可以为每个数据样本标注一个学习路径标签，用于训练机器学习模型。

2. 机器学习模型的训练

在完成数据预处理后，可以使用机器学习算法对数据进行训练，建立学习路径生成模型。常用的机器学习算法包括决策树、随机森林、支持向量机、神经网络等。在训练模型时，需要选择合适的算法和参数，并使用交叉验证等方法评估模型的性能。如果模型的性能不理想，可以通过调整算法参数、增加训练数据等方式进行优化。

3. 学习路径的生成

在训练好机器学习模型后，可以使用模型为新的学生生成个性化的学习路径。模型的输入是学生的学习目标和现有知识水平等特征，输出是一个学习路径建议。学习路径建议可以包括学习的知识点、学习的先后顺序、学习的难度级别等信息。学生可以根据学习路径建议进行学习，同时模型也可以根据学生的学习反馈不断调整学习路径，提高学习效果。

（三）基于遗传算法的学习路径生成

1. 问题定义

遗传算法是一种基于生物进化原理的优化算法。在学习路径生成问题中，可以将学习路径看作是一个个体，将学习效果看作是个体的适应度。问题的目标是找到一个最优的学习路径，使得学生在该路径下的学习效果最好。

2. 编码与初始化

首先需要对学习路径进行编码，将其表示为一个染色体。编码的方法可以根据具体问题进行选择，如二进制编码、实数编码等。然后，需要随机生成一组初始的学习路径染色体，作为遗传算法的初始种群。

3. 适应度评估

对于每个学习路径染色体，需要评估其适应度，即学生在该路径下的学习效果。适应度评估可以通过模拟学生在该路径下的学习过程，计算学生的学习成绩、学习时间、学习满意度等指标来实现。

4. 遗传操作

遗传操作包括选择、交叉和变异三种操作。选择操作是从当前种群中选择适应度较高的个体，作为下一代种群的父代；交叉操作是将两个父代个体的染色体进行交叉，生成两个新的子代个体；变异操作是对某个个体的染色体进行随机变异，生成一个新的个体。通过遗传操作，可以不断产生新的学习路径染色体，提高种群的多样性和适应度。

5. 终止条件判断

遗传算法需要设置一个终止条件，当满足终止条件时，算法停止运行。

终止条件可以是达到最大迭代次数、适应度达到某个阈值等。当算法停止运行时，输出适应度最高的学习路径染色体，作为最优的学习路径建议。

三、学习路径的动态调整机制

（一）学习进度监测

1. 数据收集与分析

为了实现学习路径的动态调整，需要对学生的学习进度进行监测。可以通过收集学生的学习时间、答题记录、考试成绩等数据，分析学生的学习进度和知识点掌握程度。例如，可以计算学生在每个知识点上的学习时间占比、答题正确率等指标，了解学生对各个知识点的掌握情况。

2. 学习进度评估

根据收集到的数据，可以对学生的学习进度进行评估。评估的方法可以是将学生的学习进度与预设的学习计划进行比较，判断学生是否按时完成了学习任务；也可以是根据学生的答题正确率等指标，评估学生对知识点的掌握程度。如果学生的学习进度落后于预设的学习计划，或者对某个知识点的掌握程度不够，就需要对学习路径进行调整。

（二）学习效果反馈

1. 学习效果评估

除了学习进度监测外，还需要对学生的学习效果进行评估。学习效果评估可以通过考试、作业、项目实践等方式进行。评估的内容包括学生对知识点的掌握程度、学习能力的提高、学习兴趣的激发等方面。如果学生在某个知识点上的学习效果不理想，就需要对学习路径进行调整，加强对该知识点的学习。

2. 反馈机制建立

为了及时了解学生的学习效果，需要建立一个反馈机制。学生可以通过在线问卷、学习平台留言等方式，向教师反馈自己的学习情况和问题。教师可以根据学生的反馈，及时调整教学策略和学习路径，提高教学效果。同时，教师也可以通过反馈机制了解学生的学习需求和兴趣爱好，为学生提供更加个性化的学习支持。

（三）学习路径调整策略

1. 知识点调整

如果学生在某个知识点上的学习效果不理想，可以考虑调整学习路径中的知识点。可以增加对该知识点的学习时间和学习资源，或者调整学习的先后顺序，先学习与该知识点相关的其他知识点，为学习该知识点打下基础。

2. 学习方法调整

如果学生在学习过程中遇到困难，可以考虑调整学习方法。可以为学生提供不同的学习资源和学习工具，如视频教程、在线辅导、学习软件等，帮助学生更好地理解和掌握知识。同时，也可以引导学生采用不同的学习方法，如合作学习、探究学习、自主学习等，提高学生的学习兴趣和学习效果。

3. 学习进度调整

如果学生的学习进度落后于预设的学习计划，可以考虑调整学习进度。可以适当延长学习时间，或者调整学习的难度级别，降低学习的难度，让学生能够更好地掌握知识。同时，也可以根据学生的实际情况，调整学习的先后顺序，先学习容易掌握的知识点，提高学生的学习信心。

四、个性化学习路径规划实例

（一）案例背景

小明是一名初中学生，他在数学学习方面遇到了一些困难。他的数学成绩一直不理想，对数学学习也缺乏兴趣。为了提高小明的数学成绩和学习兴趣，老师决定为他制定个性化的学习路径。

（二）学习目标设定

1. 短期目标

在一个月内，掌握数学中的有理数运算和整式运算两个知识点，提高答题正确率到80%以上。

2. 长期目标

在本学期末，数学成绩提高到班级平均分以上，对数学学习产生浓厚的兴趣。

（三）个性化学习路径生成

1. 基于知识图谱的学习路径生成

老师首先构建了初中数学的知识图谱，然后根据小明的学习目标和现有知识水平，从知识图谱中找到与有理数运算和整式运算相关的知识点，并确定学习的先后顺序和难度级别。生成的学习路径如下：（1）复习小学的整数、分数和小数的运算知识。（2）学习有理数的概念和分类。（3）掌握有理数的加减法运算。（4）学习有理数的乘除法运算。（5）综合练习有理数的四则运算。（6）学习整式的概念和分类。（7）掌握整式的加减法运算。（8）学习整式的乘除法运算。（9）综合练习整式的四则运算。

2. 基于机器学习的学习路径生成

老师收集了小明的学习历史、答题记录和考试成绩等数据，并对数据进行了预处理。然后，使用决策树算法对数据进行训练，建立了学习路径生成模型。模型的输入是小明的学习目标和现有知识水平等特征，输出是一个学习路径建议。生成的学习路径与基于知识图谱的学习路径基本一致，但在学习资源的推荐上有所不同。模型根据小明的学习风格和兴趣爱好，为他推荐了一些视频教程、在线辅导和学习软件等学习资源。

（四）学习路径的动态调整

1. 学习进度监测

老师通过学习平台实时监测小明的学习进度。在学习有理数运算的过程中，老师发现小明在有理数的乘除法运算上花费的时间较长，答题正确率也不高。于是，老师调整了学习路径，增加了对有理数乘除法运算的学习时间和学习资源，同时为小明提供了一些在线辅导和答疑服务。

2. 学习效果反馈

小明在学习过程中，通过在线问卷向老师反馈了自己的学习情况和问题。他表示对整式运算的概念理解起来比较困难，希望老师能够提供更多的例子和讲解。老师根据小明的反馈，调整了学习路径，增加了对整式运算概念的讲解和练习，同时为小明推荐了一些相关的学习资源和学习方法。

3. 学习路径调整策略

（1）知识点调整：在小明掌握了有理数运算的基础上，老师调整了学习路径，提前让小明学习了整式运算中的单项式和多项式的概念，为学习整式的加减法运算打下基础。

（2）学习方法调整：老师发现小明在学习过程中比较依赖视频教程，缺乏自主思考和练习。于是，老师引导小明采用合作学习的方法，与同学一起讨论问题、解决难题。同时，老师也为小明提供了一些在线练习和测试，帮助他巩固所学知识。

（3）学习进度调整：由于小明在有理数运算上花费的时间较长，学习进度落后于预设的学习计划。老师调整了学习进度，适当延长了学习时间，同时降低了学习的难度级别，让小明能够更好地掌握知识。

（五）学习进步过程

在个性化学习路径的引导下，小明的数学学习取得了明显的进步。他在有理数运算和整式运算两个知识点上的答题正确率逐渐提高，对数学学习的兴趣也越来越浓厚。在期末考试中，小明的数学成绩提高到了班级平均分以上，实现了长期目标。

第三节 自适应学习系统的构建

一、自适应学习系统的原理与架构

（一）自适应学习系统的原理

自适应学习系统是一种利用人工智能技术，根据学生的学习情况和特点，自动调整学习内容和学习方式，以实现个性化学习的系统。其原理主要包括以下几个方面：

1. 数据收集与分析

自适应学习系统通过收集学生的学习数据，如学习时间、答题情况、学习进度等，对学生的学习情况进行分析。这些数据可以帮助系统了解学生的知识水平、学习风格、学习习惯等特点，为后续的学习内容和学习方式调整提供依据。

2. 学习内容适配

根据学生的学习情况和特点，自适应学习系统自动调整学习内容，为学生提供个性化的学习资源。例如，对于学习进度较快的学生，系统可以提供更具挑战性的学习内容；对于学习进度较慢的学生，系统可以提供更多的基础知识和练习。

3. 学习方式调整

除了学习内容适配外，自适应学习系统还可以根据学生的学习情况和特点，调整学习方式。例如，对于视觉型学习风格的学生，系统可以提供更多的图片、视频等学习资源；对于听觉型学习风格的学生，系统可以提供更多的音频学习资源。

4. 反馈与评估

自适应学习系统通过对学生的学习情况进行反馈和评估，帮助学生了解自己的学习进度和学习效果。同时，系统也可以根据学生的反馈和评估结果，进一步调整学习内容和学习方式，以提高学习效果。

（二）自适应学习系统的架构

自适应学习系统如图 3－5 所示，通常由以下几个部分组成：

1. 数据内容

数据内容采集模块负责收集学生的学习数据，包括学习时间、答题情况、

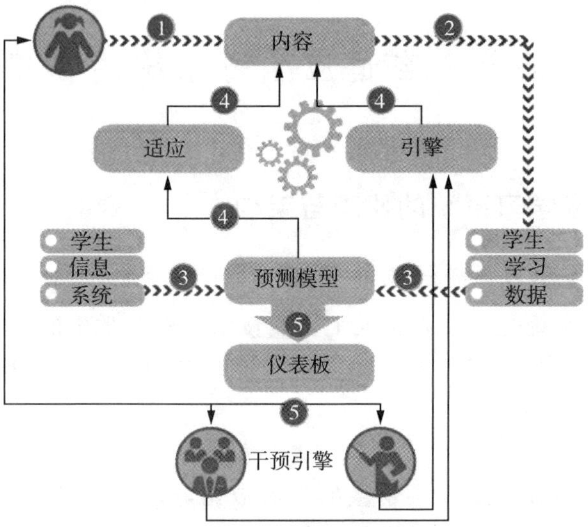

图 3-5 自适应学习系统

学习进度等。这些数据可以通过学习管理系统、智能教学辅助工具等渠道收集。

2. 数据适应

数据适应性通常指的是数据或数据模型能够根据不同需求、场景或条件进行调整或优化的能力。在机器学习和数据分析中，数据适应性是确保模型或算法能够在不同数据集上表现良好，以及应对数据分布变化的关键特性。

数据适应性在多个领域都有广泛应用，包括但不限于：（1）图像识别：通过数据增广和模型优化等技术提高图像识别模型的准确性和鲁棒性。（2）自然语言处理：在文本分类、情感分析等任务中，通过优化数据集和模型结构来提高处理效果。（3）智能决策：在智能推荐系统、金融风控等领域中，利用数据适应性技术提高决策的准确性和效率。概言之，“数据适应”是数据处理和机器学习领域中的一个重要概念，它涉及数据采集、清洗、增广、标签优化以及模型优化等多个方面。通过实现数据适应性，可以提高模型性能、增强鲁棒性并促进知识的迁移和应用。

3. 引擎

自适应学习系统的引擎是智能教育的核心动力。它通过深度挖掘学习者的学习数据，精准构建个性化学习模型，从而智能推荐最适合的学习资源和策略。这一引擎具备高度的灵活性和智能性，能够动态调整学习路径，确保每个学习者都能获得量身定制的学习体验。同时，它还集成了智能评估功能，能够即时反馈学习者的学习成效，帮助他们及时发现问题并优化学习方法。自适应学习系统引擎的不断发展，正引领着教育向更加个性化、高效化的方向迈进，为每一位学习者铺就通往成功的道路。

4. 预测模型

自适应学习系统的预测模型是其核心组件之一，它基于机器学习和数据分析技术，通过对学习者历史学习数据、行为模式及能力水平的深入分析，预测学习者的未来学习表现和学习需求。该预测模型能够：（1）个性化推荐：根据预测结果，为学习者提供定制化的学习资源、学习路径和学习策略，以满足其个性化的学习需求。（2）动态调整：随着学习者学习进度的推进和能力的变化，预测模型能够实时更新预测结果，并据此动态调整学习方案，确保学习过程的连续性和有效性。（3）效果评估：通过预测模型，可以对学习者的学习成效进行前瞻性的评估，帮助学习者及时发现问题并调整学习策略，从而提升学习效果和学习满意度。

5. 仪表板

学习内容管理仪表板负责管理学习系统中的学习资源，包括课程内容、练习题、测试题等。学习内容管理模块可以根据学生的学习情况和特点，自动调整学习内容，为学生提供个性化的学习资源。

6. 干预引擎

自适应学习系统的干预引擎是系统中的一个重要组成部分，它允许教师、管理人员或系统开发人员对系统作出的决策或建议进行人工干预。这一引擎的主要功能和特点包括：（1）人工干预能力：干预引擎提供了人工干预的接口或工具，使得相关人员可以在必要时否决或调整系统基于算法自动生成的决策。这种能力确保了系统在面对复杂或特殊情况时，能够灵活应对，避免完全依赖自动化可能带来的局限性。（2）优化学习体验：通过干预引擎，教师可以根据学生的实际学习情况和需求，对系统推荐的学习资源、学习路径或学习策略进行调整，以更好地满足学生的个性化学习需求，优化学习体验。（3）提升学习效果：干预引擎还允许管理人员对系统的整体运行情况进行监控和评估，及时发现并解决潜在的问题，从而确保系统能够持续稳定地为学生提供高质量的学习支持，进一步提升学习效果。

7. 反馈与评估模块

反馈与评估模块对学生的学习情况进行反馈和评估，帮助学生了解自己的学习进度和学习效果。反馈与评估模块通常采用测试、作业、问卷调查等方式，对学生的学习情况进行评估。同时，反馈与评估模块也可以根据学生的反馈和评估结果，进一步调整学习内容和学习方式，以提高学习效果。

二、自适应学习系统的内容适配机制

（一）知识图谱构建

知识图谱是一种用于描述知识之间关系的图形化表示方法。在自适应学习系统中，知识图谱可以用于构建学科知识体系，帮助系统了解学生的知识水平和学习进度。知识图谱通常由节点和边组成，节点表示知识点，边表示知识点之间的关系。通过构建知识图谱，自适应学习系统可以根据学生的学习情况，自动推荐相关的学习内容，帮助学生更好地掌握学科知识。

1. 知识点提取

知识点提取是构建知识图谱的第一步。知识点提取可以通过对教材、课程大纲、教学视频等学习资源进行分析，提取出其中的知识点。知识点提取可以采用自然语言处理、机器学习等技术，对学习资源进行自动分析和提取。

2. 知识点关系构建

知识点关系构建是构建知识图谱的第二步。知识点关系构建可以通过对知识点之间的逻辑关系、语义关系等进行分析，构建知识点之间的关系。知识点关系构建可以采用知识图谱构建算法、机器学习等技术，对知识点之间的关系进行自动分析和构建。

3. 知识图谱更新

知识图谱更新是构建知识图谱的第三步。知识图谱更新可以通过对学生的学习情况进行分析，了解学生对知识点的掌握程度，根据学生的学习情况对知识图谱进行更新。知识图谱更新可以采用机器学习、数据挖掘等技术，对学生学习数据进行分析，自动更新知识图谱。

（二）学习内容推荐

学习内容推荐是自适应学习系统的核心功能之一。学习内容推荐可以根据学生的学习情况和特点，自动推荐相关的学习内容，帮助学生更好地掌握学科知识。学习内容推荐通常采用协同过滤、内容推荐等技术，对学生的学习情况和学习资源进行分析，自动推荐相关的学习内容。

1. 协同过滤推荐

协同过滤推荐是一种基于用户行为的推荐算法。协同过滤推荐可以根据学生的学习行为，如学习时间、答题情况、学习进度等，找到与学生学习情况相似的其他学生，然后根据这些学生的学习情况，为当前学生推荐相关的学习内容。

2. 内容推荐

内容推荐是一种基于学习资源内容的推荐算法。内容推荐可以根据学习资源的内容，如知识点、难度级别、学习风格等，找到与学生学习情况和学习需求相匹配的学习资源，然后为学生推荐这些学习资源。

3. 混合推荐

混合推荐是一种将协同过滤推荐和内容推荐相结合的推荐算法。混合推荐可以综合考虑学生的学习行为和学习资源的内容，为学生推荐更加准确和个性化的学习内容。

（四）学习难度调整

学习难度调整是自适应学习系统的另一个重要功能。学习难度调整可以根据学生的学习情况和特点，自动调整学习内容的难度级别，以适应学生的学习需求。学习难度调整通常采用动态难度调整算法，对学生的学习情况进行实时监测和分析，自动调整学习内容的难度级别。

1. 动态难度调整算法

动态难度调整算法是一种根据学生的学习情况和特点，自动调整学习内容难度级别的算法。动态难度调整算法通常采用机器学习、数据挖掘等技术，对学生学习数据进行实时监测和分析，自动调整学习内容的难度级别。

2. 学习进度监测

学习进度监测是动态难度调整算法的基础。学习进度监测可以通过对学生的学习时间、答题情况、学习进度等进行监测，了解学生的学习情况和学习进度。学习进度监测可以采用学习管理系统、智能教学辅助工具等渠道，对学生学习数据进行实时监测。

3. 难度级别调整

难度级别调整是动态难度调整算法的核心。难度级别调整可以根据学生的学习进度监测结果，自动调整学习内容的难度级别。如果学生的学习进度较快，系统可以自动提高学习内容的难度级别；如果学生的学习进度较慢，系统可以自动降低学习内容的难度级别。

三、自适应学习系统的效果评估

（一）评估指标体系构建

1. 学习成绩提升

学习成绩提升是自适应学习系统效果评估的重要指标之一。学习成绩提升可以通过对学生在使用自适应学习系统前后的学习成绩进行比较，了解学生的学习成绩是否有所提升。学习成绩提升可以采用标准化测试、期末考试等方式，对学生的学习成绩进行评估。

2. 学习效率提高

学习效率提高是自适应学习系统效果评估的另一个重要指标。学习效率提高可以通过对学生在使用自适应学习系统前后的学习时间进行比较，了解学生的学习效率是否有所提高。学习效率提高可以采用学习时间记录、学习进度监测等方式，对学生的学习效率进行评估。

3. 学习兴趣激发

学习兴趣激发是自适应学习系统效果评估的重要指标之一。学习兴趣激发可以通过对学生在使用自适应学习系统前后的学习兴趣进行比较，了解学生的学习兴趣是否有所激发。学习兴趣激发可以采用问卷调查、访谈等方式，对学生的学习兴趣进行评估。

4. 学习习惯养成

学习习惯养成是自适应学习系统效果评估的重要指标之一。学习习惯养成可以通过对学生在使用自适应学习系统前后的学习习惯进行比较，了解学生的学习习惯是否有所养成。学习习惯养成可以采用学习日志记录、学习行为分析等方式，对学生的学习习惯进行评估。

（二）评估方法选择

1. 实验研究法

实验研究法是一种通过对实验组和对照组进行比较，了解自变量对因变量的影响的研究方法。在自适应学习系统效果评估中，可以采用实验研究法，将学生分为实验组和对照组，实验组使用自适应学习系统进行学习，对照组使用传统学习方式进行学习，然后对两组学生的学习成绩、学习效率、学习兴趣、学习习惯等进行比较，了解自适应学习系统的效果。

2. 问卷调查法

问卷调查法是一种通过发放问卷，了解被调查者的态度、意见、行为等的研究方法。在自适应学习系统效果评估中，可以采用问卷调查法，向学生发放问卷，了解学生对自适应学习系统的使用体验、学习效果、学习兴趣等方面的评价，从而了解自适应学习系统的效果。

3. 访谈法

访谈法是一种通过与被访谈者进行面对面的交流，了解被访谈者的态度、意见、行为等的研究方法。在自适应学习系统效果评估中，可以采用访谈法，与学生进行面对面的交流，了解学生对自适应学习系统的使用体验、学习效果、学习兴趣等方面的评价，从而了解自适应学习系统的效果。

（三）评估结果分析与反馈

1. 评估结果分析

评估结果分析是自适应学习系统效果评估的重要环节。评估结果分析可以通过对评估数据进行统计分析、比较分析等，了解自适应学习系统的效果。评估结果分析可以采用数据分析软件、统计分析方法等，对评估数据进行分析。

2. 反馈与改进

反馈与改进是自适应学习系统效果评估的最终目的。反馈与改进可以通过将评估结果反馈给系统开发者、教师、学生等，让他们了解自适应学习系统的效果，从而对系统进行改进和优化。反馈与改进可以采用报告、会议、培训等方式，将评估结果反馈给相关人员，并提出改进建议。

四、自适应学习系统应用案例

（一）案例背景

某学校为了提高学生的学习效果，引入了自适应学习系统。该系统可以根据学生的学习情况和特点，自动调整学习内容和学习方式，为学生提供个性化的学习服务。

（二）系统应用过程

1. 数据收集与分析

学校首先收集了学生的学习数据，包括学习时间、答题情况、学习进度等。然后，系统对这些数据进行分析，了解学生的知识水平、学习风格、学习习惯等特点。

2. 学习内容推荐

根据学生的学习情况和特点，系统自动推荐相关的学习内容。例如，对于学习进度较快的学生，系统推荐更具挑战性的学习内容；对于学习进度较慢的学生，系统推荐更多的基础知识和练习。

3. 学习方式调整

除了学习内容推荐外，系统还可以根据学生的学习情况和特点，调整学习方式。例如，对于视觉型学习风格的学生，系统提供更多的图片、视频等学习资源；对于听觉型学习风格的学生，系统提供更多的音频学习资源。

4. 反馈与评估

系统对学生的学习情况进行反馈和评估，帮助学生了解自己的学习进度和学习效果。同时，系统也根据学生的反馈和评估结果，进一步调整学习内容和学习方式，以提高学习效果。

（三）效果分析

1. 学习成绩提升

通过使用自适应学习系统，学生的学习成绩得到了明显提升。系统可以根据学生的学习情况和特点，为学生提供个性化的学习服务，帮助学生更好地掌握学科知识，提高学习成绩。

2. 学习效率提高

自适应学习系统可以自动调整学习内容和学习方式，为学生提供更加高效的学习服务。学生可以根据自己的学习情况和特点，选择适合自己的学习内容和学习方式，提高学习效率。

3. 学习兴趣激发

自适应学习系统可以根据学生的学习情况和特点，为学生提供个性化的学习服务，让学生感受到学习的乐趣和成就感，激发学生的学习兴趣。

4. 学习习惯养成

自适应学习系统可以对学生的学习情况进行反馈和评估，帮助学生了解自己的学习进度和学习效果。同时，系统也可以根据学生的反馈和评估结果，进一步调整学习内容和学习方式，帮助学生养成良好的学习习惯。

五、利用自适应学习系统服务全球学生的案例

（一）案例背景

某在线教育平台为了满足全球学生的个性化学习需求，引入了自适应学习系统。该系统可以根据学生的学习情况和特点，自动调整学习内容和学习方式，为学生提供个性化的学习服务。

（二）系统应用过程

1. 多语言支持

为了服务全球学生，该在线教育平台的自适应学习系统支持多种语言。学生可以根据自己的语言需求，选择适合自己的语言版本进行学习。

2. 个性化学习路径规划

系统根据学生的学习情况和特点，为学生规划个性化的学习路径。学生可以根据自己的学习进度和学习需求，选择适合自己的学习内容和学习方式，提高学习效率。

3. 实时反馈与评估

系统对学生的学习情况进行实时反馈和评估，帮助学生了解自己的学习进度和学习效果。同时，系统也根据学生的反馈和评估结果，进一步调整学

习内容和学习方式，以提高学习效果。

4. 全球学习社区

该在线教育平台还建立了全球学习社区，学生可以在社区中与来自不同国家和地区的学生进行交流和互动，分享学习经验和心得，提高学习兴趣和学习效果。

（三）效果分析

1. 满足全球学生的个性化学习需求

该在线教育平台的自适应学习系统可以根据学生的学习情况和特点，为学生提供个性化的学习服务，满足全球学生的个性化学习需求。

2. 提高学习效率和学习效果

通过个性化学习路径规划、实时反馈与评估等功能，该在线教育平台的自适应学习系统可以帮助学生提高学习效率和学习效果。

3. 促进全球教育资源共享

该在线教育平台的全球学习社区可以促进全球教育资源共享，让学生可以在社区中与来自不同国家和地区的学生进行交流和互动，分享学习经验和心得，拓宽学生的视野和思维方式。

概言之，自适应学习系统是一种利用人工智能技术，根据学生的学习情况和特点，自动调整学习内容和学习方式，以实现个性化学习的系统。自适应学习系统可以提高学生的学习效率和学习效果，满足学生的个性化学习需求，促进全球教育资源共享。

第四章　AI 助力课堂教学创新模式

在 AI 时代，课堂教学迎来创新机遇。本章聚焦 AI 助力课堂教学创新，涵盖智能互动课堂的打造，包括硬件设施、互动教学软件功能及教学模式创新等，并通过案例展示其在激发少儿学习兴趣方面的作用；还探讨了虚拟现实与增强现实在教学中的优势、应用场景及融合教学案例；以及远程教学的新发展，包括技术支持与平台建设、互动模式创新。

第一节　智能互动课堂的打造

一、智能互动课堂的硬件设施

（一）智能黑板

1. 高清显示与触控功能

智能黑板通常具有高清显示屏幕，能够清晰地呈现教学内容，包括文字、图片、视频等。同时，它支持触控操作，教师和学生可以直接在屏幕上进行书写、标注、绘图等操作，增强了教学的互动性。

2. 多媒体播放功能

智能黑板可以播放各种多媒体文件，如音频、视频、动画等，丰富了教学资源，使教学更加生动有趣。教师可以通过智能黑板播放教学视频、展示实验过程等，帮助学生更好地理解教学内容。

3. 无线投屏功能

智能黑板支持无线投屏，教师和学生可以将自己的设备（如手机、平板电脑、笔记本电脑等）上的内容无线投射到智能黑板上，方便进行展示和分享。例如，学生可以将自己的作业、作品等投射到智能黑板上，与全班同学进行交流和讨论。

（二）智能桌椅

1. 可调节高度与角度

智能桌椅可以根据学生的身高和坐姿进行调节，确保学生在学习过程中保持舒适的姿势，有利于学生的身体健康和学习效果。同时，可调节的角度也可以满足不同的学习需求，如阅读、写作、绘画等。

2. 内置传感器与交互功能

智能桌椅内置传感器，可以实时监测学生的坐姿、心率、呼吸等生理指标，提醒学生保持正确的坐姿和学习状态。同时，智能桌椅还可以与教学软件进行交互，实现学生的签到、答题、互动等功能。

3. 个性化设置与存储功能

智能桌椅可以根据学生的个人喜好进行个性化设置，如颜色、图案等。同时，它还可以存储学生的学习记录和个人信息，方便教师和家长了解学生的学习情况和成长轨迹。

（三）智能投影仪

1. 高亮度与高分辨率

智能投影仪具有高亮度和高分辨率的特点，能够在明亮的环境下清晰地投影教学内容。它可以将教学课件、视频、图片等投射到大屏幕上，让学生更加直观地感受教学内容，提高学习效果。

2. 无线连接与互动功能

智能投影仪可以通过无线连接与教师和学生的设备进行互动，实现屏幕共享、远程控制等功能。教师可以通过智能投影仪将自己的设备上的内容投射到大屏幕上，进行教学演示；学生也可以通过智能投影仪将自己的作业、作品等投射到大屏幕上，进行展示和交流。

3. 3D投影与虚拟现实功能

一些智能投影仪还具有3D投影和虚拟现实功能（见图4-1），可以为学生带来更加沉浸式的学习体验。例如，教师可以通过3D投影展示地理、生物等学科的教学内容，让学生

图4-1　3D投影与虚拟现实功能

更加直观地了解自然现象和生物结构；学生也可以通过虚拟现实功能进行模拟实验、参观博物馆等活动，拓宽视野，提高学习兴趣。

（四）智能摄像头与麦克风

1. 高清画质与音频采集

智能摄像头和麦克风可以提供高清画质和清晰的音频采集，确保教师和学生在互动过程中能够清晰地看到和听到对方的声音和表情。这对于远程教学、在线互动等场景非常重要，可以提高教学的效果和质量。

2. 自动跟踪与对焦功能

智能摄像头具有自动跟踪和对焦功能，可以自动跟踪教师和学生的位置，确保他们始终处于画面的中心位置。同时，它还可以根据光线和距离的变化自动调整对焦，保证画面的清晰度和稳定性。

3. 语音识别与互动功能

智能麦克风可以实现语音识别功能，将教师和学生的语音转化为文字，方便进行记录和分析。同时，它还可以与教学软件进行互动，实现语音控制、语音答题等功能，提高教学的互动性和趣味性。

二、同步互动课堂教学模型

面向农村教学点的同步互动课堂教学结构，包括同步互动混合课堂和同步互动专递课堂，由华中师范大学信息化促进基础教育均衡发展研究领域专家王继新教授于2014年首次提出。一是同时面向中心校和教学点学生的同步互动混合课堂；二是专门面对教学点学生的同步互动专递课堂。

（一）同步互动混合课堂教学结构设计

同步互动混合课堂教学结构设计旨在深度融合“同步”与“混合”两大核心理念，构建一个高效、互动的学习生态系统。具体而言，“同步”不仅要求师生在不同物理空间内的教学活动严格时间对齐，还强调学习节奏的同步性，确保每位学生无论身处何地都能实时参与课堂讨论、共享学习资源，促进知识的即时传递与反馈。

“混合”方面，该设计精细规划了中心校与远程教学点之间的无缝对接机制，通过先进的网络通信技术，打破地域限制，将两地的课堂环境、教学资源及师生社群有机融合。这包括创建协同学习项目，让学生在真实或虚拟的情境中共同解决问题，促进深度学习；设计跨地域的小组合作任务，鼓励不同背景的学生交流思想，拓宽视野；以及实施定期的同步评估与反馈，确保教学质量与学习效果的一致性。

基于协同发展论，教学结构设计强调师生、生生之间的平等对话与相互支持，促进知识共建与情感共鸣。而情境教学论的应用，则通过模拟真实生活场景、引入案例研究等方法，使学习内容更加贴近学生实际，激发其学习兴趣与动机。最终，通过优化教学系统各要素间的交互作用，如图4-2所示，实现教育资源的优化配置与教学效果的最大化，为每一个孩子提供公平而有质量的教育机会。

在此教学结构中，本地课堂教学环境与异地教学环境相混合，中心校师生、教学点师生、教学内容，以及基于垄上数字学校的教学环境六个要素之间相互作用，实现多边互动。

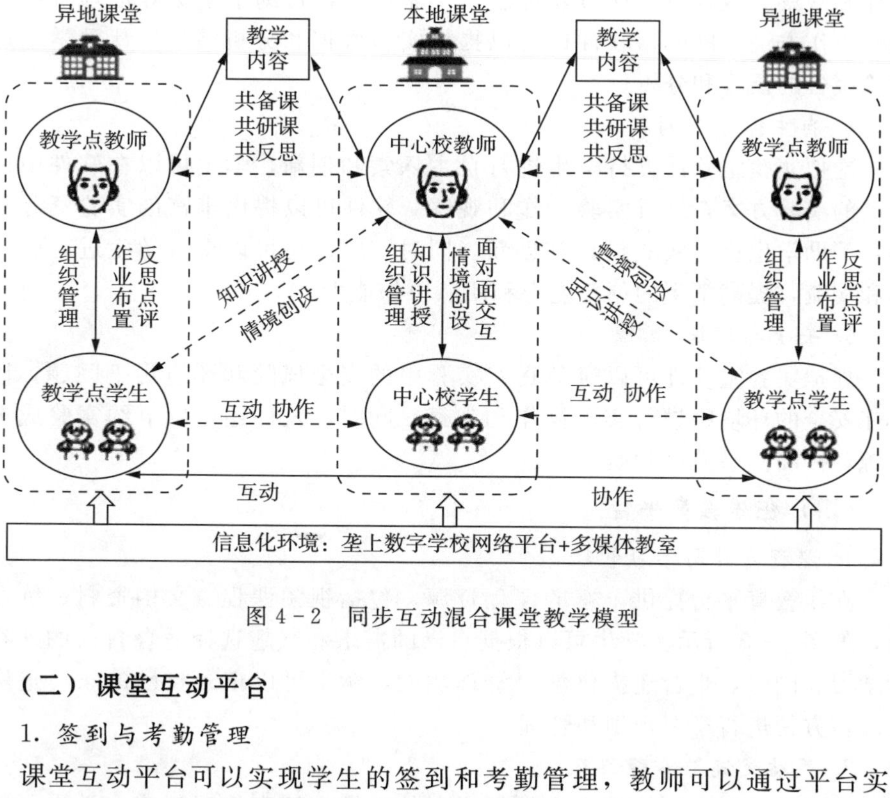

图4-2　同步互动混合课堂教学模型

（二）课堂互动平台

1. 签到与考勤管理

课堂互动平台可以实现学生的签到和考勤管理，教师可以通过平台实时了解学生的出勤情况，方便进行教学安排和管理。同时，平台还可以记录学生的签到时间和位置信息，确保学生按时到校上课。

2. 答题与测验功能

课堂互动平台支持学生进行答题和测验，教师可以通过平台发布题目，学生可以在自己的设备上进行答题。平台可以自动批改学生的答案，并给出成绩和反馈，帮助教师及时了解学生的学习情况和掌握程度。

3. 讨论与互动功能

课堂互动平台提供讨论和互动功能，教师和学生可以在平台上进行交流和讨论。教师可以发布问题和话题，引导学生进行思考和讨论；学生也可以提出自己的问题和观点，与教师和同学进行互动和交流。平台还可以支持小组讨论和合作学习，提高学生的团队协作能力和沟通能力。

（三）虚拟实验室软件

1. 实验模拟与演示

虚拟实验室软件可以模拟各种实验场景，让学生在虚拟环境中进行实验操作和观察。教师可以通过软件进行实验演示，帮助学生更好地理解实验原理和操作方法。同时，软件还可以提供实验数据和分析结果，帮助学生进行实验报告的撰写和分析。

2. 自主探索与创新

虚拟实验室软件支持学生进行自主探索和创新，学生可以在软件中设计自己的实验方案，进行实验操作和观察。软件可以提供丰富的实验资源和工具，帮助学生进行实验设计和创新。同时，软件还可以支持学生进行团队合作和交流，提高学生的创新能力和团队协作能力。

3. 安全与环保

虚拟实验室软件可以避免真实实验中的安全风险和环境污染问题，让学生在安全的环境中进行实验操作和观察。同时，软件还可以节约实验成本和资源，提高实验效率和质量。

（四）在线教育平台

1. 课程资源与学习管理

在线教育平台提供丰富的课程资源，包括视频课程、文档资料、练习题等，如图 4-3 所示。学生可以根据自己的需求和兴趣选择适合自己的课程进行学习。同时，平台还提供学习管理功能，学生可以记录自己的学习进度和成绩，方便进行学习规划和管理。

2. 互动交流与答疑解惑

在线教育平台支持学生和教师之间的互动交流和答疑解惑，学生可以在平台上提出自己的问题和困惑，教师可以及时进行解答和指导。同时，平台还可以支持学生之间的交流和讨论，提高学生的学习兴趣和积极性。

3. 个性化学习与推荐

在线教育平台可以根据学生的学习记录和行为数据，为学生提供个性化的学习建议和推荐。平台可以分析学生的学习情况和兴趣爱好，为学生推荐适合自己的课程和学习资源，提高学生的学习效果和效率。

图 4-3　在线教育平台

三、智能互动课堂的教学模式创新

（一）翻转课堂教学模式

1. 课前自主学习

在翻转课堂教学模式中，学生在课前通过在线教育平台等渠道自主学习教学内容，包括观看视频课程、阅读文档资料、完成练习题等。教师可以在课前为学生提供学习任务和指导，帮助学生更好地进行自主学习。

2. 课堂互动与讨论

在课堂上，教师不再进行传统的讲授式教学，而是通过互动和讨论的方式引导学生深入理解教学内容。教师可以提出问题和话题，引导学生进行思考和讨论；学生也可以分享自己的学习成果和观点，与教师和同学进行互动和交流。

3. 课后巩固与拓展

在课后，学生可以通过在线教育平台等渠道进行巩固和拓展学习，包括完成作业、参加在线测试、参与讨论等。教师可以在课后为学生提供反馈和指导，帮助学生进一步提高学习效果。

（二）项目式学习教学模式

1. 项目选题与规划

在项目式学习教学模式中，教师和学生一起确定项目选题，并进行项目规划。项目选题可以结合教学内容和学生的兴趣爱好，具有一定的挑战性和实用性。项目规划包括确定项目目标、任务分工、时间安排等。

2. 项目实施与探究

在项目实施过程中，学生以小组为单位进行探究和实践。学生可以通过查阅资料、实验探究、调查研究等方式收集信息和数据，分析问题和解决问题。教师可以在项目实施过程中为学生提供指导和支持，帮助学生顺利完成项目任务。

3. 项目展示与评价

在项目完成后，学生进行项目展示和评价。学生可以通过报告、演示、作品展示等方式向全班同学和教师展示自己的项目成果。教师和同学可以对项目成果进行评价和反馈，提出改进建议和意见。项目式学习教学模式可以培养学生的创新能力、团队协作能力和问题解决能力。

（三）混合式学习教学模式

1. 线上学习与线下学习相结合

混合式学习教学模式将线上学习和线下学习相结合，充分发挥两种学习方式的优势。学生可以在课前通过在线教育平台等渠道进行自主学习，了解教学内容和任务；在课堂上，教师通过互动和讨论的方式引导学生深入理解教学内容，解决学生在自主学习中遇到的问题；在课后，学生可以通过在线教育平台等渠道进行巩固和拓展学习，完成作业和参加在线测试等。

2. 个性化学习与集体学习相结合

混合式学习教学模式将个性化学习和集体学习相结合，满足学生的不同学习需求。学生可以根据自己的学习进度和兴趣爱好选择适合自己的学习资源和学习方式进行个性化学习；同时，学生也可以通过课堂互动、小组讨论等方式进行集体学习，提高团队协作能力和沟通能力。

3. 自主学习与教师指导相结合

混合式学习教学模式将自主学习和教师指导相结合，培养学生的自主学习能力和创新能力。学生在自主学习过程中可以根据自己的需求和兴趣选择学习资源和学习方式，培养自主学习能力；同时，教师可以在学生自主学习过程中为学生提供指导和支持，帮助学生解决问题和提高学习效果。

四、智能互动课堂案例分享

（一）案例背景

某中学的一个班级在教学过程中面临着学生参与度不高、课堂气氛沉闷等问题。为了解决这些问题，教师决定引入智能互动设备，打造智能互动课堂，提高学生的参与度和学习效果。

（二）智能互动设备的应用

1. 智能黑板的使用

教师在课堂上使用智能黑板进行教学演示和互动。智能黑板的高清显示和触控功能可以让教师更加生动地展示教学内容，吸引学生的注意力。同时，教师可以通过智能黑板与学生进行互动，如提问、答题、讨论等，提高学生的参与度。

2. 智能桌椅的应用

学生使用智能桌椅进行学习和互动。智能桌椅的可调节高度和角度可以让学生保持舒适的坐姿，提高学习效果。同时，智能桌椅内置的传感器和交互功能可以让学生进行签到、答题、互动等操作，提高学生的参与度和课堂管理效率。

3. 智能投影仪的应用

教师使用智能投影仪进行教学演示和互动。智能投影仪的高亮度和高分辨率可以让教学内容更加清晰地呈现，吸引学生的注意力。同时，智能投影仪的无线连接和互动功能可以让教师和学生进行屏幕共享、远程控制等操作，提高教学的互动性和趣味性。

4. 智能摄像头和麦克风的应用

教师和学生使用智能摄像头和麦克风进行互动和交流。智能摄像头的自动跟踪和对焦功能可以让教师和学生始终处于画面的中心位置，提高互动的效果和质量。同时，智能麦克风的语音识别和互动功能可以让教师和学生进行语音控制、语音答题等操作，提高教学的互动性和趣味性。

（三）教学效果

1. 学生参与度提高

通过智能互动设备的应用，学生的参与度得到了显著提高。学生更加积极地参与课堂互动和讨论，课堂气氛变得更加活跃和生动。同时，学生的学习兴趣和积极性也得到了提高，学习效果得到了明显改善。

2. 教学效率提高

智能互动设备的应用提高了教学效率。教师可以更加方便地进行教学演示和互动，学生可以更加快速地进行答题和互动，课堂管理效率也得到了提高。同时，智能互动设备可以记录学生的学习数据和行为数据，为教师提供教学反馈和改进建议，帮助教师更好地进行教学。

3. 教学质量提高

智能互动设备的应用提高了教学质量。教师可以更加生动地展示教学内容，学生可以更加直观地感受教学内容，学习效果得到了明显改善。同时，智能互动设备可以支持个性化学习和差异化教学，满足学生的不同学习需求，提高教学的针对性和有效性。

第二节　虚拟现实与增强现实在教学中的应用

一、虚拟现实技术在教学中的优势

（一）提供沉浸式学习体验

1. 身临其境的感受

虚拟现实技术能够为学生创造出一个逼真的虚拟环境，让学生仿佛置身于真实的场景之中，如图 4－4 所示。例如，在历史教学中，学生可以通过虚拟现实技术穿越到古代，亲身体验历史事件的发生过程；在地理教学中，学生可以虚拟游览世界各地的名胜古迹，感受不同地区的自然风貌和人文景观。这种身临其境的感受能够极大地激发学生的学习兴趣和好奇心，提高学习的积极性和主动性。

图 4－4　虚拟现实技术提供沉浸式学习体验

2. 高度的参与感

在虚拟现实环境中，学生不再是被动的接受者，而是能够积极参与到学习过程中。他们可以通过操作虚拟对象、与虚拟环境进行互动等方式，深入了解学习内容。例如，在物理教学中，学生可以通过虚拟现实技术进行实验操作，观察物理现象的发生过程，从而更好地理解物理原理；在化学教学中，学生可以在虚拟实验室中进行化学反应的模拟实验，提高实验操作的安全性和可重复性。

（二）增强学习的直观性和理解性

1. 可视化教学内容

虚拟现实技术可以将抽象的知识转化为直观的图像、动画和模型，帮助学生更好地理解学习内容。例如，在数学教学中，虚拟现实技术可以将复杂的几何图形以三维的形式展示出来，让学生更加直观地理解几何概念；在生物教学中，虚拟现实技术可以将细胞结构、人体器官等微观世界以可视化的方式呈现出来，帮助学生更好地掌握生物知识。

2. 多角度观察和分析

在虚拟现实环境中，学生可以从不同的角度观察和分析学习内容，从而更好地理解知识的本质和内涵。例如，在艺术教学中，学生可以通过虚拟现实技术从不同的角度欣赏艺术作品，感受作品的艺术魅力；在工程教学中，学生可以在虚拟的工程场景中进行多角度的观察和分析，提高工程设计的合理性和可行性。

（三）个性化学习体验

1. 自主探索学习

虚拟现实技术为学生提供了一个自主探索的学习环境，学生可以根据自己的兴趣和需求，自由选择学习内容和学习方式。例如，在文学教学中，学生可以通过虚拟现实技术进入文学作品中的虚拟世界，与作品中的人物进行互动，深入理解作品的内涵；在音乐教学中，学生可以在虚拟的音乐世界中进行音乐创作和演奏，提高音乐素养和创造力。

2. 适应不同学习进度和能力水平

虚拟现实技术可以根据学生的学习进度和能力水平，自动调整学习内容和难度，为学生提供个性化的学习体验。例如，在语言教学中，虚拟现实技术可以根据学生的语言水平，为学生提供不同难度的语言学习任务，帮助学生逐步提高语言能力；在编程教学中，虚拟现实技术可以根据学生的编程水平，为学生提供不同难度的编程挑战，激发学生的学习兴趣和挑战精神。

（四）提高学习的安全性和可重复性

1. 安全的实验环境

在一些具有危险性的学科教学中，如化学、物理等，虚拟现实技术可以为学生提供一个安全的实验环境，让学生在虚拟环境中进行实验操作，避免了真实实验中可能出现的安全风险。例如，在化学实验教学中，学生可以通过虚拟现实技术进行各种危险化学实验的模拟操作，提高实验操作的安全性和可重复性。

2. 可重复的学习过程

虚拟现实技术可以让学生反复进行学习和实践，直到掌握学习内容为止。例如，在体育教学中，学生可以通过虚拟现实技术进行各种体育动作的模拟训练，反复练习直到掌握正确的动作技巧；在驾驶教学中，学生可以在虚拟的驾驶环境中进行多次驾驶练习，提高驾驶技能和安全意识。

二、增强现实技术在教学中的应用场景

(一) 课堂教学中的应用

1. 增强教材内容

增强现实技术可以将虚拟的图像、动画和视频等信息叠加到现实的教材上，增强教材的内容和表现力。例如，在生物教材中，通过增强现实技术可以将细胞结构、人体器官等微观世界以三维的形式展示出来，让学生更加直观地理解生物知识；在地理教材中，通过增强现实技术可以将世界各地的名胜古迹以虚拟的形式叠加到教材上，让学生更加生动地了解地理知识。

2. 互动式教学

增强现实技术可以为课堂教学提供互动式的学习体验，让学生更加积极地参与到学习过程中。例如，在数学教学中，通过增强现实技术可以将数学公式和图形以虚拟的形式展示出来，让学生通过触摸、旋转等方式进行互动操作，提高学生对数学知识的理解和掌握；在语言教学中，通过增强现实技术可以将语言学习场景以虚拟的形式展示出来，让学生通过与虚拟人物进行对话等方式进行互动学习，提高语言表达能力和交际能力。

(二) 实验教学中的应用

1. 虚拟实验演示

增强现实技术可以为实验教学提供虚拟的实验演示，让学生在虚拟环境中观察实验过程和结果，提高实验教学的效果和安全性，如图 4-5 所示。例如，在化学实验教学中，通过增强现实技术可以将危险化学实验以虚拟的形式展示出来，让学生在虚拟环境中观察实验过程和结果，避免了真实实验中可能出现的安全风险；在物理实验教学中，通过增强现实技术可以将复杂的物理实验以虚拟的形式展示出来，让学生更加直观地理解物理原理和实验方法。

图 4 - 5　虚拟实验演示

2. 实验指导和反馈

增强现实技术可以为实验教学提供实时的实验指导和反馈，帮助学生更好地完成实验操作。例如，在生物实验教学中，通过增强现实技术可以在学生进行实验操作时，实时显示实验步骤和注意事项，帮助学生正确地进行实验操作；在工程实验教学中，通过增强现实技术可以在学生进行实验操作时，实时显示实验数据和结果分析，帮助学生及时调整实验方案。

（三）户外教学中的应用

1. 实地导览和讲解

增强现实技术可以为户外教学提供实地导览和讲解，让学生更加深入地了解学习内容。例如，在历史文化遗址的户外教学中，通过增强现实技术可以将历史文化遗址的虚拟模型和讲解信息叠加到现实场景中，让学生更加直观地了解历史文化遗址的历史背景和文化内涵；在自然科学的户外教学中，通过增强现实技术可以将自然现象的虚拟模型和讲解信息叠加到现实场景中，让学生更加深入地了解自然科学知识。

2. 互动式学习体验

增强现实技术可以为户外教学提供互动式的学习体验，让学生更加积极地参与到学习过程中。例如，在生态环境的户外教学中，通过增强现实技术可以将生态环境中的动植物以虚拟的形式展示出来，让学生通过与虚拟动植物进行互动等方式，了解生态环境的特点和保护方法；在地理科学的户外教学中，通过增强现实技术可以将地理地貌以虚拟的形式展示出来，让学生通过与虚拟地理地貌进行互动等方式，了解地理科学知识。

三、虚拟现实与增强现实的融合教学案例

（一）案例背景

某中学为了提高教学质量，决定将虚拟现实和增强现实技术融合应用到教学中。学校选择了历史、地理和生物三个学科进行试点，希望通过融合教学的方式，为学生提供更加生动、有趣、直观的学习体验。

（二）融合教学方案设计

1. 历史学科融合教学方案

在历史学科的融合教学中，学校采用了虚拟现实技术和增强现实技术相结合的方式。首先，通过虚拟现实技术，让学生穿越到古代，亲身体验历史事件的发生过程。例如，在学习“秦始皇统一六国”这一历史事件时，学生可以通过虚拟现实技术进入秦朝的虚拟世界，目睹秦始皇统一六国的战争场面，感受秦朝的强大和辉煌。然后，通过增强现实技术，将历史文物和遗址以虚拟的形式叠加到现实场景中，让学生更加直观地了解历史文化的内涵。例如，在学习“兵马俑”这一历史文物时，学生可以通过增强现实技术，将兵马俑的虚拟模型叠加到现实场景中，观察兵马俑的细节和特点，了解兵马俑的历史价值和文化意义。

2. 地理学科融合教学方案

在地理学科的融合教学中，学校同样采用了虚拟现实技术和增强现实技术相结合的方式。首先，通过虚拟现实技术，让学生虚拟游览世界各地的名胜古迹，感受不同地区的自然风貌和人文景观。例如，在学习“世界地理”这一课程时，学生可以通过虚拟现实技术，游览埃及的金字塔、法国的埃菲尔铁塔、中国的长城等世界著名的名胜古迹，了解不同国家和地区的地理位置、气候特点、文化传统等地理知识。然后，通过增强现实技术，将地理信息和数据以虚拟的形式叠加到现实场景中，让学生更加直观地了解地理现象的本质和规律。例如，在学习“气候变暖”这一地理现象时，学生可以通过增强现实技术，将全球气温变化的数据和图表叠加到现实场景中，观察气候变暖的趋势和影响，了解气候变暖的原因和应对措施。

3. 生物学科融合教学方案

在生物学科的融合教学中，学校采用了虚拟现实技术和增强现实技术相结合的方式，为学生提供更加生动、有趣、直观的学习体验。首先，通过虚

拟现实技术，让学生进入微观世界，观察细胞结构、人体器官等生物现象的发生过程。例如，在学习“细胞结构”这一生物知识时，学生可以通过虚拟现实技术，进入细胞的虚拟世界，观察细胞的结构和功能，了解细胞的生命活动过程。然后，通过增强现实技术，将生物标本和模型以虚拟的形式叠加到现实场景中，让学生更加直观地了解生物现象的本质和规律。例如，在学习“人体骨骼”这一生物知识时，学生可以通过增强现实技术，将人体骨骼的虚拟模型叠加到现实场景中，观察人体骨骼的结构和功能，了解人体骨骼的生长发育过程。

（三）融合教学效果评估

1. 学生学习兴趣和积极性提高

通过虚拟现实和增强现实的融合教学，学生的学习兴趣和积极性得到了极大的提高。学生们对这种新颖的教学方式充满了好奇和热情，积极参与到学习过程中。例如，在历史学科的融合教学中，学生们通过虚拟现实技术穿越到古代，亲身体验历史事件的发生过程，对历史知识的学习产生了浓厚的兴趣；在地理学科的融合教学中，学生们通过虚拟现实技术虚拟游览世界各地的名胜古迹，对地理知识的学习充满了热情；在生物学科的融合教学中，学生们通过虚拟现实技术进入微观世界，观察细胞结构、人体器官等生物现象的发生过程，对生物知识的学习产生了强烈的好奇心。

2. 学习效果显著提升

虚拟现实和增强现实的融合教学为学生提供了更加生动、有趣、直观的学习体验，使学生对学习内容的理解和掌握更加深入和牢固。例如，在历史学科的融合教学中，学生们通过虚拟现实技术和增强现实技术的结合，对历史事件的发生过程和历史文化的内涵有了更加深刻的理解；在地理学科的融合教学中，学生们通过虚拟现实技术和增强现实技术的结合，对地理现象的本质和规律有了更加清晰的认识；在生物学科的融合教学中，学生们通过虚拟现实技术和增强现实技术的结合，对生物知识的学习有了更加直观的感受。

3. 教师教学能力得到提升

虚拟现实和增强现实的融合教学对教师的教学能力提出了更高的要求。教师需要掌握虚拟现实和增强现实技术的应用方法，设计出更加生动、有趣、直观的教学方案，引导学生积极参与到学习过程中。通过参与融合教学的实践，教师的教学能力得到了显著提升。例如，在历史学科、地理学科、生物学科的融合教学中，教师们通过学习和应用虚拟现实和增强现实技术，设计出了更加生动、有趣、直观的教学方案，提高了教学的质量和效果。

四、VR/AR 教学案例展示

（一）案例背景

某学校为了提高历史教学的质量和效果，决定引入虚拟现实技术。学校选择了“中国古代史”这一课程进行试点，希望通过虚拟现实技术，为学生提供更加生动、有趣、直观的学习体验。

（二）VR 技术在历史教学中的应用

1. 虚拟历史场景构建

学校利用虚拟现实技术构建了中国古代的历史场景，包括古代的城市、宫殿、寺庙、战场等。如图 4－6 所示，学生们可以通过佩戴虚拟现实头盔，进入这些虚拟历史场景中，亲身体验中国古代的历史文化。例如，在学习“秦始皇统一六国”这一历史事件时，学生们可以进入秦朝的虚拟宫殿，观看秦始皇登基的场景，感受秦朝的强大和辉煌；在学习“赤壁之战”这一历史事件时，学生们可以进入赤壁战场的虚拟场景，观看三国时期的战争场面，感受古代战争的残酷和激烈。

图 4－6　VR 技术在历史教学中的应用

2. 历史文物展示

学校利用虚拟现实技术展示了中国古代的历史文物，包括青铜器、陶瓷器、书画作品等。学生们可以通过佩戴虚拟现实头盔，近距离观察这些历史文物的细节和特点，了解中国古代的文化艺术。例如，在学习“中国古代青铜器”这一课程时，学生们可以通过虚拟现实技术，观察青铜器的造型、纹饰、铭文等细节，了解青铜器的制作工艺和历史价值；在学习“中国古代书画艺术”这一课程时，学生们可以通过虚拟现实技术，欣赏书画作品的笔墨神韵、构图布局等特点，了解中国古代书画艺术的魅力和内涵。

3. 历史人物互动

学校利用虚拟现实技术实现了历史人物的互动，学生们可以通过佩戴虚拟现实头盔，与中国古代的历史人物进行对话和互动，了解历史人物的思想和情感。例如，在学习“孔子的思想”这一课程时，学生们可以通过虚拟现实技术，与孔子进行对话，了解孔子的教育思想、思政思想、伦理思想等；在学习“李白的诗歌”这一课程时，学生们可以通过虚拟现实技术，与李白进行互动，了解李白的诗歌创作背景、诗歌风格、诗歌意境等。

（三）教学效果

1. 学生学习兴趣和积极性提高

通过虚拟现实技术的应用，学生们对历史学习的兴趣和积极性得到了极大的提高。学生们对这种新颖的教学方式充满了好奇和热情，积极参与到学习过程中。例如，在学习“秦始皇统一六国”这一历史事件时，学生们通过虚拟现实技术进入秦朝的虚拟宫殿，观看秦始皇登基的场景，对历史学习产生了浓厚的兴趣；在学习“赤壁之战”这一历史事件时，学生们通过虚拟现实技术进入赤壁战场的虚拟场景，观看三国时期的战争场面，对历史学习充满了热情。

2. 学习效果显著提升

虚拟现实技术为学生提供了更加生动、有趣、直观的学习体验，使学生对历史知识的理解和掌握更加深入和牢固。例如，在学习“中国古代青铜器”这一课程时，学生们通过虚拟现实技术观察青铜器的造型、纹饰、铭文等细节，对青铜器的制作工艺和历史价值有了更加深刻的理解；在学习“中国古代书画艺术”这一课程时，学生们通过虚拟现实技术欣赏书画作品的笔墨神韵、构图布局等特点，对中国古代书画艺术的魅力和内涵有了更加清晰的认识。

虚拟现实技术的应用对教师的教学能力提出了更高的要求。教师需要掌握虚拟现实技术的操作方法和教学策略，以便更好地引导学生进行学习。在使用虚拟现实技术进行教学的过程中，教师需要不断探索和创新教学方法，首先，教师要学会设计基于虚拟现实的教学活动。这包括确定教学目标、选择合适的虚拟场景和资源、设计互动环节等。例如，在历史教学中，教师可以根据教学内容选择相应的历史场景，如古代战场、宫殿等，让学生在虚拟环境中亲身体验历史事件，提高学习的趣味性和参与度。同时，教师还可以设计一些问题和任务，引导学生在虚拟环境中进行探索和思考，培养学生的历史思维能力。其次，教师要善于利用虚拟现实技术进行课堂管理。在虚拟现实教学中，学生可能会因为沉浸在虚拟环境中而忽略课堂纪律。因此，教师需要制定相应的课堂规则，确保学生在虚拟环境中的学习行为符合规范。同时，教师还可以利用虚拟现实技术的监控功能，实时了解学生的学习情况，及时给予指导和反馈。

此外，教师还需要不断提升自己的信息技术素养。虚拟现实技术是一种新兴的信息技术，教师需要不断学习和掌握相关的知识和技能，以便更好地应用于教学中。例如，教师可以参加相关的培训课程和研讨会，了解虚拟现实技术的最新发展动态和教学应用案例，提高自己的教学水平。

概言之，虚拟现实技术的应用为教师提供了新的教学手段和方法，同时也对教师的教学能力提出了更高的要求。教师需要不断学习和探索，以适应新技术带来的变化，提高教学质量和效果。

第三节　远程教学的新发展

一、远程教学的技术支持与平台建设

（一）技术支持

1. 高速网络连接

远程教学的顺利进行离不开高速稳定的网络连接。随着5G技术的普及，网络速度和稳定性得到了极大提升，为远程教学提供了更好的技术保障。5G网络的低延迟特性使得实时互动教学成为可能，学生可以更加流畅地观看教学视频、参与在线讨论和进行互动实验。

2. 视频会议软件

视频会议软件是远程教学的重要工具之一。它可以实现教师与学生之间的实时视频互动，让学生感受到如同面对面教学的体验。目前市场上有许多优秀的视频会议软件，如腾讯会议、钉钉、Zoom等，它们提供了高清视频、语音通话、屏幕共享、互动白板等功能，满足了远程教学的各种需求。

3. 在线教学平台

在线教学平台为远程教学提供了全面的教学管理功能。教师可以在平台上上传教学资料、布置作业、进行在线测试、批改作业等，学生可以在平台

上观看教学视频、提交作业、参与讨论等。在线教学平台还可以提供学习进度跟踪、学习数据分析等功能，帮助教师更好地了解学生的学习情况，调整教学策略。

4. 虚拟现实与增强现实技术

虚拟现实（VR）和增强现实（AR）技术为远程教学带来了全新的体验。通过 VR 和 AR 技术，学生可以身临其境地参与虚拟实验、参观虚拟博物馆、进行虚拟实地考察等，提高学习的趣味性和参与度。同时，VR 和 AR 技术也可以为远程教学提供更加直观的教学内容展示，帮助学生更好地理解抽象的知识概念。

图 4－7 展现了远程教学的技术支持场景，画面里多块屏幕显示着不同人员参与视频会议的画面，背景有 wifi 等符号，代表高速网络的连接，桌面上的设备及连接的数据线，暗示在线教学平台的运行依托。

图 4－7　远程教学的技术支持

（二）平台建设

1. 功能完善

远程教学平台应具备完善的功能，包括课程管理、教学资源管理、作业管理、考试管理、互动交流等。课程管理功能应支持教师创建和管理课程，包括课程信息设置、教学大纲发布、教学进度安排等。教学资源管理功能应支持教师上传和管理各种教学资源，如教学视频、课件、文档、图片等。作业管理功能应支持教师布置和批改作业，学生提交作业和查看作业成绩。考试管理功能应支持教师创建和管理在线考试，学生参加考试和查看考试成绩。

互动交流功能应支持教师与学生之间的实时互动交流，包括在线讨论、答疑解惑、小组协作等。

2. 用户友好

远程教学平台应具有良好的用户体验，界面简洁美观，操作方便快捷。平台应支持多种设备访问，包括电脑、手机、平板电脑等，方便学生随时随地进行学习。同时，平台应提供完善的技术支持和服务，及时解决用户在使用过程中遇到的问题。

3. 安全可靠

远程教学平台应具备高度的安全性和可靠性，保护用户的个人信息和教学数据安全。平台应采用先进的加密技术和安全防护措施，防止数据泄露和黑客攻击。同时，平台应具备稳定的运行性能，确保教学活动的顺利进行。

二、远程教学的互动模式创新

（一）实时互动教学

1. 视频直播互动

教师通过视频直播的方式进行教学，学生可以实时观看教师的讲解，并通过互动留言、提问等方式与教师进行互动交流，如图 4－8 所示。教师可以根据学生的提问及时进行解答，提高教学的针对性和实效性。

图 4－8　远程教学的互动模式

2. 在线讨论互动

教师在教学过程中设置在线讨论话题，学生可以在讨论区发表自己的观点和看法，与其他同学进行互动交流。教师可以参与讨论，引导学生进行深入思考和讨论，提高学生的思维能力和创新能力。

3. 小组协作互动

教师将学生分成小组，布置小组协作任务，学生通过在线协作平台进行小组讨论、分工合作、成果展示等活动。小组协作互动可以培养学生的团队合作精神和沟通能力，提高学生的综合素质。

（二）异步互动教学

1. 论坛互动

教师在远程教学平台上设置教学论坛，学生可以在论坛上发表自己的学习心得、问题和建议，与其他同学进行互动交流。教师可以定期查看论坛内容，回复学生的问题和建议，引导学生进行深入学习和思考。

2. 作业互评互动

教师布置作业后，学生可以在规定的时间内完成作业并提交，然后教师将学生的作业随机分配给其他同学进行互评。学生在互评过程中可以学习其他同学的优点，发现自己的不足之处，提高作业质量和学习效果。

3. 项目展示互动

教师布置项目任务后，学生可以在规定的时间内完成项目并进行展示，其他同学可以在展示区观看项目成果，并通过留言、评价等方式与项目组成员进行互动交流。项目展示互动可以培养学生的实践能力和创新能力，提高学生的综合素质。

第五章　AI视域中的阅读促进模式

在当今时代，人工智能正深刻地改变着我们的生活，与阅读促进也紧密相关。在学校图书馆中，人工智能前台发挥着重要作用。尤其是信息检索、智能推荐书籍推送与个性化服务等领域。AI核心技术为智慧阅读树立了新地标。它能理解和生成自然语言，为读者提供更深入的文本解读和交流，仿佛有一个智慧伙伴相伴阅读。小型专业模型的类GPT在学科发展中也发挥着显著的促进作用。在各个学科领域，它可以辅助阅读和研究，比如为专业阅读提供更丰富的背景资料，提供生成适宜的阅读场景等，使阅读过程更加高效和有趣。借助人工智能，阅读不再局限于传统模式，而是变得更加多元和智能。它打破了时间和空间的限制，让知识的获取更加便捷。本章就AI与阅读促进关系、AI前台建构设计与功能运用、类GPT核心技术与智慧阅读的对标、学科服务小模型GPT的创设研究等四个方面展开论述。

第一节　AI与阅读促进

一、AI与阅读促进概述

为什么说人工智能能开启智慧阅读促进的新篇章？首先，它可以根据读者的兴趣、偏好和阅读历史，为读者精准推荐合适的书籍，从而促进阅读；其次它能够利用自然语言处理技术对大量文本进行分析和理解，帮助读者快速获取书籍关键信息，提高阅读的效率和效果；第三，它还可以借助语音合成等技术，实现有声阅读，让阅读更加便捷和多样化；第四，人工智能可以用于构建虚拟阅读场景，增强读者间的互动和交流，提升阅读的趣味性和参与感；第五，在阅读指导领域，人工智能也可辅助教学，为阅读学习提供个性化指导。概言之，人工智能可以在多个方面为阅读促进和推广提供有力的支持和创新途径。

(一) 精准推荐，拓展阅读视野

人工智能根据读者的兴趣、偏好和阅读历史进行精准推荐，这一功能犹如一位贴心的阅读顾问。在信息爆炸的时代，人们往往面临着选择困难，不知道从何下手选择适合自己的书籍。而人工智能通过对大量数据的分析，能够准确把握读者的阅读喜好，为其推荐那些可能感兴趣但又容易被忽略的书籍。

例如，对于喜欢科幻小说的读者，人工智能不仅可以推荐经典的科幻作品，还能挖掘一些相对小众但质量上乘的科幻佳作。同时，它还可以根据读者对不同主题的偏好，如太空探索、人工智能、未来社会等，进一步细化推荐范围。这样的精准推荐不仅可以满足读者的阅读需求，还能拓展他们的阅读视野，让他们接触到更多不同类型的书籍，丰富知识储备。

此外，人工智能的推荐系统还可以随着读者阅读习惯的变化而不断调整。如果读者在一段时间内开始对历史题材感兴趣，系统会及时捕捉到这一变化，并相应地推荐历史相关的书籍。这种动态的推荐方式能够更好地适应读者的成长和变化，始终为他们提供最合适的阅读选择，如图 5－1 所示。

图 5－1　AI 与阅读促进

(二) 深度分析，提升阅读效率

利用自然语言处理技术对大量文本进行分析和理解，是人工智能在阅读领域的又一重要贡献。在面对一本厚厚的书籍时，读者往往需要花费大量时间去梳理其中的关键信息。而人工智能可以在短时间内对文本进行分析，提取出核心观点、重要情节和关键人物等，帮助读者快速了解书籍的主要内容。

例如，在阅读学术著作时，人工智能可以总结出每一章的主要论点和论据，为读者提供一个清晰的知识框架。这样，读者在阅读过程中可以更加有针对性地关注重点内容，提高阅读效率。同时，人工智能还可以对不同书籍之间的关系进行分析，帮助读者发现相关主题的书籍之间的联系和差异，促进知识的整合和深化。

此外，自然语言处理技术还可以用于文本的情感分析。通过分析作者在书中表达的情感倾向，读者可以更好地理解作者的意图和观点，增强对书籍的感悟。例如，在阅读一部文学作品时，人工智能可以分析出作品中的情感脉络，帮助读者体会人物的内心世界和情感变化，提升阅读的深度和质量。

（三）有声阅读，增加阅读便捷性

借助语音合成等技术实现有声阅读，为读者带来了全新的阅读体验。在快节奏的现代生活中，人们的时间越来越碎片化，很难抽出大块时间来静静地阅读纸质书籍。而有声阅读则可以让人们在通勤、做家务、运动等场景下也能享受阅读的乐趣。

人工智能的语音合成技术可以将文字转化为自然流畅的语音，并且可以根据不同的阅读场景和读者需求进行调整。例如，在睡前阅读时，可以选择柔和的语音和较慢的语速；在开车时，可以选择清晰响亮的语音和较快的语速。此外，有声阅读还可以为视力障碍者提供便利，让他们也能通过听书的方式获取知识。

同时，有声阅读还可以与其他功能相结合，进一步提升阅读体验。例如，可以在有声阅读的过程中加入背景音乐和音效，增强故事的感染力；可以设置书签和播放进度控制，方便读者随时暂停和继续阅读。这些功能的结合使得有声阅读更加便捷和多样化，满足了不同读者的需求。

（四）虚拟场景，增强阅读趣味性

人工智能用于构建虚拟阅读场景，为读者带来了前所未有的互动和交流体验。在传统的阅读中，读者往往是独自沉浸在书籍的世界里，缺乏与他人的互动。而虚拟阅读场景则可以打破这种孤立的状态，让读者在虚拟的世界中与其他读者交流、分享阅读心得。

例如，通过虚拟现实技术，读者可以进入书中的场景，与书中的人物进行互动，亲身体验故事的情节。在阅读历史小说时，读者可以穿越到古代的战场，感受战争的激烈；在阅读科幻小说时，读者可以登上宇宙飞船，探索未知的星球。这种身临其境的体验可以极大地增强阅读的趣味性和参与感，让读者更加深入地理解书籍的内容。

此外，虚拟阅读场景还可以促进读者之间的交流和合作。读者可以在虚拟社区中组建读书小组，共同讨论书籍的内容，分享自己的感悟和见解。这种互动式的阅读方式可以激发读者的思维，拓宽他们的视野，提高阅读的质量和效果。

（五）辅助教学，提供个性化指导

在阅读指导领域，人工智能也可以发挥重要作用。它可以为阅读学习提供个性化的指导，帮助读者提高阅读能力和素养。

对于学生来说，人工智能可以根据他们的阅读水平和学习进度，为他们制定个性化的阅读计划。例如，对于阅读能力较弱的学生，系统可以推荐一些简单易懂的书籍，并提供相应的阅读指导和练习；对于阅读能力较强的学生，系统可以推荐一些有挑战性的书籍，并引导他们进行深入的思考和分析。

同时，人工智能还可以对学生的阅读过程进行监测和评估，及时发现他们在阅读中存在的问题，并提供针对性的建议和指导。例如，如果学生在阅读中出现理解困难，系统可以分析原因，并提供相关的解释和示例；如果学生的阅读速度较慢，系统可以提供一些提高阅读速度的方法和技巧。

对于教师来说，人工智能可以辅助教学，为他们提供丰富的教学资源和教学工具。例如，教师可以利用人工智能的文本分析功能，对学生的阅读作业进行快速批改和评价；可以利用虚拟阅读场景，组织学生进行互动式的阅读教学活动。这些功能的应用可以提高教学效率和质量，促进阅读教育的发展。

概言之，人工智能在阅读领域的应用为我们带来了诸多好处。它不仅可以为读者提供精准的推荐、深度的分析、便捷的有声阅读、有趣的虚拟场景和个性化的指导，还可以促进阅读的推广和普及，提高人们的阅读素养和文化水平。在未来，随着人工智能技术的不断发展和完善，我们有理由相信，它将在智慧阅读促进方面发挥更加重要的作用，为我们开启更加精彩的阅读新篇章。

二、AI与阅读技能

AI的发展对阅读技能的赋能可能有以下突破：

（一）沉浸式阅读体验（Immersive reading experience）

沉浸式阅读体验是指让阅读者全身心地投入阅读内容所营造的情境中，仿佛身临其境，获得高度的专注和强烈的情感共鸣。通过虚拟场景构建，让学生仿佛身临其境，更深入地理解故事和情境。人工智能可以通过以下几种方式来实现沉浸式阅读体验：首先，利用虚拟现实（VR）和增强现实（AR）

技术。通过构建逼真的虚拟场景或在现实场景上叠加虚拟元素，让阅读者感觉自己真正置身于故事发生的环境中。比如，在阅读历史书籍时，可以通过 VR 呈现古代的城市风貌、战争场面等；通过 AR 可以在现实环境中显示书中角色或相关物体，增强真实感。其次，借助语音合成技术。为阅读内容配上生动、自然的语音朗读，使阅读者可以一边听一边在脑海中构建画面，更深入地沉浸其中。同时，还可以根据内容的情感和氛围调整语音的语调、节奏等。再者，通过人工智能生成的动态图像和动画。将文字描述转化为动态的视觉呈现，进一步丰富阅读者的感官体验。比如，在奇幻小说中展示魔法效果的动画等。另外，人工智能还可以根据阅读者的行为和情绪反馈，实时调整阅读环境和呈现方式，以更好地适应阅读者的需求，保持他们的沉浸感。例如，根据阅读者的情绪变化调整背景音乐等。

概言之，人工智能通过多种技术手段的综合运用，能够为阅读者创造出更加丰富、逼真、引人入胜的沉浸式阅读体验，极大地提升阅读的乐趣和效果。如图 5－2 所示展现了人工智能带来的沉浸式阅读体验。

图 5－2　沉浸式阅读体验

（二）互动式阅读（Interactive reading）

互动式阅读是指阅读者在阅读过程中与阅读内容或其他相关元素进行积极互动的一种阅读方式。其特征包括：（1）主动性参与：阅读者不再仅仅是被动接收信息，而是主动参与到故事或知识的构建中。（2）即时反馈：能及时获得反馈，无论是对问题的回答还是行为的响应。（3）个性化体验：根据阅读者自身的选择和行为形成独特的阅读经历。

人工智能可以在以下方面帮助互动式阅读：（1）智能对话：通过自然语言处理技术，与阅读者进行对话交流，解答疑问或引导思考。（2）剧情分支选择：根据阅读者的选择呈现不同的故事发展走向。（3）虚拟角色互动：与书中的虚拟角色进行互动，增加参与感。例如，在一个互动式阅读应用中，人工智能可以根据阅读者对某个情节的反应，在虚拟空间中生成相应的场景变化，或者引导阅读者与特定虚拟角色进行深入对话，共同推动故事发展。这种互动式阅读能极大地提升阅读的趣味性和吸引力，让阅读者获得更丰富的体验。

（三）实时信息叠加（Real－time information superimposition）

实时信息叠加是指在阅读过程中，将相关的实时信息即时地添加、显示在阅读内容之上。具体内容可能包括：对文中提及的人物、事件、地点等的详细注释和背景资料；相关的历史事件、文化背景的补充说明；与当前内容相关联的其他知识或信息等。人工智能可以通过以下方式赋能实时信息叠加：在功能方面，人工智能可以利用其强大的信息检索和分析能力，快速准确地找到与阅读内容相关的实时信息，并以合适的形式呈现出来。它可以根据阅读者的阅读进度和上下文自动触发信息的展示，还可以根据阅读者的偏好和需求进行个性化的信息推荐。在结构方面，可能有信息收集模块负责从各种数据源获取相关信息；分析模块对信息进行筛选、整理和关联分析；呈现模块将处理好的信息以直观、清晰的方式与阅读内容进行融合展示，比如以弹窗、侧边栏等形式呈现。同时，还需要有交互模块，允许阅读者对信息进行进一步的查询、深入了解等操作。通过这些功能和结构的协同运作，人工智能能够让阅读者在阅读过程中随时获取丰富而及时的信息，加深对阅读内容的理解和掌握。

（四）跨时空阅读（Read across time and space）

跨时空阅读是指实现与不同时代、不同地域的虚拟角色进行交流和探讨，拓展思维和视野。跨时空阅读的特征主要包括：突破时间和空间的限制，让读者能够与不同时代、不同地域的元素进行交互；具有高度的虚拟性和想象力，能构建出超越现实的阅读场景和体验；强调互动性和参与性，读者不再是单纯的旁观者，而是能深入其中。人工智能可以通过以下方式帮助用户实现跨时空阅读：利用虚拟现实和增强现实技术构建不同时空的场景，让用户身临其境；通过大数据和智能算法挖掘不同时代和地域的相关信息，与阅读内容进行融合呈现；借助自然语言处理技术实现与虚拟角色或历史人物的对话交流。跨时空阅读的优点有很多，比如：极大地拓展了阅读的边界和视野，让读者能更全面深入地理解不同文化和历史；增加了阅读的趣味性和吸引力，提升读者的阅读积极性；能够激发读者的创造力和想象力，让他们在虚拟世界中自由探索。通过跨时空阅读，读者可以在阅读体验上达到一个全新的高度。他们可以更加深刻地感受历史的厚重、文化的多元，仿佛亲身经历不同时代的故事和事件，从而对知识和世界有更深刻的认知和感悟，在认知水平、思维能力等方面都能得到显著的提升和发展。

三、AI与未来的阅读

人类进入人工智能时代之后，阅读方式、阅读理念、阅读内容等等都会发生翻天覆地的变化。

阅读方式将变得极为多样化和智能化。人们不再局限于传统的纸质书籍或电子屏幕阅读，而是可以通过各种智能设备，如智能眼镜、脑机接口等直接将信息投射到脑海中进行阅读。虚拟现实和增强现实技术会高度普及，读者可以完全沉浸在虚拟的故事世界中，与书中的场景和角色进行真实互动。

阅读理念也会发生重大转变。不再仅仅追求知识的获取，而是更加注重体验和感受。个性化定制将成为主流，根据每个人的兴趣、需求和认知水平，系统会自动推送最适合的阅读内容。阅读将与其他活动高度融合，成为一种随时随地都能进行的综合体验。

阅读内容方面，将出现大量由人工智能创作或辅助创作的作品，这些作品可能具有更加奇幻、多样的情节和设定。同时，对经典作品的解读和呈现方式也会焕然一新，通过人工智能的分析和再创作，赋予经典新的活力。实时信息和多维度知识的融合会让阅读变得更加丰富和深入，每一次阅读都像是一次全新的探索之旅。

阅读不再是孤独的行为，人们可以通过网络随时与其他读者进行交流和分享，共同探讨阅读的感悟和发现。全球的知识和文化将更加紧密地融合，人们可以轻松跨越时空和地域的限制，领略各种不同的阅读魅力。

概言之，未来的阅读将是充满无限可能和惊喜的，不断拓展人类认知和想象的边界。

第二节　多校区图书馆AI泛在前台的设计与建构

随着社会经济条件的改善，各类图书馆的空间规模也随之扩大。一些学校延伸出24小时无人值守图书馆（教师资料室），可以进行休闲阅读、自助借阅归还、小憩与交流，提升学校书房视觉形象，营造“哥本哈根式沙龙”

的氛围，激起阅读者的情趣、谈锋和灵感。

无人值守图书馆（教师资料室）面积可大可小，一般在100～200平方米。除了常规的标签书库、杂志架、阅览桌外，有条件的还要标配资源数据显示屏、公用计算机、一体化复印机、自动书籍打孔机、书籍消毒柜、自动证书处理机、移动库存车、RFID标签转换系统、高频安全门和图书馆员工作台等。本课题研发的镜对式AI泛在前台应该放置在较为显著的地方（见图5-3）。

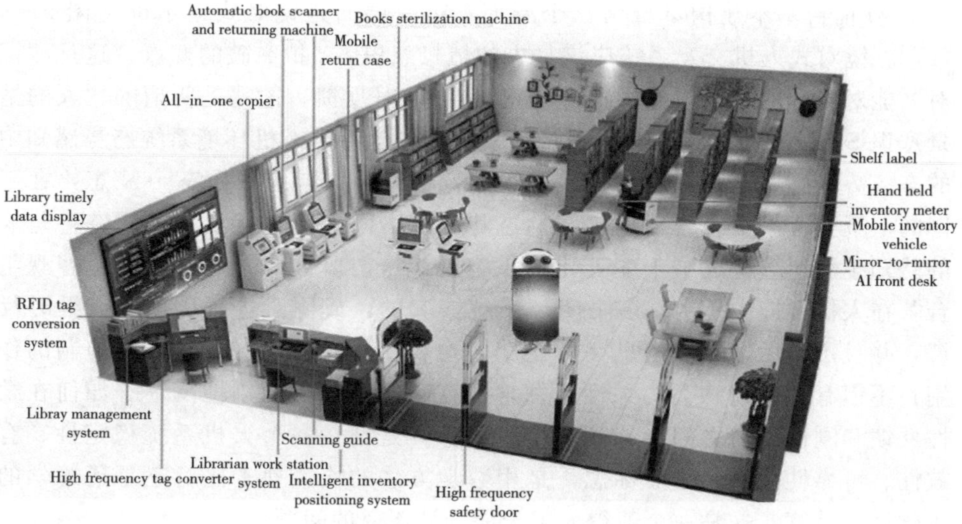

图5-3　无人值守图书馆（教师资料室）标配

无人值守图书馆关键问题是前台设计。它应该具有三大特征：一是泛在性特征，利用5G通信突破不同园区的时空限制，将网络化、智能化、物联化的各种功能实现集合；二是交互性特征，采用多触点式触摸系统、隐式输入技术以及镜对式交互方式，提高界面可用性、可访问性，满足用户愉悦性的体验；三是安全性特征，智能门禁系统访问控制更具细粒度。

本课题组以产学研合作方式，与清华大学社科院合作，引进上海网络科技公司相关技术，共同设计、研发了特定场景下的AI镜对可视式前台，对嵌入式操作系统和泛在计算场景的操作系统进行整合，支持通用GPT和细分学科的GPT在功能构造上的互补，满足学校对不断增生的学术资源的需求。驱动无人值守图书馆向自动、集成、智能、可视化方向发展。

一、AI泛在前台设计

几乎所有的研究者都赞同建构主义的这样一个观点："功能只有在结构中并通过结构方可发挥作用，结构也只有在功能作用下才可不断丰富和发展。"

图书馆 AI 前台的结构模型和功能模型要在两者交互的思想指导下设计才具意义，也就是说，在进行基本结构设计时要考虑对应的功能体现；在功能设计时，要考虑基础结构的承载力。同时，还要将结构和功能建构里面核心要素包括软件和硬件之间的资源调度跟操作系统有效协同起来，如芯片算力与各个功能块的层次联动。

（一）基本建构

AI 前台基本建构可分为三个层面：第一层面是镜对式显示屏［图 5－4 (a)］。镜对式人机交互系统应该是人的情景意识 SA 拟突破的要点。这是“镜对”能对不同的主题与背景感受/体验做出及时反馈。这就是所谓的“人的情景意识 SA 及其行为”（刘伟，2021）。一个包含特定人机环境系统态势感知中的态、势、感、知都是多种、多层级的，如态分为初态、次态…N 态，在不同的上下文背景中会表现出不同的态势。在不同上下文背景中不同态势与人的感知叠加纠缠构成了千变万化的主客观组合。所谓“千变万化的主客观组合”在人机环境中是由许多个闭环系统嵌套的，或同时进行反馈，或继时反馈，并且不同反馈环节信息又往往交叉融合在一起，起着或兴奋或抑制的作用，不但有类似情感类的柔性反馈，也存在着强制类的刚性反馈。如何在柔性反馈和刚性反馈之间寻找到一个平衡点，是衡量一个人机系统稳定性、有效性、可靠性大小的主要标志，是用数学方法的快速搜索比对还是运筹学的优化修剪计算，这是一个值得人工智能领域深究的问题。

第二层面是内核建构［图 5－4 (b)］。AI 泛在前台可以被看作在亚户外环境下，供公众使用的大型智能手机或较大型计算机。因此，它与智能手机或计算机有相似的处理器、存储器、USB 接口、耳机接口、摄像头及 I/O 通道。通过空中接口协议（例如 GSM、CDMA、PHS 等）和基站通信，既可以传输语音，也可以传输数据。主电路板是 AI 问题内核最重要的部件，它与各部件之间通过数据软线或触点相连接。它负责信号的输入、输出、处理，以及整机的供电、控制等工作。之前有的图书馆尝试的 AI 前台只有一块电路板，现在 AI 前台除了有主电路板外，还有副电路板。副电路板负责背面图书借还功能的接口（插卡、读卡、图像显示、条码识别、借还记录等）与摄像头等附件的设置。从［图 5－4 (b)］中可以看出，主电路板上安装的都是贴片元器件，排列十分紧密，并且电路板上的主要芯片都采用 BGA 形式焊接在电路板上。工艺上采取回流焊技术，有可能在同一时间内完成所有的焊点，使生产成本降到最低，而且与无铅焊接完全兼容。

第三层面是 AI 前台的背面［图 5－4 (c)］。背面是类似银行的 ATM (Automatic Teller Machine)，即自动柜员机。它是一种高度精密的机电一体化装置，利用磁性代码卡或智能卡实现图书借还的自助服务，代替传统前台人员的工作。可借书、还书、查询借阅记录、进行预约借阅、申请采购书单等事项；还可以进行借阅卡补登、更改密码、中间业务等工作。自动柜员机采用异步传输模式。异步传输模式的特征是信息的传输、复用和交换都以信元为基本单位。异步是指属于同一用户的信元并不一定按固定的时间间隔周期性地出现。ATM 信元是固定长度的分组，共有 53 个字节，分为 2 个部分。前面 5 个字节为信头，主要完成寻址的功能；后面的 48 个字节为信息段，用来装载来自不同用户，不同业务的信息。ATM 交换是指把入线上的 ATM 信元，根据其信头上的 VPI（虚路径标识符）和 VCI（虚通路标识符）转送到

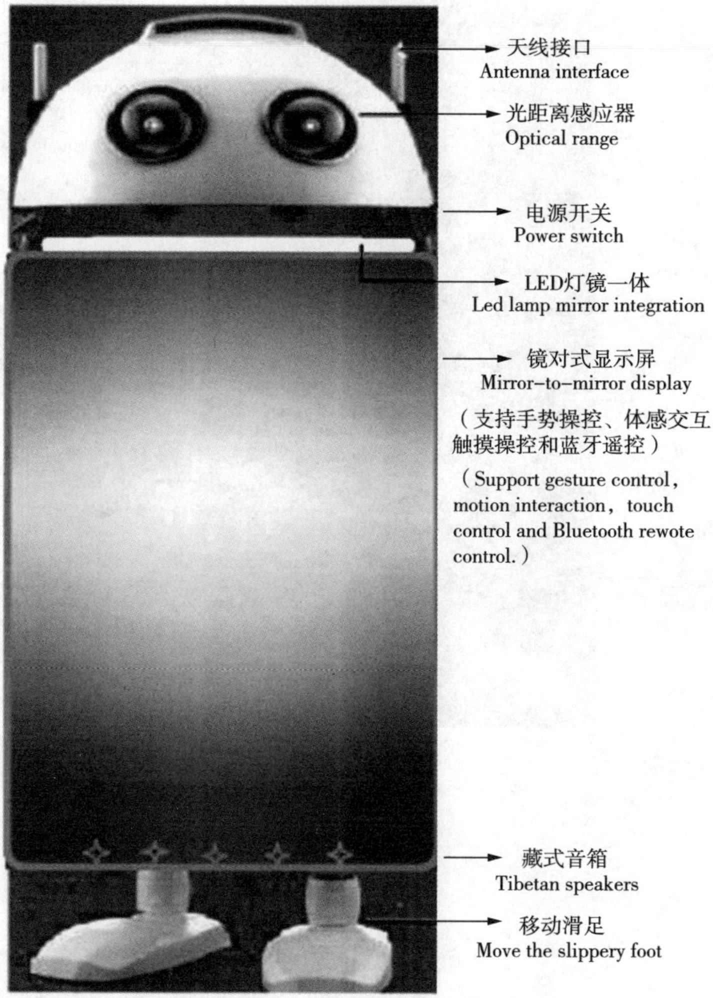

（a）

天线接口
Antenna interface
光距离感应器
Optical range
电源开关
Power switch
前置摄像头
Front-facing came
WIFI模块
WIFI module
锁定键
Lock key
拍照键
Photo button
DC接口
DC interface
移动滑足
Move the slippery foot
去计算接口
The cloud computing interface
阅读潜能开发模块
Read the potential development module
身份识别处理芯片
ID processing chip
数字文献处理芯片
Digital document processing chip
自修室管理芯片
Self-study room management chip
文汇图书管理处理芯片
Library management processing chip
功能表按键
Function table button

(b)

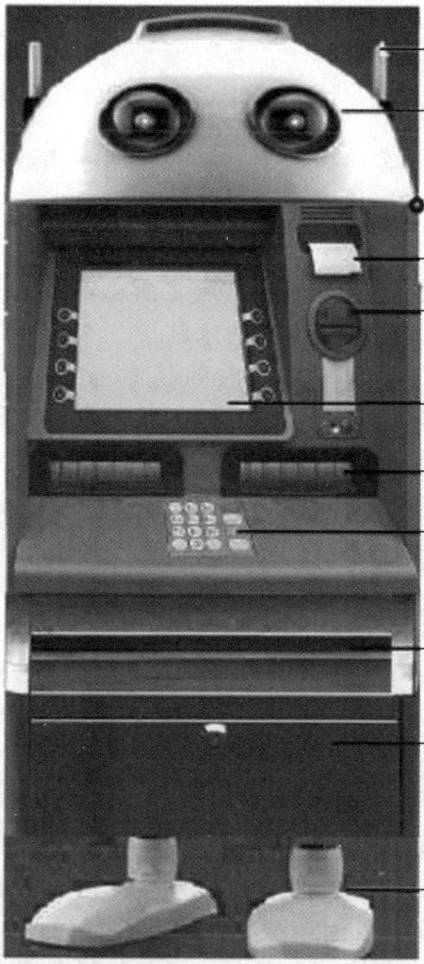

(c)

图 5－4　AI 前台设计

相应的出线上去，从而完成交换传送的目的。由于 ATM 技术简化了交换过程，去除了不必要的数据校验，采用易于处理的固定信元格式，所以 ATM 交换速率大大高于传统的数据网，如 x. 25、DDN、帧中继等。此外对不同业务赋予不同的“特权”，如语音的实时性特权最高，一般数据文件传输的正确性特权最高，网络对不同业务分配不同的网络资源。

（二）AI 泛在前台功能设计

现代图书馆 AI 前台的基本功能特征就是交互，即交流互动，让用户在前台不仅可以获得相关资讯、信息或服务，还能实现用户与用户之间或用户与平台之间相互交流与互动，从而碰撞出更多的创意、思想和需求等。具体到AI前台，该特征体现在三个方面的功能上：即“感官功能”“复用功能”和“自控功能”。

1. *感官功能建构*

AI前台自身具备感官系统，和客户能产生互动并实时采集数据——此谓之“感官性能”。人机交互的发展仍将延续由以计算机为中心的复杂交互向以人为中心的简单、自然交互转移的理念。人机交互由键盘开始，到触控、声控、光控……最终实现“脑控”（即所谓“脑之所思，器之所动，随心所欲”），那么我们可以说智慧交互的时代真的来临了。这是大趋势，也是人们的美好愿景。在“脑控”实现之前，人的情景意识（Situational awareness）是值得探索的一个方向。这是因为它能在真实的人机环境系统交互领域中，将人的情景意识/态势感知SA、机器的物理SA、环境的地理SA等同构于人脑和机脑统一感知中（五种感知应是并行的），是最切近“脑控”的研究方向。因此，我们在设计AI前台时，首先考虑的是人的情境意识SA拟突破的6项核心技术：（1）3D摄像捕捉技术（3D camera capture technology）；（2）AI骨骼追踪算法（AI skeleton tracking algorithm）；（3）姿态、动作读取识别技术（Posture and movement reading and recognition technology）；（4）人脸识别技术（Face recognition technology）；（5）手势操控技术（Gesture control technology）；（6）体感交互技术等（Somatosensory interaction technology，etc.）。在学校图书馆的AI前台，3D摄像捕捉技术可以用于实时监控图书馆内的人流情况和空间利用情况。例如，它能够准确地捕捉读者在不同区域的活动轨迹，为图书馆的布局优化和资源配置提供数据支持。此外，还可以用于安全监控，及时发现异常行为；AI骨骼追踪算法可以用于分析读者在图书馆内的行为姿态。例如，判断读者是否长时间保持不良的阅读姿势，从而通过提示来提醒他们注意健康。同时，也能用于检测特殊情况下读者的紧急动作，如摔倒等，以便及时提供帮助；姿态、动作读取识别技术能够识别读者的取书、放书等动作，从而自动记录相关的借阅和归还信息，减少人工操作。还可以用于智能引导服务，当读者表现出迷茫或寻找的姿态时，主动提供帮助和指引；人脸识别技术可实现读者的快速身份认证和登录，方便借阅和查询服务。可以用于个性化推荐，根据读者的面部表情和行为习惯，推测其兴趣偏好，为其推荐相关的书籍和资源。同时，也能用于门禁系统，提高图书馆的安全性；手势操控技术可以通过简单的手势与图书馆的AI前台进行交互，如翻页查询信息、选择服务项目等，提供更加便捷和自然的操作体验；体感交互技术使读者无需接触设备，仅通过身体动作即可与图书馆的系统进行互动。例如，通过身体的移动来浏览书架虚拟展示，或者通过特定的动作来获取特定区域的图书信息。

这些核心技术提高AI前台界面的仿生性、灵敏性、人文可感性、愉悦性，满足用户的亲和性体验，并有利于AI前台的功能延伸及潜能开发。一个包含特定人机环境系统态势感知中的态、势、感、知都是多种、多层级的，如态分为初态、次态……N态，在不同的上下文背景中会表现出不同的态势。在不同上下文背景中不同态势与人的感知叠加纠缠构成了千变万化的主客观组合。所谓“千变万化的主客观组合”在人机环境中由许多个闭环系统嵌套，或同时进行反馈，或继时反馈，并且不同反馈环节信息又往往交叉融合在一起，起着或兴奋或抑制的作用，不但有类似情感类的柔性反馈，也存在着强制类的刚性反馈。如何在柔性反馈和刚性反馈之间寻找到一个平衡点，是衡量一个人机系统稳定性、有效性、可靠性的主要标志，是用数学方法的快速搜索比对还是运筹学的优化修剪计算，这是一个值得人工智能领域深究的问题。

2. AI泛在前台复用功能建构

AI的后面有一个强大的智慧中枢即数字中台，其复用性能在阅读推广活动中发挥着至关重要的作用。中台通过将各个系统的共性进行抽象，使图书馆不同业务领域能够实现能力复用，极大地提高了资源的利用效率。

在阅读推广活动中，数字中台能够将前台的资源进行有效整合和调配。前台直接面向用户，为用户提供多样化的服务，而这些服务的背后离不开中台的有力支持。中台可以将数字文献系统、图书管理系统等的资源进行梳理和整合，根据不同的阅读推广场景和用户需求，快速地为前台提供所需的资源。例如，在举办特定主题的阅读活动时，中台能够迅速调配相关的文献资源和信息，确保前台能够为用户提供精准且丰富的内容。

数据中台作为信息情报中心和智能化大脑，在阅读推广活动中更是发挥着关键作用。它能够汇集海量的数据，通过深入的数据分析，为阅读推广活动制定精准的应对计划。通过对用户阅读行为、兴趣偏好等数据的分析，中台可以为阅读推广活动提供个性化的建议和策略，从而更好地吸引用户参与。例如，根据用户的历史借阅记录，中台可以向用户推荐相关的书籍和活动，提高用户的参与度和满意度。

此外，中台的建设采用了诸如DDD（Domain Driven Design，领域驱动设计）等先进方法，通过领域建模，将可复用的公共能力从各个系统中剥离、沉淀并组合。这种方式不仅提高了中台的灵活性和可扩展性，也为阅读推广活动的创新提供了坚实的基础。借助微服务架构，中台可以将核心能力建设成可面向不同渠道和场景的可复用中台，使得阅读推广活动能够以更加多样化的形式呈现给用户。

数字中台还能够为前台“减肥”，增强前台的敏捷性。它可以将后台系统中需要频繁变化或需要被前台直接使用的能力提取到中台层，从而使前台能够更加专注于与用户的互动和服务提供。在阅读推广活动中，这意味着前台能够更加快速地响应需求变化，及时调整活动策略和内容，以保持活动的新鲜感和吸引力。

中台价值主要表现在：数据资产统一管理，通过数据资产目录对外提供可视化服务，避免不同系统间数据接口的低效沟通；消除异构数据源，实现数据格式、数据交换标准的统一，提升数据共享程度；将各信息系统中的共性需求集中到中台，避免业务需求的跨系统交互，对前台创新应用做出快速响应；实现数据、业务的一体化综合治理和相互赋能，既节约成本，又灵活易管。

（三）AI泛在前台自控功能建构

为了实现各种复杂的控制任务，AI前台要将被控制对象和控制装置按照一定的方式连接起来，组成一个有机的整体，这就是自动控制系统。在自动控制系统中，被控对象的输出量即被控量是要求严格加以控制的物理量，它可以要求保持为某一恒定值，例如书柜的限量、用户赛道拥挤控制、电路板温度调节等；而控制装置则是对被控对象施加控制作用的相关机构的总体，它可以采用不同的原理和方式对被控对象进行控制，但最基本的一种是基于反馈控制原理的反馈控制系统。闭环控制是根据用户输出反馈来进行校正的控制方式，它是在测量出实际与计划发生偏差时，按定额或标准来进行纠正的。闭环控制，从输出量变化取出控制信号，作为比较量反馈给输入端，控制输入量，一般这个取出量和输入量相位相反，所以叫负反馈控制，自动控制通常是闭环控制。当受控客体受干扰的影响，其实现状态与期望状态出现偏差时，控制主体将根据这种偏差发出新的指令，以纠正偏差，抵消干扰的作用。闭环控制功能是基于数据库日志捕获的信息，使得数据获取的时效性大大提升，这样就可以为前台的交易型场景提供很好的支撑。AI前台的闭环控制其任务是将决策问题按总目标、分解成一个个子目标指派给不同层次的结构体系，然后用求解判断矩阵特征矢量的办法，求得低层次的各元素对高一层次元素的“优先权重”，依据“两利相权取其重”的原则，将权重最大者确定为最优方案。如果面对阻梗应急情境，执行的原则是“两害相权取其轻”，将权重最小者确定为最优方案。闭环控制采用具有分层交错评价指标的目标系统，其用法是构造判断矩阵，求出其最大特征值及其所对应的特征矢量。给前台装上一个智慧大脑，像人一样智慧起来，使得前台各项资源通过这个闭环控制系统进行最合理的配置和调度，从而有效提升前台的承载力和运行效率，实现支撑感知、互联、智能的服务。在闭环控制中，由于控制主体能根据反馈信息发现和纠正受控客体运行的偏差，所以有较强的抗干扰能力，能进行有效的控制，从而保证预定目标的实现。管理中所实行的控制大多是闭环控制，所用的控制原理主要是反馈原理。这种控制如果我们把输入值用 x 表示，输出值用 y 表示，客体的功能用 S 表示，控制系统也即反馈系统的作用用 R 表示，偏差信息用 Δx 表示，则有：

$y=S(X+\Delta X)=S(X+Ry)=SX+SRy$，式中 R 称反馈因子或控制参数，它反映闭环控制系统的反馈功能或控制功能。

例如，如果中台受到系统约束，拒绝前台不相干数据的接入，前台可能会在内部重新建立自己的数据系统，这部分系统又极有可能和中台有功能上的重叠，但是如果把这些数据接管过来，那么中台又需要梳理所有业务场景。这时，闭环控制系统通过“静态元素厘清”和“动态跟进分析”，来回应现实关切。再例如，嵌入式操作系统与泛在计算场景的操作系统是AI前台的两大操作系统，后者强调环境感知、自我管理、群体协同的功能结构和适应所处的泛在计算场景的运行机理。包括对数据、知识、智能和安全支持更好的程序设计模型、语言与运行机制。对嵌入式操作系统和泛在计算场景的操作系统在感知、运算、通信、执行、服务等方面进行合理有效的建构和整合，就需要闭环控制系统特定的模型，支持两者在功能构造上的互补和取舍。

二、AI前台的智能问答系统设计

（一）智能问答系统概述

GPT问世之前，占主导地位的对话系统有两种类型：一个是基于人工程序规则的对话系统，一个是基于机器学习的对话系统。这两个系统需要大量的人力制定规则，而且扩展性比较差。近年来，随着类GPT的兴起，深度学习方法构造的对话系统逐渐取代人工干预的对话系统。

深度学习对话系统按架构实现方法分为两类：多管道方法（Pipeline Method）和单管道方法（Single Pipe Method）。多管道方法的各个模块功能不同，但互补性较强。单管道方法只取一种模型，根据用户的输入直接生成相应的回复，这种架构简单直接，但出错率和纠错功能较差。

AI前台与用户的交互主要是通过问答系统实现。例如，涉及阅读潜能发展的问题评估（Problem Assessment），包括阅读潜能诊断、阅读环境诊断、阅读微环境诊断、阅读心理诊断等，对评估结果做出应对策略（Coping Strategies）。因为问题评估领域对准确性的要求，所以采用了多管道方法来构造对话系统，每个管道都包括客户端的问题输入（Question Input）、自然语言理解（Natural Language Under - standing）、对话管理模块（Dialog Management Module）、数据库（Database）和自然语言生成（Natural Language Generation）四部分组成。

AI 前台的问答系统核心部分是自然语言理解（ChatGLM NLU）和对话管理模块（ChatGLM DMm）。ChatGLM NLU 模块由语言模型、分词、特征提取、实体识别、意图分类、结构化输出六个细分的组件构成。将数据集整理为 ChatGLM 要求的格式之后，通过简单的命令窗口便可以实现模型训练，输出对应的 NLU 模块的模型。

ChatGLM Core 模块是核心组件，主要包括类型领域（Type Fields）、故事（Stories）、应对策略（Coping Strategies）、端点（Endpoint）这四个文件。类型领域文件内含词槽、动作、表单、回复、会话配置这几部分。ChatGLM 故事文件的功能是通过类型或领域分析，配置相应的意图、实体等信息进行语义对话场景配置。ChatGLM 应对策略文件的功能是通过特征提取信息组件，将故事转成问题一回答状态，并对用户接下来的提问的问题领域或问题类型做出预测。端点文件定义了 ChatGLM Core 和其他服务进行链接的范围并进行对应配置。ChatGLM Core 模块还通过其他一些内置模型实现用户下一步可能的意图。

（二）问答系统的设计

AI 前台的问答系统，最主要的功能是释疑解惑的问答。实验将以开源智能问答框架 ChatGLM 为基础，开发实现一个面向潜能发展学说的智能问答系统。并且在问答语料构建的过程中，提升模型的应对性和准确性。智能问答系统采用前后端分离设计，前端包括用户输入界面、输出返回界面，后端为 ChatGLM 服务模块，具体分为输入数据预处理、意图槽位识别、动作模块、知识图谱集成、对话管理、机器阅读理解模型集成以及答案输出模块。

AI 前台的问答系统第一环节是用户问题输入。前端获得用户的问题信息输入后，该模型会自动用 JSON 格式传递给后端 ChatGLM 服务，ChatGLM 完成数据处理与答案预测之后，同样以 JSON 格式传回前端，由前端展示出来以便用户肯定或修订。前后端分离的设计便于将用户的问题通过 Web 服务与 NLP 服务明晰起来，实现不同模块的相互验证，也方便后续的项目进程。

AI 前台的问答系统第二环节是数据预处理。数据预处理要达到对输入信息进行文本检测以及问题分类、意图识别、槽位填充的目标。其中槽位填充通常采用现行统计方法，通过机器学习模型或条件随机场（Conditional Random Field，简称 CRF）模型来识别。数据预处理后的文本检测会将敏感信息过滤并给出提示。

AI 前台的问答系统第三环节是三个并列的问答系统：FAQ 智能问答系统（FAQ intelligent question answering system）、知识图谱问答系统（Knowledge map question answering system）和机器阅读理解技术的问答系统（Question answering system for machine reading comprehension technology）。（1）FAQ 智能问答系统主要用于对输入信息进行文本检测以及 jieba 分词。所以 FAQ 智能问答系统的主要功能是使用正则表达式完成语义匹配、权重排序、最佳答案选择。（2）将知识图谱引入深度学习被认为是对于预训练模型的友好补充。ERNIE 是最早的基于 embedding 的知识图谱，相比于智能问答系统和机器阅读技术，ERNIE 提升了对于长文本的学习效果，并在数据集 ReCoRD 上证实了知识图谱训练方法 NA－Net 在语义匹配、查询推理方面有独特功能。知识图谱问答系统学习成本比较低，一般使用 load csv 批量导入 csv 文件进行知识图谱的创建。（3）机器阅读理解技术的问答系统属于自然语言处理的范畴，许多基于预训练语言模型的 MRC 模型展现出优秀的性能。如 BiDAF、QANet 等。这些模型在阅读关联文章和问题特征后，能准确地从文章中抽取问题的答案，还可以对不确定问题是否应该回答进行判断。

AI 前台的问答系统第四环节是多模块答案的融合。类 GPT 系统常用的三个问答模块：基于 FAQ 的智能问答；基于知识图谱的智能问答；基于机器阅读理解技术的问答模块。这三个问答系统，对同一个问题会给出不同的答案，故在最终生成答案回复时，需要对各模块给出的答案进行排序筛选：（1）从答案的预测分数进行选择。一般按照预测分数倒序排序。（2）从答案的相似性进行选择。根据不同问答模块给出的答案之间的相似性，选择两个以上模块给出的相似性答案。（3）从答案的完整性进行选择。一般来说，完整的表述更有助于提升用户体验。

AI 前台的问答系统第五环节是答案输出。例如，针对阅读潜能发展问题的研究，除阅读潜能发展的理论与实践方面的应答外，还能为用户提供阅读指导的教案设计、阅读促进活动方案设计以及作文批改、词语推荐、智能纠错以及文本补齐、扩写、句子推荐等功能。

把上述设计以项目架构的形式展现出来，见图 5－5。

（三）AI 前台的问答系统的进路

AI 前台的问答系统是基于多元结构的对话策略流程，采用 FAQ、知识图

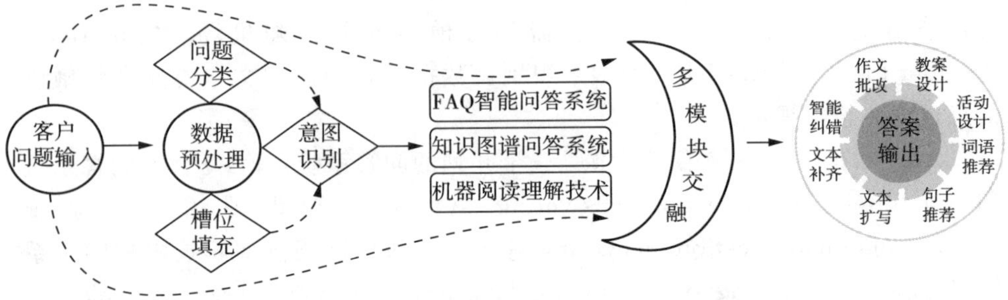

图 5-5 QN-ChatGLM 问答系统项目架构

谱和机器阅读理解技术。在实践中感到仍存在诸多缺陷：（1）常见问题（Frequently Asked Questions，FAQ）问答的一致性问题。FAQ 一般指提问频率较高的一类问题。由于 QN-ChatGLM 的投喂和预训练在不同阶段的微调，可能会出现对相似问题前后回答不一致甚至相左的情况。（2）FAQ、知识图谱和机器阅读理解技术在交互过程中仍存在抽取特征冗余、语义信息不全面、问题分类任务和答案抽取任务耦合性不强的问题。这些问题如果得不到解决，AI 前台的问答系统的进路可能被闭环。我们的策略是：

首先，结合前期预训练过程的问答，有序整理出 FAQ 并给出统一答案，避免前后紊乱，降低信度，影响用户体验。对于垂直领域的 FAQ 类问题，需要经过业务审核。作为潜能发展的核心内容，我们需要考虑用户提问的频率，设计 FAQ 类标准问题以备用。

其次，我们要结合门控机制和多级残差结构的多任务联合训练模型 GMRT（Gated Mechanism and Multi-level Residual Structure for Multi-task Joint Training），以提升多元融合理解任务中答案预测的准确性。构建门控机制来筛选交互后的关联特征，从而控制信息的流动。采用多级残差结构分别连接注意力机制和门控机制，保证每个阶段都保留原始语义信息。同时，通过边缘损失函数对问题分类任务和答案抽取任务联合训练，确保预测答案过程中任务之间的强耦合性。

最后，我们确定任务型对话、FAQ 问答、表单问答及基于知识图谱的智能问答。对多模块答案进行融合，再进行唯一答案的输出。预处理的数据如果明确系文章修改问题，可通过机器阅读理解模块在线上直接将答案输出。

三、AI 前台功能块的制作与嵌入

在当今数字化时代，AI 前台的构建成为图书馆服务创新的重要方向。一旦AI前台建立，不仅要将现有的功能模块和业务规范迁移至新平台，还需研发众多拓展性功能块以及与智慧图书馆创建相关的功能块。这些功能块的制作与嵌入构成了一套完整的智能模型全生命周期配置体系。此类模块的开发绝非图书馆之外的公司所能主导，而需图书馆行业自身联合相关公司，并携手心理学、测量学、计算机学、政法学、身体力学等领域的专家共同承担。每个模块的开发均需依据相关理论，历经精确设计、大样本实验、数据分析、标准量表制定以及人机交互模式构建等环节，且在每一环节都要与有关专家友好磨合与协作，这是实现AI前台功能拓展的必由之路。

（一）学术性阅读资源的导航模块

为在图书馆与各学科用户间搭建学科资源的导航功能，AI前台首先从用户信息数据的收集着手。通过层次识别与用户群体划分的先进技术，对用户需求展开精准剖析，进而能够自动呈现对口专业的资源云汇聚及“一站式”检索等强大功能。

所谓云汇聚，乃是依据OCLC对图书馆资源建设边界的明确规定，将对口专业的资源依照统一的审核与评价标准加以打包汇聚，构建涵盖馆藏资源、云上资源、互联网共享资源、课程资源等的多元化资源体系。这一体系秉持数字资源与纸质文献协调发展的原则，对图书馆的中文与外文资源、期刊、学位论文、报纸、年鉴等进行整合汇聚，形成“用户需求－知识聚合－实体资源”的三级映射功能。

而“一站式”搜索则依托元数据技术这一关键支撑。元数据技术能够为用户搭建统一且规范的检索入口，达成图书馆资源的一站式搜索、全文资源调度以及资源导航定位，有效消除用户使用信息时的“孤岛效应”。在这个过程中，嵌入技术发挥了重要作用，比如通过自然语言处理技术的嵌入，能够更好地理解用户的搜索意图，提高搜索的准确性；知识图谱技术的嵌入则能建立起资源之间的语义关联，为用户提供更全面和深入的导航服务。

（二）学术性集群阅读的功能模块

学科集群是指AI前台运用数据－用户标签映射法这一核心技术，从所采集的用户信息库中获取用户的学科偏好、学科层次、学科兴趣等信息，并进行标签化处理，进而构建动态且定向的学科集群。在此基础上，提供互动信息资源，此资源库并非孤立的“信息孤岛”，而是一个生态式、对话式的信息资源系统。例如学科发展动态、前沿研究成果、最新学习进度等内容，形成知识间的互动链式关系网络与实时交互机制。

在集群中，学子们能够构建知识链接并开展交互性信息加工。这种交互性信息加工涉及一系列关键流程，包括判别、筛选、分类、排序、分析和研究等，旨在将收集到的信息转化为能够满足学科学习和思维加工需求的有价值信息。按照帕恩斯-奥斯本模型进行思考，对于启迪思路、拓展思维想象空间、促进新设想和新方案的产生具有重要方法指导意义。该模型指出，第一，决策始于发现并明确界定问题，是一种目标导向的行为；第二，创造性方案的诞生依赖于对信息的收集、研究和加工；第三，创造性信息加工过程是主动的发散性思维和主动的聚合思维共同作用的成果，不仅需要发散性思维，还需依据一系列标准对发散出来的各种方案进行评价和判断，同时克服定势和证真偏向。

在这一模块中，数据挖掘和机器学习技术的嵌入至关重要。通过这些技术，可以更精准地分析用户数据，挖掘潜在的学科关联和用户需求，从而实现更有效的学科集群构建和信息推送。同时，实时交互技术的嵌入能够保障知识链接的稳定建立和信息加工的高效进行。

AI前台定期对所推送的学科服务项目的反馈信息记录进行深度分析，重新划分定向学科群体，灵活调整服务供给内容，构建起“推送—反馈—再推送—再反馈”的良性评价反馈机制。

（三）学术性阅读的个性化服务模块

AI前台为实现个性化服务的用户画像，提供了两种有效路径。其一，根据专业背景、知识偏向、兴趣爱好等因素，着重强调知识与专业信息的精准对接服务；其二，采用心理量表的科学方法，对用户的智力结构、个性倾向、气质类型等心理信息进行准确评断，其主要作用在于促进合作过程的协同优化。

基于个体画像，运用“差异营销”策略，即采用不同的数字产品，并借助特定的操作模型实现精准服务的理想效果。“差异营销”的模型源自美国布鲁克斯方程 $K[s]+\Delta I=k[S+\Delta s]$。该公式表明：知识（$K[s]$）必须吸收新信息（$\Delta I$），方可形成新的知识（$k[S+\Delta s]$），充分强调了 ΔI 与 $K[s]$ 的动态变化和匹配关系，肯定了 ΔI 对于 $K[s]$ 的积极推动作用。

在个性化服务中，推荐算法的嵌入是关键。通过协同过滤、基于内容的推荐等算法，结合用户画像和历史行为数据，为用户精准推荐符合其需求的学术资源。此外，用户行为跟踪技术的嵌入能够实时捕捉用户的操作和阅读行为，进一步优化推荐结果，构建个人知识库（个人图书馆）与学科分类树文档库，显著提升个人在数据集、数字工具方面的信息技术水平，丰富数字信息涵养，优化知识组织理念。

四、AI 前台类 GPT 功能块的制作与嵌入

在当今数字化和智能化的浪潮中，AI 前台类 GPT 功能块的制作与嵌入成为提升服务质量和用户体验的关键举措。

制作类 GPT 功能块首先需要大量的数据支持。这些数据应涵盖广泛的领域和主题，包括但不限于学术文献、新闻资讯、文学作品等。通过收集、整理和清洗这些数据，为模型的训练提供丰富的素材。同时，选择先进的深度学习框架和算法是至关重要的。例如，采用 Transformer 架构，其在处理长序列数据方面表现出色，能够捕捉文本中的长期依赖关系。

在模型训练过程中，需要不断调整参数，以优化模型的性能。这包括调整学习率、层数、头数等参数，通过多次试验和对比，找到最适合的模型配置。为了提高模型的泛化能力和准确性，还会采用一些技术手段，如增加数据增强操作，如随机替换、删除、插入单词等，以增加数据的多样性。

在功能块的设计上，要充分考虑用户的需求和使用场景。除了基本的文本生成能力，还应具备问答、翻译、摘要提取等多种功能，以满足不同用户在不同情境下的需求。同时，为了提高用户体验，还需要优化模型的响应速度和准确性。采用分布式训练和模型压缩技术，可以在不损失太多性能的前提下，加快模型的响应速度，使其能够在短时间内为用户提供高质量的回答。

在嵌入 AI 前台时，需要确保与现有系统的无缝集成。这涉及与数据库、用户界面等多个模块的对接。通过标准化的接口设计，实现数据的流畅传输和交互。同时，要考虑系统的稳定性和安全性，采取加密、访问控制等措施，保护用户数据和模型的安全。

为了使类 GPT 功能块更好地适应特定领域和用户群体，还可以进行个性化定制。根据图书馆的学科特色和用户的偏好，对模型进行微调，使其生成的内容更具针对性和专业性。例如，对于学术图书馆，可以重点训练模型在学术领域的知识和表达能力。

在嵌入后，持续的监测和优化是必不可少的。通过收集用户的反馈和使用数据，分析模型的表现，发现潜在的问题和不足之处。根据这些反馈，及时对模型进行更新和改进，不断提升功能块的性能和服务质量。

此外，伦理和法律问题也不容忽视。在功能块的制作和嵌入过程中，要确保遵循相关的法律法规，尊重知识产权，避免生成虚假、误导或有害的内容。同时，要明确告知用户模型的局限性和可能存在的风险，让用户在使用时有清晰的认知。

有关 AI 前台类 GPT 功能块的制作与嵌入是一个复杂但充满潜力的过程。

需要综合运用数据处理、模型训练、技术集成、个性化定制和持续优化等手段。我们为此做了延伸性的专项课题实验，具体内容见本章第四节。

五、AI泛在前台的调试

AI泛在前台是一套完整的智能模型全生命周期管理平台和服务配置体系，基于数据平台服务，通过对智能服务的共享复用、对智能服务研发相关角色进行管理，以及研发流程的标准化、自动化，对前台业务提供个性化智能服务的迅速构建能力支持，实现功能细粒度化的微服务架构。AI泛在前台的调试需要在每一个环节与有关专家善意磨合与合作，这是AI泛在前台调试保障的必由之路。

（一）调试步骤

AI泛在前台的调试可分为7个步骤，如图5-6所示。

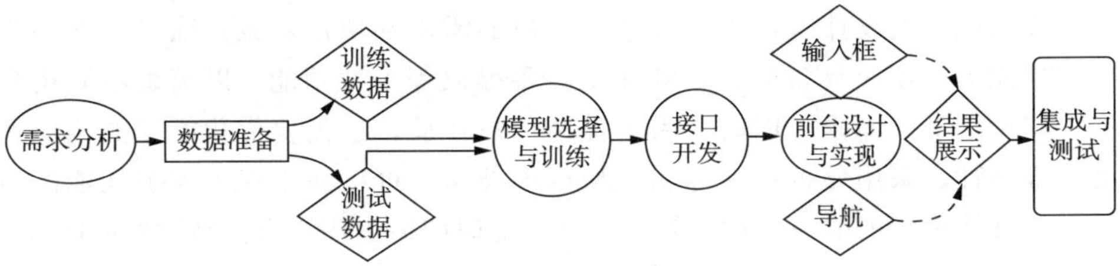

图5-6　AI前台调整步骤

第一步是需求分析：明确图书馆AI前台的功能和用户需求，确定需要实现的服务和交互方式。第二步是数据准备：收集和整理用于训练和测试AI模型的数据，包括图书信息、用户查询记录、借阅历史等。第三步是模型选择与训练：根据需求选择合适的AI模型，如自然语言处理模型，并使用准备好的数据进行训练。第四步是接口开发：开发与后端系统的接口，确保AI前台能够获取和处理图书馆的相关数据。第五步是前端设计与实现：创建用户友好的界面，包括输入框、结果展示区域、导航等。第六步是集成与测试：将训练好的模型与前端界面进行集成，并进行全面的功能测试，检查回答的准确性、响应速度等。第七步是优化与调整：根据测试结果，对模型和界面进行优化，例如调整参数、改进算法、优化界面布局等。

在以上七步调整的基础上，要注意安全与隐私保护，确保用户数据的安全和隐私得到保护，符合相关法规和标准。

图书馆内部测试后还可邀请用户体验测试，收集反馈意见，进一步改进系统。

（二）AI 泛在前台硬指标测试

从 AI 前台调试角度，已较好地实现预期目标。上海玺衡网络科技有限公司基本吸纳课题组的设计成果，在应用功能上不仅整合服务前台的服务项目，还将 AI 泛在前台的核心技术包括：（1）3D 摄像捕捉技术；（2）AI 骨骼追踪算法；（3）姿态、动作读取识别技术；（4）人脸识别技术；（5）手势操控技术；（6）体感交互技术与多触点式触摸系统、隐式输入技术综合性的交互方式，提高 AI 界面的仿生性、灵敏性、人文可感性、愉悦性，满足用户的亲和性体验，并有效运用于阅读潜能的开发上，如图 5－7 所示。在外形结构上融合计算机、电视机、智能手机和机器人为一体，成为校园绿色、智慧、美观的风景线。

品牌	唛小镜智能镜
核心技术	1. 3D摄像捕捉技术 2. AI骨骼追踪算法 3.姿态/动作读取识别 4.人脸识别 5.手势操控 6.体感交互
设备材质	玻璃镜面；6063铝合金边框；Q235铁材背板
显示屏尺寸	43英寸
液晶屏显示区域	943.9（W）*532.3（H）mm
显示屏比例	9:16
屏幕分辨率	1920*1080
屏幕是否触摸	支持触摸操控
无线规格	WIFI：2.4/5G 802.11a/b/g/n/ac 蓝牙：5.0无线技术 10m
内存	4G+64G
尺寸	1640mm*580mm*35mm
遥控器	支持蓝牙遥控器
MIC	有
供电方式	AC110-240V
供电频率范围	（50Hz or 60Hz）±5%
整机功率	≤100W
待机功率	<5W
音频输出	200W双音响输出；单只喇叭：6欧10瓦
操作系统	Android 9.0
设备安装	壁挂；靠墙摆放

图 5－7 AI 泛在前台主要硬指标测试结果

（三）大数据模型测试

AI泛在前台大数据模型测试的主要指标应当从过敏特性（Allergic properties）、过稳特性（Over - stability）以及泛化特性（Generalization）三个方面进行。同时针对三种特性，另行选取了专业细分领域权威人士为构造数据子集，进行对比评估。

1. 特性评估实验

实验目的：过敏特性、过稳特性、泛化特性三维评估数据子集构建与评估

实验方法：(1) 评估结合人工审核的方法构造数据子集。最终获得的过敏感性评估数据子集128条；过稳特性评估数据子集133条；泛化特性评估数据子集98条。(2) 选取ChatGLM模型与ChatGPT - 3.5模型作为两个基础评估参照模型。通过三个模型的实验比较，评估QN - ChatGLM模型的各项指标。

实验指标：(1) 精确匹配值（EM）。EM实际上是准确度（Accuracy）的变体，根据ChatGLM模型、ChatGPT - 3.5模型和潜能发展GPT的答案片段能否精确匹配原始答案对应的字符序列，来确定精确匹配值。精确匹配值对应的EM数值为1或0。1表示能精确匹配，0表示不能匹配。(2) 准确度（Accuracy）。准确度的表达式为：

$$\text{Accuracy}=\frac{n}{m}$$

其中 n 为预测正确的问答对个数，m 为数据集中问答对的总数。(3) 由查准率 P（Precision）和查全率 R（Recall）比率构成的 $F1$ 分数，也是本文一项评估指标，其表达式如下：

$$F_1=\frac{2PR}{P+R}$$

其中 P 为查准率，R 为查全率。

实验结果：(1) 过敏特性评估测试结果见表5 - 1：

表5 - 1　过敏特性评估测试结果

模型（Models）	精确匹配值（EM）	准确度（Accuracy）	F_1
QN - ChatGLM	59.82	77.67	73.65
ChatGLM	56.23	71.08	70.12
ChatGPT - 3.5	57.01	70.67	71.94

（2）过稳特性实验结果见表 5－2：

表 5－2　过稳特性评估测试结果

模型（Models）	精确匹配值（EM）	准确度（Accuracy）	F_1
QN－ChatGLM	57.18	81.66	77.12
ChatGLM	54.78	69.42	70.03
ChatGPT－3.5	55.96	70.04	71.68

（3）泛化特性实验结果见表 5－3：

表 5－3　泛化特性评估测试结果

模型（Models）	精确匹配值（EM）	准确度（Accuracy）	F_1
QN－ChatGLM	40.34	65.77	64.98
ChatGLM	38.16	62.86	61.26
ChatGPT－3.5	41.28	66.72	59.88

（4）特性评估实验总结

对上述 3 个评估数据集实验结果总结如下：

QN－ChatGLM 模型的过敏特性相比于 ChatGLM、ChatGPT－3.5 均有较大幅度的提升，这得益于前期语料投喂和预训练、自训练以及微调的创设工作。表明 QN－ChatGLM 这类专业小模型可以给通用型 GPT 阅读理解方法带来正向效果。

（1）QN－ChatGLM 模型的过稳特性相比于 ChatGLM、ChatGPT－3.5 提升整体约为 1 个点左右。过稳特性指标表明 QN－ChatGLM 模型在实验中，即便个别关键实体发生改变，仍然能给出与先前相同的答案。

（2）QN－ChatGLM、ChatGLM、ChatGPT－3.5 三个模型泛化特性评估在实验中的表现均逊于过敏特性评估和过稳特性，侧面证实了泛化特性指标的提升是 3 个任务中最具难度的任务。泛化性评估指标用于考察模型的迁移能力。因此 QN－ChatGLM 模型需要在这方面有较好的改进。

2. 潜能发展心理学专家的再评估

为了更好地评估和优化模型的效果，潜能发展心理学专家组对实验评估结果做鉴定。专家组从 2023 年 5 月—2024 年 4 月 QN－ChatGLM 模型微信 8665 条问答中，随机采取 260 条（占比 0.3%），其中理论性问题 28%，应用性问题 37%，延伸性问题 35%。采用 Likert 五点量表，要求评估者将上述问答准确度分为5个等次：高（准确度9～10分）、较高（准确度8～8.9分）、中（准确度7～7.9分）、较低（准确度6～6.9分）和低（准确度5.9分以下或无法判断）。然后再使用SPSS软件计算Cronbach系数。评分者一致性检验的系数的高低，表明同感度在评估技术中的有效程度。通常，0.70以上的指标为CAT技术的认可系数。

表5-4 专家组评估测试结果

模型		准确度（Accuracy）			一致性检验（Cronbach）
		理论性问题（Theory）	应用性问题（Application）	延伸性问题（Extension）	
1	QN-ChatGLM	8.298	7.812	6.24	0.80
2	ChatGLM	7.921	7.034	6.45	0.69
3	ChatGPT-3.5	7.165	7.528	7.00	0.81

评估表明，QN-ChatGLM在理论性问题和应用性问题的应答上准确度高于其他模型超分3个点以上；延伸性问题稍逊于其他。

邱章乐教授给出的书面评价是：（1）潜能发展专业类GPT在多模型轮转算法上，解决了反馈强化学习（RLHF）、生成对抗网络（GAN）等诸多难题，该模型相比于QPT与其他类GPT，给出的答案也呈现专业特征，其信息更新速率更快、针对性更强、准确率更高。（2）在基本语料投喂、数据标注、预训练与微调等环节实现精准化，这使得该模型能在多个语言任务上实现了更自然、真实、毒性更小的内容生成，且不会因为训练数据产生明显的偏差。（3）QN-ChatGLM模型在智能问答系统设计方面，采用基于FAQ的智能问答、基于知识图谱的智能问答、基于机器阅读理解技术的问答模块。这三个问答系统的交融，更有助于提升模型的用户体验。（4）实现了符合具体专业发展的国内第一个心理学类GPT，该模型的建构模式可以迁移到类似小规模专业GPT的创建中，可为学校教师资料室学科建设提供了强有力的支持和服务。但要关注预训练后期出现的泛化特性退化的潜在表征及预防训练数据被污染可能。

总的来说，三项实验评估结果与专家评估结果基本一致。

六、AI泛在前台的未来创新之路

AI前台的认知进路既包含“静态元素厘清”又包含“动态跟进研究”。静态元素厘清的研究（AI前台的品种、应用方向等）主要是回应现实关切。本前台研发原本是为了减少新冠疫情期间人与人接触感染概率的应急举措，缓解不同校区图书馆资源分配不均、服务覆盖不足等实际问题，但通过研发和调试，还引发了图书馆助推学科建设和潜能开发的功能拓展问题。AI 前台不仅适用学校图书馆、社会公共图书馆、各类专用图书馆，还可以广泛安置到校园教学区、办公区、住宿区等。此外，其设计原理及其操作技术，还可以迁移到博物馆、文化馆、心理诊疗、社区服务、医疗卫生、企业管理等多个领域，给数字新蓝海带来巨大的创新空间。动态跟进的预见性研究旨在分析其技术多重变量以做出对 AI 前台的理论认知。

AI 前台的未来创新之路是构建一个基于微信平台的前台人形机器人。机器人技术学科是一门交叉学科，是一个包括机械设计、远程诊断、导航定位、自动存储、人工智能语音语义分析、智能扫描、人机交互、语料库规划与设计等一系列学科的集成与应用。机器人可以依据其是否可以移动作为标准分为固定式机器人和移动式机器人。其中固定式机器人即为固定不可移动的机器人，AI 前台再向前迈一步就属于不可移动的机器人。可以移动的机器人称之为移动式机器人。人形机器人属于移动式机器人的一种，日本是最早研发人形机器人的国家。美国关于人形机器人的相关研究始于 1986 年，郑元芳等人成功研制出美国第一台可以完成在平地上前进、后退、左右侧行等行走任务的 SD－28 人形机器人；2009 年美国波士顿动力公司又研制出了 Petman 人形机器人，这款身高 175cm，体重 80kg 的机器人与人体型相当。此后 2013 年 7 月波顿动司发布了高 190cm，重 150kg，具有 28 个液压驱动关节的 Atlas 机器人，可被用于完成在危险环境下的救援任务。机器人外观如图 5－8 所示。

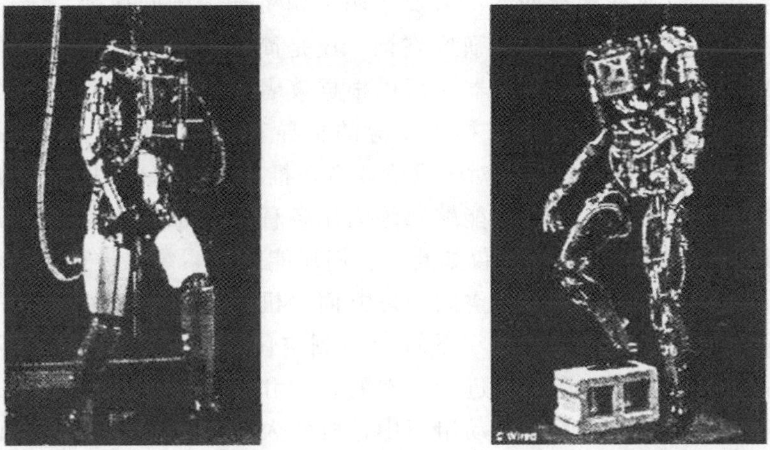

图 5－8　波顿动司 Petman 人形机器人和 Atlas 机器人

比较有代表性的是特斯拉人形机器人。相比于波顿动司 Petman 人形机器人和 Atlas 机器人，特斯拉人形机器人更能适应于各类现实生活的场景，使得机器人能从专用转向通用，增大规模效应降低成本；此外，特斯拉人形机器人也是实现具身智能的最佳物理形态之一，更具有突破编码设定的智能的大脑；在全方位 AI 感知技术以及 GPT 大语言模型加持下呈现出较高的主动性，具体表现为具有自主学习、决策以及推理的能力。

特斯拉人形机器人具有更灵活的身体，其行为更类人，自由度一般在 20 以上，使其应用场景更加多元化。日前马斯克对人形机器人最新进展表示，特斯拉机器人已经可以“自己造自己”了，他可以通过一些编程和指令，从人形机器人身上获取更大的价值。

未来，图书馆人形机器人也会应用于更多的阅读和其他场景中，人形机器人和人类的数量比例可能会大于 100∶1。目前进入图书馆的机器人已有多种类型，如图书盘点机器人、图书分拣机器人、图书搬运机器人、图书上架机器人，甚至还有人脸识别机器人、迎宾讲解机器人……机器人的这些“硬功夫”大多已经实现。但建构主义者不仅希望将机器人这些“硬功夫”整合为一体，还希望开发一些“软”功能的机器人，朝模仿人类不同图式建构的方向开拓进取。例如中国矿业大学图书馆设计的机器人把语音对话，视觉识别、规划、决策等类似人的“大脑”功能，以及行为控制等类似人的“小脑”功能双轮驱动起来，使得机器人更加拟人化、智能化，逐步满足用户经典阅读、数字阅读、图像阅读的“陪读”功能。除了这些功能，它们还可能在以下方面大显身手：(1) 在信息咨询服务方面，机器人能够凭借强大的数据库和智能算法，快速准确地回答读者关于图书馆资源、借阅规则、活动安排等各种问题。无论是复杂的学术研究咨询，还是简单的日常疑问，都能应对自如。(2) 在阅读辅导领域，机器人可以根据读者的阅读水平和兴趣爱好，为其制定个性化的阅读计划，并提供相应的指导和建议。例如，对于初学者，推荐简单易懂且有趣的读物；对于进阶读者，推荐更具深度和挑战性的书籍。(3) 在文献检索方面，机器人能够熟练运用各种检索工具和技巧，帮助读者快速找到所需的文献资料。不仅如此，它们还能对检索结果进行分析和筛选，提供最有价值的信息。(4) 在空间管理方面，机器人可以实时监测图书馆内的座位使用情况和空间布局，引导读者找到空闲的座位和合适的学习区域。同时，它们还能协助工作人员进行书架的整理和书籍的归位，确保图书馆的环境整洁有序。(5) 在阅读活动组织中，机器人可以协助策划并执行各类阅读推广活动，如读书俱乐部、作者见面会、阅读比赛等。它们能够负责活动的宣传、报名登记、现场协调等工作，提高活动的组织效率和质量。随着技术的不断进步，人形机器人在学校图书馆的用途将不断拓展和深化，为读者提供更加优质、高效、个性化的服务，成为图书馆发展的重要助力，如图 5-9 所示。

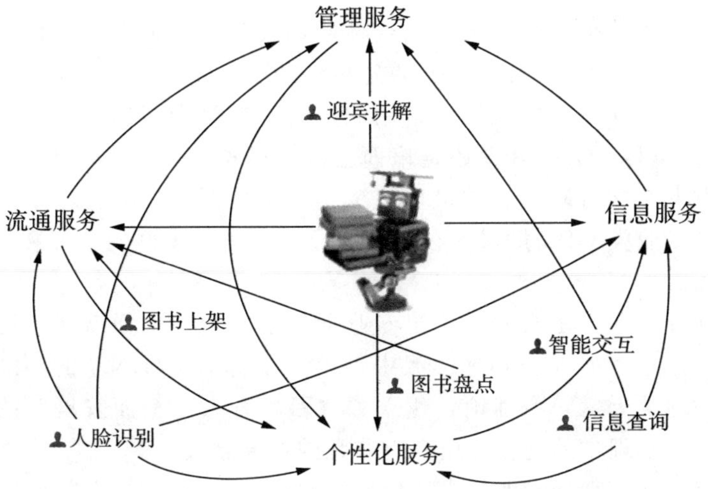

图 5-9　前台人形机器人的一体化服务

第三节　AI 前台类 GPT 学科服务小模型的创设

随着 AI 前台的技术格局的不断提升，与 GPT 类似的大语言模型的制作与嵌入也被提到课题研究的视域中。在多校区图书馆 AI 泛在前台的设计与建构一节里，我们已经就 AI 前台类 GPT 功能块的制作与嵌入进行论述，但没有展开。本节将延续深入探讨这些基于 Transformer 架设的预训练语言模型。GPT 这些大型语言模型都是一个个神经网络，其本质是学习了这个世界上所有通用的知识，执行的是跨专业的百科全书式的知识传播任务。它能理解整个世界但未必能够站到学科专业的前沿地带。所以说，它既像一个天文地理无所不通的人，又像一个专业门外汉。当学科服务遇到专业前沿问题咨询时，其回答大约有 90％是客观的，但多是已知的废话，研究者所希望的那 10％，它无法给到。另外，这些大语言模型参数量越来越大：GPT-3 就达到 1750 亿天文量，GPT-4 翻 10 倍到 1.8 万亿；通义千问居然达到了 10 万亿，较小的 MegatronLM 也有 83 亿。根据第一财经 2023 年 7 月 21 日发文，随着参数量的放大，GPT-4 的性能却有所下降，比如逻辑变弱、更多错误回答等。

ArXiv一篇题为《ChatGPT行为如何随时间变化》的论文也从多维度评估了GPT，它得出的结论是，大模型确实在一定程度上“变笨”了。OpenAI在最新博客文章中也回应称，ChatGPT更新后可能会变得“不完美”，“虽然GPT-4大多数指标都有所改善，但在某些任务上确实可能表现会更差”。2024年5月13日，OpenAI发布了GPT-4o，普林斯顿大学研究大型语言模型推理效率的博士生蔡天乐访问了GPT-4o的公共标记库，发现100个最长中文标记的列表中，只有3项是日常对话中常用的，其他都是专门用于赌博或色情的词汇和表达。所以，无论GPT还是市面上流行的类GPT并不是学校图书馆学科服务开发者和学科研究者的最理想工具。学校图书馆尤其是学校教师资料室亟须细分专业类GPT助推学科资源的导航、学科集群的学习和学科定制的个性化服务。

所谓细分专业，是指一个系统专业下的子系统。例如潜能发展学是心理学的子系统。它在上百个心理学派中是第一个标有CHINA的心理科学。它反对传统心理学天赋归因理论，建立了“因教育人，全面发展”的心理学新体系，对科学心理学的前行方向具有非凡的指导意义。

本研究选择该细分专业，尝试建构袖珍语言模型。借用成熟的算法模型，规范基本语料投喂、数据标注，使沉淀的数据资源通过预训练和反复微调，创设符合细分专业发展的国内第一个心理学类GPT，为学校图书馆业务拓展提供可落地、可迁移、可仿制的新路径。

一、类GPT学科服务小模型的前期创设

类GPT细分专业的小模型的前期创设内容包括：（1）算法底座选择；（2）基本语料投喂；（3）数据标注。

（一）算法底座选择

算法底座是“以己之能向彼赋能”的可行性条件，是细分专业模型发展的重要引擎。在初创阶段，需要选择一个合适的算法底座，以确保模型的质量和性能。在选择算法底座时，经过多次比较和测试，对比了国内外多个系列模型，发现智谱ChatGLM在租赁费用和电力值消耗性价比有较大的优势。决定选择智谱ChatGLM模型作为基础，根据实际需求进行了一定的调整和优化，并将此基于ChatGLM的小型专业模型命名为QN-ChatGLM。

（二）基本语料投喂

算法底座如同汽车发动机，语料则是汽车所需要的油料。油料的质量影响着车辆的整体性能。高质量的语料来自高质量的数据集。一项新研究表明，包括GPT-4在内的多个热门大模型存在性能被高估的问题，这可能源于训

练数据被污染。由此，细分专业 QN－ChatGLM 语料投喂的第一要素是对海量文本数据做价值判断和内容审核。这个环节特别重要，因为它将直接决定所投喂的“油料”的质量。语料投喂的第二要素是逻辑关联。所有语料应由小样本统摄大样本，由关键词统摄碎片化信息，并由此贯通时空，立体交叉为关联的“面”。将这些语料合理切割成富含逻辑的若干子系统 B_1、B_2……，每个子系统又负荷几个下一层级 d_1、d_2、d_3 等从属概念的内容。以通用数据接口耦合集成一个有清晰标引的向量数据库。将向量数据库通过 Anything LLM 这款软件直接投喂给算法模型。Anything LLM 是一个开源项目，它具备完整的 RAG 功能，通过 UI 界面可以有效管理向量数据库的语料。

潜能发展心理学是一门新兴的细分学科，其学科核心资源大多分散在研究者个人数字库和公共局域网上，尚未构建向量数据库。因此，图书馆要最大程度地将人力资源、数字资源、数字技术整合起来，制定一套完整的语料投喂规范：

第一步是采用计量学、图形学、信息可视化技术，绘制出潜能发展学说的知识映射地图。该知识图谱有两个重要的计量：一个是选定的事件因子（Occurrences）计量，一个是因子连接总强度（Total link strength）的计量。事件因子计量可以被定义为在知识图谱中特定事件或知识点的出现次数和频率。这个计量的大小可以反映出某一特定知识点的重要性和被关注程度，也可以代表潜能发展学说研究的多样性和丰富度。因子连接总强度计量可以被定义为不同知识点之间连接的强度和关联程度。这个计量的大小可以反映出知识点之间的内在联系和逻辑关系的紧密程度，也可以代表知识图谱的整体结构和复杂度。潜能发展学说的事件因子计 64 个，连接总强度≥40 的计 17 项，明确规定了该专业术语的边界，以确保所投喂的语料质量可靠性和专业性。

第二步是分项集成。分项集成又称数据聚类。很像“合并同类项”，在相同类别的样本彼此之间会比在不同类别间的样本更具有相似性。合并同类项给出潜能发展学说的核心理论、核心知识、核心创新内容的 12 个关键词，利用关键词到相关数据库查找代表性的原始文献进行标注，投喂 ChatGLM，ChatGLM 对这些核心数据反复“深度学习”进行固化。

第三步是关联数据投喂。根据知识图谱的连接线，找寻到与潜能发展学说相佐相邻相近或延伸性的研究文献，如皮亚杰心理发展的阶段学说、建构主义心理学的学习理论、脑科学的最新理论等。这些学说和理论对潜能发展思想具有支持作用。关联数据投喂的量很大，在投喂之前，需要对数据集进行清洗和预处理，这包括去除噪声数据、标记化、分词、去除停用词等，以确保潜能发展学说的数据质量和核心内容的一致性。

（三）数据标注

数据标注为模型提供了有价值的训练信息。在细分专业 GPT 的初创阶段，数据标注主要涉及对投喂的语料进行分类、标引、注释等工作，以帮助模型理解数据的含义和上下文。

以潜能发展心理学为例，需要对投喂的语料进行心理学相关概念的标注，如心理潜能、潜能教育、梯度发展、因教育人、全要素投入等方面的标签。通过标注，模型能够更好地理解语料的内在联系和逻辑关系，从而提升其在相应领域的表现。有两种标注方式可同时或继时进行：

1. 人机协同标注

人机协同标注结合了人的判断和机器的学习能力。在潜能发展心理学领域，由于涉及的概念和理论较为复杂，需要专业的心理学专家进行标注。课题组邀请了多位心理学专家对投喂的语料进行分类、标引、注释等工作。在标注过程中，专家们会根据专业知识对语料进行判断和选择标签，同时也会借助机器学习的辅助工具进行数据预处理和初步标注。这种标注方式可以确保数据的质量和专业性，同时也提高了标注的效率和准确性。

2. 众包标注

由于标注工作量较大，需要大量的人力资源投入。学校图书馆所利用大量志愿者进行的标注方式即为众包的。以 ChatGLM 为例，通过在线平台招募了大量的图书馆大学生志愿者，并提供了标注工具和标注指南。志愿者们根据标注指南对投喂的语料进行分类、标引、注释等工作。为了确保标注的质量，还应对志愿者们的标注结果进行审核和校验，并对错误标注进行纠正和反馈。这种标注方式可以充分利用社会资源，降低标注成本，同时也可以提高标注的多样性和丰富度。

在数据标注的过程中，如果专家们的标注标准和判断存在差异，需要进行沟通和协调；众包标注的质量和效率可能难以保证，需要进行有效的管理和监督。

二、类 GPT 学科服务小模型的预训练与微调

在完成了算法底座的选择、基本语料投喂和数据标注等步骤后，接下来开始进行预训练和微调工作。预训练与微调都属于 GPT 深度学习技术。自 2015 年 Hermann 等人提出 CNN/Daily Mail 数据集后引发了应用深度学习技术在机器阅读理解领域的热潮。本课题深度学习的目标是让模型逐渐适应细分专业的特点和需求，提高模型的专业性和准确性。从智谱 ChatGLM 源模型

起始到目标 QN－ChatGLM 模型建立，要经过多层次反复的深度学习过程（如图 5－10）。

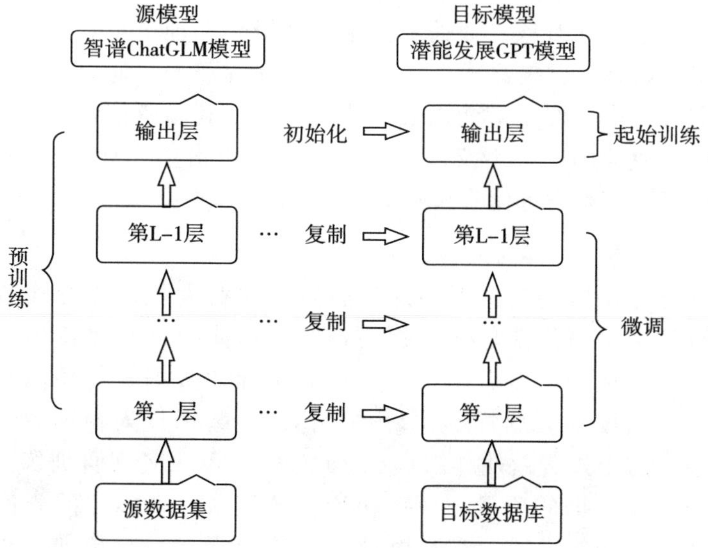

图 5－10　从源模型到目标模型的预训练与微调

（一）预训练

预训练是 Google AI 团队于 2018 年提出的，Bert 预训练模型是开启这一阶段的标志。这是一个基于 Transformer 架构的预训练模型 。与这类预训练模型类似，QN－ChatGLM 也采取无监督预训练和有监督微调的两阶段模式。QN－ChatGLM 模型只使用了 Transformer 的解码器部分，并且对 Transformer 解码结构进行了调整：对原先的两个多头自注意力（Multi－Head Attention）仅保留了掩码多头自注意力部分，并且每个子层只有一个掩码多头自注意力和一个前馈网络。QN－ChatGLM 共叠加使用了 12 层的解码器。完整的 GPT 模型结构如图 5－11 所示：

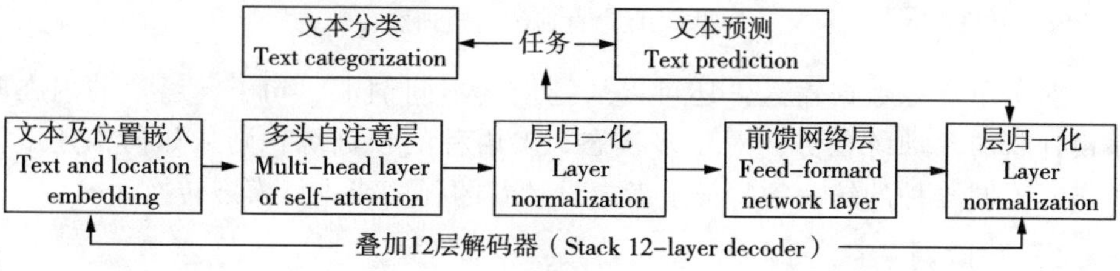

图 5－11　ChatGLM 模型

在预训练阶段，需要采用大规模语料库进行训练，以增加模型的语言理解能力和泛化能力。目前可用的预训练模型还有：Default Model、Advanced Model、文心一言等，并根据阶段任务进行模型转换和调整。例如，在潜能发展心理学专业中，针对该专业的专业术语、概念和理论，对模型进行了更加深入的训练和调整，以提高模型对该领域的理解和表达能力。学校图书馆可以通过查询借阅史，设立潜能发展阅读交流群，利用微信，发动专业教师和大学生专业兴趣群团与模型交互对话，回答关于潜能发展学说的相关问题，研究者根据交互日志进行校验和调整。

（二）自训练

自训练首先在标注数据上训练，然后用它对大规模无标注数据进行标注，把得到的结果当作伪标注数据去训练。具体做法是先使用少量标注数据训练一个初始模型，然后用这个模型对未标注数据进行预测，将预测结果中具有一定信度的数据样本作为“伪标注”数据投入预训中，再训练一个新的模型。这个过程就叫作自训练。QN-ChatGLM在自训练过程中需要实时监控未标注数据的质量、模型初始化的质量、伪标注的阈值选择等流程，反复调整，迭代进行，直到模型性能符合标准。与预训练相比，自训练的流程要复杂些，其间QN-ChatGLM模型兼容Teacher模型和Student模型（如图5-12）。

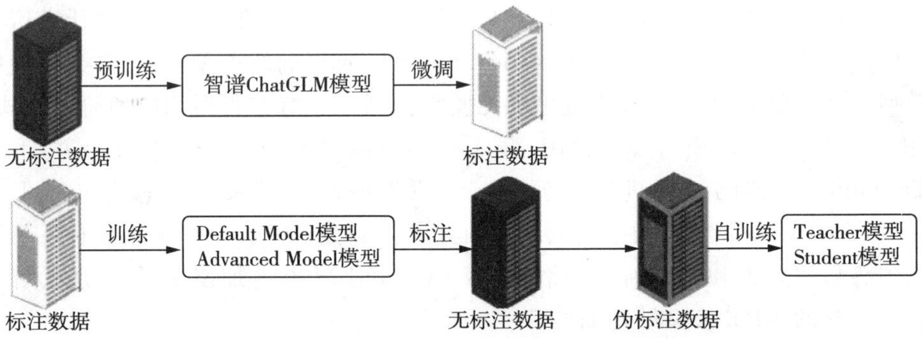

图5-12　自训练与预训练

对于单资源数据输入，还可以从挖掘文本间词汇、句子、篇章的内在联系设计新的预训练任务；对于多模态、多语种的预训练，则从如何构建不同模态、不同语种的统一的特征上考虑设计新的程序或进行模态转换。

（三）微调

微调是在预训练完成后必须进行的一项工作。微调效果要通过精确匹配值（EM）、准确率、F1分数等评估模型进行，根据评估结果，调整模型的超参数或结构，以提高QN-ChatGLM专业特性以及整体准确性能。在QN-ChatGLM微调过程中，关键步骤是划分训练集和验证集，即将数据集划分为训练集和验证集，以便在训练过程中进行评估和调整。然后加载预训练的QN-ChatGLM模型，并对其进行配置，以适应特定任务的需求。与其他大数据语言模型的微调不同，QN-ChatGLM微调使用了不同的数据集和算法模型，除了ChatGLM外，还使用了字节跳动公司基于云雀模型开发的豆包(Bean Bun)。豆包的模型架构、训练数据、算法等也会对QN-ChatGLM性能产生重要影响。多模型的微调涉及更改模型的输入和输出序列长度、调整超参数等。另外，QN-ChatGLM微调还学习借鉴了梯度下降等优化算法以实现最优的效果。

（四）评估

邱章乐教授给出的书面评价是：（1）潜能发展专业类GPT在多模型轮转算法上，解决了反馈强化学习（RLHF）、生成对抗网络（GAN）等诸多难题，该模型相比于GPT与其他类GPT，给出的答案也呈现专业特征，其信息更新速率更快、针对性更强、准确率更高。（2）在基本语料投喂、数据标注、预训练与微调等环节实现精准化，这使得该模型能在多个语言任务上实现了更自然、真实、毒性更小的内容生成，且不会因为训练数据产生明显的偏差。（3）QN-ChatGLM模型在智能问答系统设计方面，采用基于FAQ的智能问答、基于知识图谱的智能问答、基于机器阅读理解技术的问答模块。这三个问答系统的交融，更有助于提升模型的用户体验。（4）实现了符合具体专业发展的国内第一个心理学类GPT，该模型的建构模式可以迁移到类似小规模专业GPT的创建中，可为学校教师资料室学科建设提供了强有力的支持和服务。但要关注预训练后期出现的泛化特性退化的潜在表征及预防训练数据被污染可能。

总的来说，课题组的三项实验评估结果与专家评估结果基本一致。

三、类GPT学科服务小模型的前景拓展

（一）与Sora联姻

2024年2月15日，OpenAI推出了Sora。其可被简单理解为能够通过人工智能直接由文字或语言生成视频的大型模型，OpenAI官方并未单纯将其命名为视频模型，而是称之为“世界模拟器”。这意味着从此时起，能够拟合更多真实物理定律的数字孪生世界已进入人类社会。这让人们更为清晰地认识到当下AI-GPT的发展态势并非一个周期，而是代表着一个全新的时代。周

期可能会回归，然而 AI－GPT 只会一往无前地发展。一个真正能够依据真实物理定律进行孪生的数字世界已然开启其时代征程。在 2023 年 ChatGPT－3.5 发布之时，我们尚未有如此强烈的跨越之感，因其仍局限于语言和文本的一维层面，而 Sora 的出现使人们看到了对二维乃至多维世界进行模拟的可能性。尽管当前的 Sora 并不完美，仔细审视会发现其中存在瑕疵，但其已跃升至以二维为主的真实世界模拟的高度。

OpenAI 发布 Sora 仅 6 个月后，马斯克的 Grok－1.5 Vision 多模态大模型也正式发布，马斯克的多模态 Sora 有可能对所有模型形成碾压态势，比如通过随手拍摄的图片判断大小、依据现实中车内拍摄的实况图片判断如何驾车、通过对图片的理解推导出正确方向等。这正是令人感到恐惧之处，因为当全世界最为卓越的电动车特斯拉、擎天柱机器人等人工智能与该模型相结合时，或许硅基生命的世界与人类的距离将不再遥远。

那么，细分专业的类 GPT 能否与 Sora 实现联姻呢？目前，由于受到使用区域限制与版权限制，Sora 尚未能与 QN－ChatGLM 模型进行连接，但这只是暂时现象。数据、算法、算力乃是人工智能的三大要素。从技术层面来看，Sora 的这三大要素与 ChatGPT 是一致的，当然也存在一定区别。

Sora 所投喂的数据与 chatGPT 明显不同，Sora 的数据即为图像和视频，而图像和视频显然更接近世界原本的模样。因此，有人将其称为世界模拟器。在 AI 领域，Sora 相较于 ChatGPT 又有了进一步升华：首先，OpenAI 从数据层面不计成本地进行长时间投入研发，其中涵盖了算法模型在硬件上的映射（Mapping）和调试（Tuning），也包括了语义理解、数据标注、数据清洗、大规模训练以及工程优化等诸多方面的积累。其次，OpenAI 在每个方面都有诸多深刻的布局，包括验证、踩坑、试错等。Sora 的所有属性和能力均是在海量视频的大规模训练中自然产生的。第三，规模效应。OpenAI 在 Sora 上的规模效应是指一旦其实现成功运行，便能够从一个版本向另一个版本、从一个模态向另一个模态进行迭代，且迭代的成功率会相当高。这种迭代速度令人目不暇接，按照这样的速度，AI 迭代至 AGI 也指日可待。

无论是 ChatGPT 还是 Sora，其底层均为一个被称为 Transformer 的深度学习神经网络 AI 模型。Transformer 由谷歌开发，并于 2017 年发布。尽管算法是开放的，看似不存在技术壁垒，然而算法在实际模型上的映射和调试（Tuning），则需要时间和经验的积累。Sora 的算法和 ChatGPT 的算法背后均是数学、建模和编程。ChatGPT 算法虽在 2023 年初为人们所熟知，但 OpenAI 实际上已将其应用于 Sora 之中。

Sora 底层基于对视觉数据块（Visual Patch）的拆解和训练，以及与

Transformer 算法和 Diffusion 扩散模型的结合。Sora 是在海量数据和大量算力基础上产生规模效应的结果。所以从本质上讲，Sora 和 ChatGPT 在算法、算力方面是非常相似的技术，只是 Sora 在视觉图像上得以实现。明晰了这些技术壁垒，QN－ChatGLM 与未来自创的 Sora 实现联姻也就具备了可能性。

（二）与 Google 的联姻

最近，全球的科技头条是 Google 旗下的 Claude 家族超过了 Open AI，成为世界现在排名第一的大语言模型。对于大多数人来说，大家了解 AI 都是通过 ChatGPT 开始的。从 3.5 到现在的 4，然后到未来可能出现的 ChatGPT 的 4.5 和 5，ChatGPT 的不断张扬淹没了现在已经成为世界第一的大语言模型的 Claude 家族。Google 已经发布了 Claude3，它里面涵盖三个大语言模型，第一个大语言模型是 Haiku，第二个大语言模型是 Opus，第三个大语言模型是 Sonnet。这三个大语言模型与细分专业的 GPT 息息相关。

第一个是 Haiku，它是一个总结力超强的大语言模型。如果把一本 700 万字文献的电子版给到 Haiku，它大概几分钟之内就可以做出行业顶尖的总结，无论是医学类还是文学类，还是科技类。所以说它加速了每一个人的学习。细分专业 GPT 能否与 Haiku 联姻？回答是可能的。比如说 QN－ChatGLM 如果能嵌入 Haiku 的大语言模型，就会成倍提升 QN－ChatGLM 的预训练效率。如果个人有了 Haiku，只需要每天去找到那些你想要学习的文献电子版给到 Haiku，然后几个月的时间你就可以变成一个行业专家。而过去一个人想成为一个行业专家大概需要 20 年到 30 年。这对每个人生命的质量都得到了完美的提升。

第二个是 Opus，Opus 跟 Haiku 不一样，它是对一些开放性问题的思考以及联想，对 QN－ChatGLM 的思考功能是一个重要弥补。QN－ChatGLM 如果能嵌入 Opus，只需要把某某问题简单地描述给 Opus，它会做出非常详细的分析，足够理性地去解决这个问题。潜能发展所有的开放性的问题都可以交给 Opus，它提高了什么呢？它提高了用户的思考能力，对于绝大多数人来说智商都是有限的，思考问题都会有很强的局限性，当有了 Opus 之后，每个人在智慧阅读的思考端是没有局限性的。思考的每一个问题都可以按照爱因斯坦加弗洛伊德的方式共同去思考，每一个人的思考力的边界会拓展无数倍。

第三个是 Sonnet，Sonnet 是应用端。基于 Opus 和 Haiku，它会开发许多基于各种行业各种阅读场景的各种应用。QN－ChatGLM 如果能嵌入 Sonnet，就可以按一个封装好的 Sonnet 去做情境思考，这类问题情境有助于阅读问题的解决。

第四个是 Infini－transforme，Infini－transformer 是无限注意力神经网络。这是一个超级重磅炸弹，它会让我们又一次拉近和通用人工智能之间的距离。我们经常说现在的大模型都是金鱼脑，只有 7 秒钟记忆，它支持的上下文窗口是有限的，哪怕是国内现在主打上下文长度的 Kimi，它也只有 200 万 token 的上下文长度记忆。这是因为现在的大模型都是基于 Transformer 自注意力神经网络去构建的。它的上下文长度越长，那么自注意力机制的计算量就会呈平方级增长。而谷歌最新推出的 Infini－transformer 无限注意力神经网络它引入了一个全新的压缩内存机制，它可以让模型能够完整地检索上下文历史，从而突破传统 Transformer 在内存和计算方面的限制。它可以把上下文的记忆窗口扩展到无限长，大模型从此以后就可以像我们人类一样拥有全时空的记忆。

如果说回到人的智慧阅读，无非是要解决三个问题，第一是专注力，第二是记忆力，第三是思考力，这三个问题一直局限着我们每一个人的阅读学习不能得到非常迅速的发展，而现在大语言模型帮我们都解决了。从专注的角度来说每个人的都不一样，每个人的学习和阅读的习惯不一样，而 Infini－transformer 会帮助我们忽略掉专注力；至于记忆力，未来每一个人都不需要超大规模的记忆了，记忆已经不再是任何一个人的核心竞争力了。换句话说即使你现在过目不忘，你在未来也不是一个有竞争力的人，因为有了 Haiku，它可以让每一个人都会变成一个超级的记忆大脑。有了 Opus 以后我们基于记忆力来做思考力的提升，在思考力提升的过程当中，我们可以通过 Opus 保持足够的理性，保持足够的专业，保持足够的前瞻性，所以说大模型对于个体的提升来说都是有百利而无一害的。所以 QN－ChatGLM 一旦与 Google 联姻，其功能和效率都能得到几何数的提升。

四、类 GPT 学科服务小模型与 AI 前台的黏合

细分专业类 GPT 与 AI 前台的黏合，是实现智能化知识服务的核心环节之一。为了更好地将 QN－ChatGLM 与 AI 前台进行黏合，项目组采取了以下措施：（1）数据接口对接：将细分专业 GPT 与 AI 前台的数据接口进行对接，确保两者之间的数据传输和交互畅通无阻。这有助于提高知识服务的效率和质量，确保用户能够快速获取所需的信息和知识。（2）自然语言交互：利用自然语言处理技术，实现了专业 GPT 与 AI 前台的自然语言交互。用户可以通过自然语言提问或查询，AI 前台能够将问题转化为文本输入，并调用专业 GPT 进行回答和解析。专业 GPT 能够提供更加人性化、个性化的服务，开启“心理陪伴”新场景，增加用户黏性。（3）知识图谱构建：为了更好地组

织和管理知识资源，课题组构建了知识图谱，将专业 GPT 的知识和信息进行结构化和关联化处理。AI 前台可以调用知识图谱中的数据，为用户提供更加全面、准确、有用的知识和信息服务。（4）个性化推荐：课题组利用大数据分析和推荐算法，实现了个性化推荐功能。通过分析用户的历史查询和行为数据，AI 前台能够根据用户的兴趣和需求，为其推荐相关的知识和信息。这有助于提高用户满意度和知识服务的精准度。（5）协作场景建构：建构主义的协作学习（Cooperative Learning. 简称 CL）理论，要求协作场景要契合检索—情境—协作—交流—意义重构—创新的整个流程，以实现“从个体智慧建构走向群体智慧建构”。GPT 多模态交互转化技术，可提升教师资料室的场景体验感，有利于营造“哥本哈根式沙龙”的创新氛围。

五、类 GPT 模型对多校区图书馆的意义

尽管类 GPT 具有许多共性功能和应用前景，但在细分专业视野中，通用 GPT 仍然存在一定的局限性。相比之下，细分的专业 GPT 具有以下特性功能：

一是专业性更强：类 GPT 细分的专业针对某一特定领域或学科进行训练和学习，具备更强的专业性和针对性。它能够提供更加深入、细致的知识和信息服务，满足特定领域或学科的专业需求。比如在医学领域，能够针对具体的病症给出精确的诊断建议和治疗方案参考；在工程学中，可以提供详细的技术参数和设计方案指导。

二是准确性更高：由于类 GPT 细分的专业针对某一领域或学科进行训练和学习，其对相关知识的理解和应用更加准确和深入。它能够提供更加准确、可靠的答案和建议，减少误导和错误的风险。特别是在一些对精度要求极高的学科，如物理学、化学等，能够避免因通用知识的泛化而导致的细微偏差。

三是信息更替速率更快。由于细分专业 GPT 的规模较之通用型 GPT 要小许多，周期性的投料可以尽可能缩短，可以及时跟进该学科的前沿研究成果。这使得在诸如计算机科学这类发展迅速的学科中，能够迅速反映最新的技术动态和研究进展。

根据教育部《普通高等学校本科专业目录》，全国共开设 506 种本科专业，随着学校学科建设的不断发展，教师资料室需要提供更加专业、深入的知识服务。如果各个专业学院或系科的细分专业都需要创建专业 GPT，其总体数量不下 60000 个。面对如此体量的工程，必须加强跨地区院系的合作，减少冗力和重复工作，实现共享共建。

在如今多校区图书馆的现实情境下，不同校区的专业设置可能存在差异，

但又存在交叉和互补。通过建立统一的平台和协调机制，可以整合各校区的资源和需求，避免在创建细分专业 GPT 时出现各自为政的局面。例如，对于一些跨校区的共同专业，可以集中力量共同开发和维护专业 GPT，共享训练数据和成果。同时，对于具有校区特色的专业，可以在遵循统一标准的基础上，结合本校区的优势和特点进行个性化开发。

此外，多校区图书馆还可以利用数字化技术，实现远程协作和资源共享。通过云计算、大数据等手段，将不同校区的计算资源和数据进行整合，提高开发效率，降低成本。并且，在专业 GPT 的使用和推广过程中，多校区之间可以开展交流活动，分享经验和教训，不断完善和优化相关模型。这样，不仅能够充分发挥各校区的优势，还能促进整体学科服务水平的提升，为教育教学和科研提供更有力的支持。

第四节　AI 前台 Sora 的嵌入与开发

一、创新的阅读工具或平台

Sora 作为一种创新的阅读工具或平台，有可能对人类的阅读模式产生深远影响。

（一）Sora 带来全新的阅读体验

一方面，Sora 所具备的多模态、互动性、个性化等特点，为读者带来了全新的阅读体验。它能够融合文字、图像、音频、视频等多种元素，使阅读更加生动、丰富和引人入胜。这种多模态的呈现方式可能吸引更多人投入阅读，尤其是对于习惯了多媒体信息获取的新一代读者。Sora 的个性化推荐功能可以根据读者的兴趣、偏好和阅读历史提供定制化的内容，提高了阅读的针对性和满意度，可能会改变人们发现和选择阅读材料的方式。互动性元素如评论、分享、在线讨论等，也能让阅读从孤立的个体行为转变为社交化的集体活动，增强读者之间的交流与互动。从心理认知图式的角度来看，Sora 作为一种创新的阅读工具或平台，具有重大的变革意义。人类的认知图式是在长期的生活和学习中逐渐形成的，而阅读模式作为其中的一部分，也会随着新的技术和体验而发生改变。

（二）Sora 给认知图式以多元拓展

Sora 所具备的多模态特点，对于读者的认知图式是一种极大地丰富和拓展。以往，我们主要通过文字来获取信息，形成对阅读内容的理解和想象。

但Sora能够融合文字、图像、音频、视频等多种元素，这意味着我们的大脑需要处理更多元化的信息输入。对于习惯了多媒体信息获取的新一代读者而言，这种多模态的呈现方式更容易被接受和喜爱，因为它与他们在日常生活中形成的信息处理模式相契合。图像的直观性、音频的感染力和视频的动态性，能够与文字相互补充和印证，帮助读者更全面、更深入地理解阅读内容，从而在大脑中构建更丰富、更立体的认知结构。Sora的个性化推荐功能则从另一个角度影响着读者的心理认知图式。人的兴趣和偏好是在不断发展和变化的，而Sora能够根据读者的实时兴趣、偏好和阅读历史提供定制化的内容。这使得读者在阅读过程中更容易接触到与自己当前心理状态和需求相匹配的信息，进一步强化和拓展了他们的兴趣领域，丰富了认知的广度和深度。长期以来，这种个性化的阅读体验可能会塑造读者更加独特和多元的认知图式，使他们在面对各种信息和知识时，能够更加灵活地运用不同的思维方式和视角进行理解和分析。互动性元素如评论、分享、在线讨论等，更是对读者的社交认知图式产生了积极的影响。阅读不再仅仅是个体与文本之间的单向交流，而是成为读者之间思想碰撞和情感共鸣的社交场所。通过与他人的交流和互动，读者可以从不同的角度审视自己的理解和感受，从而拓宽视野，完善自己的认知框架。这种社交化的阅读体验有助于培养读者的同理心、批判性思维和沟通能力，进一步丰富和优化了他们在社会交往中的认知图式。

（三）Sora给“意义重构”以引导和启发

在建构主义的视角下，Sora对人类阅读模式的影响体现为对“意义重构”的推动和促进。建构主义强调学习者在已有知识和经验的基础上，通过与环境的互动来构建新的知识和理解。首先，Sora的多模态呈现方式为读者提供了丰富多样的信息来源，这些信息与读者已有的知识和经验相互作用，促使他们重新审视和整合原有的认知结构，从而对阅读内容进行全新的意义建构。例如，当读者在阅读一部文学作品时，文字描述可能会唤起他们内心的某种情感和想象，而同时呈现的图像、音频和视频则可能为这种情感和想象增添更多的细节和色彩，使读者对作品的主题、人物和情节产生更深刻、更独特的理解。这种多模态的信息融合打破了传统阅读模式的局限，为读者创造了更多的可能性去探索和发现阅读内容的潜在意义。其次，Sora的个性化推荐功能在意义重构过程中发挥了引导和启发的作用。根据读者的兴趣、偏好和阅读历史提供的定制化内容，往往能够激发读者的好奇心和探索欲。这些推荐内容可能会引导读者涉足他们未曾关注过的领域，或者以全新的视角看待熟悉的主题。在这个过程中，读者不断地将新获取的信息与自己的内部认知结构进行碰撞和融合，对知识和意义进行重新解读和构建。通过不断地调整和完善自己的认知模型，读者能够在更广泛的知识领域中形成个性化的意义体系，拓展思维的边界，提升认知的层次。第三，互动性元素是 Sora 推动意义重构的关键因素之一。评论、分享和在线讨论等功能使得阅读成为一个集体建构意义的过程。当读者在与他人交流和分享自己的阅读心得时，他们会接触到来自不同背景和视角的观点和见解。这些多元的声音会挑战读者原有的思维模式，促使他们反思和修正自己的理解。在互动中，读者共同参与对阅读内容的解读和讨论，通过协商和共识的形成，构建出更加丰富和多元的意义框架。这种集体智慧的汇聚和碰撞不仅丰富了个体读者对阅读内容的理解，也推动了整个社会文化的创新和发展，为知识的传播和意义的重构提供了更广阔的平台和空间。

然而，人类的阅读模式具有一定的稳定性和惯性。传统的纸质阅读和基于文字的电子阅读仍然在许多场景中被广泛接受和喜爱，因为它们能够提供深度思考、专注阅读的环境，对于一些需要深入理解和思考的内容，传统阅读模式可能更具优势。此外，Sora 的普及和影响力还受到技术普及程度、教育水平、文化背景等多种因素的制约。不是所有人都能够轻易地接触和适应这种新的阅读方式。综上所述，Sora 有潜力对人类的阅读模式产生重要影响，但具体的改变程度和范围取决于多种因素的综合作用，其是否能彻底改变人类的阅读模式还需要时间和更广泛的应用来验证。

二、AI 前台与 Sora 的融合

（一）Sora 的嵌入与链接技术

1. 模型嵌入

将 Sora 的核心模型直接嵌入到 AI 前台的架构中，实现深度集成。这可能涉及将 Sora 的算法和参数直接融入 AI 前台的代码结构中，以实现无缝的功能调用和数据处理。

2. 功能模块嵌入

把 Sora 特定的功能模块，如多模态内容生成、个性化推荐等，作为子模块嵌入到 AI 前台的功能体系中，通过定义明确的接口进行交互和数据传递。

3. 链接技术

（1）API 接口链接：利用应用程序编程接口（API）建立 AI 前台与 Sora 之间的通信。通过定义清晰的输入和输出格式，实现数据和指令的双向传递，确保高效、稳定和安全地交互。（2）消息队列链接：引入消息队列机制，如 RabbitMQ 或 Kafka，来处理 AI 前台与 Sora 之间的异步通信。这有助于在高并发情况下保持系统的稳定性和可靠性，确保数据不丢失和及时处理。

(3) 与图书馆数据中台的链接：建立实时或定期的数据同步机制，将图书馆数据中台中的用户行为数据、馆藏资源数据等关键信息同步到AI前台和Sora中，为个性化服务和内容推荐提供数据支持。在数据进入AI前台和Sora之前，进行数据清洗和整合，去除噪声和冗余信息，将不同来源和格式的数据转换为统一的、可处理的格式，以提高数据质量和可用性。另外，确保在与图书馆数据中台链接的过程中，严格遵循数据安全和隐私法规，通过访问控制、数据加密等手段保障数据的安全性，同时根据不同用户和模块的需求设置合理的数据访问权限。

（二）Sora与其他智能模块的融合

首先是智能搜索与推荐方面。传统的搜索往往仅依赖于文本关键词，这在处理复杂和多样化的信息需求时存在局限性。而将Sora的多模态理解能力融入智能搜索模块中，能够实现搜索方式的重大突破。Sora不仅能理解文字，还能解析图像、音频等多模态信息。例如，用户在搜索关于某一历史事件的资料时，除了输入文字描述，还可以上传相关的历史图片或一段相关的音频片段。Sora能够综合分析这些多模态信息，更准确地理解用户的搜索意图，从而提供更精准的搜索结果。同时，结合用户的历史行为和偏好，Sora可以进行更个性化的资源推荐。如果用户经常查阅历史类书籍和资料，Sora会优先推荐与之相关的深度研究报告、新出版的历史著作或者相关的学术讲座视频等，大大提高了推荐的针对性和有效性。

其次是用户行为分析。Sora强大的数据分析能力在这一领域发挥着重要作用。通过对用户在图书馆中的阅读、借阅、浏览等行为进行深入分析，能够挖掘出潜在的需求和兴趣模式。例如，Sora可以发现用户在一段时间内频繁借阅某一领域的书籍，或者在浏览网站时对特定主题的内容停留时间较长，这可能暗示着用户对该领域有着浓厚的兴趣或者正在进行相关的研究。基于这些洞察，图书馆可以为用户提供更符合其需求的服务，比如推送相关的学术活动通知、推荐相关领域的专家讲座，或者优化馆藏资源配置，增加该领域的新书采购。此外，Sora还可以分析用户的阅读习惯和速度，为用户定制个性化的阅读计划，提高用户的阅读效率和体验。

知识图谱构建与应用也是Sora与智能模块融合的重要领域。共同构建图书馆的知识图谱，将Sora的知识抽取和关系挖掘能力与图书馆丰富的馆藏知识体系相结合，能够为用户提供更全面、深入的知识导航和服务。Sora可以从大量的文献和资料中抽取关键知识和概念，并挖掘它们之间的内在联系，构建起一个庞大而精细的知识网络。当用户进行查询时，能够迅速呈现出相关知识的全貌和脉络，帮助用户更好地理解和掌握知识。例如，用户查询某一科学概念时，知识图谱不仅会展示该概念的定义和解释，还会展示与之相关的实验、应用案例、相关理论的发展历程等，使用户能够从多个角度深入了解这一概念。

最后是虚拟助手与智能客服方面。将 Sora 融入虚拟助手和智能客服模块，能够极大地提升服务的质量和效率。Sora 能够理解用户的复杂问题，无论是以文字、语音还是图像的形式提出。通过自然语言处理和多模态交互技术，Sora 可以与用户进行更自然、流畅的对话，并提供准确、生动的回答和解决方案。例如，用户在使用图书馆的在线服务时遇到问题，通过语音向虚拟助手描述，Sora 能够迅速理解问题并给出详细的指导步骤，甚至可以通过共享屏幕或发送示例图片来更直观地帮助用户解决问题。此外，Sora 还可以根据用户的情绪和语气，提供更贴心、人性化的服务，提升用户的满意度和忠诚度。

综上所述，Sora 与智能搜索与推荐、用户行为分析、知识图谱构建与应用、虚拟助手与智能客服等智能模块的融合，为图书馆和其他相关领域带来了巨大的潜力和创新空间。通过充分发挥 Sora 的优势，能够为用户提供更优质、个性化和高效的服务，推动行业的不断发展和进步。

三、Sora 对智慧阅读的创新路线图

Sora 具有多种重要功能，它能够帮助我们在智慧阅读时组织和理解新的信息，将其与已有的知识和经验进行整合。同时，Sora 还能引导我们的注意力，使我们更关注与已有图式相关的信息，过滤掉不相关的内容。此外，Sora 还能预测可能的结果和情况，为我们的决策和行动提供参考。

人的认知在感知事物的过程中，会将其特有的、普遍的、重要的属性凸显出来，这些简要且概括的形象便是表象。表象形成后，思维活动就开启了从原生图式向抽象图式的转变之旅，这一过程是从感性思维迈向抽象思维的进阶，所形成的图式被称为抽象结构。抽象图式的关键任务在于产生概念，概念反映了事物的本质属性，属于人类的逻辑思维范畴。概念形成后，又能与表象再度结合，进而产生一个与抽象图式意义相反的结构——想象。想象是形象的重塑，新塑造的形象已然摆脱旧表象的束缚，催生出新的图式，即意象图式。意象图式兼具形象思维和逻辑思维的属性，既有感性成分，也有理性成分。意象图式虽尚未完全具备创新功能，但已临近创新的门槛。此时，倘若灵感突发，如同电光一闪、山岚一旋，一个全新的认知结构——创造图式便应运而生。

比如，马斯克在多个领域展现出了极具创新性的成就，以特斯拉电动汽

车为例，他充分发挥了图式的演化和创新能力。在电动汽车发展的早期，电池成本高昂是一个普遍难题。当时储能电池的价格是每千瓦时 600 美元，85 千瓦电池的价格将超过 5 万美元，许多人认为这一价格难以降低，因为这是行业长期以来的现状。

然而，马斯克没有被传统观念所束缚，他运用第一性原理进行思考。他没有局限于类比现有的电池技术和成本，而是深入剖析电池的基本组成要素及其市场价格。他将电池组拆解为最基本的材料成分，如碳、镍、铝以及用于隔离的聚合物等，并思考如果直接从伦敦金属交易所购买这些原材料然后组合成电池，需要花费多少钱。结果他发现，每千瓦时的成本实际上只需 80 美元左右，与原本高昂的价格存在巨大差距。

基于这一发现，特斯拉在 2013 年开始自己建立电池厂，通过不断的技术研发和优化，成功大幅降低了电池成本。如今，其电池价格能够下降 30%，每年可以支持 150 万辆电动车对电池的需求。在这个过程中，马斯克打破了原有的认知图式，绕过了行业内认为电池成本不可降低的固有思维，构建了新的图式。

他不仅仅是在技术层面进行创新，还改变了人们对于电动汽车的认知和使用习惯。马斯克的创新理念和实践，推动了整个电动汽车行业的变革和发展，使得电动汽车逐渐成为市场的主流选择，为可持续交通领域带来了全新的局面。

又如马斯克的 SpaceX 公司，在火箭制造领域也展现出了颠覆式的创新。当他计划将火箭发送到火星时，面临着购买现成运载火箭成本过高的问题，价格高达 6500 万美元。马斯克没有接受这一高价的现状，而是运用第一性原理思维，将火箭的制造分解为最基础的问题。

他计算火箭原材料的成本，发现大约只占火箭价格的 2%。于是，他决定创办自己的公司来制造火箭，而不是高价购买现成的。通过采用模块化的设计理念、可持续设计策略以及打破常规的跨界创新，SpaceX 大大降低了火箭的生产成本。例如，Falcon 9 火箭的载荷采用复合碳纤维材料制成，可被回收并在下次发射任务中继续使用，大幅度降低了第二次发射的成本。

马斯克的这些创新举措，不仅使 SpaceX 公司在太空探索领域取得了显著成就，也为整个航天行业带来了新的思路和发展机遇。他的成功充分展示了如何运用图式的演化和创新，突破传统的思维模式，实现颠覆式的创新和变革。

如今，OpenAI 公布的全新生成式人工智能模型 Sora 为这一认知过程带来了新的可能。Sora 作为文生视频模型，能够根据输入的提示词生成最长达

60秒的逼真视频。这一功能在图式的构建和演化中发挥着独特的作用。对于抽象图式的形成，Sora可以将抽象的概念以直观的视频形式呈现，帮助人们更好地理解和把握复杂的概念，加速从原生图式到抽象图式的转换。在意象图式的发展中，Sora生成的视频能够提供丰富的视觉形象，激发人们的想象，促进新形象的重塑和意象图式的生成。而在创造图式的突破阶段，Sora生动的视频展示可能会成为那一闪的灵感，触发全新的认知结构的诞生。例如，当探讨马斯克的电动汽车或火箭创新时，Sora生成的关于特斯拉汽车技术和未来交通愿景或SpaceX火箭发射的视频演示，或许能让人们更直观地感受这一创新，激发更多关于可持续交通和太空探索的创新思考，推动图式的不断演进和创新。

四、Sora对学校阅读促进活动创新的路线图

在学校的学术氛围中，Sora为阅读促进活动带来了充满潜力的创新契机。以下是一个专为学校环境定制的基于Sora的阅读促进活动创新路线图：

（一）短期（0～6个月）

需求调研与技术适配：深入了解学校学生和教师的阅读需求、学术研究方向以及课程设置特点，将Sora与学校图书馆系统、教学平台进行精准整合，确保无缝衔接和高效运行。

试点项目启动：在部分院系或学生社团中开展试点活动，例如利用Sora举行创意写作比赛，要求学生基于给定的主题或书籍片段生成新的故事内容；或者组织多模态阅读研讨会，让学生分享通过Sora获得的独特阅读体验。

个性化学术阅读推荐：借助Sora的能力，依据学生的专业、已修课程和研究兴趣，为他们提供个性化的学术文献、专业书籍和研究报告推荐，助力学术研究和知识积累。

（二）中期（6～12个月）

互动式学术交流增强：开发基于Sora的互动式学术阅读应用，比如学生在阅读专业书籍时，可以与由Sora生成的虚拟学术专家进行交流，探讨复杂的概念和理论；或者参与由Sora设计的与专业课程相关的阅读挑战和案例分析。

作者与学者对话：邀请知名学者和作家使用Sora技术与学校读者进行线上交流，分享学术研究的前沿动态和创作背后的思考过程，加深学生对学术作品的深度理解。

学术阅读社群培育：利用Sora的社交功能，在学校内建立紧密的学术阅读社群，鼓励不同专业的学生和教师分享学术阅读心得、讨论研究热点，促

进跨学科的思想碰撞。

（三）长期（12～24个月）

沉浸式学术场景构建：结合虚拟现实（VR）或增强现实（AR）技术，通过Sora生成沉浸式的学术阅读场景，例如让学生仿佛置身于历史事件的发生现场感受相关著作的背景，或者进入科学实验的模拟环境理解专业理论，增强学术阅读的吸引力和理解度。

教育融合与课程创新：将Sora融入阅读教育和学术培训课程，为教师提供创新的教学辅助工具，帮助学生提升批判性阅读、文献综述和学术写作能力。

跨校与跨领域合作拓展：与其他学校、学术机构和科技企业合作，利用Sora开展联合阅读活动、学术资源共享和跨领域的研究项目，拓展学术视野和知识边界。

数据驱动的持续优化：收集和分析大量的学校用户数据，包括阅读行为、反馈评价和学习成果等，不断优化Sora的功能和服务，使其更贴合学校学术阅读的需求和发展方向。

在推进这一路线图的进程中，需要特别关注以下关键要点：

技术保障与升级：确保Sora技术在学校复杂的网络环境中的稳定性和安全性，及时进行技术更新和维护，为师生提供持续可靠的服务。

版权合规与学术规范：在利用Sora生成和推荐学术内容时，严格遵循版权法和学术伦理规范，保证所提供的资源和服务符合学术严谨性的要求。

培训与推广普及：针对学校师生开展全面的培训活动，包括Sora的使用技巧、学术阅读方法的指导以及创新阅读活动的宣传，提高师生的参与度和应用能力。

评估与反馈机制：建立科学的评估体系，定期对阅读促进活动的效果进行评估，收集师生的反馈意见，及时调整和完善路线图，确保Sora在学校阅读促进中发挥持续有效的作用，推动学术文化的繁荣和发展。

通过以上精心规划的路线图，Sora有望为学校阅读促进活动注入全新的活力，激发师生对阅读的热爱，提升学术阅读水平，培养创新思维和综合素养。

五、Sora未来发展趋势及对智慧阅读促进的支持

（一）Sora未来发展趋势

Sora是OpenAI发布的一款文本到视频生成模型。它能够根据描述性提示生成长达一分钟的视频，同时保持视觉品质并遵循用户提示。随着研究的

深入，Sora技术将越来越成熟。在AI领域，深度学习、强化学习等技术的出现，使得AI的应用更加智能化、精准化。Sora未来技术的发展趋势：（1）多模态交互：Sora未来可能会与其他模态的技术（如语音识别、自然语言处理等）进行深度融合，提供更加丰富和自然的交互方式。例如，读者可以通过语音指令与Sora进行交互，获取相关的阅读推荐或解答疑问。（2）个性化推荐：随着人工智能技术的不断发展，Sora可以通过对读者阅读行为和兴趣的分析，提供更加个性化的阅读推荐服务。这将有助于读者发现更多符合自己兴趣的书籍，提高阅读的积极性和效果。（3）虚拟现实和增强现实：结合虚拟现实（VR）和增强现实（AR）技术，Sora可以为读者创造更加沉浸式的阅读体验。例如，通过VR技术，读者可以身临其境地感受书中的场景和情节；通过AR技术，读者可以在现实环境中与虚拟的书籍元素进行互动。（4）生成更加逼真、更加精细的视频：Sora目前生成的视频在某些方面仍然存在一些局限性，例如对于物理世界的一些瞬时事件、现实世界的一些物理常识以及一些细节呈现等方面还存在着明显问题。未来，Sora可能会通过不断改进和完善，生成更加逼真、更加精细的视频。（5）智能辅助阅读：Sora可以提供智能辅助阅读功能，如自动摘要、注释、翻译等，帮助读者更好地理解和消化书籍内容。此外，它还可以根据读者的阅读进度和理解程度，提供个性化的学习建议和指导。

（二）对学校图书馆阅读促进的技术支持

1. 阅读资源推荐

（1）兴趣挖掘。Sora运用自然语言处理和机器学习算法，对读者的阅读记录、搜索关键词、评论等文本数据进行深度分析，提取出潜在的兴趣主题和偏好模式。例如，通过词频统计和语义分析，识别出读者频繁关注的学科领域、作者风格或特定的题材类型。

（2）专业适配：结合图书馆的学科分类体系和课程设置信息，Sora能够将读者的专业背景与相关的权威教材、学术专著、研究报告等资源进行匹配。它可以理解不同专业的知识架构和核心文献，为学生和教师提供与专业学习和研究紧密相关的精准推荐。

（3）协同过滤：利用协同过滤技术，Sora不仅基于单个读者的行为，还参考具有相似兴趣和阅读习惯的其他用户的选择，来发现潜在的适合推荐的阅读资源。通过比较用户之间的行为模式和偏好相似度，为目标读者推荐那些在相似用户群体中受到好评的书籍和文献。

（4）实时更新：Sora能够实时监测图书馆新入库的资源以及网络上的最新出版和热门内容，及时将符合读者兴趣和专业需求的最新资源纳入推荐列表，确保推荐的及时性和新鲜感。

2. 阅读活动推广

（1）创意内容生成：Sora凭借其文本到视频的生成能力，根据图书馆设定的阅读活动主题和目标，自动创作出富有吸引力的视频脚本和视觉元素。例如，为一场以经典文学重读为主题的活动生成包含精彩书摘、作者访谈片段和读者感悟的视频素材。

（2）个性化定制：针对不同的阅读活动和受众群体，Sora可以调整视频的风格、时长、语言表达方式等，以满足特定活动的宣传需求和目标读者的喜好。比如，为面向新生的阅读入门活动制作轻松活泼、简洁易懂的视频，而为学术研讨活动生成严谨专业、深度剖析的推广视频。

（3）多平台适配：考虑到图书馆在不同社交媒体平台上的传播特点和要求，Sora生成的视频能够进行自适应调整和优化，以适应不同平台的视频格式、分辨率、播放时长限制等，确保在各个平台上都能达到最佳的展示效果和传播效果。

（4）效果评估与优化：通过分析视频的播放量、点赞数、评论内容以及活动的参与人数等数据指标，Sora能够对推广视频的效果进行评估，并据此调整后续视频的创作策略和内容重点，不断提高阅读活动推广的效率和影响力。

3. 虚拟阅读社区

（1）智能交流平台搭建：Sora为虚拟阅读社区构建智能化的交流平台，提供实时的自然语言处理服务，快速理解和响应读者的发言。它能够识别不同的语言表达方式和语义意图，确保交流的顺畅和准确。

（2）话题引导与热点发现：运用文本分析技术，Sora能够从大量的社区讨论中发现热门话题和潜在的讨论热点，为读者提供话题推荐和引导，激发更深入的讨论和交流。

（3）情感分析与氛围营造：通过对读者发言的情感倾向进行分析，Sora可以及时察觉社区中的积极情绪和消极情绪，采取相应的措施来鼓励积极参与、化解矛盾和冲突，营造和谐、积极的阅读交流氛围。

（4）知识整合与分享：Sora能够对社区中的讨论内容进行整理和归纳，提取出有价值的观点、见解和知识要点，以摘要、报告或专题页面的形式进行展示和分享，方便读者快速获取重要信息和精华内容。

4. 阅读数据分析

（1）数据采集与预处理：Sora协助图书馆从多个数据源采集读者的阅读行为数据，包括借阅记录、在线阅读时长、页面浏览轨迹、搜索行为等，并对这些原始数据进行清洗、去噪和规范化处理，以确保数据的质量和可用性。

（2）行为模式挖掘：运用聚类分析、关联规则挖掘等技术，Sora 发现读者在阅读时间、阅读类型、阅读频率等方面的行为模式。例如，识别出经常在周末集中阅读学术文献的学生群体，或者总是同时借阅相关主题书籍的读者行为模式。

（3）需求预测：基于历史数据和挖掘出的行为模式，Sora 利用时间序列分析和预测模型，对读者未来的阅读需求进行预测。这有助于图书馆提前准备相关资源，优化馆藏布局和采购计划。

（4）可视化呈现：将复杂的阅读数据分析结果以直观、易懂的可视化图表（如柱状图、折线图、热力图等）形式展示出来，帮助图书馆工作人员快速把握阅读趋势和读者需求的变化，从而做出更明智的决策。

5. Sora 对微信平台的开发

（1）微信小程序整合：开发专门的微信小程序，将 Sora 的功能嵌入其中，方便读者通过微信直接使用图书馆的阅读服务。读者可以在小程序中获取个性化推荐、参与虚拟阅读社区的讨论、查看阅读活动信息等。

（2）公众号互动：与图书馆的微信公众号相结合，读者可以通过向公众号发送消息与 Sora 进行交互。Sora 能够理解读者的需求并提供及时的回复，例如回答关于图书借阅规则、阅读资源查询等问题。

（3）微信社群支持：在微信社群中，Sora 可以自动监测和分析群内的讨论内容，提供相关的阅读推荐和知识补充。同时，它还能协助管理员管理群内秩序，自动提醒读者遵守群规。

（4）多媒体内容推送：利用微信的图文、视频推送功能，Sora 生成的阅读推荐、活动宣传、书籍解读等内容可以直接推送给读者。通过微信的消息提醒功能，确保读者不会错过重要的阅读信息。

通过以上深度技术剖析，我们可以更清晰地看到 Sora 在学校图书馆阅读促进方面所提供的技术支持的复杂性和有效性，以及其对提升阅读服务质量和读者体验的重要作用。需要注意的是，Sora 技术仍在不断发展和完善中，其具体的应用和影响还需要进一步观察和研究。同时，在将 Sora 技术应用于学校图书馆阅读促进时，也需要考虑到技术的可行性、成本、隐私和安全等问题。

总的来说，Sora 的未来发展趋势是非常值得期待的。随着技术的不断进步和应用场景的不断拓展，Sora 有望在未来的智慧阅读促进中发挥更加重要的作用。

第六章　AI 赋能文科教学模式

本章聚焦于 AI 赋能文科教学。首先对文科教学进行概述，探讨了 AI 技术在文科教学中的应用前景、实践、挑战与应对策略，并进行案例分析和实践探索。接着分别从语文、思政、外语、历史、地理等学科阐述了 AI 赋能的具体方式，包括各学科的教学思维训练、特征、优势与挑战以及未来发展趋势等，展现了 AI 在文科教学领域的广阔前景和积极作用。

第一节　文科教学概述

一、AI 技术在文科教学中的应用前景

（一）AI 助力文科教学思维特征的全面强化

1. 增强思维的多样性与交叉性

形象思维强化：AI 驱动的虚拟现实（VR）技术能让学生“亲历”文学作品中的场景，如古代战场、异国风光，从而激发深层次的情感共鸣与想象力。

逻辑思维训练：智能辅导系统不仅提供解题步骤，还通过逻辑推理题、案例分析等形式，引导学生逐步构建逻辑思维框架，提升批判性思维能力。

创造性思维激发：利用 AI 创作工具，如自动写诗软件、创意故事生成器，鼓励学生跳出常规，探索新颖的创作路径，培养创新思维和想象力。

2. 提升思维的涵泳性与体悟性

个性化阅读体验：智能阅读平台根据学生的学习习惯和兴趣，推荐适合的读物，并提供可调节的阅读速度与难度，助力深度阅读。

情感共鸣与理解：通过语音识别技术，学生可录制并回听自己的朗读，结合 AI 情感分析，提升对文学作品情感的把握与表达。

写作实践与反思：人工智能写作助手提供写作指导、语法检查及风格建

议，帮助学生提升写作水平，同时在写作过程中深化对主题的理解与体悟。

3. 凸显思维的人文性与审美性

沉浸式文化体验：VR技术让学生仿佛置身于历史古迹、艺术画廊，近距离感受人类文明的魅力，增强历史感与文化认同感。

音乐与文学的交融：AI音乐创作工具鼓励学生参与音乐创作，将音乐与文学作品相结合，提升审美鉴赏力与艺术表现力。

文学创作与欣赏：智能文学创作工具不仅辅助创作，还提供文学作品分析功能，帮助学生从多个角度理解文学作品，提升文学素养与人文精神。

4. 提高思维的直觉性与快捷性

即时信息检索：智能搜索引擎为学生提供海量知识资源，快速响应查询需求，促进知识的快速吸收与整合。

数据分析辅助决策：AI数据分析工具对复杂数据进行处理，帮助学生快速识别信息模式，培养直觉判断与决策能力。

图像识别与理解：通过图像识别技术，学生能快速解析艺术作品、历史照片等图像信息，提高空间感知与直观理解能力。

（二）AI优化文科教学思维过程的精细化管理

1. 备课阶段

智能教案定制：基于教学目标、学生学情分析，智能教案生成系统为教师量身定制教案，提升备课效率与针对性。

资源精准推送：AI教学资源推荐系统根据课程内容，自动筛选并推荐高质量的教学资源与案例，丰富教学内容。

教学设计优化：借助AI教学设计工具，教师可模拟教学过程，预测学生反应，调整教学策略，确保课堂效果。

2. 授课阶段

课堂动态监控：智能课堂管理系统实时捕捉学生表情、互动情况，为教师提供即时反馈，助力精准教学。

互动教学深化：AI教学互动平台通过语音识别、聊天机器人等技术，增强师生互动，提升课堂参与度和活跃度。

多媒体辅助教学：利用AR/VR、智能白板等AI教学辅助工具，使抽象概念具体化，复杂知识简单化，提升教学效果。

3. 测试阶段

个性化测试设计：智能测试系统根据学生能力水平，动态生成难度适宜的测试题目，确保测试的精准性。

深度数据分析：AI数据分析工具不仅统计分数，还分析答题路径、错误类型，为教师提供详尽的学生学习报告。

即时反馈与指导：学习反馈系统即时给予学生测试成绩解析、错题解析及个性化学习建议，促进自主学习与持续改进。

二、AI赋能文科教学思维训练的具体实践

（一）AI技术在文科教学思维多样性和交叉性训练中的应用

1. 利用智能学习平台进行跨学科学习

智能学习平台可以整合语文、历史、思政、地理和英语等文科课程的学习资源，为学生提供跨学科的学习体验。学生可以通过平台进行项目式学习、问题导向学习等，培养综合运用不同学科知识和思维方法的能力。

2. 借助人工智能创作工具进行创意表达

人工智能创作工具可以帮助学生进行文学创作、绘画、音乐创作等，激发学生的创造力和想象力。学生可以利用这些工具表达自己的思想和情感，培养创新思维和艺术审美能力。

3. 通过虚拟现实技术进行情境体验

虚拟现实技术可以为学生创造逼真的学习情境，让学生身临其境地感受文学作品中的场景、历史事件的发生过程等。学生可以在情境中进行思考和探索，培养形象思维和逻辑思维能力。

（二）AI技术在文科教学思维涵泳性和体悟性训练中的应用

1. 智能阅读平台的个性化阅读推荐

智能阅读平台可以根据学生的阅读兴趣和水平，为学生推荐适合的文学作品。学生可以在平台上进行自主阅读，通过标注、批注等功能进行涵泳体悟，提高阅读理解和感悟能力。

2. 语音识别技术的朗读和背诵辅助

语音识别技术可以帮助学生进行朗读和背诵，提高语言表达能力和语感。学生可以通过反复朗读和背诵，加深对文学作品的理解和感悟，培养涵泳体悟的能力。

3. 人工智能写作助手的写作指导

人工智能写作助手可以为学生提供写作指导和反馈，帮助学生提高写作水平。学生可以在写作过程中与写作助手进行互动，获取灵感和建议，培养表达能力和思维能力。

（三）AI技术在文科教学思维人文性和审美性训练中的应用

1. 虚拟现实技术的历史文化体验

虚拟现实技术可以为学生提供历史文化遗址、艺术展览等的虚拟参观体

验，让学生感受人类文明的博大精深。学生可以在体验中进行思考和感悟，提高人文素养和审美能力。如图 6-1 所示，通过虚拟现实技术，学生能身临其境感受特定环境获取灵感，丰富写作素材，提升写作水平。

图 6-1　通过虚拟现实技术进行情境体验

2. 人工智能音乐创作工具的音乐欣赏和创作

人工智能音乐创作工具可以帮助学生进行音乐欣赏和创作，提高审美能力和艺术修养。学生可以通过欣赏不同类型的音乐作品，感受音乐的魅力；同时，也可以利用创作工具进行音乐创作，表达自己的情感和思想。

3. 人工智能文学创作工具的文学欣赏和创作

人工智能文学创作工具可以为学生提供文学欣赏和创作的平台，提高文学素养和人文精神。学生可以通过阅读优秀的文学作品，感受文学的魅力；同时，也可以利用创作工具进行文学创作，表达自己的思想和情感。

（四）AI 技术在文科教学思维直觉性和快捷性训练中的应用

1. 智能搜索引擎的快速信息检索

智能搜索引擎可以帮助学生快速获取所需的信息和知识，提高学习效率和决策能力。学生可以通过搜索引擎进行关键词搜索，获取相关的资料和文献，为学习和研究提供支持。

2. 人工智能数据分析工具的快速数据分析

人工智能数据分析工具可以帮助学生进行快速的数据分析和处理，提高问题解决能力和决策能力。学生可以利用这些工具对数据进行可视化分析、统计分析等，发现数据中的规律和趋势，为决策提供依据。

3. 人工智能图像识别技术的快速图像分析

人工智能图像识别技术可以帮助学生进行快速的图像分析和理解，提高直觉思维能力和空间想象力。学生可以通过图像识别技术对图片、图表等进行分析和理解，获取信息和知识，为学习和研究提供支持。

三、AI 赋能文科教学思维训练的挑战与应对策略

（一）挑战

1. 技术门槛与成本高昂

技术掌握难度：AI 技术的深度应用要求教师具备一定的编程、数据分析等技能，这对非技术背景的文科教师而言是一大挑战。

硬件投入成本：高性能计算设备、VR/AR 装备等硬件设施的购置和维护费用不菲，对于资源有限的学校来说，可能构成经济负担。

持续学习压力：AI 技术的快速迭代要求教师不断跟进学习，以适应新技术的应用需求，这无疑增加了教师的工作量和压力。

2. 数据安全与隐私泄漏风险

敏感数据收集：AI 教学系统往往需收集学生的学习行为、成绩等数据，这些数据若未妥善管理，极易成为黑客攻击的目标。

隐私保护意识薄弱：部分师生对隐私保护的重要性认识不足，可能在不知情的情况下泄露个人信息。

法律法规遵循：随着数据保护法律的日益严格，如何在合法合规的前提下利用 AI 技术，成为学校必须面对的问题。

3. 伦理道德困境

原创性与版权争议：AI 辅助创作工具可能引发作品原创性争议，如何界定 AI 生成内容的版权归属，成为亟待解决的问题。

自主学习与创新抑制：过度依赖智能辅导系统可能削弱学生的独立思考和创新能力，影响其长远发展。

教育公平与歧视风险：AI 技术在教育中的应用需警惕算法偏见，确保所有学生都能公平地享受技术进步带来的红利。

（二）应对策略

1. 强化技术培训与资源共享

专业培训课程：组织定期的技术培训课程，帮助文科教师掌握 AI 技术的基础知识和操作技能。

校企合作：与企业建立合作关系，引入外部技术支持，降低学校自行研

发的成本和风险。

资源共享平台：建立AI教育资源共享平台，促进优质教学资源的流通与利用。

2. 构建严密的数据安全体系

数据加密与匿名处理：采用先进的加密技术对敏感数据进行保护，对可识别个人身份的信息进行匿名化处理。

权限管理与访问控制：实施严格的数据访问权限管理，确保只有授权人员才能访问相关数据。

定期审计与应急响应：定期进行数据安全审计，制定应急响应预案，以应对潜在的安全威胁。

3. 深化伦理道德教育

课程设置：将伦理道德教育纳入文科课程体系，培养学生的伦理道德意识和责任感。

案例教学：通过实际案例分析，引导学生探讨AI技术在教育应用中可能遇到的伦理问题及其解决方案。

政策引导与规范制定：制定AI技术在教育领域的应用规范和指南，明确技术使用的边界和底线。同时，加强监管力度，确保政策得到有效执行。

四、AI赋能文科教学思维训练的案例分析

（一）利用智能学习平台进行跨学科学习的案例

1. 案例背景

某中学为了提高学生的综合素养和创新能力，引入了智能学习平台，开展跨学科学习活动。具体做法：（1）整合文科课程资源。学校将语文、历史、思政、地理和英语等文科课程的学习资源整合到智能学习平台上，为学生提供跨学科的学习体验。（2）开展项目式学习。学校以“传统文化与现代生活”为主题，开展项目式学习活动。学生通过智能学习平台，组成跨学科学习小组，共同完成项目任务。（3）教师指导与评价。教师通过智能学习平台，对学生的学习过程进行指导和评价。教师可以实时监控学生的学习进度和成果，及时给予反馈和建议。

2. 案例效果

通过智能学习平台的应用，学生的学习兴趣和积极性得到了提高，综合运用不同学科知识和思维方法的能力得到了培养，创新能力和团队合作能力也得到了提升。

（二）利用语音识别技术进行朗读和背诵辅助的案例

1. 案例背景

某小学为了提高学生的语言表达能力和语感，引入了语音识别技术，开展朗读和背诵辅助教学活动。

2. 具体做法

（1）安装语音识别软件

学校为每个班级安装了语音识别软件，学生可以通过软件进行朗读和背诵练习。

（2）教师指导与评价

教师通过软件，对学生的朗读和背诵情况进行指导和评价。教师可以实时听到学生的朗读和背诵声音，及时给予反馈和建议。

（3）开展朗读比赛

学校定期开展朗读比赛，激发学生的学习兴趣和积极性。学生可以通过软件进行朗读练习，提高朗读水平。

3. 案例效果

通过语音识别技术的应用，学生的朗读和背诵兴趣得到了提高，语言表达能力和语感得到了培养，学习效果也得到了提升。

五、推进 AI 赋能文科教学思维训练的实践探索

（一）案例背景

某地区为了提高文科教学质量，推进教育信息化建设，开展了 AI 赋能文科教学思维训练的实践探索。

（二）具体做法

1. 加强基础设施建设

地区政府加大对教育信息化的投入，为学校配备了先进的教学设备和软件，如智能黑板、智能学习平台、虚拟现实设备等。

2. 开展教师培训

地区教育部门组织教师参加 AI 技术应用培训，提高教师的技术应用能力和教学水平。培训内容包括智能教学工具的使用、教学设计与实施、教学评价等方面。

3. 推进课程改革

地区教育部门鼓励学校开展课程改革，将 AI 技术融入文科教学中。学校可以根据自身实际情况，选择适合的 AI 技术应用于语文、历史、思政、地理

和英语等文科课程的教学中。

4. 建立评价机制

地区教育部门建立了AI赋能文科教学思维训练的评价机制，对学校和教师的教学效果进行评估和反馈。评价内容包括学生的学习兴趣、学习成绩、思维能力等方面。

（三）案例效果

通过AI赋能文科教学思维训练的实践探索，该地区的文科教学质量得到了显著提高，学生的学习兴趣和积极性得到了提升，思维能力和创新能力也得到了培养。同时，教师的教学水平和专业素养也得到了提高，教学方式和方法更加多样化和现代化。

概言之，AI技术为文科教学思维训练带来了新的机遇和挑战。通过AI技术的应用，可以强化文科教学的思维特征，优化文科教学的思维过程，提高文科教学的质量和效果。然而，AI技术的应用也需要面对一些挑战，如技术应用的难度和成本、数据安全和隐私保护、伦理道德问题等。因此，我们需要加强技术培训和支持，加强数据安全和隐私保护，加强伦理道德教育，以确保AI技术在文科教学中的有效应用。同时，我们也需要不断探索和创新，将AI技术与文科教学深度融合，为培养具有创新精神和实践能力的高素质人才做出贡献。

第二节　AI赋能语文教学

在当今时代，随着人工智能（AI）技术的飞速发展，其在教育领域的应用也越来越广泛。语文作为文科的重要组成部分，如何借助AI技术赋能语文教学思维训练，成为我们需要深入探讨的重要课题。

一、语言文字教学思维训练

（一）语言文字教学概述

文学是语言的艺术，正如海德格尔所说："一切艺术的根底都是语言。"中学语文教学应注重语言教学，其核心在于字词句的分析与训练，而这一过程实质也是思维的分析与训练。语言作为思维的物化符号，文学作品的写作即思维的过程。在这一过程中，语言既是思维的工具，又是表达的工具。

语文教学的语言艺术与思维训练对于搞好语文教学至关重要。我们要学会在语言教学中训练思维，在思维训练中掌握语言的规律和特性。中学语文教学的语言思维训练并非泛泛的语言分析，而是要结合教学目的与任务，在字词句上下功夫，通过字词句的分析训练思维、发展思维。

语言文字的训练其实就是思维能力的训练，而其中想象力的训练在语言文字训练中作用明显。想象是在语言文字的调节下进行的，又以语言文字表现出来。不同的词语往往标志着不同的形象，词语越多，形象也就越丰富。因此，中学语文教学可以借助形象生动的词语训练学生的想象力，这对于语文教学具有重要意义。

在讲解字词句时，不能脱离课文的思想内容和作者的表现形式进行孤立、静止、单纯的知识讲解，而应引导学生有目的地理解字词句的含义，使其感受到字词句的力量和魅力，从而达到教学目的。

AI 赋能语言文字教学：

在语言文字教学中，AI 技术可以发挥重要作用。例如，利用智能语言学习软件，学生可以进行字词句的专项训练。这些软件可以根据学生的学习进度和水平，提供个性化的学习内容和练习题目。通过智能语音识别技术，学生可以进行朗读和背诵练习，提高语言表达能力。同时，AI 还可以通过分析学生的学习数据，为教师提供教学反馈，帮助教师更好地了解学生的学习情况，调整教学策略。

（二）语言文字思维训练例举

1. 联想思维

以类相从，由一个词联想到另一个词，由一个事物联想到另一个事物。例如，给出“温暖”一词，学生可以联想到“火光、热、寒冷、母爱”等。这种联想思维可以帮助学生拓展词汇量，丰富语言表达。

2. 正反思维

思考事物的两面性。如对于“金钱”，学生可以思考其能买床铺，却不能买甜蜜的梦；能买书，却不能买记忆等。通过正反思维的训练，学生可以更加全面地认识事物，提高思维的辩证性。

3. 转折思维

从正反两个方面考虑事物，如给出“要……但是……”的句式，让学生进行补充。这种思维训练可以培养学生思考问题的周密性，提高语言表达的准确性。

4. 发散思维

对一个特定的事物进行多方面的联想和想象。例如，对“0”进行联想，学生可以想到“‘0’是谦虚者的起点，骄傲者的终点，‘0’的负担最轻，但任务最重”等。发散思维可以激发学生的创造力和想象力，拓宽学生的思维空间。

5. 类比思维

把艺术家比作不同的事物，如蝴蝶、春蚕、蜜蜂、险滩行舟、苦行僧等。通过类比思维的训练，学生可以更好地理解艺术家的特点和创作过程，提高审美能力和创新思维。

AI 技术可以为语言文字思维训练提供更多的可能性。例如，利用智能思维训练软件，学生可以进行各种思维训练游戏。这些游戏可以根据学生的年龄和水平进行调整，具有趣味性和挑战性。通过智能写作助手，学生可以在写作过程中得到实时的思维启发和语言建议。例如，当学生进行联想思维训练时，写作助手可以提供相关的词语和提示，帮助学生拓展思路。在正反思维和转折思维训练中，写作助手可以提供不同的观点和例子，引导学生进行深入思考。对于发散思维和类比思维训练，写作助手可以提供更多的素材和创意，激发学生的创造力。

二、阅读教学思维训练

（一）阅读教学概述

阅读教学是中学语文教学的基本形式。现行中学语文教材按照“阅读”“写作”“口语交际”的体例编排，阅读部分是语文教学的主干内容。阅读教学不仅是课堂上的阅读与分析，更是教师和学生密切配合进行讲、读、议、练的一种教学方法。

在阅读教学中，学生通过阅读分析课文，获得基础知识和基本技能，并受到思想和情感的教育。这一过程是从生动的直观到抽象的思维，再从思维到实践的辩证过程。阅读与欣赏和思维训练密切相关，任何真正意义上的阅读与欣赏都离不开思维活动。

创造性思维在阅读与欣赏中尤为重要。越是富有再创造空间的作品，就越是富有审美价值的作品。读者通过创造性思维对文学作品进行再创造，获得满足和愉悦。例如，汪曾祺的短篇小说《陈小手》和潘军的短篇小说《纸翼》，都为读者提供了丰富的再创造空间。

（二）AI 赋能阅读教学

AI 技术可以为阅读教学带来新的变革。利用智能阅读平台，学生可以随时随地进行阅读，平台可以根据学生的阅读兴趣和水平推荐适合的书籍和文章。通过智能文本分析工具，学生可以更好地理解课文的内容和结构。例如，工具可以分析课文中的关键词、主题句和段落结构，帮助学生快速把握课文的重点。同时，AI还可以通过提问和讨论的方式，引导学生进行深入思考。例如，当学生阅读一篇文章后，智能平台可以提出一些问题，让学生进行回答和讨论。这些问题可以从不同的角度出发，激发学生的思维，提高学生的阅读能力。

（三）阅读教学思维训练例举

1. 启迪思考

教师要依据课程标准和教学目标，结合学生思维能力和认识水平，提炼出重要的教学问题。将大问题化小、化虚为实，贴近学生心理，引导学生思考。例如，在讲《我的叔叔于勒》一文时，将"作者刻画菲利普夫妇在当时有什么现实意义?"这个大问题分解为几个小问题，如"于勒叔叔在家时，菲利普夫妇是怎样对待他的?"等，让学生通过思考这些具体问题，自然得出资本主义社会人与人之间是赤裸裸的金钱关系的结论。

2. 开启关键

抓住问题的关键，牵一发而动全身。在教学中，避免卖弄花枪和玩花拳绣腿，要注重实效。例如，在讲《七根火柴》时，提问"无名战士是在一种什么情况下出场?""为什么在他出场前要作那些场景描写?"通过这些关键问题，为整篇课文创设情境，提高学生的认识和表达能力。

3. 不疑处设疑

在教学中，要善于在"不疑处设疑"，从纵深处发掘诗句的人文内涵。例如，在教清代赵翼《论诗》时，将课题板书成"论 shi"，为整首诗的教学创设悬念。在讲完诗的本意后，提出"论诗乎？论 shi 也!"的问题，引导学生从不同角度思考，如论"史""时""事""世"等，避免浅尝辄止，看透本质。

4. 悦纳逆向思维

教师要鼓励学生积极回答问题，即使学生的回答偏离了自己的思路，也不要一声断喝或置之不理。要在肯定学生积极思维的同时，提出一些问题适当引导。例如，在讲《勇气》一文时，当学生认为美国伞兵自私时，教师可以引导学生说出自己的理由，并进一步探讨课文中"勇气"的真正含义。

5. AI赋能阅读教学思维训练

AI技术可以为阅读教学思维训练提供有力支持。利用智能提问系统，教师可以根据课文内容和学生的实际情况，生成有针对性的问题。这些问题可以涵盖不同的思维层次，从简单的理解到深入的分析和评价。智能讨论平台可以让学生在课后进行交流和讨论，分享自己的观点和想法。教师可以通过平台了解学生的思维过程，及时给予反馈和指导。同时，AI还可以通过分析学生的回答，提供个性化的学习建议，帮助学生提高思维能力。

三、作文教学思维训练

（一）中国三十年作文教改反思

近40年来，中国作文教学改革取得了显著成就，涌现出许多有影响的作文教学流派。其中，以钱梦龙为代表的“文体中心论”注重对记叙文、说明文、议论文等文体的写作能力培养，其基本程序是“模仿—改写—仿作—评析—借鉴—博采”。这一训练模式的优点是学生写作文体意识强，作文容易入门，效果明显。但也存在消极影响，即整个中学语文教学基本围绕文体知识转，未触动学生深层心理和整体写作素养，使训练停留在表层。

以章熊为代表的“思维训练模式”强调作文教学应是语言训练和思维训练的结合。章熊认为，各种文体在语言上要求不同，但思维的条理性相同。他提出的写作训练包括语言练习、形式逻辑训练、想象与联想、综合与概括的训练、写作技巧的局部练习、阅读与分析练习五个方面。这一模式符合心理学、语言学的基本原理，能有效提高写作能力，但缺乏完整而简单的操作技术。

在AI时代，我们应将各种作文教学流派的优势结合起来，既重视作文技术的训练，又重视写作过程中的思维训练。快速作文训练势在必行，要将心智训练与作文训练相联姻，探索“快速写作”新路子。

AI赋能作文教学改革：

AI技术可以为作文教学改革提供新的思路和方法。利用智能作文辅导系统，学生可以进行文体训练和思维训练。系统可以根据学生的需求和水平，提供不同文体的写作模板和范文，帮助学生掌握文体特点和写作技巧。同时，系统还可以通过智能写作提示和反馈，引导学生进行思维训练，如发散思维、逻辑思维、创新思维等。通过AI技术，我们可以将作文教学与现代科技相结合，提高作文教学的效率和质量。

（二）作文教学思维训练步骤

1. 图式生成训练

皮亚杰认为，儿童思维的发展从建立图式开始。在写作教学中，我们可以通过有计划、有目的、有系统的五味辨析、七情辨析等分格教学，利用现代化教学设备，让形象由静变动，调动学生的学习兴趣，帮助学生建立作文图式。作文图式的形成需要经历演化过程，从单一的静态图式发展到多个可选择的动态图式，最终建立完整的文章结构和辐射图式。

2. 快速思维训练

分为创造性思维命题和常规思维命题。创造性思维命题包括求异思维、急智思维、迂回思维和发散思维等，吸纳了吉尔福特、托伦斯、吉特泽尔斯、杰克森等人的命题内容和形式，将投射技术引入命题中。常规思维命题以训练人的形式逻辑能力为主，包括文字推理、数学推理和图案推理三种传统类型。

3. 仿写与发散思维训练

仿写是快写的热身。快速仿写训练要遵循形似质新、形神兼备的原则，将发散思维与聚合思维结合起来。以解决问题的关键为发散点，广开思路，提出多种解决问题的途径和方法，然后去假存真、去粗取精，找出最佳解决方案。

4. 信息检索训练

快速检索是快速作文的基本功。指将作文信息按一定方式收集、组织和存贮起来，并根据需求找出所需信息进行整合。随着计算机和网络技术的发展，我们要发展和应用计算机信息检索，利用数据库进行作文信息的拼装，强调创造生成和创造转换，激活学生的写作欲望。

5. 快速作文思维技巧训练

包括快速审题立意、快速构思、快速选材、快速贯通、快速行文和快速修改等技巧。总结了“快速审题立意 9 法”“快速构思 8 法”“快速选材 5 法”“快速贯通 3 法”“快速行文 4 法”和“快速修改 2 法”。

6. 分类阶梯训练

与“文体为中心”的写作教学模式和“作文分格训练教学法”相结合，进行分类阶梯训练。先记叙文后说明文，再议论文，对应初中、高中作文教学，将作文教学要求分解成若干个具体小要求进行循序渐进的训练。

7. 临场实战思维训练

通过以上训练，学生具备了快速写作的基本条件。在此基础上，进行考场作文等形式的综合训练，巩固和提高学生的快速作文水平。

（三）AI 赋能作文教学思维训练步骤

AI 技术可以贯穿作文教学思维训练的各个步骤。在图式生成训练中，利用智能教学软件，通过图像、视频等多媒体手段，帮助学生更好地理解五味、七情等概念，建立丰富的作文图式。在快速思维训练中，智能思维训练工具可以提供各种思维命题和练习，帮助学生提高创造性思维和常规思维能力。在仿写与发散思维训练中，智能写作助手可以提供仿写示例和发散思维引导，帮助学生提高写作能力。在信息检索训练中，智能检索系统可以快速帮助学生收集和整合作文信息。在快速作文思维技巧训练中，智能作文批改系统可以对学生的作文进行实时批改和反馈，提供技巧指导。在分类阶梯训练中，智能教学平台可以根据学生的年级和水平，提供相应的文体训练和分格训练。在临场实战思维训练中，智能模拟考试系统可以为学生提供考场作文的模拟环境，提高学生的应试能力。

概言之，AI 技术为语文教学思维训练带来了新的机遇和挑战。通过 AI 赋能，可以强化语言文字教学、阅读教学和作文教学中的思维训练，提高学生的语文素养和创新能力。在应用 AI 技术的过程中，我们要充分发挥教师的引导作用，结合传统教学方法，让 AI 技术更好地服务于语文教学。同时，我们也要不断探索和创新，充分发挥 AI 技术的优势，为培养适应新时代要求的高素质人才作出贡献。

第三节　AI 赋能思政教学

在文科教学中，思政教学占据着重要地位。思政课进行马克思主义重要思想的基本观点教育，引导学生紧密结合经济、思政、文化生活，领悟辩证唯物主义和历史唯物主义的基本观点和方法，树立正确的世界观、人生观、价值观。然而，传统思政教学也存在一些需要改进和反思的地方。在当今 AI 时代，如何利用 AI 技术赋能思政教学思维训练，成为我们需要深入探讨的课题。

一、思政教学的特征

思政教学的本质特征主要有两个，即思政性和实践性。

（一）思政性

我国思政教学长期承担着显性意识形态教育的任务，具有更强的思政性、阶级性和鲜明的国家意识形态性。传统的灌输教育方式往往将思政教学视为科学认识，注重理论、原则的传授，容易形成学生的“知识性库存”，缺乏生成性，难以实现真正的素质教育。实际上，思政教学应既关注教学内容，又研究接受主体的特点和需要，将教学对象的主体性和客体性统一起来，以取得更好的教育效果。

AI 技术可以通过个性化学习平台，根据学生的特点和需求，推送适合的思政教学内容。例如，利用智能学习分析系统，了解学生的思政认知水平、兴趣爱好和学习风格，为学生定制个性化的学习计划。同时，AI 还可以通过虚拟现实技术，让学生身临其境地感受国家重大思政事件和历史场景，增强学生的思政认同感和责任感。

（二）实践性

思政教学属于实践理性的范畴。其目的是传导社会主义思政观、价值观、人生观、道德观，并使这些观念转化为学生的智慧，引导学生的行为。在我国社会从计划经济向市场经济转轨的过程中，思政教学的理论要求与实践存在差距。我们应正视这一问题，加强思政教学的实践说服力，直面实践中的问题和矛盾，增强理论的说服力。

AI 技术可以为思政教学提供丰富的实践资源和平台。例如，利用虚拟实践教学软件，让学生模拟参与思政决策、社会治理等实践活动，提高学生的实践能力。通过在线社区和讨论平台，学生可以分享自己的实践经验和感悟，促进相互学习和交流。同时，AI 还可以通过大数据分析，了解社会热点问题和学生关注的焦点，为思政教学提供更具针对性的实践案例。

二、传统思政教学思维缺陷

在当代社会转型期，传统思政教学思维方式存在一些缺陷，影响了思政教学的实效性。

（一）过于抽象

受概念思维的影响，当代思政教学往往把人抽象为一种“知识”，只看到作为“社会存在物的人”，而忽视了一个个生动活泼、有血有肉的人。这种思维方式无法树立学生的主体地位，也不能传授充满人性关怀的规范和原则，容易导致简单粗暴的“强权”教育。

AI 技术可以通过情感计算和个性化交互，让思政教学更加关注学生的个体感受和需求。例如，利用智能辅导机器人，与学生进行情感交流，了解学生的困惑和问题，提供个性化的指导和建议。同时，AI 还可以通过多媒体资源，如视频、动画等，展示真实的人物故事和生活场景，让学生更好地理解思政教学中的抽象概念，增强教学的感染力和亲和力。

（二）过于封闭

思政教学与生活状态产生隔离，教育者只要求学生牢记内容并按要求行事，不解释原则背后的生活背景，导致学生只知道“是什么”，不知道“为什么”。这样的教育无法在学生内心产生共鸣，也会削弱思政教学的生命力。

AI 技术可以打破思政教学的封闭状态，实现与生活的紧密结合。例如，利用智能新闻推荐系统，为学生推送与思政教学相关的时事新闻和热点话题，让学生了解思政理论在现实生活中的应用。通过在线实践平台，学生可以参与社会调查、志愿服务等活动，将思政教学与社会实践相结合。同时，AI还可以通过虚拟现实技术，模拟真实的生活场景，让学生在虚拟环境中体验思政决策和社会治理的过程，增强学生的实践能力和创新思维。

（三）过于教条

思政教学者在教学中缺乏创见，照抄照搬，不敢创新，对书本知识不敢越雷池一步，导致教学毫无生气和生机。这种过于教条的思维方式把教育对象看成僵化的人，不能完全适用于现实中的人。

AI技术可以激发思政教学的创新活力，改变教条式的教学方式。例如，利用智能教学设计工具，教师可以根据教学内容和学生特点，设计多样化的教学活动和任务，提高教学的趣味性和吸引力。通过智能教学评估系统，教师可以及时了解学生的学习情况和反馈意见，调整教学策略和方法。同时，AI还可以通过在线学习社区，促进教师之间的交流和合作，分享教学经验和创新成果，推动思政教学的不断发展和进步。

三、思政教学思维的变革旨要

在新时代，中学思想思政课教学面临着思维方式的变革。要进行改革，首先必须进行思维方式的变革。

（一）从单维型思维过渡到多维型思维

传统思政教学单维型思维方式具有片面性、狭隘性、封闭性和保守性，不利于教学效益的提高和学生的智力开发。在当代，人们面临的问题越来越复杂，需要多向性思维方式，即多维型思维方式。在思想思政课教学中，教师应引导学生多角度、多层次地思考问题，构建知识的立体化、网络化体系。

AI技术可以为学生提供多维度的学习资源和学习工具，帮助学生培养多维型思维。例如，利用智能知识图谱，展示思政教学内容的关联关系，让学生从不同角度理解知识。通过智能学习路径推荐系统，根据学生的学习情况和兴趣爱好，为学生推荐个性化的学习路径，引导学生进行多角度的学习和思考。同时，AI还可以通过智能讨论平台，让学生与不同背景的人进行交流和讨论，拓宽学生的思维视野，培养学生的多维型思维能力。

（二）从封闭型思维转换为开放型思维

封闭型思维局限于自身内部封闭的框架中考虑问题，不与外界进行信息交流。开放型思维则扩大思维视野，与外界进行物质和能量的交流，捕捉新信息和新鲜经验。思政教师在教学及其研究活动中，应从封闭型思维转换为开放型思维，将教学置于更广阔的背景中进行。

AI 技术可以打破思政教学的封闭状态，实现与外界的信息交流和资源共享。例如，利用在线学习平台，学生可以与全球各地的学生进行交流和合作，分享学习经验和成果。通过智能教育资源库，教师可以获取丰富的教学资源和案例，拓宽教学思路和方法。同时，AI 还可以通过大数据分析，了解国内外思政教学的最新动态和趋势，为思政教学提供参考和借鉴。

（三）从现成论思维转换为生成论思维

现成论思维追求已完成的本质，而生成论思维关注事物的未完成性和变化过程。思政教学应从现成论思维转换为生成论思维，切入生活的细枝末节，彰显人类处境中“人之是其所应是”的生活向度。

AI 技术可以为生成论思维提供支持和平台。例如，利用智能学习记录系统，记录学生的学习过程和成长轨迹，让学生看到自己的学习变化和进步。通过智能学习反馈系统，及时向学生提供反馈和建议，帮助学生调整学习策略和方法。同时，AI 还可以通过个性化学习推荐系统，根据学生的学习情况和兴趣爱好，为学生推荐适合的学习资源和活动，促进学生的自主学习和生成性发展。

（四）用创造性思维代替教条式思维

创造性思维具有新颖性和独创性，区别于教条思维。中学思政教师应构建创造性思维方式，克服思维惰性，培养观察能力、表达能力和思维能力，增强创造意识和创造能力。

AI 技术可以激发学生的创造潜能，培养创造性思维。例如，利用智能创意工具，如思维导图软件、创意写作平台等，让学生进行创造性地思考和表达。通过智能项目式学习平台，学生可以参与跨学科的项目式学习活动，培养创新能力和团队合作精神。同时，AI 还可以通过智能竞赛平台，组织学生参加各种创新竞赛和活动，展示学生的创造成果，激发学生的创造热情。

四、实践是思政教学变革的关键

实践是思政教学变革的关键，它可以打破目前思政教学的尴尬局面，构造符合学科本质和规定的范式。

（一）实践把学生放回到现实世界

概念思维将思政教学的重心放在对人的知识的寻找上，而实践思维是一种关系性思维，把人看作是社会中的、不断实践活动的人，把学生放回到现实世界去进行思政教学。

AI技术可以通过虚拟现实技术和增强现实技术，让学生身临其境地感受现实世界中的思政问题和社会现象。例如，利用虚拟思政场景模拟软件，学生可以参与模拟的思政决策和社会治理活动，提高学生的实践能力和问题解决能力。通过智能实地考察工具，教师可以组织学生进行实地考察和调研，将思政教学与现实生活紧密结合起来。同时，AI还可以通过大数据分析，了解学生所在地区的思政、经济、文化等情况，为思政教学提供更具针对性的现实案例。

（二）实践让学生关注人自身的发展

实践无疑是思政教学变革的核心引擎，它能够有效破冰当前教学困境，重塑契合学科精髓的教学模式。

1. 实践：连接学生与现实的桥梁

传统思政教学侧重于理论知识的传授，而实践则强调将学生置于真实的社会情境中，使教学回归现实。AI技术的融入，如虚拟现实（VR）与增强现实（AR），让学生仿佛置身思政问题的核心，通过模拟决策与治理活动，亲身体验并深刻理解社会现象，从而增强其实践与问题解决能力。同时，AI大数据分析为教学提供了地域化、个性化的现实案例，使思政课堂更加贴近生活。

2. 实践：聚焦学生个体成长与发展

实践作为一种主体性思维，聚焦于人的内在成长，追求权力与责任的和谐统一。思政教学应转向以学生为中心，将人的全面发展视为终极目标。AI技术在此方面发挥了重要作用，如智能生涯规划帮助学生规划未来，智能心理健康辅导关注学生情感需求，个性化学习推荐则根据学生需求精准推送资源，共同促进学生的全面发展与个性化成长。

3. 实践：展现发展的多元与丰富

思政教学倡导价值引领与全面发展并重，尊重学生的个性差异与多样性。AI平台如智能兴趣培养与综合素质评价系统，不仅为学生的特长发展提供了广阔舞台，还通过全面评价学生的学习、品德与实践能力，为学生发展提供科学指导。在线学习社区则促进了学生间的交流与合作，丰富了他们的成长体验。

4. 实践培育动态变革思维

动态变革思维强调事物发展的动态性与历史性，要求思政教学摆脱灌输式教育，转向以“理解”为基础、以“对话”为形式的互动教学。AI技术通过智能动态学习资源与对话式学习系统，为学生带来实时更新的学习体验，培养其批判性思维与解决复杂问题的能力。同时，VR/AR技术重现历史事件与社会变革，增强学生的历史意识与社会责任感，进一步激发其动态变革思维。

五、思政教学思维训练列举

（一）质疑设问，培养学生的发散思维

在思政教学中，教师要创设质疑情景，教给学生质疑的方法，引导学生大胆质疑。通过设置有难度的学习情景，激发学生的学习动机和好奇心，培养学生的创新性思维。

AI技术可以为质疑设问和发散思维培养提供支持。例如，利用智能问题生成器，根据教学内容自动生成各种问题，引导学生进行思考和质疑。通过智能讨论平台，学生可以提出自己的问题和观点，与其他学生进行交流和讨论，拓展思维的广度和深度。同时，AI还可以通过智能学习分析系统，了解学生的质疑和思考过程，为教师提供教学反馈和建议，优化教学策略和方法。

（二）讨论互动，变“现成思维”为“生成思维”

组织学生讨论、争论、辩论，寻找问题的答案，为学生的学习搭建开放的舞台，有利于创造性思维的发展。设置适度紧张的课型，把竞争机制引入课堂，调动学生学习的积极性，强化学生的思维能力。组织学生集体讨论、合作学习，发挥个人长处，互相借鉴启发，发展创造思维。

AI技术可以促进讨论互动和生成思维的培养。例如，利用智能在线讨论平台，学生可以随时随地进行讨论和交流，分享自己的观点和经验。通过智能辩论辅助系统，为学生提供辩论的论据和策略，提高学生的辩论能力和思维水平。同时，AI还可以通过智能合作学习平台，组织学生进行小组合作学习，分配任务、协作完成项目，培养学生的团队合作精神和创造思维。

（三）参与实践，开放多维思维

新的教学大纲要求突出学生的实践活动，为学生创造参加实践活动的环境。开展实践活动可以提高学生的学习兴趣，丰富课堂教学内容，激发学生的形象、理性思维，发展学生的创新思维。

AI技术可以为学生的实践活动和多维思维培养提供支持。例如，利用智能实践活动管理平台，组织学生参与社会实践、志愿服务等活动，记录学生的实践过程和成果。通过智能实地考察工具，为学生提供实地考察的指导和资源，帮助学生更好地了解社会现实。同时，AI还可以通过虚拟现实技术和增强现实技术，让学生在虚拟环境中进行实践活动，拓展学生的实践体验和思维空间。

概言之，AI技术为思政教学思维训练带来了新的机遇和挑战。通过AI赋能，可以强化思政教学的思政性和实践性，改进传统思政教学思维的缺陷，实现思政教学思维的变革。在思政教学中，我们应充分利用AI技术，培养学生的多维型思维、开放型思维、生成论思维和创造型思维，以实践思维为关键，推动思政教学的改革和发展，提高思政教学的质量和效果，为学生的成长和发展奠定坚实的思政素质基础。

第四节　AI赋能外语教学

在文科教学中，外语教学占据着重要地位。外语教学不仅是语言知识的传授，更是思维能力的培养。随着人工智能（AI）技术的飞速发展，如何利用AI赋能外语教学与思维训练，成为我们需要深入探讨的课题。

一、外语教学思维过程

（一）外语学习思维模式

外语学习的思维模式有多种理论。L. 塞林克尔认为外语学习者在学习中使用过渡思维，借助过渡语言，从不完善到逐步完善。J. 舒曼从社会心理学角度提出“文化移入”思维模式，强调社会和个人因素对外语学习的影响。S. 克拉申、H. 杜莱、M. 伯特提出“监察模式”，认为外语学习心理过程包括过滤、组织和监察三个环节。这些模式虽有助于了解外语学习过程，但仍不能解释其复杂现象。掌握外语教学思维有助于制定教学原则、方法和编制教材。外语教学思维研究分为宏观和微观两部分，宏观研究包括学习理论及由此产生的教学原理和原则，微观研究包括学生掌握外语语言、语法、词汇和听说读写能力的心理过程和思维特点。

AI技术可以通过个性化学习平台，根据学生的学习风格和进度，提供适合的学习资源和学习路径。例如，利用智能学习分析系统，了解学生的语言基础、学习习惯和兴趣爱好，为学生推荐个性化的学习内容和练习题目。同时，AI还可以通过虚拟现实技术，为学生创造真实的语言学习环境，让学生身临其境地感受外语文化，提高学生的学习兴趣和积极性。

（二）外语教学思维过程理论

1. 听说习惯形成论

听说习惯形成论来自行为主义心理学，认为语言是一种习惯，通过模仿和口头机械训练，让学生学会不自觉地运用外语结构，形成新的语言习惯。

AI技术可以为听说习惯形成论提供更多的训练资源和方法。例如，利用智能语音识别和合成技术，为学生提供口语练习的平台，让学生模仿标准的发音和语调，提高口语表达能力。通过智能语言游戏和互动练习，让学生在轻松愉快的氛围中进行大量的口头机械训练，巩固语言习惯。

2. 认知符号学习论

认知符号学习论的倡导者是美国心理学家J. B. 卡鲁尔。他认为语言是一个知识整体，学习外语是对语言结构进行自我控制的过程。该理论的心理学依据包括皮亚杰的发生认识论、奥萨贝尔的有意义学习理论和乔姆斯基的生成语言学理论。乔姆斯基对听说习惯形成论提出挑战，认为语言习得不是单纯的模仿和机械训练，而是理解规则、运用规则，通过大脑的逻辑推理创造性地活用语言。

AI技术可以为认知符号学习论提供更丰富的学习资源和工具。例如，利用智能知识图谱，展示外语语言的结构和关系，帮助学生理解语言规则。通过智能学习辅助系统，为学生提供有意义的学习情境和任务，让学生在实际应用中掌握语言知识。同时，AI还可以通过智能写作助手，帮助学生进行逻辑推理和创造性表达，提高写作能力。

3. 自觉实践学习论

自觉实践学习论是苏联心理学家B. B. 别利亚耶夫首创的。他认为外语学习有多种途径，比较合理的是在理解语言材料的基础上通过言语实践活动达到自动化运用。讲解语言规则只能起促进作用，言语实践活动才能保证言语熟练和交际能力的形成。学习外语要学会用外语进行思维，限制翻译的运用，教学顺序从听说到读写。70年代，苏联出现由A. H. 列昂节夫倡导的言语活动理论，使自觉实践学习论发展到一个新阶段。言语活动理论认为外语学习是有目的、有动机、有意识的活动，目的在于掌握外语作为交际工具，具有在真实交际情境中交流思想的能力。交际性原则是自觉实践学习论的基本原则。

AI技术可以为自觉实践学习论提供更多的实践机会和平台。例如，利用智能语言交流平台，让学生与全球各地的学习者进行交流和互动，提高口语表达和交际能力。通过智能语言实践任务系统，为学生提供各种真实的语言实践任务，如写作、翻译、口语表达等，让学生在实践中掌握语言技能。同时，AI还可以通过智能学习反馈系统，及时为学生提供反馈和评价，帮助学生改进语言学习。

二、外语教学思维特征

外语教学思维特征主要有内化、渐进、迁移和外显四个方面。

（一）思维的内化性

外语教学思维特征中，思维的内化性是本质属性。“内化”与“外化”相对应，“内化”是指教育主体在教育主导的帮助下接受外语的语音、语法及其组织系统，并转化为自己的语言意识，将外语与母语融为一体，构成完整的多语体系。内化过程中解决了不同语言价值的矛盾和冲突，使人感到愉快和满意。而思维的“外化”是外语教学的大敌，学生用外语表达时往往先用汉语想好再翻译，这就是“语码转换”现象，不利于外语思维的发展。外语教学思维的关键在于“内化”，要避免采用汉语讲授外语的教学方法，启发学生观察、分析和思考，培养外语思维。

AI技术可以通过沉浸式学习环境，帮助学生更好地内化外语。例如，利用智能语言学习软件，为学生提供全外语的学习环境，让学生在听、说、读、写的过程中逐渐接受外语的语音、语法和组织系统。通过智能语言学习游戏和互动练习，激发学生的学习兴趣，让学生在轻松愉快的氛围中进行语言学习，提高内化效果。同时，AI还可以通过智能语言学习反馈系统，及时为学生提供反馈和评价，帮助学生纠正错误，提高语言水平。

（二）思维的渐进性

学习外语的思维途径是由表及里的五个过程：感知语言材料、理解语言材料、巩固语言材料、应用语言材料和活用语言材料。这五个过程相互联系、相互促进，讲练结合，以练为主。从教学角度看，前两个过程是讲解，后三个过程是练习；从语言和言语的关系角度看，是通过言语活动掌握语言知识和言语能力；从思维角度分析，前两个过程是感性思维，后三个过程是理性思维和创造思维。思维的渐进性在课堂教学中非常重要，要精心设计有针对性、有实效的感性练习，注意量变到质变转化的量，保证教学从量变到质变的飞跃，实现感知思维到形象思维再到抽象思维的升华。

AI技术可以为思维渐进性提供个性化的学习路径和练习资源。例如，利用智能学习分析系统，了解学生的学习进度和水平，为学生制定个性化的学习计划和练习题目。通过智能语言学习软件，为学生提供逐步递进的学习内容和练习任务，让学生在不断挑战中提高语言能力。同时，AI还可以通过智能学习反馈系统，及时为学生提供反馈和评价，帮助学生调整学习策略，提高学习效果。

（三）思维的迁移性

学生学习外语时，外语与本族语在语音、语调、语法和词汇方面有相同、相似、相异之处。相同之处对学习外语有正迁移作用，相似、相异之处起负迁移作用。外语教学思维要注意对两种语言进行对比分析，形成分化，帮助学生实现思维的迁移。语音、语法、词汇作为一个整体紧密结合在句子中，要在表达一定情景的句子中讲解和训练语音、语法和词汇，培养言语能力。

AI 技术可以通过语言对比分析工具，帮助学生更好地理解外语与本族语的差异和相似之处，实现思维的迁移。例如，利用智能语言对比软件，为学生提供外语与本族语的语音、语调、语法和词汇对比分析，让学生在对比中学习，提高学习效率。通过智能语言学习游戏和互动练习，让学生在实际应用中巩固语言知识，提高言语能力。同时，AI 还可以通过智能学习反馈系统，及时为学生提供反馈和评价，帮助学生纠正错误，提高语言水平。

（四）思维的外显性

外语教学往往要大声读、大声背，在内部言语中使用外语语言结构。这种思维的外显性在外语的听说读写等言语活动中表现突出，不经分析和翻译使外语与思维建立直接联系。“听”是通过听觉器官综合理解外语，“说”是快速用外语口头表达思想，“读”是作者和读者利用书面语进行交际活动，“写”是以笔头表达思想，输出文字信息。外语教学要遵循口语领先的原则，因为听是说的心理前提，在练习说外语之前，必须先训练听外语的能力。

AI 技术可以通过智能语音识别和合成技术，为学生提供口语练习的平台，让学生大声读、大声背，提高口语表达能力。通过智能阅读辅助系统，为学生提供阅读材料和练习题目，让学生在阅读中提高理解能力和思维能力。同时，AI 还可以通过智能写作助手，帮助学生进行写作练习，提高笔头表达能力。

三、AI 赋能外语教学例举

（一）运用思维的渐进性，使知识系统化

指导学生进行渐进思维，将初、高中的外语知识从纵的方向进行回顾、分类、整理，找出内在规律。通过举生动例子、让学生归纳总结等方法，加固知识点的理解，达到形象思维和抽象思维的融合。如语音知识、语法复习、动词词组整理等，让学生进行积极的大脑思维活动，实现知识的系统化。

AI 技术可以通过智能知识图谱，为学生展示外语知识的结构和关系，帮助学生进行知识的回顾和整理。利用智能学习辅助系统，为学生提供生动的例子和练习题目，让学生在实践中巩固知识点。同时，AI 还可以通过智能学习反馈系统，及时为学生提供反馈和评价，帮助学生调整学习策略，提高学习效果。

（二）应用思维的迁移性，内化外语意识

在教学中有意识地将母语与外语在语音、语调、语法和词汇方面的相同、相似、相异之处进行迁移。训练学生克服对母语的依赖，直接运用外语，养成用外语思维的习惯，强化外语意识（见图 6－1）。例如在表达特定意思时，让学生直接用外语思维，避免母语的参照体系。

图 6－1　AI 赋能迁移性内化外语意识

AI 技术可以通过语言对比分析工具，帮助学生更好地理解母语与外语的差异和相似之处，实现思维的迁移。利用智能语言学习软件，为学生提供全外语的学习环境，让学生在实际应用中逐渐养成用外语思维的习惯。同时，AI 还可以通过智能学习反馈系统，及时为学生提供反馈和评价，帮助学生纠正错误，提高语言水平。

（三）应用思维的发散性，完成从量变到质变的飞跃

外语教学要在有限的知识中，通过多种手段寻找思维表达方法，让学生一题多解、举一反三、触类旁通。例如，用不同的英语表达同一个意思，启发学生灵活运用所学语言，开阔思路，使思维更灵敏、灵活、新颖。发散思维法可借助词的“音”“形”“义”“词性”等指导词汇学习。

AI 技术可以通过智能词汇学习工具，为学生提供词汇的多种学习方法和练习题目，帮助学生进行发散思维。例如，利用智能词汇联想软件，让学生根据词的“音”“形”“义”“词性”等进行联想，扩大词汇量。通过智能语言

学习游戏和互动练习，让学生在实际应用中巩固词汇知识，提高语言表达能力。同时，AI 还可以通过智能学习反馈系统，及时为学生提供反馈和评价，帮助学生调整学习策略，提高学习效果。

（四）运用思维的联想性，培养创造性心智

联想是培养创造性心智才能的思维活动，能促进感知、记忆、想象能力的提高。联想规律有类似联想、对比联想、接近联想和关系联想等四个方面。例如按词类、词型、反义词、同义词等进行联想归类，帮助学生更好地理解和记忆外语知识。学生善于联想，能将外语知识系统化、规律化，融会贯通，无限延伸。

AI 技术可以通过智能联想学习工具，为学生提供联想的方法和练习题目，帮助学生培养创造性心智。例如，利用智能词汇联想软件，让学生根据联想规律进行词汇学习。通过智能语言学习游戏和互动练习，让学生在实际应用中巩固联想知识，提高语言表达能力。同时，AI 还可以通过智能学习反馈系统，及时为学生提供反馈和评价，帮助学生调整学习策略，提高学习效果。

概言之，AI 技术为外语教学与思维训练带来了新的机遇和挑战。通过 AI 赋能，可以强化外语教学的思维训练，提高学生的外语学习能力和思维能力。在外语教学中，我们应充分利用 AI 技术，培养学生的内化思维、渐进思维、迁移思维和外显思维，运用联想和发散思维等方法，提高外语教学的质量和效果，为学生的外语学习和未来发展奠定坚实的基础。

第五节　AI 赋能历史教学

历史与地理教学作为人类精神文明的重要成果，与思维关系密切，分别代表时间思维形态和空间思维形态。在当今时代，AI 的发展为历史教学带来了新的机遇与挑战，如何利用 AI 赋能历史教学之思维训练，成为值得深入探讨的课题。

一、AI 赋能历史教学的背景与意义

历史，是对人类社会过去事件和行动的记录、诠释与研究，可作为未来行事的参考依据。历史思维是一种在特定世界观和历史观指导下，以历史角度分析问题的特种思维方法。历史教学中的思维训练对于学生认识历史、培养全面历史素养至关重要。

随着科技的飞速发展，AI 技术逐渐渗透到教育领域。AI 可以为历史教学提供丰富的资源、个性化的学习路径以及智能化的评估方式，从而更好地赋能历史教学思维训练。通过 AI 技术，学生能够更深入地理解历史现象和历史材料，提高历史思维能力，培养历史意识和历史观念。

（一）历史思维概述与 AI 赋能

1. 历史思维与历史思维能力

在传统历史教育研究中，“历史思维”与“历史思维能力”概念常被混用。历史思维能力包括分析历史事件、评价历史人物等方面的思维能力，内涵涵盖历史思维的方法及历史学科学习的思维操作方法与能力。而历史思维是一种思维活动，以历史现象和历史材料为依据，运用世界观和历史观分析问题，主要指思维的观念和方法，是历史思维能力的核心和高级形式。

AI 可以通过提供大量的历史事件和人物案例，帮助学生更好地理解历史思维与历史思维能力的区别。例如，利用智能教育软件，学生可以分析不同历史时期的重大事件，评价历史人物的功过是非，从而锻炼历史思维能力。同时，AI 可以引导学生思考历史事件背后的思维观念和方法，提升历史思维水平。

2. 历史思维与历史意识

学术界对“历史意识”的论述较少。历史意识是人类对时间变迁意识的掌握，是对自身社会行为与共同生活所创建制度、器物的反省和诠释能力，包含民族自豪感、历史责任感等历史情感。历史意识与历史思维不同，它不仅仅是一种思维和方法，还包含情感内容。

AI 可以通过虚拟现实技术，让学生身临其境地感受历史场景，增强学生的历史情感体验，培养历史意识。例如，学生可以通过 VR 设备参观古代遗址、战争场景等，深刻体会历史的沧桑与辉煌，激发民族自豪感和历史责任感。同时，AI 可以分析学生的学习行为和情感反应，为教师提供个性化的教学建议，更好地培养学生的历史意识。

3. 历史思维与历史观念

历史观念常常表现为历史哲学理论的形式，而历史思维则倾向于思考历史问题的方法与过程，侧重于认知过程。

AI 可以通过大数据分析，为学生推荐相关的历史哲学理论书籍和文章，帮助学生了解不同的历史观念。同时，AI 可以引导学生运用历史思维方法分析历史问题，形成自己的历史观念。例如，AI 可以根据学生的学习进度和兴趣爱好，推荐适合的历史研究课题，让学生在探究过程中培养历史思维，形成独特的历史观念。

（二）历史教学思维训练与AI赋能

1. 时间思维概念与AI应用

时间是人类描述物质运动过程或事件发生过程的参数，历史教学思维训练的特点之一是时间思维概念。历史思维能力训练的内涵涉及“是什么？为什么？还有什么？”三个层次的问题，其中时间思维对于理解历史事件的先后顺序和发展进程至关重要。

AI可以通过时间轴工具，清晰地展示历史事件的发展脉络，帮助学生建立时间思维。例如，学生可以使用智能学习平台上的时间轴，查看不同历史时期的重大事件、人物和文化成就，从而更好地理解历史的发展进程。同时，AI可以根据学生的学习进度和理解程度，自动调整时间轴的展示内容和方式，满足个性化学习需求。

2. 历史思维的深刻性培养与AI助力

思维的深刻性是指思维活动中的抽象与概括水平。在历史教学中，学生思维的深刻性表现为能够抽象概括出历史现象的本质特征、规律和趋势，形成科学的世界观和人生观。

AI可以通过智能分析学生的学习数据，为教师提供学生思维深刻性的评估报告，帮助教师有针对性地设计问题，培养学生的思维深刻性。例如，在讲授秦末农民战争时，教师可以利用AI教育软件提供的史料，向学生提出问题，引导学生从数据中得出结论，揭示历史现象背后的本质规律，如图6-2所示。同时，AI可以根据学生的回答情况，提供个性化的反馈和建议，促进学生思维的深入发展。

图6-2　AI助力讲授秦末农民战争

3. 历史思维的灵活性培养与 AI 支持

思维的灵活性是指思维活动中随机应变，不为习惯性思维束缚的能力。在历史教学中，培养学生思维的灵活性可以通过设计“发散式”“聚合式”“变换式”等历史问题来实现。

AI可以根据学生的学习情况和兴趣爱好，自动生成多样化的历史问题，培养学生思维的灵活性。例如，复习英、美、法、俄、日、德、意等国走上资本主义道路的内容时，AI可以从不同角度设问，引导学生进行发散性思维。同时，AI可以根据学生的回答情况，及时调整问题的难度和角度，满足不同学生的学习需求。

4. 历史思维的创造性培养与 AI 促进

历史教学中培养学生的创造性思维可以通过联想与综合、分析与比较、归纳与推理等方法来实现。

AI可以通过提供丰富的历史资料和案例，激发学生的联想与综合能力。例如，讲太平天国的《天朝田亩制度》时，AI可以自动关联北宋王小波、李顺的“均贫富”口号等历史事件，引导学生进行思考。同时，AI可以利用数据分析技术，对不同历史事件进行分析与比较，帮助学生找出异同，培养学生的创造性思维。

5. 历史思维的批判性培养与 AI 引导

在历史教学中，培养学生的批判性思维可以通过设计“是非判断式问题”和“自我监控式问题”来实现。

AI可以通过智能问答系统，引导学生对历史问题进行批判性思考。例如，对于唐代诗人胡曾在《汴水》一诗中的观点，AI可以提出问题，促使学生去找批驳或赞成的理由，培养学生的批判性思维。同时，AI可以根据学生的思考过程，提供及时的反馈和指导，帮助学生养成自我监控的习惯。

二、AI赋能历史教学思维训练的优势与挑战

（一）优势

1. 丰富的资源与个性化学习

AI可以为历史教学提供海量的历史资料、图片、视频等资源，满足学生的多样化学习需求。同时，AI可以根据学生的学习进度、兴趣爱好和能力水平，为学生提供个性化的学习路径和学习建议，提高学习效率。

2. 智能化的评估与反馈

AI可以通过分析学生的学习数据，对学生的历史思维能力进行智能化评

估，为教师提供详细的评估报告。同时，AI 可以根据学生的回答情况，提供及时的反馈和建议，帮助学生发现自己的不足之处，及时调整学习策略。

3. 互动性与趣味性

AI 可以通过虚拟现实、智能问答等技术，为学生提供互动性和趣味性的学习体验。例如，学生可以通过 VR 设备参观历史遗址，与历史人物进行对话，增强学习的趣味性和参与度。

（二）挑战

1. 技术应用的难度与成本

AI 技术在历史教学中的应用需要一定的技术支持和设备投入，对于一些学校和教师来说，可能存在技术应用的难度和成本问题。此外，教师需要掌握一定的 AI 技术知识和应用能力，才能更好地利用 AI 赋能历史教学思维训练。

2. 数据安全与隐私保护

AI 技术在历史教学中的应用涉及学生的学习数据和个人信息，数据安全和隐私保护成为一个重要问题。学校和教师需要采取有效的措施，确保学生的学习数据和个人信息的安全。

3. 对教师角色的挑战

AI 技术的应用可能会改变教师在历史教学中的角色和作用。教师需要从传统的知识传授者转变为学生学习的引导者和促进者，提高自己的教学能力和信息技术素养，以适应 AI 时代的历史教学需求。

三、AI 赋能历史教学思维训练的未来发展趋势

1. 融合更多的技术手段

未来，AI 技术将与虚拟现实、增强现实、大数据等技术手段深度融合，为历史教学提供更加丰富、生动、个性化的学习体验。例如，学生可以通过 VR 技术身临其境地感受历史事件的发生过程，通过大数据分析了解历史发展的趋势和规律。

2. 实现更加智能化的教学

随着 AI 技术的不断发展，历史教学将实现更加智能化的教学。例如，AI 可以根据学生的学习情况和需求，自动调整教学内容和教学方法，实现个性化教学。同时，AI 可以通过智能辅导系统，为学生提供随时随地的学习支持和帮助。

3. 促进跨学科教学的发展

历史教学与其他学科的联系日益紧密，AI 技术可以促进跨学科教学的发

展。例如，历史教学可以与地理、思政、文学等学科进行融合，通过 AI 技术实现跨学科的教学资源整合和教学活动设计，培养学生的综合素养。

4. 提升教师的专业素养

AI 技术的应用对教师的专业素养提出了更高的要求。教师需要不断学习和掌握新的教学技术和方法，提高自己的信息技术素养和教学能力。同时，教师需要与 AI 技术进行有效的合作，共同促进历史教学的发展。

概言之，AI 技术为历史教学思维训练带来了新的机遇和挑战。通过 AI 赋能，历史教学可以更加丰富、生动、个性化，学生的历史思维能力可以得到更好的培养和提高。在未来的发展中，我们需要充分发挥 AI 技术的优势，克服其挑战，不断探索创新，为历史教学的发展注入新的活力。

第六节　AI 赋能地理教学

一、AI 赋能地理教学思维训练

（一）地理教学思维概述

中学地理课程改革的基本理念强调重视地理空间思维能力的培养。地理学科的性质决定了其思维方式的空间特色，地理思维活动常借助正确的心理地图展开，我们把借助图形对地理问题进行各种空间维度思维的心理活动称为地理空间思维，简称地理思维。

地理学科涉及的知识对象多为学生熟悉的具体事物，但学生往往只对其特点熟悉，在学习其分布和成因时却存在困难。要从分布角度认识事物需较强空间思维能力，从成因方面理解则还需其他学科知识。

（二）地理教学中思维训练旨要

空间思维能力是一种借助想象对事物进行空间定位的高级思维能力，其水平受个体形象思维和抽象思维能力、积累的知识和空间概念以及事物本身时空特征三大因素制约。教师主要可在事物本身特征这一外因上发挥作用，地理事物大多形体大且具抽象性，这使得地理教师培养学生空间思维能力的任务繁重，研究培养方法对提高教学质量和学生素质意义重大。

（三）地理教学中思维训练方法

1. 充分利用教具培养地理思维

教具具有直观性和“小”的特点，能将地理事物置于学生视觉感知范围内，促进空间想象能力形成。教学挂图利于学生形成虚拟空间，示意图利于理解动态地理现象，图片资料、模型、模具为想象提供“素材”。

2. 把地理事物与虚拟的空间结合起来培养地理思维

例如，讲世界自然带分布，可将抽象自然带化为直观的“彩色粉笔带”，为学生提供直观素材，且信息量少，不易产生干扰，是地理课堂可大量采用的方法。

3. 利用形象生动的描绘培养地理思维

例如，讲我国东部雨带活动与季风关系时，将冬、夏季风比喻成“冬牛”和“夏牛”，配合草图帮助学生想象雨带推移情形。

4. 野外观察促进培养地理思维

野外观察是地理学科重要环节，能为学生空间想象提供最直观素材和准确空间概念，达到“化大为小”和“化抽象为直观”的目的。

5. 利用现代教学手段培养地理思维

现代教学手段能将抽象事物直观展现，拓宽人们视野。计算机多媒体课件在地理教学中的作用尤为突出，可演示地球公转自转、示意褶皱断层形成等教学难点，提高学生空间思维能力。

（四）地理教学中思维训练例举

1. 地理事物种类思维训练

通过对多种地理事物进行分类，归纳出不同类型，培养学生分类思维能力。

2. 地理季节关系思维训练

找出与某一地理现象有季节对应关系的事物，提高学生对气候、植被等内容的综合理解。

3. 问题外延扩展思维训练

将一个地理问题扩展成一组相关问题，形成问题系统，培养学生发散思维。

4. 过渡联想思维训练

在两个地理事物之间进行联想，是一种简便易行的发散思维训练方法，能激发学生学习兴趣，活跃课堂气氛。

5. 地理图形构成关系思维训练

分析地理图形与其他图形之间的关系，培养学生对地理事物相互作用的理解。

6. 坐标结构思维训练

选定三种重要参数，列出每一参数的变化并标在三维坐标中，进行组合研究，培养学生对区位因素的理解。

7. 地理语意变式思维训练

用不同语意表达地理问题，形成本质相同的新问题，培养学生变式思维。

8. 地理图形变式思维训练

改变地理图形的结构、形式、角度等，培养学生的变式思维和空间想象能力。

9. 地理空间几何延伸思维能力训练

通过对太阳高度等值线图的分析，训练学生空间几何延伸思维能力。

10. 反向思维训练

对地理问题进行反向思考，设计新问题和答案，培养学生的反向思维能力。

二、AI 赋能地理教学的优势与应用

随着科技的不断发展，AI（人工智能）在教育领域的应用越来越广泛。在地理教学中，AI 也有着巨大的赋能潜力。

（一）AI 助力地理教学资源的丰富与个性化

AI 可以根据学生的学习进度、能力水平和兴趣爱好，为学生提供个性化的地理学习资源。例如，通过智能推荐系统，为学生推荐适合他们的地理教材、课件、视频等。同时，AI 还可以根据地理教学的需求，自动生成各种地理练习题、测试题，帮助学生巩固所学知识。

（二）AI 提升地理教学的互动性与趣味性

传统的地理教学往往以教师讲授为主，学生的参与度较低。而 AI 可以通过虚拟现实（VR）、增强现实（AR）等技术，为学生创造更加生动、有趣的地理学习环境。如图 6－3 所示，学生可以通过 VR 技术身临其境地感受不同地区的地理风貌、气候特点等，增强学习的趣味性和互动性。

（三）AI 促进地理思维训练的高效性与精准性

在地理思维训练方面，AI 可以通过大数据分析和机器学习算法，对学生的学习行为和思维过程进行精准分析，为教师提供个性化的教学建议。例如，AI 可以分析学生在地理事物种类思维训练、地理季节关系思维训练等方面的表现，找出学生的薄弱环节，为教师提供针对性的教学方案。同时，AI 还可以通过智能辅导系统，为学生提供实时的学习指导和反馈，帮助学生提高地理思维能力。

图 6-3　AI 助力地理教学资源的丰富与个性化

（四）AI 在地理教学中的具体应用案例

1. 智能地理教学平台

智能地理教学平台可以整合各种地理教学资源，为教师和学生提供一站式的教学服务。教师可以在平台上发布教学任务、布置作业、进行在线测试等，学生可以在平台上进行自主学习、提交作业、参加测试等。平台还可以通过大数据分析和机器学习算法，为教师和学生提供个性化的教学建议和学习指导。

2. 地理虚拟实验室

地理虚拟实验室可以通过虚拟现实（VR）、增强现实（AR）等技术，为学生创造更加生动、有趣的地理实验环境。学生可以在虚拟实验室中进行各种地理实验，如模拟地球自转公转、观察地形地貌变化等，增强学习的趣味性和互动性。

3. 智能地理辅导系统

智能地理辅导系统可以通过人工智能技术，为学生提供实时的学习指导和反馈。学生在学习过程中遇到问题时，可以随时向辅导系统提问，系统会自动给出详细的解答和分析。同时，系统还可以根据学生的学习情况，为学生制定个性化的学习计划，帮助学生提高学习效率。

三、历史思维与地理思维的相互渗透

(一) 地理学科与历史学科的天然联系

地理环境是人类社会的永恒载体，是社会历史发展的背景与舞台。社会历史的进程离不开特定的地理条件，历史上人类的一切活动都在地理环境中进行。

地理环境的形成及变化是一个动态的、历时性的过程。任何一个地域都有它的过去和现在，地理研究需追溯过去的地理景观变化过程，立足于空间，从时间轴上探究地理事物的发展变化。

(二) 历史思维与地理思维相互渗透的内容

1. 揭示时空演变轨迹

历史思维应在时间性上统摄过去、现在与未来，为我们提供人类社会演变历程的全景画面。地理学也具有历史演变特征，需把不同时代的地理进行“复原”并研究其发展演变规律。

2. 预测人类时空的发展趋势

历史能帮我们认识过去、了解现在、推测未来。历史思维与地理思维的相互渗透要求我们从历史与现实的对话中寻求地理规律的延伸轨迹，把握现实环境与社会变革，明了人类时空演变趋势。

3. 感悟人地关系的思想更替

历史学科以朝代更替、事件演变、人物言行培养学生辩证思维和唯物史观。历史唯物史观要求把历史人物、事实等放到特定时空下观察，理解其发展轨迹和意义。在地理教学中，要认识有限时段内地理现象的变化规律，对未来地理事象进行模拟预测，研究地理过程与分布的关系，培养学生特殊的时空思维方式。

4. 培养时空黏合概念

在历史教学中培养学生空间概念，在地理教学中培养学生时间概念，使时空概念得以互补黏合。历史地图是对客观历史进程的直观反映，能帮助学生形成地理概况和时空概念。

(三) 历史思维与地理思维训练例举

案例一：大陆漂移学说（如图 6－4）

该案例体现了对学生证据意识的培养，内容按照认知—描述—解释—推理编排，渗透了历史的证据意识。历史证据在地理结论形成过程中起着重要作用，教材重视学生对证据的解读，培养学生论从史出的证据解读能力和解决问题的方法变式转换及能力迁移。

图 6-4 大陆漂移学说

案例二：从地图看历史

该案例通过让学生观察和复制“发现团”探索的路线图，感受美国版图形成的历史过程。创设跟随“发现团”旅行的情境，要求学生绘制地图，培养学生对地图与历史关系的理解和地理思维、地图思维。与单纯利用历史知识支持地理教学观点的方法相比，该案例真正调动了学生的思维，体现了知识融合和学科间方法的整合。

四、AI 赋能下历史思维与地理思维的融合教学

在 AI 赋能的背景下，历史思维与地理思维的融合教学可以更加高效、精准地进行。

（一）AI 助力历史与地理教学资源的整合

AI 可以将历史和地理的教学资源进行整合，为教师和学生提供更加全面、系统的学习资源。例如，通过智能数据库，将历史事件发生的地点、时间与地理环境等信息进行关联，方便学生进行综合学习。

（二）AI 提升历史与地理思维融合的互动性

利用虚拟现实（VR）、增强现实（AR）等技术，AI 可以为学生创造更加生动、有趣的历史与地理融合的学习环境。例如，学生可以通过 VR 技术穿越到不同的历史时期，感受当时的地理环境和社会风貌，增强学习的趣味

性和互动性。

（三）AI 促进历史与地理思维融合的精准评价

AI 可以通过大数据分析和机器学习算法，对学生在历史与地理思维融合方面的表现进行精准评价。例如，分析学生在解决历史与地理综合问题时的思维过程和答题情况，为教师提供个性化的教学建议，为学生提供针对性的学习指导。

（四）AI 在历史与地理思维融合教学中的应用案例

1. 历史地理融合教学平台

该平台可以整合历史和地理的教学资源，为教师和学生提供一站式的历史与地理融合教学服务。教师可以在平台上发布教学任务、布置作业、进行在线测试等，学生可以在平台上进行自主学习、提交作业、参加测试等。平台还可以通过大数据分析和机器学习算法，为教师和学生提供个性化的教学建议和学习指导（如图 6－5）。

图 6－5　历史地理融合教学平台

2. 历史地理虚拟体验课程

通过虚拟现实（VR）、增强现实（AR）等技术，开发历史地理虚拟体验课程。学生可以在虚拟环境中穿越到不同的历史时期，感受当时的地理环境和社会风貌，增强学习的趣味性和互动性。同时，课程还可以设置各种历史与地理综合问题，引导学生进行思考和探究，培养学生的综合思维能力。

3. 智能历史地理辅导系统

该系统可以通过人工智能技术，为学生提供实时的历史与地理学习指导和反馈。学生在学习过程中遇到问题时，可以随时向辅导系统提问，系统会自动给出详细的解答和分析。同时，系统还可以根据学生的学习情况，为学生制定个性化的学习计划，帮助学生提高历史与地理综合思维能力。

概言之，AI赋能地理教学思维训练以及历史思维与地理思维的相互渗透，为地理教学带来了新的机遇和挑战。在未来的教学中，我们应充分利用AI技术，不断创新教学方法和手段，提高地理教学的质量和效果，培养学生的综合思维能力和创新精神。

第七章 AI赋能理科教学模式

本章深入探讨了AI赋能理科教学。开篇对理科教学进行概述，阐述了AI赋能理科教学思维训练的整体情况，包括优势、应用以及与其他学科思维的融合，同时也提到了面临的挑战与展望。接着分别从数学、物理、化学、信息技术等学科具体展开，分析各学科教学的思维特征、思维活动和思维训练，并详细介绍了AI在这些学科教学中的应用，展现了AI为理科教学带来的新机遇和新发展。

第一节 理科教学概述

一、AI赋能理科教学思维训练概述

（一）理科教学思维特征

1. 思维的逻辑性

在理科教学中，逻辑性思维至关重要。逻辑思维是人们借助概念、判断、推理反映现实的过程，具有确定性、前后一贯性和条理性。在理科教学中，抽象性思维贯穿始终，无论是运用符号还是通过实验展示学科内容，都需要进行推理、预测或假设，这一过程建立在逻辑思维基础上。逻辑思维的方法包括分析与综合、分类与比较、归纳与演绎、抽象与概括，具有规范、严密、确定和可重复的特点。

2. 思维的科学性

理科教学是一种科学思维，一般经历观察、构思假设、实验、验证四个主要阶段。观察是了解世界的起点，假设是关于两个变量之间因果关系的推测，实验法是证明科学性的重要手段，验证是对数据进行分析以验证假设。在理科教学中，大胆假设需要小心求证，实验法具有思维特征，不同学科的实验要求不同，验证过程中若数据与假设不符，需重新进行观察、假设和

实验。

3. 思维的系统性

理科知识具有内在系统性，思维也必须具有系统性。系统思维是把认识对象作为系统，从系统和要素、要素和要素、系统和环境的相互联系、相互作用中综合考察认识对象的思维方法。系统思维方式具有整体性、结构性、立体性、动态性、综合性等特点，与客体的系统性一致。在理科教学中，要从系统的整体性、结构性、立体性、动态性和综合性等方面认识和把握学科知识，采用系统思维的综合方法揭示不同物质运动形式的共同属性与规律。

4. 思维的创造性

创造性思维是人们创造性地解决问题与发明过程中的特有的思维活动，表现为不受传统观念束缚，善于发现事物之间的联系，充满好奇，兴趣广泛且目标集中。创造性思维受个人思维品质制约，培养创造能力应从培养思维品质着手。心理学家认为，创造性思维具有独特性、变通性、流畅性、深刻性、多路性、预见性、跨越性等品质。创造性思维的思维形式有发散思维和集中思维，想象是创造思维的重要表现形式，包括再造想象和创造想象，再造想象是正确理解和掌握知识的条件，创造想象能激发灵感。

（二）理科教学思维训练

1. 逻辑思维训练

在理科教学中，可以通过推陈出新训练法、聚合抽象训练法、循序渐进训练法、生疑提问训练法和集思广益训练法等训练学生的逻辑思维能力。这些方法有助于学生摆脱旧有方法束缚，运用新观点、新方法解决问题，提高分析思维能力和预见能力，培养创新能力。

2. 创新思维训练

创新思维训练的根本目的是培养学生的创新能力。在理科教学中，可以根据教材提供的语言、例题、习题材料和类型，确定思维训练点；根据思维的内容、特点和方法，选择与之相应的教学法；根据学生的年龄特征及其相应的心理发展水准，组编思维训练的序列；充分重视思路教学，多侧面、全方位、立体化地开展思维训练。

二、AI 赋能理科教学的优势

（一）个性化学习

AI 可以根据学生的学习进度、能力水平和兴趣爱好，为学生提供个性化的学习资源和学习路径。在理科教学中，AI 可以分析学生的学习数据，了解学生的思维特点和薄弱环节，为学生提供针对性的逻辑思维和创新思维训练方案。例如，对于逻辑思维能力较弱的学生，AI可以提供更多的逻辑思维练习题和训练方法；对于创新思维能力较强的学生，AI可以提供更具挑战性的创新思维训练任务。

（二）互动性学习

AI可以通过虚拟现实（VR）、增强现实（AR）等技术，为学生创造更加生动、有趣的学习环境。在理科教学中，AI可以利用这些技术展示抽象的理科知识，帮助学生更好地理解和掌握逻辑思维和创新思维的方法。例如，通过VR技术展示化学实验过程，让学生更加直观地了解化学反应的原理和规律；通过AR技术展示物理现象，让学生更加深入地理解物理概念和公式。

（三）智能化评估

AI可以通过大数据分析和机器学习算法，对学生的学习行为和思维过程进行智能化评估。在理科教学中，AI可以分析学生的解题过程、实验报告等，了解学生的逻辑思维和创新思维能力水平，为教师提供个性化的教学建议。例如，AI可以分析学生在解题过程中的错误类型和原因，为教师提供针对性的辅导方案；AI可以分析学生在实验报告中的创新点和不足之处，为教师提供改进实验教学的建议。

三、AI赋能理科教学思维训练的应用

（一）智能辅导系统

智能辅导系统可以为学生提供个性化的学习资源和学习路径，帮助学生提高逻辑思维和创新思维能力，如图7-1所示。智能辅导系统可以根据学生的学习进度和能力水平，为学生推荐适合的练习题和学习资料；智能辅导系统可以分析学生的解题过程和实验报告，为学生提供针对性的辅导和建议；智能辅导系统可以利用虚拟现实（VR）、增强现实（AR）等技术，为学生创造更加生动、有趣的学习环境。

（二）智能实验室

智能实验室可以为学生提供更加安全、便捷的实验环境，帮助学生提高逻辑思维和创新思维能力。如图7-1所示，智能实验室可以利用传感器和数据分析技术，实时监测实验过程中的数据变化，为学生提供更加准确的实验结果；智能实验室可以利用虚拟现实（VR）、增强现实（AR）等技术，为学生创造更加生动、有趣的实验环境，让学生更加直观地了解实验原理和规律；智能实验室可以利用人工智能技术，为学生提供个性化的实验指导和建议，帮助学生提高实验操作能力和创新思维能力。

图 7-1　智能实验室

（三）智能评估系统

智能评估系统可以为教师提供更加准确、全面的学生评估报告，帮助教师提高教学质量和教学效果。例如，智能评估系统可以分析学生的学习行为和思维过程，了解学生的逻辑思维和创新思维能力水平，为教师提供个性化的教学建议；智能评估系统可以利用大数据分析和机器学习算法，对学生的考试成绩和作业完成情况进行智能化评估，为教师提供更加准确、全面的学生评估报告；智能评估系统可以利用人工智能技术，为教师提供教学反思和教学改进的建议，帮助教师提高教学质量和教学效果。

四、AI 赋能下理科教学思维训练与历史思维、地理思维的融合

（一）跨学科融合的重要性

理科教学思维与历史思维、地理思维的融合，可以帮助学生更好地理解和应用理科知识，培养学生的综合思维能力和创新精神。历史思维可以帮助学生了解科学技术的发展历程和科学家的创新精神，地理思维可以帮助学生了解自然环境对科学技术的影响和科学技术对自然环境的改造。通过跨学科融合，学生可以从不同的角度思考问题，提高解决实际问题的能力。

（二）AI 在跨学科融合中的作用

AI 可以为跨学科融合提供更加便捷、高效的教学工具和教学资源。例

如，AI可以利用大数据分析和机器学习算法，为学生推荐适合的跨学科学习资源和学习路径；AI可以利用虚拟现实（VR）、增强现实（AR）等技术，为学生创造更加生动、有趣的跨学科学习环境；AI可以利用人工智能技术，为学生提供个性化的跨学科学习指导和建议，帮助学生提高跨学科学习能力和创新思维能力。

（三）跨学科融合的教学案例

1. 理科与历史的融合

在物理教学中，可以结合历史上的科学家和科学事件，帮助学生了解物理知识的发展历程和科学家的创新精神。例如，在讲解牛顿运动定律时，可以介绍牛顿的生平事迹和他在物理学上的贡献；在讲解电磁感应现象时，可以介绍法拉第的实验过程和他的创新思维。

2. 理科与地理的融合

在化学教学中，可以结合地理环境和自然资源，帮助学生了解化学知识的应用和环境保护的重要性。例如，在讲解化学反应速率时，可以介绍地理环境对化学反应速率的影响；在讲解化学肥料时，可以介绍自然资源的分布和利用情况。

五、AI赋能理科教学思维训练的挑战与展望

（一）挑战

1. 技术难题

AI赋能理科教学思维训练需要解决一系列技术难题，如数据安全、算法优化、模型评估等。这些技术难题需要不断地进行研究和探索，才能为理科教学思维训练提供更加稳定、可靠的技术支持。

2. 教师角色转变

AI赋能理科教学思维训练将改变教师的教学方式和角色定位。教师需要从传统的知识传授者转变为学生学习的引导者和促进者，需要掌握更多的信息技术和教学方法，才能更好地适应AI赋能理科教学思维训练的要求。

3. 学生自主学习能力培养

AI赋能理科教学思维训练需要学生具备更强的自主学习能力和创新精神。学生需要学会利用AI技术进行自主学习和探究，需要学会提出问题、分析问题和解决问题，才能更好地发挥AI赋能理科教学思维训练的优势。

（二）展望

1. 技术创新

随着人工智能技术的不断发展和创新，AI赋能理科教学思维训练将变得

更加智能化、个性化和互动化。未来，AI 技术将能够更好地理解学生的学习需求和思维特点，为学生提供更加精准的学习资源和学习路径；AI 技术将能够更好地与学生进行互动和交流，为学生提供更加生动、有趣的学习环境；AI 技术将能够更好地评估学生的学习效果和思维能力，为教师提供更加准确、全面的学生评估报告。

2. 教育改革

AI 赋能理科教学思维训练将推动教育改革的深入发展。未来，教育将更加注重学生的个性化发展和创新能力培养，将更加注重跨学科融合和综合素质提升。AI 技术将为教育改革提供更加有力的技术支持和创新动力，将推动教育向更加智能化、个性化和互动化的方向发展。

3. 社会发展

AI 赋能理科教学思维训练将为社会发展培养更多的创新人才。未来，社会将更加需要具备创新精神和实践能力的人才，AI 技术将为理科教学思维训练提供更加高效、便捷的教学工具和教学资源，将为社会发展培养更多的创新人才。

概言之，AI 赋能理科教学思维训练是未来教育发展的趋势和方向。我们应该积极探索和创新 AI 技术在理科教学思维训练中的应用，为学生提供更加优质、高效的教育服务，为社会发展培养更多的创新人才。

第二节 AI 赋能数学教学

数学作为一门特殊的学科，其本质就在于培养人的思维，也称之为数学思维。这种思维以其高度的抽象性、逻辑的严谨性、应用的广泛性而著称。数学以其特有的语言、符号和公式构成了其自身的统一、简单、和谐的原则。数学作为思维的结晶，那些优美的符合和公式像一首首美丽的诗歌，在论证和推理中，数学又以其严密的逻辑结构构筑成优美的造型艺术，在运用数学思维去论证和推理的过程中，数学犹如艺术作品中合理的布局，流畅的线条和层次分明的色阶，给人以美的享受。数学教学主要应激发学生思考热情，使学生会思考，善思考。数学教学应使学生接受数学精神、思想和数学方法的熏陶，提高思维能力，锻炼意志品质，并把它们迁移到学习、工作和生活的各个领域中去。

一、数学教学的思维特征

（一）数学思维是智慧的象征

眉头紧皱，凝神苦思，千转百回，山重水复疑无路……蓦然，灵光一闪，峰回路转，柳暗花明又一村，“啊，太妙了!”这不是数学教学中的一种常见意境吗？巧思妙解一次次把人的智力升华到新的无极境界。题海拾贝让人流连忘返，废寝忘食。在那里，弄潮儿们沐浴着智慧的阳光，充满灵气的清泉汩汩涌出，美意无限，令人心旷神怡。精彩绝伦的巧思妙解，赏心悦目，美不胜收。如“哥德巴赫猜想”“费尔马大定理”等，它们以严密的逻辑推论令人叹服，又以匠心独具的构建模式使人陶醉。因此，培养数学思维可以使人变得更加聪明。

1. 数学是培养抽象思维和逻辑推理能力的传统学科，这一点在欧氏几何中体现得尤为突出。丁石孙先生在《数学与教育》一书中进行过精辟的分析：“有时面对一个几何证明题，乍看似乎结论明显成立，但要证明它却不得不费一番分析，在这种情况下，人的耐心受到很好的训练；有时，面对一个看来结论简直不能成立的命题，通过引几条巧妙的辅助线，可以很快解决问题。巧妙地借用其他手段，解决复杂问题，人类不就是这样生存的吗？欧氏几何还能训练人的敏锐的洞察力……”

2. 数学又具有开发非逻辑思维与合理推理的功能。这是随着心理学与数学教育研究与实践的不断发展，而为人们所逐渐认识的。逻辑推理固然是数学论证不可或缺的关键步骤，但数学上的发现和创新一刻也离不开观察、实验、类比、联想、不完全归纳、猜测、想象、直觉等“合情推理”。由于在当前的数学教学中，右半脑的功能还常常受到压抑，并表现为想象力贫乏，不善于灵活运用数学知识，缺乏探索性和创新性。因此对非逻辑思维的训练，应受到更多的重视。

3. 数学还发展出许多特有的思维方法和技巧，通过数学教学方法论的桥梁，能转化为一般的思维方法。这方面的实例，可参阅查有梁等著：《数学智慧的横向渗透》，相信读者能从中得到有益的启迪。

（二）数学思维是一种文化素养

中国科学院院士王梓坤教授撰写的《今日数学及其应用》一文。总结了数学在四个方面的巨大作用，其中一条就是“对全体人民的科学思维与文化素质的哺育”。“数学文化具有比数学知识体系更为丰富和深邃的文化内涵，数学文化是对数学知识、技能、能力和素质等概念的高度概括”。也就是说，数学教学不仅是为了获取知识，更主要的是接受数学精神、思想和数学方法的熏陶，提高思维能力，锻炼意志品质，并把它们迁移出去。

柏拉图在他哲学学校门口张榜声明：“不懂几何的人不许入内。”事实上他的学校里的各种社会学、思政学、伦理学课程，并不需要几何为学习工具，而是在他认为不经过严格的数学训练的人是难以深入讨论他的课程的。又如英国律师至今还要在大学里学习许多数学知识，是考虑到经过严格的数学训练，可以养成一种坚定不移而客观公正的品格，形成一种严格而精确的思维习惯，这对律师事业取得成功是大有益处的。再如，许多高深的数学课都是美国西点军校的必修课。这样做的目的，并不在于未来实战指挥中要以这些数学知识为工具，而是企图通过严格的数学训练，使学员们在军事行动中能把那种特殊的活力与灵活的快捷性结合起来。

实践证明，数学思维是一种文化素养，对一个人的成长和发展起着十分重要的作用。尽管学生们在学校学到的数学知识，在进入社会后，几乎没有什么机会应用，通常在出校门后不到一两年就将数学知识遗忘。然而，不管他们从事什么样的工作，唯有深深地铭刻于头脑中的数学精神、数学的思维方法、研究方法、推理方法等，都随时地发生作用，使他们受益终生。

（三）数学思维是一门教人聪明的学问

聪明与智慧是联系在一起的。细心的观察、深入的思考、良好的记忆、丰富的想象、准确的判断、灵活的应变……都可以从数学的学习中得到体现。我们这里所说“数学是一门教人聪明的学问”，这个教，并不指教师在课堂上的教，更重要的是学习者自己的思考和领悟，这正如培根所说：“学问本身不教人如何用它们，这种动用之道乃是学问之外，学问以上的一种智能，是由观察体会才能得到的。”

数学思维是数学教学成功的核心因素。在数学教学活动中需要渗透数学思维活动。数学知识作为思维的结果，在学习这些知识时，不是对思维结果的简单接收，而是学习者必须把新知识消化、吸收、纳入自己的知识系统。也就是说，必须通过思维，把新知识转化为自己的思维结果。如果说文科知识可以读而知之的话，那么，数学知识更多地需要“思而知之”。

数学的研究对象是现实世界的数量关系和空间形式，以及在此基础上多次抽象出来的广义的数与形，它们是“远离”了现实的思维创造物，具有高度的抽象性。例如：对 ε、δ、∞等，可以比拟，可以理解，但难以找到它们的直接现实原型。高度的抽象使得用文字语言描述数学对象显得冗长、费解，而以包含着大量符号的数学语言为工具，却能使数学的表现形式简明、准确、通用。数学对象是“远离”了现实的思维创造物，一个数学结论的形成、确立，不能像物理、化学、生物等自然科学，可以借助于实验的方法。这里必须借助于“思想实验”——观察、归纳、猜想等，提出假设，经过多层次的抽象、概括、判断、推理等逻辑演绎方法，证明后才能被确认。就拿简单的三角形面积来说，即使你对底（a）边长为 1cm，2cm，3cm，5cm，10cm，……高（h）为 1cm，2cm，3cm，5cm，……的三角形都一一检验过

了，那仍然不等于证明了公式 $s=\frac{1}{2}ah$。但是，经过逻辑推理而得到的公式

$$s=\frac{1}{2}ah=\frac{1}{2}\arcsin A=\sqrt{p(p-a)(p-b)(p-c)}$$

$\left[其中\ p=\frac{1}{2}(a+b+c)\right]=\frac{1}{2}\sqrt{|\overrightarrow{AB}|^2\ |\overrightarrow{AC}|^2-(\overrightarrow{AB}\cdot\overrightarrow{AC})^2}=\cdots\cdots$等等，不仅形式简单又多样，能被每个人所确认，而且用起来左右逢源，实有巧夺天工的韵味。

数学思维活动包括宏观和微观两个方面。宏观上，数学思维乃是生动活泼的策略创造，其中包括直觉归纳、类比联想、观念更新、顿悟、技巧等许多方面；微观上，要求数学思维步步为营，言必有据，进行严谨的逻辑演绎。这两方面的有机结合，才是数学思维的特征。

数学教学活动是数学思维与数学知识的结合。数学知识是“静”的数学，它的简单积累难于促进智力的发展；而数学思维是“动”的数学，它积极活动于数学教学的各个环节。观察力、记忆力、想象力等智力的组成部分，只有与思维联系在一起，才能发挥作用。所以说，思维是联系数学教学各环节的纽带，是数学教学成功的核心因素。

二、数学教学的思维活动

（一）数学教学内容的逻辑思维活动

从心理学的角度来看，数学学习过程主要是不断地建立各类数学概念体系，而数学概念体系的形成和发展的过程就是分析、综合、抽象、概括、比较、分类等各种逻辑方法的形成和发展的过程。数学知识又大都通过数学概念的联系而表达为数学命题，这些命题的结构形成和论证方法以及相互关系的研究都属于逻辑学的范畴。

可见，数学学科比其他学科包含更多的逻辑因素，它与逻辑学有着不可分割的自然联系。数学不同于其他工程技术和自然科学，它的研究对象不是具体的物质组成体，而是客观世界的数形抽象物及其关系模式，它的研究程序与方法，不能依赖于实践和实验，而只能是对数形概括物及其相似共性的逻辑思维。可见，逻辑思维渗透在一切数学智能活动之中，严密的逻辑性是学好数学的基础。

现代数学教学把发展学生的思维提到了相当高的地位，形象地把数学喻为“锻炼思维的体操”。苏联著名数学教育家 B. A. 奥加涅相认为：“区别于传统的教学，现代教学的特点在于力求控制教学过程以促进学生思维发展”。

辛格（V. Singh）认为的数学的效用主要是“发展思维功能和掌握复杂情况的能力”。冯·诺意曼（V. Neuman）更称“数学处于人类智能的中心领域”。由于思想是人类智慧的核心，这就肯定了数学在培养人的思维方面，具有其他学科无法替代的功能。

根据思维的智力品质，可将思维粗略地分为再现性思维和创造性思维。前者是指一般的思维活动；后者指独立思考后产生的包括有新颖成分且有社会价值的思维，它是人类思维的高级过程。

按思维过程中的指向性不同，可将思维分为发散性思维和集中思维。前者是思考多方位探求，不拘泥于一条途径，不局限于既定理解，尽可能作出合乎条件的多种解答，其主要功能是求异与创新；后者是指思考朝一个方向聚敛，形成单一模式求解，其功能为求同。

按思维得出的结论是否经过明确的思考步骤和对过程有无清晰的意识，可以分为直觉思维和分析思维。前者主要是以想象和判断，对事物没有经过明显的中间推理过程而从整体上直接理解、综合判断，对其过程也无清晰的意识；后者以逻辑（形式逻辑或辩证逻辑）规则对事物按部就班地认识，对其过程主体有清晰的认识。

上述思维活动形式为数学教学注入了极为丰富的内涵，从心理学意义上说，数学教学活动就是多种思维形式有机结合的实践。虽然数学思维完全符合一般思维的特点，但真正完美的数学思维首推辩证思维，它是人类思维的高级阶段。数学中充盈着丰富的辩证法思想。恩格斯精辟地指出“数学，辩证的辅助工具和表现形式。”辩证思维依据的不是形式逻辑而是辩证逻辑，后者是指客观辩证法在人们思维中的反映，是客观事物和客观过程的辩证法在逻辑思维形式中的再现。辩证逻辑把概念、判断、推理看作是一种运动着的东西，恩格斯认为：“数学中的转折点是笛卡尔的变数。有了变数，运动进入了数学，有了变数，辩证法进入了数学，”“直线和曲线在几何学开始时是绝对对立的……而在具有渐近线的曲线的情况下，直线完全化为曲线，曲线完全化为直线……把直线视为曲线（曲率无限小的一次曲线）的数学开拓出来了。”

形而上学论认为“非此即彼”，辩证法认为事物的本来面目是“亦此亦彼”。数学中的正与负、函数与反函数、微分与积分正逆运算的关联，必然与或然都是对立统一的概念；“负负得正”体现了否定之否定的思想；数的概念发展史由常量到变量的变化是量变与质变的演变过程；“曲线与方程”则是矛盾转化的范例，等等。从数学教学本身看，辩证思维告诉我们：学习是一个从未知到知之，再从知少到知多的矛盾运动。认识到学习是一个辩证思维过程，就会使教学更生动，更易为学生所接受，从而取得良好的教学效果。

（二）数学知识结构的系统思维活动

根据布鲁纳的结构学说，有意义的学习就是将同类事物联系成赋予它们意义的结构，就是掌握具有“既广泛而又强有力的适用性”的“一般观念”。因此，在数学学习中就要使学生建立起以“一般观念”为基础的数学知识结构。这就要让学生掌握数学知识的整体性和系统性。那就是尽管教师的教和学生的学是逐个概念、公式，逐章、逐节进行的，但必须从总体上去把握每个概念、公式、法则、定理，把每一个个别的概念、公式、法则、定理置身于系统之中，去揭示知识的纵向联系、横向联系和立向联系，做到从整体角度出发，用一般的观点去加以指导。

数学知识结构中的概念发展是遵循学生的认识规律而不断充实、丰富、深化。对基本要素的认识，采用从简单到复杂、从特殊到一般、从部分到整体的原则，有序地达到较高的抽象水平。

1. 形式不变性

数学概念的发展演变过程中要求尽可能保留原有的形式，这就是形式不变性。每一个数学概念却有它的质和量，即概念的内涵和外延。概念的内涵反映了概念外延中一切对象的共同属性。因此，在概念的发展中，无论是种概念所派生的类概念，还是由类概念所概括而成的种概念，都保留了原概念的性质和形式，具有本质上的形式不变性。如数系的扩展（自然数→整数→有理数→实数→……）仍保留着加法、乘法的运算律，扩展后的数系还具有原先的所有性质，数系的扩展中由于不同的作用和研究方式所产生实数类概念的多种形式，如有理数的指数幂、对数、三角函数等，它们均可按实数予以分类，其实质并未变化。

为保持正整数指数幂的运算法则的普遍有效性，在指数概念的推广中，规定了 $a^0=1$（$a\neq0$）、$a^{-r}=\dfrac{1}{a^r}$（$a\neq0$，r 为正整数）、$a^{\frac{m}{n}}=\sqrt[n]{a^m}$（$a>0$，$m$、$n$ 为正整数、$n>1$）。又如，几何概念的收缩和扩展也体现了这种形式的不变性。平行四边形概念外延收缩后的类概念（矩形、菱形、正方形）必然具备其种概念“平行四边形”的本质属性，它们所表现的形式——图形，仍属于平行四边形；在“距离”概念外延扩大的过程中（两点间距离——点到直线的距离——平行线间的距离），后次概念定义是在前次概念定义的基础上建立的最后归结为两点间的距离作判断的。

2. 对称性

数学具有很强的对称性。诸如进一步揭示数学概念属性的某种数学性质，运算法则，以及表达概念对象的几何图形、图像等都具有对称性，它显示了部分与部分、部分与整体的逻辑联系。

数学恒等变形中正逆推演的对等性——中学数学中各种数式的性质、运算法则均存在正逆推演的两个过程。整式乘法运算法则，公式的逆向推演就是因式分解的恒等变形的过程；根式性质（积、商的算术根）与根式的乘法运算是互为正逆的推理过程；对数性质的逆向推演就是对数加减倍分的运算……如果重视恒等变形正逆两部分对等性质的教学，必将提高学生的计算能力、分析能力。

几何图形、函数曲线的对称性——初中数学中图形的对称性随处可见。重视图形对称性的教学，使其帮助学生记忆图形性质，增强学生对图形的分析能力；学生可借助曲线对称性推断函数的性质，简化作图。

3. 数形结合性

一方面是利用“形”来研究“数”，另一方面以数量关系讨论图形性质，由这两个不同的方面将数、形统一起来，以求建立对数学概念的本质和整体的认识。

“数”是“形”的高度抽象，“形”能形象表达“数”。从初一代数开始，数形结合一直渗透于数学概念教学之中；将实数密集地排列在数轴上，形成实数与数轴间的一一对应；用数轴上的对应点与原点间的距离（相应线段之长）来表示一个实数的绝对值；一元一次不等式的解集可以用数轴上的直线、射线、线段（有向的或广义的）来标明，函数曲线形象地描述两个变量的变化关系，它把方程的解、不等式的解集紧密地联系起来。数学教学中常通过这种数与形的统一来深化学生对数学概念的理解和掌握。

4. 函数思想的统摄性

函数概念贯穿于整个中学数学教学过程中，函数思想统摄了广泛的教材内容。乘法运算，被乘数和乘数的改变引起积变化，因此，“积”就是乘数与被乘数的函数。表达路程与时间的公式 $s=rt$ 就是正比例函数，“每一个含一个字母的代数式都是这个字母的函数”，代数式的值实质是求函数值。解方程、解不等式，即求函数值为0、为正或负时相应的自变量取值范围。由此可见，一次、二次函数等概念是相应数学概念的概括和发展。同样，分式、根式、对数式的自变量的取值范围，分式方程的增根、失根都与函数定义域相关。因此，把函数思想渗透整个初中阶段的教学之中，逐渐地将所学分散的知识纳入函数概念结构，帮助学生抓住逻辑联系理解有关内容，显得非常重要。

三、数学教学的思维训练

数学教学的主线是思维能力训练。思维能力训练的任务是激发思维动机，发展思维形式，遵循思维规律，教给思维方法，培养思维品质。在数学教学中要培养思维的广阔性、深刻性、灵活性、敏捷性、组织性、批判性和创造性，从而把数学教学变成思维活动的教学，引导学生通过展示思维活动来获得知识，暴露学生在思维活动中的困难、障碍、错误和疑问，寻找学生思维的闪光点，点燃创造性思维的火花。

（一）培养思维的广阔性

思维的广阔性指思路的广度，思维的包容性往往表现于思维的广度上，广度的特征在于能形成一群有普遍意义的方法，这些方法能向宽阔的范围作迁移，并应用于许多非典型的情况；善于全方位的探求，抓住问题的全貌以及与问题相关的其他因素，同时不放过其中有意义的细节与特殊的因素，进行多角度、多层次的思考与研究。在教学中可以通过训练学生的多向思维来培养学生的思维广阔性。

1. 通过逆向思维训练，培养思维的开阔性

“正难则反”是数学解题中常用的策略方法。这里所说的“反”是指思维逆转向习惯思维进程的反面，亦即逆向思维。常见的如逆转条件与结论、逆转推理程序，逆转运算方式、逆转公式方向等。

数学实践中，不少学生的逆向思维能力相当薄弱，使得有的可以简化的运算遇到困难。如化简 $\cos(x-y)\cos y-\sin(x-y)\sin y$，不少学生都是先行展开而后合并，丝毫没有想到逆用和角公式，原式 $=\cos[(x-y)+y]=\cos x$。

在解不等式 $\log_2(2^x-1)\log_2(2^{x+1}-2)<2$ 时，一些学生思维受阻在不知进行怎样的变形。被左式中第二个因式需化成 $\log_2(2^{x+1}-2)=\log_2[2(2^x-1)]=1+\log_2(2^x-1)$ 中的关键性的第一步难住了。问题出在指数法则的逆用上：$2^{x+1}=2\cdot 2^x$。

克鲁捷茨基指出：“数学能力不同的学生是一种顺向思维系列转到另一种逆向思维系列的能力的不同程度为特征的。显然有能力的学生在完成这种转变时轻而易举，而对大多数学生，要从普通的方法转到归谬法，或从一个定理转到它的逆定理则有一定的困难”。可见逆向思维能力是显示数学思维品质的标志之一。

中学数学，以互逆形式出现的双向思维的内容极其丰富，如互逆概念、互逆定理、互逆法则、互逆公式、互逆运算、互逆对应、互逆证明等几乎每

一个数学问题都可以提出逆问题或从逆向加以思考。这为培养逆向思维能力提供了良好的条件。

数学中的许多运算都是可逆的，如加与减、乘与除、乘方与开方，多项式的乘法与因式分解等，这些都为学生熟知。然而，有不少运算的可逆性，却需要教师有意识地去加以引导，揭示这些较为隐蔽的可逆运算。

例 1：已知 a，b，c 为互不相等的实数，求证：

$$\frac{b-c}{(a-b)(a-c)}+\frac{c-a}{(b-c)(b-a)}+\frac{a-b}{(c-a)(c-b)}=\frac{2}{a-b}+\frac{2}{b-c}+\frac{2}{c-a}$$

分析：若按常规用通分的方法进行，显然是烦琐的，若引导学生思维指向分数加法的逆用：

$\frac{b+c}{a}=\frac{b}{a}+\frac{c}{a}$，则可用下法证明：

$$\because \frac{b-c}{(a-b)(a-c)}=\frac{1}{a-b}-\frac{1}{a-c}$$

$$\frac{c-a}{(b-c)(b-a)}=\frac{1}{b-c}-\frac{1}{b-a}$$

$$\frac{a-b}{(c-a)(c-b)}=\frac{1}{c-a}-\frac{1}{c-b}$$

把三个等式左、右分别相加，即得到求证之式。

分式加法的逆用，可将分式拆项，在解有关问题时，有着广泛的应用。下面题组中的题，都与这种分式加法逆用——拆项有关。

① 已知 $m\neq 0$，$n\neq 0$，

解方程 $\frac{x-m}{x+m}+\frac{x-3m}{x-m}=\frac{x+n-2m}{x+n}+\frac{x-n-2m}{x-n}$

（原方程经拆项可化为 $1-\frac{2m}{x+m}+1-\frac{2m}{x-m}=1-\frac{2m}{x+n}+1-\frac{2m}{x-n}$）

② 设函数 $f(x)=\frac{1}{x(1-x)}+\frac{1}{(x-1)(2-x)}+\frac{1}{(x-2)(3-x)}$

定义在 $x\in(1,2)$ 上，求证 $f(x)>0$

③ 求 $\frac{1}{100\times 101}+\frac{1}{101\times 102}+\cdots\cdots+\frac{1}{149\times 150}$

$\left(原式=\frac{1}{100}-\frac{1}{101}+\frac{1}{101}-\frac{1}{102}+\cdots\cdots+\frac{1}{149}-\frac{1}{150}\right)$

上述②、③中，以分式加法的逆用为依据，可构成性质：

$$\frac{-1}{(x-n)\ [x-(n+1)]}=\frac{1}{x-n}-\frac{1}{x-(n+1)}$$

$$\frac{1}{(x+n)\ [x+(n+1)]}=\frac{1}{x+n}-\frac{1}{x+\ (n+1)}$$

类似的还有：$\frac{1}{(x-n)\ [x-\ (n+1)]}=\frac{1}{x-\ (n+1)}-\frac{1}{x-n}$

④ 求证：$\frac{1}{1^2}+\frac{1}{2^2}+\frac{1}{3^2}+\cdots\cdots+\frac{1}{n^2}<2$，$n\in N$.

其中用到$\left(\frac{1}{k^2}=\frac{1}{k\cdot k}<\frac{1}{k\ (k-1)}=\frac{1}{k-1}-\frac{1}{k}，k\geqslant 2，k\in N\right)$

⑤ 求满足$\frac{x+3}{x+1}-y=0$的一切实数 x，y.

⑥ 求证：$\frac{x^2+2}{\sqrt{x^2+1}}\geqslant 2$.

$\left(用到\frac{x^2+2}{\sqrt{x^2+1}}=\frac{x^2+1}{\sqrt{x^2+1}}+\frac{1}{\sqrt{x^2+1}}\right)$.

例 2：设 $f\ (x)\ =x^3+ax^2+bx+1$，如果$\lim\limits_{x\to 1}\frac{f\ (x)}{x-1}=2$，求 a 与 b 值。

分析：此例题是已知函数求其极限问题之逆。如果只考虑整个分式的极限，似乎无法找到入门的钥匙；如果考虑分子、分母，注意到分母趋向零的分式函数的极限求法，可推知$\lim\limits_{n\to 1}f\ (x)\ =0$，因 $f\ (x)$ 是多项式，

故　$\lim\limits_{x\to 1}f\ (x)\ =f\ (1)\ =a+b+2=0$ 于是 $b=-\ (a+2)$，　①

又　$f\ (x)\ =x^3+ax^2+bx+1=x^3+ax^2-\ (a+2)\ x+1$

$=\ (x-1)\ [x^2+\ (a+1)\ x-1]$

$\lim\limits_{x\to 1}\frac{f\ (x)}{x-1}=\lim\limits_{x\to 1}\ [x^2+\ (a+1)\ x-1]\ =2$，则 $1+\ (a+1)\ -1=2$，　②

联立①、②，解得：$a=1$，$b=-3$。此题关键是抓合、分方式相逆。

2. 通过横向思维训练，培养思维的广阔性

所谓横向思维即从知识之间的横向联系出发去考察问题的思维方式。横向思维利用事物之间的相似性，从数学不同学科知识（直至其他相邻学科）的有关原理或规则出发，通过模拟、仿造使问题获得解决。

例 3：设 R 为平面上以 A（3，2）、B（-2，5）、C（-1，-4）三点为顶点的三角形区域（包括三角形内部及周界上的点）。试求当动点（x，y）在 R 上变动时，函数 $2x-5y$ 的最大值和最小值。

分析：这道最值题很难用通常方法解。由函数 $2x-5y$ 联想起解析几何中的“直线”可设 $m=2x-5y$，由此得 $y=\frac{2}{5}x-\frac{m}{5}$。当 m 变动时，它为平行直线系方程，因而，问题就转化成求平行直线系中的直线在 y 轴上的截距 $-\frac{m}{5}$ 的最大值与最小值（如图 1）。

由图 1 易知，使 $-\frac{m}{5}$ 有最大值的两直线分别为过 B 点与 C 点的直线 l_1，l_2。

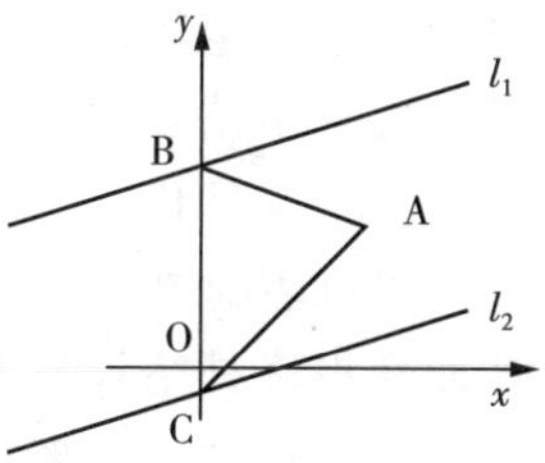

图 1

直线 l_1 的方程为 $y-5=\frac{2}{5}(x+2)$.

令 $x=0$，得 $y=\frac{29}{5}$.

直线 l_2 的方程为 $y+4=\frac{2}{5}(x+1)$.

令 $x=0$，得 $y=-\frac{18}{5}$. $\therefore -\frac{18}{5}\leqslant -\frac{m}{5}\leqslant \frac{29}{5}$ 故 $-29\leqslant m\leqslant 18$

因此，函数 $m=2x-5y$ 的最大值是 18，最小值是 -29。

本题是利用解析几何知识及几何表现来解涉及区域的函数最值问题。其间利用横向知识之间相似性：当目标函数 $2x-5y$ 的最值不易求取，联想到解析几何中平行直线系中的直线在 y 轴上的截距（与三角形区域有关的），其最值凭直观可寻得，从而使问题轻易获解。整个解题思路是通过横向思维展开的。（当然也可从求目标函数在可行域上的最优解的线性规划知识来分析）

例 4：设 $x+y+z=1$，证明：$x^2+y^2+z^2\geqslant\frac{1}{3}$（如图 2）。

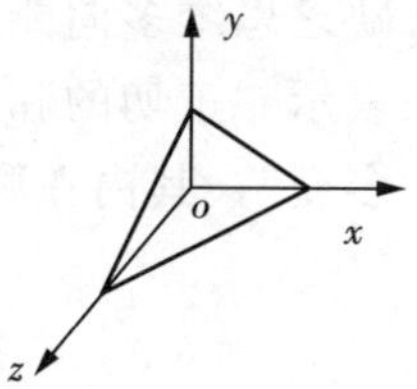

图 2

分析：由 $x+y+z=1$，联想到空间平面方程，引入平面 $x+y+z=1$，则 $x^2+y^2+z^2$，即为平面上的点 (x, y, z) 到原点 $(0, 0, 0)$ 的距离。

因而问题转化为：证明平面 $x+y+z=1$ 上任何点到原点的距离平方不小于 $\frac{1}{3}$。

从原点向平面 $x+y+z=1$ 引垂线，垂足易知为 $\left(\frac{1}{3}, \frac{1}{3}, \frac{1}{3}\right)$，所以 $x^2+y^2+z^2\geqslant\left(\frac{1}{3}\right)^2+\left(\frac{1}{3}\right)^2+\left(\frac{1}{3}\right)^2=\frac{1}{3}$。问题迎刃而解。

以上两例显示了代数、几何这些数学不同分支知识之间的横向联系。从这些横向联系出发，利用它们之间的相似性来考察、解决问题，这是横向思维的特征。

3. 通过多向思维的训练，培养思维的广阔性

学生在逆向思维、横向思维方面的能力得到一定提高后，在思维方式上已由单纯的单向（顺向）思维转向双向，对于改变原先那种固定的呆板思维模式已起到了一定作用，在思维的转向上具有一定的开放性和灵活性。以此为基础，进一步培养多向思维能力，可以使它们的思维开阔、灵活，从而使思维品质进一步优化。

多向思维着意在一个“多”字。它是从尽可能多的方面来考察同一个问题，从而获得多种结果或多种解答的一种思维方式。多向思维在解决数学问题时，主要通过“一题多解”和“一法多用”来进行，其次通过“一题多变”“一题多问”来使思维运行。

“一题多变”和“一题多问”。这里的“题”包括了数学命题，由于数学公式和法则是命题的一种特殊形式，因此也应属“多变”之列。

教学中引导学生将所学的定理、公式、法则从不同角度去思考，从而可得不同的表达形式，便能在不同场合加以灵活的应用。这种对数学知识本身进行的有意识的举一反三，不仅有利于加深对知识的理解，提高运用能力，而且有利于培养多角度观察、思考问题的良好习惯，有利于思路的开拓，可提高多向思维能力，如公式：

$$\mathrm{tg}(x+y)=\frac{\mathrm{tg}x+\mathrm{tg}y}{1-\mathrm{tg}x\mathrm{tg}y} \quad ①$$

缺乏思维多向能力的学生只知道它是用来求和角的正切值，殊不知它是用来表示“正切的和”“和的正切”和“正切积”三者的内在联系，如果将此式“多变”，其内在联系就明显了：

$$\mathrm{tg}x+\mathrm{tg}y=\mathrm{tg}(x+y)(1-\mathrm{tg}x\mathrm{tg}y) \quad ②$$

$$\mathrm{tg}x\mathrm{tg}y=\frac{\mathrm{tg}x+\mathrm{tg}y}{\mathrm{tg}(x+y)}-1 \quad ③$$

它们在解决有关问题时将发挥各自的作用。

一题多解。“一题多解”是“题不变”而“方法变”，通过对一道题的解法多变来展开多向思维的。它对知识的纵横沟通，技能、技巧的熟练运用，改善认识结构有很大的益处；它能使学生的思维灵活，打破固定的思维模式，可有效训练多向思维。

一法多用。“一法多用”是方法不变用途变，以同一种数学思想方法考察它在不同场合下的作用，通过对同一种方法的尽可能地使用来展开多向思维。以“换元法”为例。“换元”的思想和方法在数学中有着广泛的应用。通过换元，不仅使表达式简化，更重要的是使数学关系明朗，从而化难为易，化繁为简。通过对“换元法”的“多用”可改变学生那种局限于一法一用或一法少用的局限性，从而开拓视野。

在浩如烟海的数学题中，经常碰到“题型各异”但“解法同宗”的问题。应让学生具有从各个“形式不同”的问题中，会抹去“外貌各异”的油彩，看清“实质相同”之内核，用“举一反三”之法去一解多题的能力。

综上所述的“一题多变”“一题多问”“一题多用”“一法多用”其共同的特点是“多”字，它显示了思考问题的多端性，可开阔学生的思路，促使学生由线性思维过渡到立体思维。

（二）培养思维的深刻性

思维的深刻性常被称为分清实质的能力。思维深刻性的特点是表现为洞察每一个研究对象的实质，以及揭示这些对象之间的相互关系；它具有从所研究的材料（已知条件、解法与结果）中暴露被掩盖住的个别特殊性的能力；它还具有组合各种具体模式的能力。

1. 通过由表及里的思维，概括归纳，抓住事物本质及规律，以发展思维的深刻性

例如，对初中的代数教学，表面上看是教学生学会数、式运算和解方程的方法，以及它们的运用，最后再学点简单的函数。每当问到刚进高中的学生：“你们在初中，代数都学了什么?”学生往往是按教科书的目录罗列学过内容，这样的认识属于浅层次。如果我们由表及里进行深入思考，抓住本质进行概括。可以这样讲：初中代数关键是掌握“两个变形，四个方法，一个思想”。

“两个变形”是代数的恒等变形，方程的同解变形；“四个方法”是指换元法、配方法、消元法和待定系数法；“一个思想”是指用方程知识解决问题的思想。

两个变形，不论把一个代数式用与它恒等的代数式来代替，还是把一个方程用与它同解的方程来代替，关键在“变”字，尽管有千变万化。但是万变不离其宗，变形的目的都是要达到化繁为简，化陌生为熟悉，最终达到能用“已知”的知识（或方法）解决“未知”的问题。

方程思想是解决“未知”和“已知”这对矛盾的一种重要知识和方法。不论在实际生活中，还是在以后的数、理、化的学习中都有广泛的应用。事实上，求函数的解析式，关键是确定待定系数，要解方程；在关数列的计算

问题，往往已知 a_1，$a_n n$，d（或 q），s_n 中的三项求其他两项，还是归结为解方程；二项式定理的应用，经常是确定通项公式 $T_{r+1}=C_n^r a^{n-r}b^r$ 中的 n 或 r，也有的是求 a 或 b，但不论是哪一种，都是求未知量解方程；求复数 $z=a+bi$ 关键是确定实部 a 和虚部 b，也是解方程。三角知识的应用往往落实在解三角形，所谓解三角形就是要求三角形中未知的边和角，求边归结为解代数方程，求角归结为解三角方程。立体几何的计算问题，往往是空间图形平面化，最终转化为解三角形问题，同样离不开解方程。关于解析几何，还是求曲线的交点或其他有特殊要求的图形，都离不开解方程。从上面的简述，可以看到掌握好方程思想对中学各部分数学内容学习的重要性。

经过这样的抽象概括，深刻思维，我们就可站在较高的高度来把握初中代数教学，应该突出哪些重点，前面的教学为后面的教学做哪些准备，每一步的教学把握到什么样的分寸，我们就会心中有数，教学艺术的采用就会更加自然。

人们的认识总是受到两种渠道的制约，一条是对象本身的制约渠道，这条渠道很窄（例如曲线与方程的概念）；另一条是反映对象的背景渠道，这条渠道很宽（例如由方程画曲线，由曲线求方程，求符合条件的动点轨迹方程，圆锥曲线的一般方程、参数方程、统一方程等），它包括对象本身及其他与之相关的对象各种情况的总和。在知识再现过程中，回忆所及的不仅是研究对象，还杂有许多与研究对象相关联却是无用的材料，因此把对象从背景材料中区分出来是一个复杂的过程。这是深刻认识对象的一大障碍。所以第二条渠道往往是无意识地在起作用。对背景范围的认识既取决于被研究对象的条件，也取决于对所涉及的本质属性的深入程度。因此，培养学生思维的深刻性，是有效进行数学教学最重要的条件。

例如，一切实数均可进行大小比较，为什么复数就不能像实数那样来比较大小呢？要认识这一点，不仅要认清复数的定义，还要知道有关数的大小比较的四条标准，后者对中学生来说就是一个很“深”的性质。

2. 通过对命题证明过程的探索，不断揭示被掩盖着的特殊性，使认识深化，以发展思维的深刻性

思维的深刻性还表现在不以问题论问题，不要问题解决了思路也中断了，而要继续深入探索，去发现别人所没有觉察到的被掩盖起来的东西，即从特殊探索其一般的规律，这样可使认识向纵深发展。

思维深刻性的反面是思维的肤浅性。正是这种肤浅性可以解释有些学生只看表面现象，不能深入理解新概念的实质，对一些定理、公式只是依样画葫芦地硬套，不去考虑它们成立的条件。

如，求$\lim\limits_{n\to\infty}\left(\frac{1+2+3+\cdots+n}{n^2}\right)$时，学生假定把运算法则还停留在“有限”这一境界内，就会得出以下错解：

$$\lim_{n\to\infty}\left(\frac{1+2+3+\cdots+n}{n^2}\right)=\lim_{n\to\infty}\frac{1}{n^2}+\lim_{n\to\infty}\frac{2}{n^2}+\cdots+\lim_{n\to\infty}\frac{n}{n^2}=0+0+\cdots+0=0$$

（三）培养思维的灵活性

思维的灵活性是指善于根据实际情况，能有的放矢地选择解决问题的最佳方法。当思维受阻时能及时地转换途径；能按不同的条件，不断地调整思维方法，灵活地运用一般的原则和原理。它具有“随机应变”——变通性的特征。因此爱因斯坦把思维的灵活性看成创造性的典型特点。

“随机应变”的反面是“墨守成规”，思维灵活性的反面是思维的呆板与僵化。其特征是对已发生的变化“视而不见”，无动于衷，不善于及时调整思路，只是用固定的思路和习惯去考虑问题；不善于灵活选择解题方法，只会按既定的模式去解题。数学教学中发展思维的灵活性可用以下做法：

1. 提供联想的机会，启发学生多角度思考同一个问题

开拓学生思维的广阔性，学生的联想就丰富，就为灵活思考提供了机会。思维的灵活性往是在获得了重要信息，抓主要特征后表现出来的。

2. 利用变式教学，锻炼学生随机应变的思考能力

在教学过程中，教师根据教学的进程情况，适当改变与教学内容有关联的情况，引起学生联想，促使思维应变，思维的灵活性得以发展。

数学的特点之一是公式多，不少学生只会死记公式，只想到公式自左到右用，而不会自右向左，更不会中间抽出来，挂上左右两边用。也就是不能根据需要灵活多变的使用公式。在教学中，要有意识地经常培养与训练。

3. 通过广泛提问，加快学生思维的节奏

通常发现学生在思考问题或做练习时，有疲沓、拖拉的坏习惯，时间利用率很低。教师应力求课堂教学有高效率，讲求实效，精讲多练，要有一定的节奏，绝不拖泥带水。

（四）培养思维的敏捷性

思维的敏捷性是指能较快地把握问题的本质，抓住问题的关键，从而能迅速地作出正确的判断和决定，表现出思考问题时的敏锐快速。

思维的敏捷性既要求“把握本质”“抓住关键”作出“正确判断和决定”，而且在速度上提出要求，这是一种高要求的综合性的品质。它是以思维的广阔性、深刻性和灵活性为基础的。要求尽快地看出问题的本质，抓住关键，便需要看问题深刻，要求具有思维的深刻性；而迅速作出正确的判断，是头

脑中一系列思维操作的结果，需要进行多向思维，这就要求具有思维的广阔性，在此基础上结合思维的灵活性，便能迅速作出正确决定。

在数学教学中，敏捷性表现为智力活动（计算或论证）的速度，在日常生活中，人们常把反应快、思考或运算快的人称为“聪明人”。“智商”测试中常以推理迅速、运算简捷来评价学生的智力。数学运算速度的差异，是区分智力的正常、超常与低常的重要标志。

1. 从不同知识角度、以多种方法去探求问题的解决，在思维广阔性的基础上培养思维的敏捷性

解决问题既好又要快，便需要从多种判断、决定中加以筛选。知识面狭窄、思想方法贫乏就带来局限性。因此在教学中要沟通知识联系，扩展基本知识，扩大知识面，使学生有选取知识的余地。

例如数学概念并非孤立静止的，但在教学时由于教材编排的需要，有时形成“割裂”，如果不把这些概念联系起来，就会影响学生使用时的选取。教师要善于把某一概念深入到各个领域，使学生对概念能举一反三，融会贯通。例如，对于椭圆概念，可通过复习，从不同的角度出发给出定义。

① 到两定点距离和为定长的点的轨迹；

② 到定点和到定直线距离之比为定值（此定值小于1）的点的集合；

③ 方程为$\frac{x^2}{a^2}+\frac{y^2}{b^2}=1$的曲线；

④ 方程为$\begin{cases}x=a\cos\vartheta\\y=b\sin\vartheta\end{cases}$的曲线；

⑤ 方程为$\rho=\frac{ep}{1-e\cos\vartheta}$的曲线

（$p>0$，$0<e<1$）；

⑥ 圆柱面与其斜截面的交线。

由于学生掌握众多的定义，并融为整体，在解决问题时便能为多向思维创造条件，由于这些概念已为学生的认知结构所吸收，从而能根据问题的具体需求作出最佳选择，较快地作出恰当的判断，培养了思维的敏捷性。

2. 从不同认识层次探求问题的多解，在思维深刻性的基础上，发展思维的敏捷性

在解题中，思维敏捷性主要表现为善于缩短运算环节和推理过程，简捷地得到结果。经过缜密考虑且层次安排合理的练习训练，是培养与发展思维敏捷性的科学途径。经过练习后的总结，提高了思维的概括性。克鲁捷茨基以大量的科学实验表明，推理的缩短取决于概括，“能‘立即’进行概括的学生，也能‘立即’进行推理的‘缩短’”。思维敏捷者“并不用一般方法解简

单题，而是‘立即看出了答案’”，武器就是——概括。

（五）培养思维的组织性

学生比较习惯于单一地做题或思考问题，不善于把所学的内容归纳整理，较多地依赖教师的复习总结与复习提纲。还有一些学生只能应付做题，对所学的知识杂乱无章，不能构成体系，思考问题时又是东一榔头西一棒槌。这种思维的凌乱状态极大地阻碍了思维能力的提高。

思维的组织性在于对所学的知识能有意识地进行逻辑分析和综合整理。教师要善于引导学生对已学内容，根据自己的理解与体会，加以组织与整理，使知识系统化。这种系统化不能简单地认为是书本上已学的，而是进行思维加工，使之符合自己的认识规律。

1. 提倡反思与写读书笔记

无论是听课或做题，还是课后阅读参考书或复习，要引导学生学会反思，将自己所发现的知识漏洞或思考问题中的教训记录下来；引导学生能自觉地去“品味”，将新的发现或新的体会及时地记下来。课堂上记好笔记；课后整理与补充笔记。看了参考书，写点摘录或读书笔记。单元复习，写点小结或复习提纲。推动学生能经常地整理知识结构，锻炼反思与总结的能力。

2. 从纵向整理知识结构

数学学科的系统性较强，知识前后的联系也比较紧密，每学完一个单元要提醒学生自觉地整理与总结，按自己的体会纵向地串联起来，这样有利于理解和巩固所学的知识。在整理的过程中，锻炼了思维，使学生的思维有条理，有层次，搞清知识前后的逻辑关系。

例如，学完三角函数成套的计算公式后，虽然在教科书上有个统览表，还要求学生根据自己的理解与体会，整理两角和差、倍角、半角、和差化积、积化和差的三角公式，画出联络图，突出主体公式，明确公式间的来龙去脉。

整理圆锥曲线的知识结构。由它们的定义、标准方程、图像和性质，归纳成浏览表，并作对比，掌握其相同点与不同点。由圆锥面与平面的交线帮助直观了解其形象；由动点的轨迹，理解统一的定义；由二元二次方程的讨论，掌握二次曲线的分类与方程的化简；由坐标变换，理解圆锥曲线的不变量，正是它们决定了曲线的性质。

3. 从横向整理知识结构

处理数学问题的方法丰富多样，分散在各个单元教学内容之中。整理横向知识结构就是把分散在各个单元的教学内容，解决同一类课题的各种知识与方法系统地贯通、串联起来，为解决同一类课题提供多渠道的方法，促使思维的系统化与深刻化。最突出也最有效的方法是在毕业总复习中采用专题训练的方法。

例如，函数的极大（小）值问题。可以运用二次函数的配方、在闭区间上函数的单调性、三角函数的性质、平均值定理、二次方程的判别式等方法来解决这样的专题。

数学命题的论证问题。可以运用综合法、分析法（即逆证法）、比较法与比值法、反证法、数学归纳法等方法。总结各种方法的特点与核心，整理出在论证问题中各种数学思想方法与论证的思路。

整理知识结构，培养思维的组织性，不能完全集中于毕业班的总复习时才训练，应体现在平时教学之中，如平时课后复习、整理笔记、阶段复习课、期末复习等。还应当体现在平时思考问题时，培养思维的条理性。尤其在遇到错综复杂的情况下，保持清醒头脑，分出层次，理出主线，抓住主要矛盾与矛盾的主要方面。教学中要善于因势利导有意识地锻炼学生，使思维的组织性得到逐步提高。

（六）培养思维的批判性

思维的批判性是指思维活动中善于严格地估计思维材料和精细地检查思维过程的思维品质。思维的批判品质是思维过程中自我意识作用的结果。与之相应的概念叫批判性思维。思维批判性强的学生表现为善于订正和发现运算中的失误之处，找到症结所在，重新进行运算与思考。无疑，这样的学生在数学考试中的正确率（得分率）都比一般同学高。

思维的批判性的高层次表现为思维的论证性。论证性较强的同学不迷信书本，不盲从老师，而是耐心地和精心地探求足以进行某种判断的事实，追踪每一步的根据，去伪存真，最终正确揭示假设与结论之间的因果关系。

笔者有一次听一位初二的数学公开课，教者给出一题："已知 x_1 和 x_2 是方程 $x^2-3x+5=0$ 的两个根，求 $x_1^2+x_2^2$ 的值"。正当他准备讲解时，一个学生未经老师的许可就插嘴说："这个题目不能做。"这位老师当时很恼火，斥责这个学生几句话继续讲这道题。当他求得 $x_1^2+x_2^2=-1$ 后又奚落了刚才那个学生一句：某某说这个题目不能做，现在不是做出来吗！但很快，这位老师发现了题目确有问题，他翻了一下教案，将刚才的方程改为 $x^2-3x-5=0$，解题过程也相应作了调整。课后，笔者问那个学生怎么知道那个题目不能做的？他说："这个方程的根的判别式小于 0，所以没有实数根。既然没有实数根，怎么能求两个根的平方和呢？到现在我还不理解老师怎么会求得 $x_1^2+x_2^2=-1$ 的。"这个学生对一元二次方程根的判别式理解得何等深刻呀！理应得到老师的赞许，但却遭到不公正的批评。

一位老师在讲授课本例题："已知 a^2，b^2，c^2 成等差数列，求证 $\frac{1}{b+c}$，

$\frac{1}{c+a}$，$\frac{1}{a+b}$也成等差数列”。证明结束后一个学生指出，当 $a=b=c=0$，命题是错误的。这位老师立即肯定了这个学生的意见，表扬了他积极思考问题，勇于辨别是非的学习态度，并说明这是课本的疏忽，也承认自己备课中考虑不周。接着又因势利导，让大家继续思考，还有没有其他情况会使命题不真实。学生经过议论，又有新的发现：当 $|a|=|b|=|c|$，且 a，b，c 的符号不全相同时，命题也不真实，最后，教者指出，这道题应改为：“已知 a^2，b^2，c^2 成等差数列，且 a，b，c 的绝对值不会相等，求证$\frac{1}{b+c}$，$\frac{1}{c+a}$，$\frac{1}{a+b}$也成等差数列”。

20 世纪 80 年代，全国高考中出了一道立体几何的计算题，几乎全部考生都按条件一步一步地算出“结果”，却有一位同学指出：按照已知数据给定的空间图形是不存在的，因此，题目错误。这是思维的批判性发挥作用的典型例子。

数学史上不少显赫成果都闪烁着天才们批判性思维的熠熠光辉，许多前沿科学理论正是在“批判”旧理论中确立的。自欧几里得（Euclid）的《几何原本》问世以来，许多数学家认为第五公设（平行公设）——通过不在已知直线上的一点，只可引一条直线与原直线平行——是多余的，并想从前四条公设推出第五条公设。两千多年过去了，却一无所获。19 世纪，天才的俄罗斯数学家罗巴契夫斯基扬弃了前辈们走过的弯路，另辟蹊径，从反面引入相反的命题：过平面上直线外一点至少可以作两条直线与原直线平行。他企图证明此命题不成立的反证“第五公设”成立。然而始终未发现有矛盾，他不懈地沿着这条与传统思维方法截然相反的路子向前走，终于建立了崭新的非欧几何——罗氏几何。

为了发展学生思维的批判性，我们可以在教学中经常有意识地提出一些易混概念，引导学生分析辨认，也可适时地给出一些似是而非的问题启发学生辨别真假，还可以故意对某些问题作出错误的解答，组织讨论，找出错误之所在和原因。

如判断：下列解法正确吗？为什么？

$$\because \lg\frac{1}{4}>\lg\frac{1}{5} \quad ①$$

又

$$2>1 \quad ②$$

①×②得；$2\lg\frac{1}{4}>\lg\frac{1}{5}$，即 $\lg\left(\frac{1}{4}\right)^2>\lg\frac{1}{5}$

$\therefore \left(\frac{1}{4}\right)^2>\frac{1}{5}$，因此有$\frac{1}{16}>\frac{1}{5}$

引导学生由 $\lg\frac{1}{4}<0$，$\lg\frac{1}{5}>0$，找到错误的原因。

坚持“订正作业”的教学常规对发展思维的批判性也是大有裨益的。特别要注意的是，当学生独立思考过程中出现了认识上的片面性和表面性，从而发生错误，还有某些学生“强词夺理”，教师切不可认为是找茬子而加以训斥，相反地，教师应感到高兴而给予鼓励。

（七）培养思维的创造性

思维的创造性是人类思维的高级形态，是智力的高级表现；它指独立思考创造出有社会（或个人）价值的具有新颖成分的智力品质，其基本特征是“创造”。这种特征发生的原因在于：主体对知识经验或思维材料高度概括后集中而系统地迁移，进行新颖地组合分析，找出新异的层次和交汇点。概括性越高，知识系统性越强，浓缩性越大，迁移性越灵活，注意力越集中，则创造性就越突出。多年来曹冲与司马光之所以一直被人们当作神童传诵，并且成为我国教育儿童，开发智慧的两个典范，就是因为曹冲称象时、司马光破缸救人时所表现出来的不同于一般的、独出心裁的想法和举动。他们两人在解决问题的过程中所反映出来的东西就是创造性思维。

如果我们的学生在解答某个数学问题时，具有别人尚未发现且不同于常规的思考方法和途径，在已知领域中有所突破，在未知领域中有所创新，那么这就是一种创造性思维。

德国数学家高斯（见图 7－2），在十岁时就能超乎常人，很快地算出 $1+2+3+\cdots+100=5050$，他的思考途径 $(1+100)\times 50$ 是创造性的，因为他当时还没有学过等差数列的求和公式。

图 7－2　德国数学家高斯

据报载，一个小学五年级的学生，在听老师给全班讲高斯的这个故事时，立即举手说他有一个比高斯更方便的计算方法。他认为高斯的计算中 $1+100=101$ 不是整十数，再同其他数相乘，运算还不够方便，他提出另一个算式 $(1+99)\times50+50=5050$，由于 $1+99=100$，再做乘法就非常简便了。这个小学生的那种不迷信权威，不因循守旧，勇于探索，敢于进取的思想品质是具有创造性的。

数学学习中，思维创造性表现在学习过程中善于独立地思索，分析和解决问题，富于探索与创新的精神。在一些较为复杂艰深的题目面前，能把知识融会贯通，迅速判定主攻方向，并采用思维独特的方案，一举解开难题。一年一度的数学奥林匹克（IMO）是公认的数学殿堂，试题难度之高常令不少专家也望而却步，然而从未出现过“空门”（即无人能解之题）。相反，每次都出现令命题者所始料不及、巧思独具的美妙解法，因此，竞赛委员会专门为这些未来的数学精英设立了“特别奖”，以鼓励那些思维创造性特强的优解获得者。那么如何在数学教学中培养思维的创造性呢？

1. 鼓励学生大胆猜想，培养学生发现问题的能力

要解决新问题，首先得发现新问题。爱因斯坦讲道：“提出一个问题，往往比解决问题更重要，因为解决问题也许仅是一个数学上或实验上的技能而已，而提出新的问题，新的可能性，从新的角度去看旧的问题，却需要有创造性的想象力。”这段话指出发现新问题的重要意义。

要发现问题，就要鼓励学生大胆猜想，并为他们的猜想提供条件。因为既然是未知的新问题，因此结论的得出便与猜想分不开，许多数学创造都先是猜想出来的（继后加以验证）。波利亚把教会学生去猜想作为培养创造能力的一种得力手段。因为一个合乎情理的猜想并不是幻想，更不是胡思乱想，它需要敏锐的观察能力，深厚的知识功底和积极并富有想象与创造性的思维活动。数学家的创造工作是论证推理，是证明，但证明往往是由猜想发现的，猜想往往是证明的先导。因此，波利亚把自己的一本精心之作取名为《数学与猜想》，并强调对学生进行数学教学时必须既教证明又教猜想。

引导学生大胆猜想，中学教科书也开始注意到这一点，多处出现：只给出命题的条件，问学生可得出哪些结论。即注意引导学生从某个假设出发，利用所学过的知识去进行合理的猜想，而不是总把结论指明，让他们去证明。对教材的这种因素，教师应该努力发掘出来并加以创造性地运用。

重视了猜想，并不等于就会猜想，因为猜想必须合乎情理，这就需要教师加以引导，使学生善于猜想。

2. 通过培养学生的探索能力，培养思维的创造性

创新，意味着不走老路。新路是靠人走出来的，教师要鼓励学生勇于实

践，敢于探索。数学教学大体上可分为认识的发生和整理两个阶段。研究表明，对培养学生探索能力而言，前者比后者更重要，知识发生过程教学的根本意义，还在于它极适宜成为组织学生探索知识的过程。因此，加强知识发生过程的教学是培养探索能力的重要方法。

四、AI 赋能数学教学

在当今数字化时代，AI 正以惊人的速度改变着各个领域，教育也不例外。数学作为一门重要的基础学科，其教学方式也在 AI 的影响下发生着深刻的变革。AI 为数学教学带来了新的机遇和挑战，赋能数学教学迈向更高的水平。

（一）个性化学习体验

AI 可以根据每个学生的学习进度、能力水平和学习风格，为他们提供个性化的学习体验。通过分析学生的学习数据，AI 系统能够准确地了解学生的优势和不足，从而为其量身定制学习计划。

例如，对于数学基础较弱的学生，AI 可以推荐更多的基础练习题和讲解视频，帮助他们逐步掌握数学概念和方法。而对于数学能力较强的学生，AI 可以提供更具挑战性的拓展问题和竞赛题目，激发他们的学习兴趣和潜力。

同时，AI 还可以根据学生的学习习惯和偏好，调整教学方式和内容呈现形式。有些学生喜欢通过图像和动画来理解数学概念，AI 就可以提供更多的可视化教学资源；有些学生则更倾向于文字讲解和例题分析，AI 则可以相应地调整教学内容的呈现方式。

（二）智能辅导与答疑

在数学学习过程中，学生常常会遇到各种问题，需要及时地辅导和答疑。AI 可以充当智能辅导老师的角色，为学生提供随时随地的帮助。

AI 辅导系统可以通过自然语言处理技术，理解学生的问题，并给出详细的解答和解释。它可以分析学生的错误原因，提供针对性的建议和练习，帮助学生纠正错误，加深对数学知识的理解。

此外，AI 辅导系统还可以与学生进行互动交流，引导学生思考问题，培养他们的数学思维能力。例如，当学生提出一个问题时，AI 可以先提出一些引导性的问题，让学生自己思考和探索答案，然后再给出最终的解答和分析。

（三）虚拟现实与增强现实教学

虚拟现实（VR）和增强现实（AR）技术可以为数学教学带来更加生动、直观的体验。AI 可以与 VR/AR 技术相结合，创造出沉浸式的数学学习环境。

通过 VR 技术，学生可以身临其境地探索数学概念和公式的实际应用场景。比如，在学习几何图形时，学生可以进入一个虚拟的三维空间，观察各种几何图形的形状、性质和变化规律。在学习函数时，学生可以通过 VR 模拟实验，直观地感受函数的变化过程。

AR 技术则可以将数学知识与现实世界相结合，增强学生的学习兴趣和参与度。例如，通过 AR 应用，学生可以用手机扫描数学教材上的图形，然后在屏幕上看到立体的图形模型，并可以进行旋转、缩放等操作，更好地理解图形的性质（见图 7－3）。

图 7－3　虚拟现实（VR）和增强现实（AR）技术

（四）智能评估与反馈

AI 可以对学生的数学学习进行智能评估，及时反馈学生的学习情况和进步程度。通过分析学生的作业、考试成绩和学习行为数据，AI 系统可以准确地评估学生的数学能力水平，并给出个性化的学习建议。

例如，AI 评估系统可以自动批改学生的数学作业和试卷，快速给出成绩和错误分析。它可以识别学生常见的错误类型和知识点漏洞，为教师提供教学重点和难点的参考。同时，AI 系统还可以根据学生的学习情况，生成个性化的学习报告，让学生和家长清楚地了解学生的学习进展和需要改进的地方。

（五）数据分析与教学优化

AI 可以对大量的数学教学数据进行分析，为教师提供教学优化的建议。通过分析学生的学习数据、教学资源的使用情况和教学效果等数据，AI 系统可以帮助教师了解学生的学习需求和困难，从而调整教学策略和方法。

例如，AI可以分析学生在某个知识点上的错误率较高，提醒教师在教学中加强对这个知识点的讲解和练习。它还可以分析不同教学方法和资源的效果，为教师提供选择教学方法和资源的参考。此外，AI还可以通过分析学生的学习行为数据，了解学生的学习兴趣和动机，为教师设计更具吸引力的教学活动提供依据。

（六）培养数学思维能力

AI不仅可以帮助学生掌握数学知识，还可以培养他们的数学思维能力。通过设计各种数学思维训练游戏和活动，AI可以激发学生的学习兴趣，提高他们的逻辑思维、抽象思维、创新思维等能力。

例如，AI可以设计一些数学谜题和挑战游戏，让学生在解决问题的过程中锻炼逻辑推理和分析能力。它还可以通过启发式教学方法，引导学生发现问题、提出假设、进行验证，培养他们的创新思维和解决问题的能力。

概言之，AI为数学教学带来了巨大的变革和机遇。通过个性化学习体验、智能辅导与答疑、虚拟现实与增强现实教学、智能评估与反馈、数据分析与教学优化以及培养数学思维能力等方面的应用，AI可以提高数学教学的效率和质量，激发学生的学习兴趣和潜力，培养学生的创新精神和实践能力。在未来的数学教学中，我们应积极探索和应用AI技术，让数学教学更加智能化、个性化和高效化。

第三节　物理教学思维训练

物理学是研究物质运动的最一般规律、物质的基本结构及物质之间的相互作用的一门学科。它的研究对象具有客观性，不以人的意志为转移。我们要认识这种物质运动的本质规律和特征，就必须在头脑中形成对整个物理世界本质的、完整的认识反映，并且要把这些认识反映在头脑中经过加工、提炼，使感性认识上升为理性认识，这就是物理思维。物理思维就是具有意识的人脑对客观物理事物（包括物理对象、物理过程、物理现象、物理事实等）的本质属性、内部规律性及物理事物之间的联系和相互关系的间接的、概括的和能动的反映。物理思维的主体是具有认知能力、学习能力的人，物理思维的客体是客观物理事物。

一、物理教学思维特征

（一）思维的形象性

作为观察对象的物理现象和物理过程，不论是自然发生的现象还是人为控制的实验，都是直观具体的，并且，由此在大脑中所形成的该物理现象和物理过程的物理图景、物理表象也具有形象性的特点。物理规律就隐藏在这些具体的、形象的物理过程之中，比如：斜塔实验，两个大小不同的铁球从同一高度同时下落，但是它们会同时落地，这是一个非常形象直观的实验。但思维如果仅仅停留在这些形象的、具体的物理现象的表面上，是无法发现其中所包含的物理规律的。

（二）思维的抽象性

通过对大量具体的物理现象和物理过程的观察，拥有了丰富的感性认识的材料后，必须把这些材料送进大脑，经过大脑的加工、分析，在头脑中形成抽象的物理概念、物理判断、物理推理等，去除表面的东西，抓住本质的东西，才能从中发现物理规律，这些物理规律是隐藏在表面现象背后的、不能靠感官直接去把握的，故具有抽象性。这个过程是一个将感性认识上升到理性认识的过程，是一个抽象思维的过程。

（三）思维的近似性

由于物理学研究的是物质运动的最一般规律、物质的基本结构及其相互作用，但是物质运动、物质的基本结构及其相互作用是非常复杂的。一方面，为了研究的方便，常常需要舍弃个别的、非本质的因素，突出主要的、本质的因素。这种近似研究方法的使用，集中体现在我们所建立的一系列物理模型中，比如：质点这一物理模型，它已经忽略了物体的形状、大小，仅仅把物体当作一个有质量的点。另一方面，物理实验是我们从事物理研究的重要手段，在实验中，不可避免地存在着实验误差，这是由实验设备、实验方案设计、操作者本人的原因等一系列因素所造成的，是不可避免的。因此，由以上两个方面决定了物理思维具有近似性的特点。

（四）思维的精确性

物理学是以基本的物理概念、物理定律等为基础建立起来的一个严密的学科系统，对于其每个分支来讲，都是以为数不多的基本概念、基本规律为基础发展起来的。

物理概念是反映物理现象和过程的本质属性的思维形式。物理概念是通过对大量的物理现象的观察、实验，并经过人脑的思维分析、加工后形成的，这是一个分析、综合、抽象、概括的思维过程。它一经产生，就具有确定的质的规定性。并且，有些可以通过数学形式给出严格的定义式的物理概念，同时还具有严格的量的定义。

物理规律（包括定律、共识、原理和法则）是物理现象或过程的本质联系在一定条件下必然发生、发展、变化的规律性的反映。它揭示了在一定条件下某些物理量之间的内在的、必然的联系，它产生在观察、实验、科学思维的基础之上，运用严密的逻辑推理和数学推理，用语言或数学的方法严格地表达出来的，所以产生物理规律的物理思维过程是有严密的逻辑的，具有精确性的特点。

在应用物理概念和物理规律解决物理问题的过程中，当然更离不开严密的逻辑推理和精确的数学推导这样的思维活动，只有按照解题步骤的要求，一步一步地进行，才能最终得到正确的结果。

从上面的叙述，我们不难看出，作为思维材料的物理概念和物理规律是具有精确性的，应用物理知识解决问题更是需要思维的精确性，因此物理思维具有精确性的特点。

概言之，物理思维不仅具有形象性，也具有抽象性，不仅具有近似性，也具有精确性，只有这几个方面相结合，相互补充，才能共同推动物理学不断向前发展。

二、物理教学的思维活动

（一）物理学科的基本特点

1. 物理学是一门实验、观察和物理思维相结合的科学

观察是人们对物理现象在自然发生的条件下（即对现象不加控制）进行考察的一种方法。它包括无目的、无计划的观察和有目的、有计划的观察两种。人们在生活中随时会遇到很多物理现象，这些物理现象均是在无目的、无计划的情况下发生的。如果观察者能够对这些物理现象进行思考，寻找这些物理现象发生的原因，便能了解其中的物理规律。

物理实验是人们根据研究的目的，利用科学仪器、设备，设法控制或模拟物理现象或过程，排除次要因素，突出主要因素，在最有利的条件下研究自然规律的方法。在物理学中，要通过反复观察、研究大量的实验，才能发现物质运动的本质规律；要通过大量、反复的实验去验证物理假设、物理猜想的正确与否，所以，物理实验在物理学中占有重要的地位。通过物理实验发现物理规律或验证物理猜想，这一过程是与物理思维密不可分的。

综上所述，观察和试验为我们提供了丰富的有关物理现象的材料，如何在这些纷繁复杂的物理现象中找出本质的物理规律，离不开大脑对材料的分析、加工，即离不开物理思维。同时，运用物理思维得出的结论，必须依靠大量的实验去验证。可见，物理学是一门实验、观察和物理思维相结合的科学。

2. 物理学是由一些基本概念、基本规律和理论组成的体系严谨的精密定量的科学

我们知道，物理学的认识成果是通过一系列物理概念来加以总结和概括的。物理学的完整体系就是由力、质量、动量、能量、场和量子等反映物质运动基本特点的物理概念和与这类概念相联系的基本定律，以及运用逻辑推理得到的一系列结论所组成。物理学的许多概念既有它的质的规定性，又往往最终表现为特定的可以测量与计算的物理量。物理学中的一些基本定律与公式，正是物理量之间函数关系在一定条件下的规律性反映。数学为物理学提供了描述物理概念和规律的简洁、精确、形式化的语言和表达式。

物理学理论是系统化了的物理知识，它以一些物理概念为基础，以物理定律为核心，建立了物理学各个分支严密的知识体系。例如，量子力学理论是以下面五个基本假设为基础建立、发展起来的。微观体系的状态可以用一个波函数完全描述，从这个波函数可以得出体系的所有性质，这个波函数应具有单值、连续、有限这三个性质；力学量可以用厄米算符表示；将体系的状态波函数 Ψ 用算符 $\hat{F}$ 的本征函数展开为

$$\hat{F}\Phi_n = \lambda_n \Phi_n,\ \hat{F}\Phi_\lambda = \lambda\Phi_\lambda;\ \Psi = \sum_n C_n \Phi_n + \int C_\lambda \Phi_\lambda \mathrm{d}\lambda$$

则在 Ψ 态中测量力学量 $\hat{F}$ 所得到的结果为 λ_n 的概率为 $|C_n|^2$，得到的结果在 $\lambda \rightarrow \lambda + \mathrm{d}\lambda$ 范围内的概率是 $|C_n|^2 \mathrm{d}\lambda$；体系的状态波函数满足薛定谔方程 $ih\frac{\partial \Psi}{\partial t} = H\Psi$；在全同粒子所组成的体系中，两全同粒子相互调换不改变体系的状态。

3. 物理学是一门基础科学

物理学是研究物质运动的最一般规律、物质基本结构及物质间相互作用的。这个性质决定了物理学是一门基础科学。在现在社会生活的各个领域，比如，小到通讯、日常用电、建筑等这些关系到我们日常生活的方面，大到机电、汽车制造、发电等关系到国计民生的这些方面，乃至于到提高国民素质，揭示自然界中的许多现象，破除封建迷信等方面，都需要应用物理知识，从这个意义上讲，物理学是一门基础科学。

（二）物理思维过程与实践紧密相连

物理思维过程所遵循的发展步骤大致经历发现问题、思考问题、寻找答案三个步骤。

1. 发现问题

物理学的研究始于观察和实验等实践活动，因为只有通过观察和实验等

实践活动，才能为我们寻找物理规律提供可用的素材。但仅仅有了这些素材还是不够的，还要在大量素材的基础上，进一步提出问题：为什么会发生这样的现象？引起大脑对这些物理现象的思考，才会有物理思维的产生。一些看似平常的物理现象看在有心人眼里，多问一个为什么，很可能会对物理学的发展起到一个重要的推动作用。这类例子在物理学的发展过程中是屡见不鲜的，在此不再赘述。由此可见，物理思维是起始于发现问题，而发现问题只有在积累、占有大量的实践材料的基础上才能完成。

2. 思考问题

当我们从自然界中的物理现象中发现问题后，首先需要进一步思考这个发现的问题，这地方所说的思考问题并不是要通过思考来解释问题，而是要思考这一问题是不是偶然发生的？是不是在特定的条件下发生的？是不是具有普遍性？通过这样的思考，我们要找到这一问题产生普遍的或主要的条件。通过这样的思考，可以为我们随后就这一问题的研究提供方便，避免一些次要因素的干扰。在思考问题的过程中所能采取的方式方法比较多，比如，可以查询前人的文献记载，可以通过经常性的观察或实验等。这些活动也是属于实践的范畴。由此可见，思考问题的过程离不开实践。比如，万有引力定律就是牛顿“站在巨人的肩膀上”发现的，他是集哥白尼、开普勒、伽利略、笛卡尔、惠更斯、胡克、哈雷等人的研究成果而建立的。1543 年哥白尼提出了日心地动说，1609 年开普勒发现了行星运动的三大定律，1673 年惠更斯推导出了向心加速度的公式 $a=\frac{v^2}{R}$（式中：a 表示物体运动的向心加速度，v 表示物体运动的线速度，R 表示物体圆周运动的轨道半径），1679 年胡克、哈雷等都得出了引力平方反比定律。牛顿正是通过对这些资料的思考，结合自己渊博深厚的数学知识，得出了万有引力定律。

3. 寻找问题的答案

当物理思维经过发现问题、思考问题这两个阶段后，剩下的事情就是要考虑如何寻找问题的答案，对所发现的问题有一个圆满的令人信服的解释了。完成这一思维过程也有许多不同的方法，比如，可以是灵机一动，也可以是依靠严密的逻辑推导等。但这些方法总体来说可以归结为三个步骤：提出物理假设，检验物理假设，建立物理理论。

通过提出物理假设这一方式并最终建立了至今公认是正确的物理理论的例子，在物理学的发展史上是非常多的。物理假设对物理学的发展是非常重要的。物理规律都是隐藏在大量的物理现象背后的，如何通过表面的现象来发现隐藏其中的物理规律，往往需要依靠大胆而又合理的物理假设。物理假设的提出不是无原则的随便凭空想象出来的，那就是臆想了。合理的物理假设的提出是在总结、分析已有的理论、实验依据等知识的基础之上，结合问题的具体条件提出来的，在可预见的范围内能够合理地解释同一类现象。

物理假设提出后，必须经过大量的物理现象的检验。在接受物理现象的检验过程中，发现不足，随时补充、修改，再检验，再修改，如此反复多次，才能得到比较合理的物理假设。

物理假设经过反复多次检验后，为大家所公认，此时，这样的物理假设就成为具有严格定义或严格逻辑关系的物理理论了。这个所建立的物理理论能够很好地普遍解释同类问题。当然，真理是不断地向前发展的，得出的物理理论还是要随着社会的发展进步、物理学应用范围的不断扩大、研究范围不断深入、人们认识水平的不断提高，不断接受新的检验，不断在检验中得到完善。

综上所述，我们可以看出，从发现问题到最终形成较为完备的物理理论这一完整的物理思维过程中，在每个环节上都离不开实践。物理学的发展是源于实践，并最终服务于实践。

（三）物理思维过程与实验紧密相连

物理思维与实验也是紧密相关的。物理实验可以为物理思维提供材料，对物理思维进行检验，开拓物理学应用的新领域。

1. 实验为物理思维提供材料

物理思维产生于对物理现象的观察。但自然界中同样的物理现象的发生是不经常的、偶然的、无计划的，单纯的观察常常受到自然条件的限制，因而具有被动性，且自然界中的物理规律往往隐藏在物理现象的背后，会存在着众多的非本质的因素，影响我们的研究。因此，为了能够抓住问题的主要矛盾，忽略次要矛盾，为物理思维提供更多的思维材料，在人工控制下进行物理实验是必需的也是非常重要的。在实验中我们可以多次重现自然界中的物理现象，可以排除那些非本质因素对我们的影响。在实验中我们可以有计划地设计不同的条件下的实验方案，寻找问题产生的本质因素，可以有准备地做好数据的记录工作，从而为展开物理思维提供大量翔实的、较全面的材料。

2. 实验是对物理思维进行检验的有效手段

在对物理现象进行研究的过程中，随时需要对物理思维的结果进行检验，要做到这一点，必须依靠物理实验，因此，通过物理实验来检验物理假设也是必不可少的。因为实验的条件是可以人为控制的，可以通过不断改变实验条件，从多角度、多方面不断地、方便地对物理假设进行较为全面的检验。这样的检验是可以多次重复。

3．实验还可以帮助我们开拓物理学应用的新领域

物理学与我们社会生活的方方面面息息相关。学习物理学的最终目的是应用物理学的知识服务于社会，服务于人们的日常生活。物理学的某一新理论能否应用到社会生活中去或在社会生活的新领域能否应用物理学的理论，在实际应用前，都需要进行大量的实验来验证这种应用的可行性。

概言之，物理思维是起于实践的，大量的自然界中的物理现象、社会生活中的物理现象等实践为我们发现问题提供了可能。同时，为了解决问题，发现物理规律，我们又必须通过不断地实验来为物理思维提供更多的思维材料，通过不断地实验来随时检验物理思维的结果，因此，物理思维是与实践和实验密切相关的。

三、物理教学的思维训练

物理教学的思维方式和思维训练都有其自身学科的特殊性。

（一）物理思维的方式

根据不同的物理问题，不同的思维材料，我们可以把物理思维分为物理形象思维、物理抽象思维、物理直觉思维三种方式。

1．物理形象思维

物理形象思维就是以物理表象为思维材料而进行的思维。物理表象是物理形象在人脑中的间接的和概括地反映，这些形象包括事物的形状、大小、运动状态、运动轨迹等等。

物理形象思维是运用物理直观、具体、生动的形象材料，通过事物的形象特征认识事物的物理内容、本质，并做出某种判断的科学思维，是通过表象、感觉、想象的形式进行思维。通过感官从许多具体的物理现象或物理实验中获得信息后，在大脑中可以重现物理事物的物理形象，即这些信息已在大脑中储存了，大脑对储存的各式各样的信息进行分析、综合、概括等加工，得到反映同一类事物共同本质特征的映像，这就是物理形象思维的一个简单的过程。所以，物理形象思维最大的特点是具有形象性。比如，提起自由落体运动，在头脑中会有一个映象：一个小球从高处下落或者在毛钱管中的硬币和羽毛同时下落等物理景象，并且自由落体运动的规律也会同时在大脑中出现。这正是因为在对大量的有关自由落体运动的物理现象和实验（这些物理现象和物理实验本身就具有形象性的特点）进行观察、研究的基础上，经过大脑的加工，形成了有关自由落体运动这一类物理运动形式的共同的本质的特征。

在学习物理学时，物理形象思维是很重要的一种思维方式。这种思维方

式具有形象性的特点，有利于把抽象的物理概念、物理规律通过具体的物理事物体现出来，便于理解和掌握；通过观察大量的具体的形象的物理现象和实验，可能会引发人脑的灵感，有利于提出物理猜想；分析、解答抽象的物理问题时，物理形象思维可以帮助我们在头脑里形成一个形象的物理图景，有利于问题的解决。

2. 物理抽象思维

凡是以物理概念为思维材料，以物理判断和物理推理的形式来反映客观物理事物的运动规律，达到对物理事物的本质特征和内在联系的认识过程都叫作物理抽象思维。物理抽象思维是物理思维的一种重要的形式，许多物理概念的提出、物理理论的建立、物理规律的发现等都是物理抽象思维的结果。

物理抽象思维是在观察、实验的基础上，通过物理概念、物理推理的形式对已知的物理事实进行分析、综合、概括的过程。概念、判断和推理是物理抽象思维最常用的形式。在对这些具体的物理现象进行研究的过程中，必须在思维中将物理事物的本质属性或特征与非本质属性或特征区别开来，去除非本质属性或特征，从众多的具体物理现象中抽出物理事物的本质属性或特征，这就是物理思维过程的抽象性。比如“力”的概念的提出过程。具体说什么是力呢？这仅仅是一个抽象的概念。它体现在一系列具体的物理现象中：弹簧被拉长产生了形变、海绵被重物压扁了、起重机把货物吊了起来等等。这些物理现象的共同本质是：力是物体对物体的作用。所以，“力”的概念的提出就是物理抽象思维的结果。此种例证在物理学中还有很多。

物理抽象思维在物理学的学习中具有十分重要的作用，提出物理问题、建立物理概念、学习掌握物理规律等，离不开物理抽象思维；在系统地应用物理知识进行推理论证、解答物理问题时，物理抽象思维也是一个基本的、重要的思维方式。

3. 物理直觉思维

直觉是运用有关知识组块和形象直感对当前问题进行敏锐地分析、推理，并能迅速发现解决问题的方向或途径的思维形式。物理直觉思维是人脑不借助于严密的逻辑推理，在综合运用已有的物理知识和经验的基础上，依靠直觉，高度简化地找出物理事物的物理实质，并迅速地作出猜测或突然领悟的思维。

作为物理思维的一种方式，物理直觉思维与物理抽象思维和物理形象思维的关系十分密切。直觉思维的思维材料可以是抽象的概念、规律，此时，它就以抽象思维的形式进行；直觉思维的思维材料也可以具体物理事物的表象，此时，它就以形象思维的形式进行。因此，物理直觉思维可以说是抽象思维和形象思维发展到一定程度时的一种飞跃、升华。在对抽象的物理概念、规律和形象的物理图景没有充分掌握、领会的情况下，进行物理直觉思维是不可能的。它是在拥有系统的物理知识的基础上依靠直觉进行的一种思维方式，所以，也可以说是大脑的“灵机一动”，具有很大的随意性。比如：阿基米德为了检验希洛王的王冠中是否掺了假，冥思苦想。当他在浴缸中洗澡时，发现坐到浴缸里时，浴缸的水漫了出去，由此受到启示，发现了阿基米德定律。

物理直觉思维对于学习物理学也是很重要的。依靠这“灵机一动”，能够把所拥有的物理经验等迅速地转化为物理理论；物理直觉思维对于设计物理实验和解决物理问题能起到意想不到的帮助，依靠直觉改变物理实验条件或寻找解决问题的办法，反复尝试，往往能收到良好的效果。

（二）物理思维能力的培养和训练

1. 物理形象思维能力的培养和训练

第一，在平时教学中要注意帮助学生建立正确的物理形象。正确的物理形象是进行物理形象思维的基础，只有正确的物理形象，才能画出正确的有助于解决问题的示意图，才能抓住事物的本质，在原有表象的基础上构造出新的物理形象。因此，在教学中教师要多采用演示实验、挂图、模型及幻灯、投影等多媒体教学手段，将学生看不见的微观世界、物理概念、物理图景形象化、动态化，使课堂教学更加形象生动。这是帮助学生建立正确的物理形象的有效手段。同时在教学中也要引导学生注意观察生活，唤起学生头脑中已有的有关印象。

第二，培养学生养成良好的形象思维的习惯。帮助学生在头脑中建立正确的物理形象，是为了能够运用物理形象去有效的研究物理问题，因此，还必须培养学生养成良好的形象思维的习惯，完成从建立物理形象到运用物理形象的一个飞跃。为了完成这个飞跃，在教学中要注意培养学生养成良好的形象思维的习惯，将物理形象思维贯穿于物理教学的各个环节，要能适时地鼓励学生展开想象。

在物理概念和物理规律的教学过程中，应引导学生在丰富的、鲜明的物理形象的基础上，经过分析、对比、归纳、想象的思维活动，舍弃形象材料，抽出物理概念或物理规律。例如，在进行自由落体运动的教学时，在无风的环境下，首先分别演示一个钱币和一根羽毛在空气中的自由下落，比较二者下落快慢的区别。然后提出问题：两个质量、大小不同的钱币在空气中自由下落，会同时落地吗？引发学生的形象思维，请学生展开讨论。在学生讨论的基础上，向同学们介绍伽利略的斜塔实验。由此又可引出一个问题：钱币和羽毛为什么落地时间相差很大呢？接着在毛钱管中重复钱币和羽毛的自由下落实验，要求同学们比较两次实验的不同，进而概括出自由落体运动的定义。

在讲解例题或学生解题时同样要注意培养学生的形象思维。对于题目中所给出的运动形式、运动条件，要求学生能够在头脑中有鲜明的物理图景，能够做出正确的示意图，在此基础上选择恰当的物理规律和公式解题。

2. 物理抽象思维能力的培养和训练

第一，要根据教学内容之间的逻辑联系设计合理的教学顺序。首先，在课堂教学中应按照提出问题、分析问题、解决问题这一逻辑思维顺序展开教学内容。提出问题可以引发学生的学习兴趣和吸引学生的注意，分析问题可以启发学生进行积极的思考，通过正确的严密的逻辑推理以帮助学生形成严密的逻辑思维，最终用简练的语言总结出结论以锻炼学生善于抽象、概括的能力并便于学生记忆。例如，在讲授运动时，先从哲学观点说明运动是绝对的，静止是相对的，提出问题：为什么运动是绝对的？为什么对于同一个物体的同一种运动形式，不同的观察者会有不同的描述？通过对问题的分析找到答案：因为不同的观察者自身的运动状态不同。由此引入，研究物体的运动必须先选择参照系、确立坐标系，在此基础上讲述物体运动的物理量，再介绍运动的几种形式和规律。

其次，在教学过程中还要帮助学生整理学习过的知识，理清各知识点之间的逻辑关系。在教学过程中要及时地把学习过的知识进行整理、总结，帮助学生把单个的知识点连成线，形成一个有逻辑的系统的知识体系，明确各知识点在这个知识体系中的位置，明确各概念和规律之间的联系。知识点之间的关系清楚了，形成系统了，便于学生记忆，还能训练学生归纳和概括的能力。

第二，在教学中注意通过实例教给学生抽象思维的方法。物理学中抽象思维的方法主要包括分析与综合、抽象与概括、归纳与演绎、比较和分类、科学推理等方法。在教学过程中要结合具体的问题，教给学生相应的抽象思维的方法。

物理概念是在对大量的具体的物理事物、物理现象的特征进行分析、综合、概括的基础上归纳出来的，反映了同一类物理事物、物理现象的本质特征。物理规律是以物理概念为基础，经过物理思维和数学推理得出的。在教学中不仅要注意引导学生通过分析、归纳的逻辑方法总结出概念的定义，而且还要让学生掌握物理概念所反映的物理过程、物理现象的本质，在能够把握新旧知识的相互联系以及实验的基础上，搞清建立物理规律的思维方法和思维过程。特别是在学习物理概念和物理规律的定义式时，要注意引导学生分析其中的因果关系，这也有利于培养和训练学生的抽象思维能力。

例如，在教授密度的概念时，首先要明确，对于由不同的材料构成的物体，材料的不同是最显著的差别。对于由相同的材料构成的不同质量的物体，他们最显著的共同点是材料的相同。材料的区别在物理学上用什么物理量来描述呢？可以结合试验着重讲如何对实验结果进行分析、综合、抽象和概括。首先分析，对于由相同材料构成的物体，当体积 V 变化了，质量 m 也会变化，但比值$\frac{m}{V}$是不变的，由此抽象得出，该比值是与体积 V 和质量 m 无关的；然后选取由不同材料构成的物体，分别计算比值$\frac{m}{V}$，通过分析、比较，发现对于不同材料的物体，$\frac{m}{V}$不同。在上述基础上进行抽象和概括，相同材料的不同物体，$\frac{m}{V}$比值相同，不同材料的物体，$\frac{m}{V}$比值不相同。因此，比值$\frac{m}{V}$是一个既与质量 m 没有关系，又与体积 V 没有关系，只与物体材料有关的一个物理量，它反映了物体的质的性质。由此引入密度的概念和定义。

3. 物理直觉思维能力的培养与训练

第一，要求学生具备扎实的理论基础，形成良好的逻辑思维习惯。物理直觉思维是物理形象思维和物理抽象思维发展到一定程度的飞跃，所以物理直觉思维能力的培养和训练，离不开物理形象思维和抽象思维的能力。首先，要求学生具备扎实的系统的理论知识。在教学中要帮助引导学生建立一节、一章、一个小知识体系的框架结构，使学生对物理知识能熟记于心，形成良好的物理学的认识问题的知识结构，这有助于培养学生全方位的分析物理问题的能力，有助于培养学生发散思维和逆向思维的能力。其次，要训练学生形成良好的形象思维习惯（在前面已有论述）。最后，要鼓励学生开拓视野，扩大知识面。正如泰勒所指出的："具有丰富知识和经验的人，比只有一种知识和经验的人更容易产生联想和独到的见解。"

第二，鼓励学生大胆猜想，养成勤于思考、善于思考的良好习惯。猜想是在对研究对象或问题进行观察、实验、分析、联想、类比等的基础上，依据已有的材料和知识，作出符合一定的经验与事实的推测性想象的思维方式，它是一种合情合理的推理。在物理学的教学过程中，要注意培养和训练学生的类比和联想的能力。在提出猜想的过程中，类比和联想明显起着启示、试探和创新的作用；要鼓励学生运用发散思维和逆向思维等思维方式来分析问题，勇于发表见解，善于从大家的讨论中吸取有用的东西。

概言之，对于不同类型的物理问题，就会形成不同的物理思维方式，要善于灵活运用不同的思维方式，平时要注意培养自己各种形式的物理思维能力，综合运用不同形式的物理思维能力，才能牢固地掌握物理学的知识，学好物理学。爱因斯坦指出：“要走向理论的建立，当然不存在什么逻辑的道路，只有通过构造性的尝试去摸索，而这种尝试是受支配于对事实知识的缜密考察的。”

四、AI 在物理教学中的应用

（一）个性化学习

AI 可以通过分析学生的学习数据，了解每个学生的学习进度、能力水平和学习风格，为他们提供个性化的学习计划和学习资源。例如，对于物理基础较弱的学生，AI 可以推荐更多的基础练习题和讲解视频，帮助他们逐步掌握物理概念和方法；对于物理能力较强的学生，AI 可以提供更具挑战性的拓展问题和竞赛题目，激发他们的学习兴趣和潜力。

（二）智能辅导与答疑

AI 辅导系统可以为学生提供随时随地的辅导和答疑服务。学生可以通过语音、文字等方式向 AI 辅导系统提问，系统会根据学生的问题进行分析和解答，并提供相关的知识点讲解和例题演示。此外，AI 辅导系统还可以根据学生的学习情况，为其提供个性化的学习建议和学习计划。

（三）实验模拟与虚拟实验室

物理实验是物理教学的重要组成部分，但由于实验设备和场地的限制，学生往往无法进行充分的实验操作。AI 可以通过实验模拟和虚拟实验室技术，为学生提供更加真实、安全、便捷的实验环境。学生可以在虚拟实验室中进行各种物理实验，观察实验现象、记录实验数据、分析实验结果，提高实验操作能力和科学探究能力，如图 7－4 所示。

图 7－4　实验模拟与虚拟实验室

（四）智能评估与反馈

AI 可以对学生的学习情

况进行智能评估和反馈。通过分析学生的作业、考试成绩和学习行为数据，AI系统可以了解学生的学习进度和掌握程度，为教师提供个性化的教学建议和反馈。同时，AI系统还可以为学生提供及时的学习反馈和评价，帮助学生了解自己的学习情况，及时调整学习策略。

五、VR和AR在物理教学中的应用

（一）增强学习体验

VR和AR技术可以为学生创造更加生动、直观的学习环境，增强学生的学习体验。例如，通过VR技术，学生可以身临其境地探索物理现象和物理过程，如宇宙空间、原子结构等；通过AR技术，学生可以将虚拟的物理模型与现实世界相结合，更好地理解物理概念和物理规律。

（二）实验教学辅助

VR和AR技术可以为物理实验教学提供辅助。例如，通过VR技术，学生可以在虚拟实验室中进行各种危险或难以实现的实验，如核反应实验、高能物理实验等；通过AR技术，学生可以在现实实验室中通过增强现实设备获取实验指导和实验数据，提高实验操作的准确性和安全性。

（三）互动学习

VR和AR技术可以为学生提供互动学习的机会。例如，通过VR技术，学生可以与虚拟的物理场景进行互动，如操纵虚拟的物理实验设备、观察物理现象的变化等；通过AR技术，学生可以与现实世界中的物理对象进行互动，如通过增强现实设备扫描物理课本上的图片，获取相关的物理知识和实验演示。

六、技术融合赋能物理教学

（一）AI与VR/AR的融合

AI可以与VR/AR技术相结合，为物理教学提供更加智能化的学习体验。例如，AI可以根据学生的学习情况和学习需求，为其推荐适合的VR/AR学习资源；AI可以通过分析学生在VR/AR环境中的学习行为数据，了解学生的学习进度和掌握程度，为教师提供个性化的教学建议和反馈（如图7-5）。

（二）大数据与物理教学的融合

大数据技术可以为物理教学提供更加精准的教学支持。通过收集和分析学生的学习数据、教学资源的使用情况和教学效果等数据，教师可以了解学生的学习需求和困难，调整教学策略和方法，提高教学质量和效果。同时，

图 7－5　AI 与 VR/AR 的融合

大数据技术还可以为学生提供个性化的学习推荐和学习路径规划，帮助学生更加高效地学习物理知识。

（三）物联网与物理实验教学的融合

物联网技术可以为物理实验教学提供更加便捷、高效的管理和监控。通过物联网技术，教师可以实时监控实验设备的运行状态和实验数据的采集情况，及时发现和解决实验中出现的问题。学生可以通过物联网设备获取实验指导和实验数据，提高实验操作的准确性和安全性。同时，物联网技术还可以为实验教学资源的共享和管理提供支持，提高实验教学资源的利用效率。

（四）挑战与应对策略

1. 技术挑战

技术融合赋能物理教学面临着一些技术挑战，如数据安全、算法优化、设备兼容性等。为了应对这些挑战，需要加强技术研发和创新，提高技术的稳定性、可靠性和安全性。同时，也需要加强技术标准的制定和推广，促进技术的规范化和标准化发展。

2. 教师角色转变

技术融合赋能物理教学将改变教师的教学方式和角色定位。教师需要从传统的知识传授者转变为学生学习的引导者、组织者和促进者。教师需要掌握先进的技术应用方法和教学策略，引导学生进行自主学习和探究，培养学生的创新能力和科学素养。

3. 学生信息素养培养

技术融合赋能物理教学需要学生具备一定的信息素养和自主学习能力。

学生需要学会使用先进的技术学习工具和资源，进行自主学习和探究。同时，学生也需要学会保护自己的个人信息和数据安全，遵守网络道德和规范。为了提高学生的信息素养和自主学习能力，需要加强对学生的信息素养教育和培训，培养学生的信息意识、信息能力和信息道德。

概言之，AI、VR、AR、大数据、物联网等技术与物理教学的深度融合，为物理教学带来了新的机遇和变革。技术融合赋能物理教学可以为学生提供更加个性化、生动、直观的学习体验，提高物理教学的质量和效果。同时，技术融合赋能物理教学也面临着一些挑战，需要加强技术研发和创新，提高教师的信息素养和教学能力，培养学生的信息素养和自主学习能力。只有这样，才能充分发挥技术融合的优势，推动物理教学的不断发展和进步。

第四节　AI 赋能化学教学

化学教学过程是一种具有特殊的目的、内容、方法和活动形式的师生之间的动态活动过程，化学思维有其内在的特点和规律。

一、化学教学的思维特征

（一）化学实验具有思维的直观性

化学是一门“以实验为基础”的自然学科，实验是化学学科赖以生存和不断发展提高的基础。化学实验方法，它既是化学认识的来源，又是化学真理性的标准。从教学实践来看，准确把握“以实验为基础”这一学科特征，对于完成教学任务，培养人才具有深刻影响。从教学的整体过程来看，抓住“以实验为基础”这一基本特征，组织运用好各种实验，发挥实验对学生的认知、情感、意志、行为、态度以及方法等的激励、引导，使实验引导和启迪思维相统一。

在化学教学中，往往遇到这种情况：实验现象琳琅满目，学生情绪亢奋，但时过境迁，学生仅记住了他最感兴趣的现象，却不明白这些现象说明了哪些本质性问题；或把各有关现象当作孤立的事实来识记，不能抓住它们之间的内在联系。最典型的例子就是，学生把发光、发热、有气体或沉淀生成，当作化学反应的本质属性，甚至单纯依据发光、发热来判断某些变化的类型。因此，在进行实验引导时，一定要注意实验教学的思维特征，引导学生广开思路，观察实验现象要仔细、全面、客观；在观察时，要联系已掌握的知识来思考，要在看清楚是什么物质，在什么条件下发生反应，都有哪些现象呈现的同时，还要想一想这样是为什么？要练习着进行分析、比较，预测和概括出可能的结论；最后还要判断有没有可能性？即要把“全面观察——设问激疑——积极思维”作为一个认识过程来看待，不能停留在满足于“观察”这一级的水平上。比如：同样是做镁燃烧的实验，获得镁带有金属光泽，在空气中燃烧放出耀眼的白光这些认识，属于观察的低水平，看到镁燃烧时“冒烟”“落面儿”，这一认识较前者进到高水平；能抓准有新物质生成，并能指证说明，而把各种现象作为化学反应的表征，方属于达到了实验引导和启迪思维相统一的高水平。从而在引导学生从观察物质的性质、变化的宏观现象基础上，进行正确的思维，进而达到把握物质的本质属性的目的。

（二）化学理论体系具有思维的逻辑性

科学研究的任务在于通过感觉而达于思维，揭示事物的本质和规律，理论思维实现着从现象到本质的转化，人们经过理论思维，对感知才会进一步深刻和全面。化学重在研究化合与分解的物质运动，具有自身的理论体系，具有一套专用的术语概念，具有理论思维的逻辑性。

在化学教学过程中，比较与分类、归纳与演绎、分析与综合、证明与证伪是一些常用的基本的逻辑方法，应根据不同的教学内容做出相应选择。例如，讲解质量守恒定律，就可选用证明法。从某一具体实验中，观察到参加化学反应的各种物质在化学反应前后各物质的质量总和没有变化。无数科学实验事实都说明这一结论，这就证明了质量守恒定律的正确性。研究还表明，化学反应的过程，就是参加反应的各物质（反应物）的原子，重新组合而生成其他物质（生成物）的过程。在一切化学反应里，反应前后原子的种类没有改变，原子的数目也没有增减。所以，化学反应前后各物质的质量总和必然相等，这也直接证明了质量守恒定律的正确性。再如，有人提出可用湿法制 Al_2S_3。就可用证伪法，假设这个论题成立，就可推出湿法制 Al_2S_3 的各种途径：$2AlCl_3+3Na_2S = Al_2S_3+6NaCl$ 是其中的一种，已知 Al_2S_3 在溶液中是不可能存在的，因为 $Al_2S_3+6H_2O = 2Al(OH)_3\downarrow+3H_2S\uparrow$ 完全水解，几乎不可逆，所以湿法制 Al_2S_3 是不能成立的。

证明与证伪有着密切的关系，证明中有反驳，反驳中有证明，这就决定了归谬法在逻辑证明中有着广泛的应用。这样就可以做到，既体现了辩证唯物主义认识论对教学的指导作用，又避免了将教学认识等同于哲学认识论的简单倾向。具体地说，化学教学总是引导学生从认识具体的物质和现实开始，从运用已获得的知识开始，进而通过实践活动去运用化学知识，发展认识能力。这里讲的“引导”“运用”等，都要依据自然科学方法论。例如：让学生进行观察、实验、记录和处理实验数据。让他们运用比较与分类、分析与综合、推理与判断等逻辑思维方法；让他们运用科学抽象等基本的理性方法。在教学形式上，创造条件让学生亲自动脑、动手和动口，让他们通过感觉器官进行思维加工，以实现教学过程中的两个飞跃和转化。

（三）科学假说构成化学思维的理性方法

在化学教学过程中，科学假说是一些常用的基本的理性方法。如在揭示现象的因果关系和本质联系的过程中，适当运用假说形式有很大的积极意义。在化学教学中运用假说的方法，可以刺激和保持学生对化学的兴趣和注意力，可以帮助他们加深对教材知识的领会，可以刺激他们科学思维的发展，还可以让学生知道从科学中求得知识的方法。

例如：在讲铁生锈时，为了揭示铁生锈的原因，首先启发学生考虑铁生锈的各种情况，如放在潮湿处的铁器会生锈，而干燥的铁器不生锈，涂了油漆的铁器不生锈，而在一般情况下的铁器放在空气中则生锈等。再经过引导或让学生讨论可以提出下述三个假说：①铁器生锈是因为和空气接触，铁和空气中的氧气化合；②生锈是因为水分子的存在，水和铁起了化学反应；③生锈是水和空气对铁共同作用的结果。

然后，引导学生推论：如果第一个假说正确，则在干燥情况下，铁在空气中就能生锈；如果第二个假说正确，则铁在水中并和空气隔绝就能生锈；如果第三个假说正确，则必须在既有空气又有水分的条件下铁才能生锈。在此基础上，再引导学生来设计实验。第一个实验：将洁净的铁钉放在干燥的试管里，并用塞子塞紧；第二个实验：把经过煮沸除去空气的水装满试管，放入洁净的铁钉，用塞子塞紧，不留一点气泡；第三个实验：将洁净的铁钉放入试管（抵靠在试管内壁上），并倒立在盛水的烧杯中，试管里只有少量水并在试管外壁标明水面位置，就这样放置一段时间。可以观察到，第一、第二个实验中的铁钉都不生锈，而在第三个实验中，不仅铁钉生了锈，而且试管里的水面约上升了原试管容积的1/5，于是得出结论，水和空气中的氧气共同对铁的发生化学反应是铁生锈的原因。

在化学教学过程中，教师应根据实际情况有计划、有步骤地引导学生去分析和解决化学问题，鼓励和要求学生自己提出问题，对于那些勇于大胆提出有新颖性、独创性、突破性问题的学生，给予积极正确地评价。鼓励学生运用已有的知识、经验，思考如何解答自己提出的问题，从思维的流畅性，变通性和独特性等方面对他们作出正确的评价。使学生经过自己的感性认识，再运用分析、综合、抽象概括的思维方法，把知识真正学到手。

二、化学教学的思维活动

（一）实验是化学学科的最显著特征

著名化学家戴安邦先生曾说过："化学实验教学是实施全面化学教育的一种最有效的形式。"实验教学能为学生正确认识物质及其变化规律提供实验事实，它具有目的性、探索性、现象性和易感知性。中学化学大纲强调指出："实验教学可以帮助学生形成化学概念，理解和巩固化学知识，培养学生观察现象、分析问题、解决问题，初步掌握一些常用的化学实验技能，培养学生实事求是、严肃认真的科学态度和科学方法。"因此，在开展以"转变学生的传统思维模式，培养学生独立思考、勇于创新的科学精神，使之具备灵活运用和处理有关信息，善于迁移和设想的强创造能力的跨世纪人才"为目标的现代化教育的今天，加强和推进化学实验教育就显得尤为迫切和重要。在化学教学过程中，教师应通过实验活动，加强实验探究，充分挖掘和发挥实验的功能。

1. 通过实验教学，培养观察能力

观察，是认识的"窗口"，是思维的前提，是正确认识客观世界、获取知识、发现问题的源泉。著名生物学家达尔文在谈及他为什么能作出重大贡献时曾经说过："我既没有突出的理解能力，也没有过人的智慧，只是在发觉那些在时间上极易消逝的事物，并对它们进行仔细观察的能力上，我是超中等水平的。"所以说观察能力是衡量一个人科学素质高低的重要尺度。因此在化学实验教学中应充分发挥实验的功能，让学生带着悬念，全面、认真地观察实验过程中所发生的各种现象。鼓励学生善于捕捉那些不易察觉的细微现象和呈现时间短、稍纵即逝的现象。要注重培养学生的观察兴趣，养成乐于观察、善于观察、勤于观察的好习惯。

要培养学生良好的观察能力，应当注意做到以下几点：①明确观察目的；②拟定周密的观察计划；③培养严肃的观察态度；④引导学生把思维与观察结合起来，使用对照方法，使观察更为精确；⑤对实验中出现的异常现象，切忌慌张，应冷静地实事求是地对待现实，因势利导让学生全面观察现象，并引导他们运用已有的知识和经验，分析发生异常现象的原因，剖析现象的本质属性；⑥改进实验，争取成功。概言之，在教学过程中，教师应抓住机会，培养学生分析问题、解决问题的能力、意志和品质。

2. 通过趣味实验，激发学习兴趣

兴趣是求知欲的外在表现，也是促进学生思考、探索、创新、发展思维、激发主动学习的原动力。所以，教师在教学过程中要善于创设良好的能激发学生兴趣的情境，而化学趣味实验如“魔棒点灯”“气功发烟”“晴雨花”“吹气生火”“指纹鉴定”等，大大激发了学生学习化学的兴趣，使学生在学习化学的过程中保持很高的学习积极性。生动有趣的实验，新奇的现象还可使学生注意力集中，积极参与思维，不断探究其中的奥秘。

例如，在“催化剂”概念的教学中，曾做一趣味实验：在两个石棉网上分别放两堆白砂糖，一份混少量烟灰，另一份不混烟灰，分别用火柴点燃。结果，未混香烟灰的白砂糖不能燃烧，混有香烟灰的白砂糖很快燃烧起来。燃烧结束后，可观察到香烟灰依然存在。学生对白砂糖在香烟灰催化下的燃烧感到十分惊奇，通过此实验，一方面加深了对“催化剂”的认识，另一方面激发了对学习化学的强烈兴趣。

3. 通过设计实验，激励创新意识

创新意识是培养学生创新能力的先导，是指发现问题和探究问题的心理倾向。每个学生都蕴藏着巨大的潜能，如何去发掘这一“宝藏”是每位教师的首要任务。在教学中多给学生一些活动的空间，多给学生一些表现的机会，学生将会多一份成功的体验，其内心的创造力方能被激发。

在实验教学中，教师应善于抓住时机，引导学生敢于动手，敢于发现，不断创新，以充分发挥学生的潜能，久而久之，学生在实验中就会表现高涨的创造欲望。在实验设计过程中，应依据实验目的、化学原理引导学生运用所学知识，设计实验方案。在实验实施过程中，确定实验步骤，严格操作，仔细观察，认真记录。实验结束后，就实验成败关键、异常现象、最佳方案及实验结果展开讨论，并由学生进行答辩、演示，使学生真正成为学习的“主体”，并从“失败”到成功的过程中，激发了创造精神。

例如，在讲授酸性氧化物与碱反应时，鼓励学生大胆设计二氧化碳与氢氧化钠反应的实验方案，经过激烈探讨，反复实践，有些学生设计出水平较高、趣味性较浓的实验。例如将绑有导气管的气球伸入盛满 CO_2 的烧瓶中，再滴加 NaOH 溶液，发现气球能膨胀起来。还有的设计出较美丽的“喷泉”实验。通过学生的积极思考、不断探究，充分发挥了化学实验的能动性。

正如戴安邦教授提出的，化学人才的能力由动手、观测、查阅、记忆、想象、分析和表达 7 个方面组成。要培养出优秀的化学人才，在化学教学中，必须重视化学实验，培养化学实验的技能，加强实验教学改革，变传统的“照方抓药”实验，改为“探究式”实验，让学生学会自己查索资料，设计实验方案，才有可能培养出具有创新精神的人才。

（二）实践是培养和提高能力的最佳方式

首先，应注意把人们当今关心的环境化学、材料化学、生命科学、能源等问题适当引入教学中，让学生感受到化学对社会发展的作用，学会关心社会、关心自然。例如：在讲 CO_2 的知识时，联系“拉森 B”冰山的倒塌，介绍温室效应给人带来的危害，可能导致地球两极冰川融化，使海平面升高，淹没世界上许多城市，还会造成气候的变化，如厄尔尼诺现象等。

在介绍 SO_2 尾气污染时，让学生走进社会，走入生活了解酸雨这一“空中死神”所带给人类的危害，使学生体会到 SO_2 气体必须回收，设计出回收方案，不仅减少污染，减少经济损失，而且还可以变废为宝，制取新产品，提高经济效益。

通过联系生产、联系实际，不仅激发了学生学习化学的兴趣，而且还能帮助学生记忆、理解化学知识，更加培养了学生发现问题、思考问题、解决问题的创新精神和实践能力。

其次，开展探究式实验活动。俗话说：“纸上得来终觉浅，绝知此事要躬行。”关注化学与生活间的联系，不能仅仅满足于袖手旁观，还应亲手做一做，获得第一手的感性材料，并用实践来检验。因此化学学科的一个重要特点就是靠实践，靠活动来激发求知欲，巩固学习效果，提高应用能力。在化学教学中，应提供给学生良好的动手实践的素材，力图做到趣味性与知识性相结合，验证与探索相结合，配合化学课堂教学去充实化学学习中的精神享受。例如，教授酸雨时，可以模拟酸雨危害实验。首先将学生分成若干组，统一制取收集 SO_2，然后向 SO_2 的集气瓶中加少量水，再将植物叶子或树皮、镁条或金属、石灰石等物质分别放入上述溶液中，观察现象。实验结束后，归纳总结酸雨可能对环境造成什么样的破坏，应采取怎样的防止和保护措施。通过以上实验，促进学生的环保意识，使之从小树立起良好的保护环境的道德品质。

最后，引导学生走近社会。俗话说：“百闻不如一见。”在教学中，应尽可能地利用身边的便利条件，亲眼看一看某些化学现象。例如，到水泥厂、石化厂、化肥厂、炼钢厂、污水处理厂等处实地参观、考察，了解相关的设备、条件、反应、工艺流程；到环保部门看一看环保工作人员是如何测定、监控和治理环境污染的。在参观的过程中不能只顾观看，还要结合化学知识深入思考，既要有充分的知识和问题准备，还要有适当的记录，鼓励学生要善于发现问题和及时解决，使参观活动与课本知识有机地结合起来，收到实效。为了提高学生的社会实践能力，教师应善于抓住各种有利时机，善于将生活中的常识和化学知识紧密联系起来，对身边的细微环节，要积极鼓励学生去发现、去调查。例如观察各种包装说明，调查各种能源价格，使用注意事项等。以培养学生发现问题，并运用所学知识加以解决的能力。

三、化学教学的思维训练

（一）激发兴趣，调动学生思维的积极性和主动性

兴趣是学习的向导，因而在教学中应巧妙地设置能启发学生思考的问题，从而最大限度地调动学生思维的积极性。如将分别蘸有浓氨水和浓盐酸的玻璃棒互相靠近，出现“空中生烟”的奇景，教师可及时引导学生依据此实验现象，思考“为什么出现这样的景象”等问题，激发学生进一步探究的兴趣和欲望，培养他们的思维能力。另外，根据青少年具有思维活跃，易于接受新事物，敢想和敢于创新的特点，要创造条件，鼓励学生积极思索，勇于探索，对在解决某一问题上有独创见解的学生要及时给予表扬和鼓励。

1. 开展探究活动，培养学生思维的广阔性

思维的广阔性是指学生对同一类问题理解的广度，对所学的知识进行广泛迁移，才能达到触类旁通、灵活应用。在教学中进行调查、辩论等活动，有助于思维广阔性的培养。例如初中化学介绍了空气的成分，氧气、二氧化碳的性质和用途，组织学生辩论“空气中的二氧化碳会越来越多吗?”或“氧气会耗尽吗?”等问题，让学生走出课堂，深入生活实际，借助已学和知识对调查结果进行分析和归纳，发现问题，提出解决问题的合理建议。这样既巩固了所学知识，又开阔了学生的思维。

2. 重视学科间联系，培养学生思维的广阔性

人类社会面临人口、环境、能源、健康等问题的挑战。这些问题仅靠某一学科是很难解决的，需要多学科的协同努力。因此，在化学教学中，应加强化学与物理学、生物学和地理学的联系。如学习空气、水的污染与防治等知识时，可联系初中地理和生物知识；学习分子的运动时，可联系初中物理中的知识。此外，教师还可有目的地设计一些学习主题，如“调查本地的环境污染情况，提出治理的初步意见”“调查常见食品添加剂种类，讨论食品添加剂的作用和可能产生的不良影响”等，有意识地引导学生从多角度、多层面思考问题，以达到培养其思维的广阔性的目的。

（二）精选习题，启迪思维的灵活性

布置学生做练习是锻炼思维的重要方式。课堂教学中教师要结合实际精心选编一些基础性强、知识点明确，涉及解法和技巧的题目，特别要注意收集来自学生中的好解法，以调动学生发现、捕捉规律，由此促使学生的思维由表象到本质再向纵深发展。初中化学第八章酸、碱、盐历来是化学教学的重点和难点，学生遇到问题时常常感觉无从下手，教师就可以针对这一章精选一些习题，如物质的提纯、物质的鉴别等题目，让学生在做练习的同时学

会灵活应用知识解决实际问题，从而培养学生思维的灵活性。

（三）举一反三，培养学生思维的多样性

有些问题的解决可以有多种方法。为了培养学生思维的多样性，可以加强学生“一题多解”及“多题一解”等思维方法的训练。教师在课堂上应有意识地设计一些这类问题，引导学生去探讨这类问题的多种解决方法，并加以归纳总结，对一些有创意的学生加以鼓励，对有创意的方法加以推广。如“有两根长度、粗细、外表颜色都差不多的金属棒，一根是铝棒，一根是铁棒。请用尽可能多的方法把它们区分开来”。大多数学生拿到这道题往往只考虑到它们的化学性质不同，想出几种化学方法：稀酸反应法、灼烧法。这时教师应对他们的方法给予肯定，同时启发学生“有没有化学方法以外的其他方法呢”，这时就会有学生提出：密度比较法、材料性能比较法、磁铁吸引法、导热性能比较等方法。类似的问题还有“现有一杯饱和食盐水和一杯蒸馏水，如何区别它们”……经常做一些这样的思维训练，可以帮助学生克服思维局限性，形成思维的多样性。

（四）变换形式，克服思维定式

培养学生思维的灵活性，必须克服思维定式的消极作用。因为思维定式在情况发生变化时，常常阻碍人们应用新方法去解决问题。让学生从不同的角度，用多种方法去解决问题，是培养学生思维灵活性的有效途径。如“100 克一氧化碳与 100 克氧气充分反应后，可生成多少克二氧化碳？哪种反应物有剩余？剩余多少克？”此题涉及“一种反应物过量的计算”，是一道极普通的习题，为了对学生进行思维能力训练，可将此题作以下三种变换：1. 将数字改为字母，培养学生的抽象思维。变题：a 克一氧化碳与 b 克氧气充分反应后，可生成多少克二氧化碳？有无反应物剩余？若有，剩余多少克？2. 变单个反应为多个反应，培养学生的整体思维。变题：将 a 克一氧化碳和 b 克氧气混合点燃反应后，将反应所得的气体通入足量的氢氧化钠溶液中，计算通过氢氧化钠溶液后可能剩余的气体质量，溶液中可能生成的碳酸钠的质量。3. 变简单为复杂，培养学生的创造性思维。变题：一氧化碳和氧气的混合气体 c 克经点燃充分反应后，所得气体恰好使 d 克氢氧化钠完全转化成碳酸钠，请写出 c 与 d 之间可能存在的关系式。

（五）联系实际，培养学生思维的创造性

学化学是为了用化学。化学教学应重视培养学生用化学知识和科学方法分析、解决有关问题的能力，提高学生的创造性思维能力。针对这些情况，教师可以设计一些与日常生活联系密切的问题让学生猜想并验证。如“影响食盐在水中溶解速率的因素有很多，你能想到哪些？请设计实验来验证你的猜测”；“请猜测影响化学反应速率的因素有哪些，利用厨房里的化学物质来验证你的猜想”。与此同时，教师应鼓励学生克服思维定式，不要受已学知识的限制大胆地猜测，并进行验证，往往会有意想不到的收获。在教师的正确引导下，久而久之，学生遇到问题就能自觉地去探索、去创造。

（六）探索规律，培养学生综合思维能力

中学化学里有许多分散的知识，在做“横向联合”时往往能找到一些规律。在教学中，善于总结和探索规律，是培养学生分析、综合等思维能力的重要途径。如初中学生都做过这样一道题：相同质量的镁、铁、锌分别与足量的稀盐酸反应，哪个产生的氢气多？学生们都能够通过镁、铁、锌与盐酸反应的化学方程式得出镁、铁、锌与氢气的质量比，从而得出镁与盐酸反应产生的氢气最多，其次是铁，最后是锌。通过这道题教师应该引导学生去分析：镁、铁、锌的相对原子质量分别是 24、56、65，它们与酸反应后表现出来的化合价都是＋2 价。从而总结出“化合价相同的金属元素，它们的单质质量相同时，与足量的酸反应，相对原子质量越小的金属与酸反应产生的氢气越多”这一结论。

四、AI 在化学教学中的应用

（一）个性化学习

AI 可以通过分析学生的学习数据，了解每个学生的学习进度、能力水平和学习风格，为他们提供个性化的学习计划和学习资源。例如，对于化学基础较弱的学生，AI 可以推荐更多的基础练习题和讲解视频，帮助他们逐步掌握化学概念和方法；对于化学能力较强的学生，AI 可以提供更具挑战性的拓展问题和实验项目，激发他们的学习兴趣和潜力。

（二）智能辅导与答疑

AI 辅导系统可以为学生提供随时随地的辅导和答疑服务。学生可以通过语音、文字等方式向 AI 辅导系统提问，系统会根据学生的问题进行分析和解答，并提供相关的知识点讲解和例题演示。此外，AI 辅导系统还可以根据学生的学习情况，为其提供个性化的学习建议和学习计划。

（三）实验模拟与虚拟实验室

化学实验是化学教学的重要组成部分，但由于实验设备和场地的限制，学生往往无法进行充分的实验操作。AI 可以通过实验模拟和虚拟实验室技术，为学生提供更加真实、安全、便捷的实验环境。如图 7－6 所示，学生可

以在虚拟实验室中进行各种化学实验，观察实验现象、记录实验数据、分析实验结果，提高实验操作能力和科学探究能力。

图 7-6 化学实验模拟与虚拟实验室

（四）智能评估与反馈

AI可以对学生的学习情况进行智能评估和反馈。通过分析学生的作业、考试成绩和学习行为数据，AI系统可以了解学生的学习进度和掌握程度，为教师提供个性化的教学建议和反馈。同时，AI系统还可以为学生提供及时的学习反馈和评价，帮助学生了解自己的学习情况，及时调整学习策略。

（五）技术融合赋能化学教学

1. AI与虚拟现实（VR）、增强现实（AR）的融合

AI可以与VR、AR技术相结合，为化学教学提供更加生动、直观的学习体验。例如，通过VR技术，学生可以身临其境地探索化学分子的结构和化学反应的过程；通过AR技术，学生可以将虚拟的化学模型与现实世界相结合，更好地理解化学概念和化学现象。

2. AI与大数据的融合

大数据技术可以为化学教学提供更加精准的教学支持。通过收集和分析学生的学习数据、教学资源的使用情况和教学效果等数据，教师可以了解学生的学习需求和困难，调整教学策略和方法，提高教学质量和效果。同时，大数据技术还可以为学生提供个性化的学习推荐和学习路径规划，帮助学生更加高效地学习化学知识。

3. AI与物联网（IoT）的融合

IoT技术可以为化学实验教学提供更加便捷、高效的管理和监控。通过IoT技术，教师可以实时监控实验设备的运行状态和实验数据的采集情况，及时发现和解决实验中出现的问题；学生可以通过IoT设备获取实验指导和实验数据，提高实验操作的准确性和安全性。同时，IoT技术还可以为实验教学资源的共享和管理提供支持，提高实验教学资源的利用效率。

概言之，AI融合赋能化学教学是未来教育的发展趋势。通过个性化学习、智能辅导与答疑、实验模拟与虚拟实验室、智能评估与反馈等应用场景，以及与VR、AR、大数据、IoT等技术的融合，AI可以为化学教学提供更加智能化、个性化、生动化的学习体验，提高化学教学的质量和效果。同时，技术融合赋能化学教学也面临着一些挑战，需要加强技术研发和创新，提高教师的信息素养和教学能力，培养学生的信息素养和自主学习能力。只有这样，才能充分发挥技术融合的优势，推动化学教学的不断发展和进步。

第五节　AI赋能信息技术教学

以计算机技术和通信技术为核心的信息技术（Information Technology，简称IT）的迅猛发展，已在全球范围内掀起了一场信息化浪潮。目前，信息技术正在改变人类的思维和行为方式，并在人类的经济、文化和社会活动中起着越来越重要的作用，成为决定人们生活、学习、工作质量以及提高国家综合国力的重要因素。随着信息技术应用的广泛普及和信息社会的到来，信息的获取、分析、处理、应用能力，将成为现代人最基本的能力和素质标志。因此，信息技术教学就构成信息技术思维，有着自身的特点和规律。

一、信息技术教学的思维特征

（一）提高思维效率

信息技术的先进性、综合性、灵活性、便捷性等特点，可以大大提高思维效率。人类依靠信息而生存，早在远古，我们的祖先就发明了“结绳记事”“烽火告急”“信鸽传书”等储存、传递、利用、表达信息的技术。一般地说对“信息技术”一词的理解可分为两个层次：广义而言，是指对信息进行采集、传输、存储、加工、表达的各种技术之和，强调的是对信息技术功能与过程的理解；就狭义而言，信息技术是指利用计算机、多媒体、网络、通讯、广播电视等各种硬件设备及软件工具与科学方法，对图文声像各种信息进行获取、加工、存储、传输与使用的技术之和，强调的是信息技术的现代化与高科技含量。信息技术的发展是由计算机应用技术带动起来的。网络技术的发展将计算机与现代通信技术紧密地结合在一起，标志着现代信息技术的新水平。至今为止，以计算机为核心的信息技术的应用的发展已经历了3个时代，即主机（或集中式）信息处理时代、分布式客户/服务器处理时代、网络处理时代。随着信息技术的快速发展，对人的思维提出的要求越来越高，需要人们不断地提高思维效率，以适应快速发展的信息技术。运用信息与信息技术不仅扩大人们的眼界，而且可以大大提高思维效率。

（二）思维过程全面信息化

“信息化”一词最早是与“信息产业”“信息化社会”联系在一起的。1963年，梅棹忠夫（日本）在《信息产业论》一书中首先向世人描述了“信息革命”“信息化社会”的诱人前景。此后，“信息化”一词在全世界得到广泛使用。而教育信息化又有力地推动了人们思维的全面信息化。教育信息化的本质是要创设一种充满信息，而方便教育者与学习者获取信息的环境。教育信息化的主要特点是在教学过程中比较全面地运用以计算机和网络通信为基础的现代化信息技术，促进教学过程的全面革新，使学校能适应信息化时代对教育的新要求。教育信息化有效地促进教学改革，提高教学质量。

教育信息化的内容是非常丰富的，包括教育思想、教师素质、教育资源、教学改革、教学模式、教育管理、教育环境等方面的“信息化”。概言之，信息时代对人才需求的焦点将集中在创造思维能力、终身学习能力、与人沟通能力以及社会责任感等方面；教育信息化的宗旨在于迎接信息时代提出的人才标准的挑战，其核心思想是将信息技术融合到教育过程中去，使教育不断地适应未来社会的需求。

（三）提升受教育者的思维信息素养

信息素养是指人所具有的对信息的检索、评价和应用进行识别、加工、利用、创新、管理的知识、能力与情意等各方面基本品质的总和。信息技术可以提升受教育者的思维信息素养。信息素养正在引起世界各国教育界的高度重视，并逐渐成为评价人才综合素质的一项重要指标。一般地说，信息素养的三要素包含：信息知识、信息能力、信息情意。

信息知识是人们在利用信息技术工具、拓展信息传播途径、提高信息交流效率中所积累的认识和经验总和，它是构成信息素养的基础。信息能力是人成功地进行信息活动所必需的个性心理特征，它是构成信息素养的核心，包括显在能力与潜在能力。信息情意是人们对信息技术的态度、情感与道德规范的总和，它是形成信息素养的重要动力。

信息素养具体可表现为人们的信息能力，即运用信息工具高效获取信息的能力；熟练、批判性地评价信息的能力；有效地吸收、存储、快速提取信息的能力；运用多媒体形式传达信息、创造性使用信息的能力；将以上一整套驾驭信息的能力转化为自主、高效地学习与交流的能力；具有信息免疫能力；学习、培养和提高信息时代公民的道德法律意识与社会责任。可见信息素养作为一种高级的认知技能，同批判性思维、问题解决能力一起，构成了学生进行知识创新和学会学习的基础。

（四）信息技术对教育思维产生全方位的影响

1. 信息技术教育的蓬勃发展加速了学校“三个面向”的进程和促进学生思维素质的提高。信息科学与技术不但是现代科学技术中最活跃的一个领域，而且是所有尖端科学技术从产生到进入教育领域的时间最短，发展最快的一个学科。目前，国内高等院校除了设置计算机科学与技术或相关专业外，都已开设了计算机基础（信息技术）作为公共必修课程，越来越多的普通中小学校也逐步开设了信息技术课程，使信息技术教育成为现代学校中重要的教育内容。这不但加速了学校“三个面向”的进程，大大改变了学校教育面貌，也为培养广大青少年的信息素养奠定了坚实的基础，有力促进了新一代人才的成长。

2. 信息技术在教育领域的广泛应用改变着教育思维训练的面貌。目前，在国内外各级各类学校和教育领域的各个方面，信息技术都得到广泛的应用。特别是在计算机辅助教学（CAI）、多媒体教学及网络系统的开发应用基础上，信息技术与各个学科整合的发展，使教育逐步走向信息化，对改变教育管理决策管理、教育教学模式和人才培养方式，提高教育教学的质量和效率起着强有力的推进作用。同时，网上教学、网络学校的诞生和发展，不但开辟了学校教育教学交流的新渠道，开创了远程教育的新局面，逐步建立起以现代信息技术为依托的终身教育体系，而且也成为第三代远程教育的主要特征。

3. 信息技术的发展正在引起一场深刻的教育内容与思维方式革命。首先，从教育体系上讲，现有的教育体系是以工业社会的需求为基础建立起来的，它已经不能满足信息革命和信息时代对人才的需求，必须进行革命性的改革。其次，以计算机技术和通信技术为核心的信息技术对教育教学的改革实践的巨大推动，有力地促进了人们的教育思想、教育观念、教育模式、内容和思维方式方法的变革，越来越深刻地改变着人们的学习方式和教育形式，这些都不可避免也无法阻挡地引发新的教育理论的探索和建构，从而促成新型教学模式的构建、促进创新教育的全面实施、推动教育科研的开展。

二、信息技术教学的思维活动

美国教育技术CEO论坛认为，通过把数字技术与课程整合的方式，将数字化内容有效地与课程整合，创造数字化的学习环境，把数字化资源和数字化学习方式纳入学生的学科课程学习过程中去，学校才能有效地运用信息技术的各种不同形式，实现对信息技术的充分运用，使学生能够用合作、富有创意和生动的方式进行学习，从而达到培养学生创造精神和实践能力的教育目标。

（一）计算机技术构成思维活动的全过程

在信息技术课程教学中重视对学生运用信息工具能力的培养，是提高学生信息素养的一个重要方面。一是重视计算机操作能力的培养，对学生的思维能力、创造能力的培养起着重要作用；二是重视信息工具运用能力的培养，包括学会使用电子邮件、新闻组、IRC实时聊天、MOO虚拟环境等因特网上的工具与老师就作业、任务和有关问题进行交流；掌握利用Web浏览器和搜索引擎工具、在线图书馆目录、杂志、报刊索引、全文电子资源的功能，从多种信息资源中检索和获取信息。三是利用FTP资料库下载和上传数据、文档，利用电子表格的数据库统计数据，利用文字处理工具的剪贴板的功能引用他人的数据和资料，并记录他人资料的出处。四是利用字处理、图像处理、电子表格、桌面出版、演示软件、HTML（超文本标注语言）和Web网页制作工具来创建文档、图像、图表、讲演稿和Web网页。这样就可以使学生在掌握运用信息技术的过程中得到思维能力的培养。

（二）网络技术贯穿于信息思维活动之中

基于网络环境条件下的信息化教学模式有了许多新的发展，先后产生了情景化学习、探究学习、认知工具、案例学习、虚拟学社、协同实验室等学习模式，下面将分别进行介绍。

1. 情景化学习（Situated Learning）

情景化学习是当前盛行的建构主义学习的主要研究内容之一，它利用信息技术手段创设接近实际情景进行学习，可以利用生动、直观的形象有效地激发唤醒长期记忆中的有关知识、经验和表象，从而使学习者利用原有的认知结构中的有关知识与经验去同化当前学习到的新知识，赋予新知识以某种意义（见图7-7）。情景化学习模式主要有认知学徒、抛锚式学习等。认知学徒模式是一种教学法，非常有助于培养学生的认知技能即解决问题的能力。常见的认知学徒模式教学法有四种类型。

图 7－7　情景化学习（Situated Learning）

2. 示范法（Modeling），教师演示典型问题的解法，学生认真观察

教练（Coaching），学生尝试解决问题，教师观察和发现问题，并随时给予指正。

支架法（Scaffolding Instruction），教师和学生一起解决问题，教师起着“支架”作用（提供帮助）。视学生能力进展，教师应逐渐减少帮助，直至完全撤去“支架”，放手让学生自行解决问题。

其中教师的作用可以由智能代理实现，也可以在网络上由教师通过适当的教学通信工具来提供示范、教练和帮助。

抛锚式学习（Anchored learning）是将教学“锚接”于有感染力的真实事件或真实问题的求解环境中，让学生在其中去感受、去体验，充分发挥学生的“自主学习”能力和“协作学习”能力，从多角度对其中的问题进行持续的求解，并系统地解决一系列相关的问题。

3. 探究学习（Inquiry Learning）

探究学习是让学生利用系统的信息服务功能，通过信息的收集和推理之类的智力活动，得出预设（通常由教师所给）问题的答案。

4. 案例学习（Case Studies）

案例学习系统为学生提供一种丰富的信息环境，系统中包含从实际案例中抽取的资料，让学生以调查员的角色去调查案情（犯罪案件、医疗事故、交通事故、道德伦理问题等），通过资料收集、分析和决策，得出问题的结论。

5. 虚拟学社（Fictitious study group）

虚拟学社利用网上群体虚拟现实 MUD/MOO 支持实时或异时的学习交流。公告牌（BBS）、新闻组（Newsgroup）、聊天室（Chat）、电邮列表（ListSev）是一些比较经典的虚拟学社支持工具。MUD/MOO 是 20 世纪 90 年代中期才开始在网络上流行起来的多用户异步通信系统，MUD 代表虚拟的多用户空间（Multi-User Dimension），MOO（Multi-User Dimension Object－Oriented）是一种面向对象的 MUD，它通过对由 MOO 对象构成的核心数据库的共享来向用户提供虚拟社会环境。MOO 提供实时在线通信，对每一个“房间”设置一个议论主题，使得用户能够在一个同概念空间中进行交互和协作，它的功能由原先的支持虚拟社会中的交际活动逐步转向教育和研究工作，给网上合作学习提供了新颖而有效的手段。

6. 协同实验室（Collaboratory，简称 Collab）

网上协同实验室是对真实的实验环境和虚拟实验平台的集成，它实现了基于网络的问题求解过程。在协同实验室中，学生可以同学习伙伴一起设计实验，并通过模拟软件观看实验效果。直到他们认为方案成熟，就可以转移到真实的实验环境中完成实验，以验证真实的情况。网上协同实验中的学生组成一个学习小组，所有的学习小组构成一个学习型社会，学生的所有的行为都会被系统记录，以供进一步研究找出最佳学习路径或分析实验中的交互行为，教师在实验过程中监控每一个成员的表现和实验结果。

三、信息技术教学的思维训练

（一）训练学生信息技术思维的创新能力

1. 教师应注重培养创造性的人格特征

创造性人格特征是创造力的基础，它体现为观念的灵活、个人的独立性和科学的价值观。为了培养学生的创新个性必要时可以采用分层次教学的方式，或采用“个别指导模式”对学生实施个别化教学。

2. 通过培养学习兴趣来激发学生的创造性思维

兴趣是求知的起点，也是创造性思维的一种动力。学生的学习兴趣和欲望，总是在一定情景中发生的，并在他们的创造欲望得到充分满足时，学习兴趣才能进入最佳状态。教学中适当地采用“教学游戏”、“模拟训练”或“虚拟实验室”等模式，引导、激发学生的学习兴趣，促进学生去积极思考，并取得成功，同时学生的成功也将不断地激发他们的创新动力。

3. 通过解决问题促进学生的创造性思维

解题是教会学生分析问题，以及培养他们创造性思维习惯的一条有效途径。学生要正确解题，必须有一个观察、思考、探索的过程。在这个过程中，学生通过亲身的实践改变着他们的思维习惯，真正学会怎么样思考和解决问题，因此在教学过程中，教师要有意识地设计解决问题的过程，充分展示解决问题的思维活动过程，尽可能地为学生创造动手、动脑的机会，以激发学生的创造性思维。教师应引导学生对问题进行多角度考察、多途径探讨，既有助于学生对知识的建构，又有助于训练学生的思维的发散性、创造性，培养其创新能力。在教学中采用适当的“问题求解”软件，引导学生在解题过程中应用所学的知识去获得新知识和创新能力。

4. 采用说理性问题和扩散性问题引导学生

说理性问题，其典型形式是“为什么?”它的目的是要求学生能说明理由，找出问题的关键。它不仅能训练学生的记忆力还能够训练学生的逻辑思维和创造性思维能力，由于此类问题的答案唯一性还可以训练学生的集中思维能力。扩散性问题，其典型形式是：问题是如何提出的？解决这个问题有什么意义？应从何处着手？可以使用哪些基本方法？其理论和实践根据是什么？最后得出什么结论？它的意义及适用范围的条件是什么？尚待解决的还有哪些问题？等等。教师提出这些问题，追求的目的不是唯一正确的答案，而是让学生产生更多种独创的想法，从而提高学生的创造性思维能力。使用“模拟训练”“咨询”或在网络环境下的研究性学习模式等，就能较有效地达到以上教学目的。

5. 根据每个学生的思维特点进行训练

就思维的特点而言，存在以下两种类型：记忆型和创造型。针对记忆型的学生要注意加强创造性思维、扩散性思维的训练；而对创造型思维特点的学生要依据其擅长思维的特点，进行弥补训练，使得集中思维和发散思维两方面能力都得到提高。智能导师系统能够判断它所教学生的学习思维风格，提出有效的针对性训练措施。

6. 引导学生进行创造性的学习

教师在教学中要注意启发学生独立思考，使学生运用所学的基本概念、理论、定理，结合新旧知识提出自己的见解，培养学生创造性学习的好习惯，也是促使学生去积极思索、钻研的最好方法。此外，充分利用实验课、采用“小课题”式研究方式或利用在网络环境下的研究性学习模式，放手让学生进行研究性学习，都能较有效地培养学生创新精神和实践能力。

7. 让学生在自主学习、协作学习中培养和发展创新能力

自主学习和协作学习，实际上就是学生独立探索知识的过程。在这个过程中，学生的思维最奔放、活跃，也最容易发挥学生的创造能力。因而自主

和协作学习已经逐渐成为现代教学中的重要教学形式和方法。例如，网上协同实验室可以为学生提供了良好的自主学习和协作学习的学习环境。

8. 注意发现和保护学生的直觉和灵感

直觉和灵感都是突发性、对人的思想触动较大的意识活动。尽管它们产生于一瞬间，但是却有着深刻的思想基础——丰富的生活经验和一定的理论知识，而且往往都是长期思考的结果。尽管它在形式上有些离奇，但本质上是科学思维的一种方式，即一种特殊的联想方式。教师要善于利用现代信息技术手段注意观察、记录和分析，发现学生产生的这类思想火花，并注意保护和引导，使之闪亮发光。

概言之，培养学生的创新能力就是要努力培养学生的创新观念和意识，利用现代信息技术所提供创造性的环境，并在此基础上发挥他们的创造性技能，让学生形成思维的或物化的“创造性产品”。

（二）使用认知工具训练创新思维

认知工具是指那些能够帮助学习锻炼思维能力的软件系统，可以起到这种作用的软件很多。值得一提的是，一种所谓概念映像（Concept Mapping）的工具是专门用来建立“概念地图”的。“概念地图”实际上是语义网络的可视化表示，图中有许多结点，结点之间的关系用加语义标记的连线来表示。如有一个叫作“灵感”的概念造像软件很受教师欢迎，可让学生把课程中的所学知识元素按语义建立关联，有助于知识的系统化。网上资源、工具软件与网络平台的综合应用可以更好地促进创新思维的培养。

1. 互联网环境下开展研究性学习，可以更好地促进创造思维环节，即发散思维的培养。发散思维也叫求异思维，是指从同一来源材料探求不同的答案的思维过程。发散思维强调思维的内容和思维的成果与传统观念或与原有的概念不同，甚至相反，发散思维有利于提出各种设想。创造性是发散思维的质的标志，是流通性和变通性的结果。因此，一般认为，发散思维是创造力的核心。互联网的特点是共享资源极其丰富，它使学生的视野不再局限于书本的内容，这样可以培养学生在掌握充分的知识之后，敢于大胆地提出自己观点的创新精神。

2. 在互联网环境下开展研究性学习，有利于培养学生的创造性思维环节二和三，即直觉思维和形象思维。人类思维的基本形式通常就有逻辑思维、形象思维和直觉思维三类。事实上，创造性活动中的关键性突破（灵感或顿悟的形成）主要靠形象思维（尤其是创造想象）或直觉思维。形象思维的基础是观察能力、联想能力和想象能力（包括再造想象和创新想象），直觉思维具有整体把握、直观透视与空间整合、快速判断的特点。在这方面教学工具软件较多，典型的如几何画板可以辅助学生对一些几何问题和力学问题进行研究与探索，电子表格软件、统计分析软件等可以帮助学生从大量的数据中发现问题、研究问题并寻找结论；此外，网络虚拟实验环境也可以提供一些学生在现实中无法体验的情景，通过网络进行一些虚拟的科学实验，辅助学生进行探索与思考，使学生通过亲身体验培养直觉思维和形象思维。

3. 在互联网环境下开展研究性学习，有利于培养学生的创造性思维，即辩证思维。辩证思维（即辩证逻辑思维）是指运用唯物辩证观点来观察、分析事物，尊重客观规律，重视调查研究，一切从实际出发，实事求是；能用对立统一的观点看问题，既看到事物之间的对立，也看到事物之间的统一，还要看到不同事物在一定条件下可以互相转化，既要看到事物正面，也要看到事物的反面，能从有利因素中看到不利因素，也能从不利因素中看到有利因素，概言之是两点论不是一点论。网络平台使学生与学生之间、学生与教师之间、学生与专业人员之间进行交流，互相从问题不同的侧面进行辩论与讨论，可以使学生进行充分的调查研究、探索事物的来龙去脉，更加全面地认识问题。

第八章 AI赋能艺术教学模式

现代社会对于“艺术教育”这一概念，有着两种不同的含义和内容。一是狭义的艺术教育，是通过文艺作品的欣赏品评和文艺创作技巧的传授，培养出作家、艺术家和文艺研究者，如各类艺术院校正是如此。二是广义的艺术教育，它淡化了以往知识教育、技能教育，重视培养学生自我思考、自我设计、自我选择的能力，从而转向全面发展和身心塑造。我们这里研究的艺术教育有别于狭义的专业教育，虽然在教育媒体和手段上也让受教者进行作品的欣赏和技巧的训练，但其目的却不在于培养作家、艺术家，而是陶冶人格。

本章聚焦艺术教育的AI训练。首先对艺术教育进行概述，包括艺术教育的概念、艺术教育思维及其结构，以及艺术创造思维。接着分别从音乐和美术教学展开，涵盖音乐教学的听觉、多元和创造思维训练，以及美术教学的视觉思维和创意训练。最后阐述了AI赋能艺术教学，介绍了AI在美术和音乐教学中的作用、多模态AI技术的优势以及相关工具的挑选与使用。

第一节 艺术教育概述

本节我们将讨论艺术教育的功能、艺术教育思维概念、特征及其改革。

一、艺术教育

（一）艺术教育

艺术教育是通过文学、音乐、美术等手段和内容，对人进行培养和熏陶，使人具备正确的审美观和感受美、鉴赏美、创造美的能力与素质的审美活动。它以其鲜活独特的内容和形式，通过培养人的能力、提升人的境界，实现为新世纪造就高素质人才的目标。艺术教育是一种充满活力又独具特色的教育形式。艺术教育在最终目的上与普通教育（如学校教育）是一致的，即培养在德、智、体、美等方面具有较高素质的人才。从这一意义上说，它可以作为普通教育的组成部分。从另一方面说，艺术教育在教育手段和局部目的上又具有特殊性，它以文学艺术欣赏的感悟和文学艺术创作的操作训练为主要手段，直接目的是培养人的艺术能力和艺术境界，由此过渡到普通教育的最终目标。从这一意义上说，艺术教育本身就是一种教育手段和媒介。因此，它又成为普通教育的一种特殊形式。

（二）艺术教育功能

广义艺术教育的功能具体表现在：第一，艺术教育可以提高学生的思想道德素质。艺术教育的特点就在于它不是强迫的，而是通过艺术活动调动人的兴趣，打动人的感情，让人愉快地受到教育。艺术教育能帮助青年学生明是非，知荣辱，辨善恶，识美丑。在这方面，艺术教育的道德教化作用是其他教育所不能替代的。学校实施艺术教育，可以使学生潜移默化地受到思想道德品质教育，树立正确的审美观，形成科学进步的人生观、道德观，从而塑造健全的人格和健康的个性，促使大学生全面和谐地发展。第二，艺术教育可以促进学生思维能力的全面发展。我们知道，科学主要是运用逻辑思维方式认识世界，而艺术主要是运用形象思维认识世界，两者相通且缺一不可。艺术的形象思维对科学逻辑思维有重要的促进作用，它可以帮助科学家建立理论模型和形象类比，并促进科学思维中的形象组合联络，保持自由与和谐的创造思维情绪。只有把两者结合起来才能形成高质量、高素质的健全的思维。要健全思维，提高智力素质，必须通过艺术教育。艺术教育是培养学生想象力的最佳途径之一，能促进学生的创造思维能力。第三，艺术教育可以增强学生的身心素质。面对竞争日益激烈的社会，健康的心理对当代学生显得尤为重要。艺术教育可以通过愉快、轻松的艺术形式来改变和调节人的情绪状态。艺术教育可以使学生获得表达、交流成功经验的机会，丰富自我表达的内涵，满足自我表达的需要，增强情感交流和人际沟通的能力，有助于发展他们的自尊、自律、合作和自我激励能力，而这些正是在社会生活中获得成功所需要的。第四，艺术教育有助于提升校园整体文化品位。通过开展丰富多彩、内容充实、具有艺术性、健康高雅的校园文化活动，可以使学生在课堂上学到的艺术知识得到实践和应用的机会，在教与学之间形成一种良性循环，形成学术气氛与娱乐气氛相融洽的文化氛围，使之更好地发挥校园文化启迪思想、净化灵魂、增强智慧的功能，为培养复合型人才打下坚实的基础。可见，艺术教育是具有审美、非审美两个层面的教育，教育学生的知识文化、思想道德、审美素养、实践能力等审美、非审美的多方面综合素质可以得到全面培养和训练。由于艺术教育的非审美功能溶解于审美功能之中，而带有情感性和形象性，所以其感染力、吸引力、渗透力更强。

（三）艺术教育的发展方向

许多国家都有专门的艺术教育标准，用法律的形式强化艺术教育。从许多国家的标准和实践看，能够为我们所借鉴的，大致有如下几点：一是艺术教育对象的普及化。把艺术教育作为义务教育中一项必不可少的内容，纳入教育计划；二是艺术教育目标的整体化。从提高学生整体素质的高度，提出艺术教育"真正重要的是要唤起创造的热忱，帮助人们提高到一个更高的生活水平"；三是艺术教育的多元化。实施艺术教育多渠道、多层次，主要有艺术学科教学、渗透性艺术教育，即在语文、数学等学科教学中渗透艺术教育、课外艺术教育活动等；四是艺术教育的个性化。所谓个性化，就是重视学生的个体差异，注重因材施教，充分开发学生艺术创造潜能；五是艺术师资的专业化。艺术师资都要经过专门培养，取得高等艺术教育资格。

艺术教育是为全体学生的，不论其背景、天赋或残疾，都有权享受艺术教育。艺术有助于学生理解和辨别充满形象与符号世界。要求每个学生了解什么是艺术？艺术家如何工作，他们运用什么工具？传统的、通俗的和古典的艺术形式是怎样互相影响？艺术对自己、对社会的重要性何在？在寻找这些答案的过程中，学生要逐步理解每门艺术学科的本质，以及赋予每门艺术学科生命力的知识和技能。

艺术的心智方法与科学发现、技术开发的思维过程相仿；科技不仅是改造经济的力量，还是推动艺术的动力；艺术能够启发学生认识和运用科技手段与达到理想目标之间的关系。学生必须学习视觉艺术中与各类作品相联系的语汇和概念，必须能够运用视觉、口头和书写形式展示自己的能力。帮助学生通过广泛的材料、符号、形象和视觉表现，学习视觉艺术的各种特性，反映他们的观念、感受和情绪，评价他们的艺术学习成果。

学校艺术教育发展的根本宗旨：一、建立全面、透彻、坚实的知识和技能体系；二、明确艺术教育对学生全面发展和建设中国特色社会主义文明社会的作用；三、强调学科的合理联系，力求实现整体教育；四、把艺术产生的历史、文化、民族背景作为艺术课程的基础，强调艺术教育的文化多样性；五、强调现代科学技术的有效运用，准确理解技术手段、艺术技法和艺术追求之间关系；六、为艺术教育的实施及评估提供严肃的学术准绳和成就衡量尺度。

二、艺术教育思维

（一）艺术教育思维概念

艺术教育思维就是指在艺术教育活动中，形象思维与抽象思维和灵感思维经过复杂的辩证关系构成的思维方式，他们彼此渗透，相互影响，共同构成了艺术思维。其中形象思维是主体，起主要作用。不同的艺术种类、风格、流派、都是艺术思想的传达。高尔基说“艺术靠想象而生存”，每件艺术设计作品，无论是感性还是理性都传达着作者的思想情感。这就是艺术教育思维的共性。也许我们不懂凡·高《向日葵》的色彩，不懂莫扎特未完成的《安魂曲》的旋律，只有他们自己才能对自己作品传达的思想真正了解。这个思维过程将受到各种因素的制约。但是，无论凡·高还是莫扎特的作品，都是审美的传达和思维的表述。

（二）艺术教育思维特征

1. 通感性

艺术通感又称通觉、联觉、移觉或连带感觉，是指在各种艺术符号的流动中，从感知、表象到意象的审美体验的心理过程。艺术思维的通感就是一种在艺术活动中以直觉思维为其基本心理机能，以感情为其心理动力，表现艺术思维主体人格、心境、意绪的一种统觉性、整体性、创造性的审美力。所以，艺术思维通感应当是一种艺术创造的能力。艺术思维通感的能力越强就越能敏感地把握形象的特征，领悟感性思维之间的艺术通感点，从而作艺术真实的描绘，创造无限的艺术想象空间。对于艺术接受者而言，其艺术思维通感能力越强，就越能在接受过程中与作者达到心灵的沟通，领会作者创造的意义，从而建构自己的艺术人格。所以，艺术思维通感能力的提高是审美能力提高的一个重要标志和体现。它可突破人的思维定式，深化艺术思维，化无形为有形，化抽象为具体，使艺术符号流动起来，并产生高层次的审美体验。

2. 叠加性

艺术教育思维是对现象和本质两方面进行双重加工，加工的重点在感性形式上，遵循的是个性的情感逻辑。前者用共性概括个性，后者用个性显示共性。前者是自然作用于人的精神，后者是人的精神作用于自然。艺术教育思维特有的叠加，使感性形式和理性内容均发生变化，从而形成新的审美形象统一，教育学生的知识文化、思想道德、审美素养、实践能力等审美、非审美的多方面综合素质可以得到全面培养和训练。我们以对一个椅子的设计为例来说明这种叠加。在教会设计椅子之前，学生获得了如下信息：A. 人们正需要一种造物，可以满足“坐”（有时可能是“躺”）的需求；B. 这种造物必须让人在生理上感到舒适；C. 此造物应符合一类人的文化心理；D. 这一造物须被安置在恰当功能空间中。首先，根据第一条命题的规定，我们通过逻辑思维得出这样的推论：应该设计出一种有一承重面一支撑体或有多承受面多支撑体的造物；其次，通过第二条命题，我们推导出了需要一种符合人体工学的一承重面一支撑体或多承重面多支撑体的造物；第三条命题则进一步使教学走向对造型和色彩的形象思考中去；而在最后一条命题中不难发现，这种艺术教育思维最终结果必然会要求一种实用的、体现功能的、在一定条件下体现文化内涵的、多联系的造物。如果我们缺乏演算系统推论的话，习作者所创造的椅子很可能存在着过于感性的因素。换句话说，当没有逻辑演算参与形象的创造时，人的感性很难以规律的形式体现，符合功能和审美造型原则的概率是很小的。这就会得不偿失。所以，建立了演算系统的艺术教育就有了产生造型推理规则的可能性。同理，艺术教育如果在色彩领域运用逻辑思维进行演算推理一样可以掌握适当的色彩规律，尽量避免了视觉或感觉带来的误差。当然，从艺术的角度说，形象是艺术作品的基本特征，没有了形象，艺术教育就没有了思维载体和表达语言。

3. 灵动性

艺术教育思维涉及思维科学的新问题，即研究对象的灵动思维。灵动思维往往是创造的原发地，是潜意识阀门开启后诱发涌动的灵感。无论迈克尔·杰克逊（Michael Jackson）喧嚣的现代MTV，还是达·芬奇神秘奇韵的《蒙娜丽莎》，都蕴藏着灵动的形影，这是超越正常知觉之外的超视波、超声波、超嗅波、超味波、超触波。这种潜波作用于潜意识，以其敏感和善藏，成为五官、五感的微妙补充。这些震撼心灵的艺术品正是有了这么多奇特成因，引发艺术教育者和受教育者的极大兴趣和关注，成为艺术教育过程的心灵之魂。

三、艺术教育思维结构

艺术教育的思维活动，是三个联系在一起的基本的运转结构。它们分别是艺术印象结构、艺术表象结构和艺术图式结构。

（一）艺术印象

感觉本身并不是艺术思维，它必须通过印象才能上升为思维。人脑感觉艺术作品之后，在其头脑便产生记忆性印象，甚至指挥控制自身的人体动作来扩大、加深记忆印象。感觉与记忆印象不可分割地联系在一起，成为艺术认识的基本方式。这有点像“印象艺术”，如起源于19世纪后期的“印象派绘画”，其特点是主张画家户外写生，根据观察和感受，捕捉阳光下自然景色瞬息万变的印象，突出自然色调的美，其中代表作品为法国莫奈的《印象·日出》。再有“印象派音乐”，强调音响和音色的明暗层次，在配器上力图纤细精致。主要代表人物为法国作曲家德彪西，他的管弦乐曲《大海》与莫奈的《印象·日出》有着异曲同工之妙。张艺谋等人的《印象·刘三姐》也带给我们一种完全不曾经历过的感觉：红色、绿色、蓝色、金色、银色，不同色彩引领着不同的主题，每一幕都有其独到之处和神来之笔。如“绿色家园”中的牧童放牛、“蓝色情歌”中的水边浴女、“金色渔火”中的蓑衣鸬鹚，都极具民族风情。当牛群漫步在水中的田埂，新娘沐浴后穿起嫁衣，远古的渔火满江闪烁，一连串扑面而来的印象，都会让人新奇地睁大了双眼。人们面对《印象·刘三姐》，常常获得新鲜的、无法取代的、最有生命力的直观感觉。演出中，虽然没有真正的刘三姐，也看不清演员的面部表情，但我们已经用图像和色彩在头脑里构图，“印象”二字不是编导者强加给观众的，而是由观众自己“悟”出来的，一百个人看就有一百个“刘三姐”，这些“印象”成为我们艺术教育思维的基础（见图 8－1）。

图 8－1　《印象·刘三姐》

（二）艺术表象

艺术教育思维的第二层面是表象结构。表象结构在引发形象思维时起着特殊的桥梁作用。在印象的基础上形成的具有一定概括性的形象，是事物不在面前时，人们在头脑中出现的关于事物的形象。从信息加工的角度来讲，艺术表象是指当前不存在的物体或事件的一种知识表征，这种表征具有鲜明的形象性。例如，我们看过《印象·刘三姐》后，头脑里可能浮现“银色盛典”的场景——200 名苗族少女身着银灯盛装，掩映在浓浓夜色的岸边，曲折的栈桥魔术般地浮出水面，少女沿桥款款走向水中央，衣上的银灯逐一点亮，随着悠扬的乐曲，少女的银灯忽隐忽现，快速交替，呈现电影特技般的效果……这些由艺术语言在头脑里构成的图案就是艺术表象，艺术表象具有形象性、概括性，是通向艺术圣殿的桥梁。艺术教育思维运用本门类艺术的语言和表象进行思维活动，否则艺术教育思维就无法进行。

（三）艺术图式

艺术教育思维活动的第三层面是图式结构。图式的心理学意义，不同的心理学流派都有一些论述，最突出的是瑞士儿童心理学家皮亚杰的发展心理学。皮亚杰理论体系中的一个核心概念是图式。他把图式看作是心理活动的框架或组织结构，是认知或思维结构的起点和核心，或者说是人类认识事物的基础。因此，图式的形成和变化是认知或思维发展的实质。

皮亚杰说："图式（Schema）是指动作的结构或组织，这些动作在同样或类似的环境中由于重复而引起迁移或概括。"这个定义较为简练，准确把握其意思有一定难度。按照皮亚杰的观点，图式就是主体对于某类活动的相对稳定的行为模式或认识结构。在皮亚杰那里，图式与行为模式、认识结构是同等的概念。

艺术思维都是建立在图式基础上的，图式是不断生发的，而原生态的图式来自遗传。图式经加工、提炼、组合，将那些个别的非本质的不重要不突出的东西去除掉，把事物特有的普遍的重要的本质的属性保留下来，构成简要、概括、抽象的图式，这就是艺术符号。如绘画以线条、形状、色彩、色调等艺术语言，构成绘画形象；音乐以有组织的乐音、旋律、节拍、速度等艺术语言，构成音乐形象；建筑以空间组合、形体、线条、色彩、光影、质感和装饰等艺术语言，构成建筑形象；工艺美术以质材、造型、色彩、装饰等艺术语言，构成工艺形象；电影以画面及画面的组接即蒙太奇，构成电影形象等，这些艺术图式的类型有写实的、夸张的、隐喻的和象征的几种。艺术图式以表现内容为目的，同时也具有独立的审美价值。艺术图式一旦形成，艺术教育思维就进入了一个更高级的阶段。

四、艺术创造

人脑中最初的艺术图式一般来说还是比较粗糙的，这些粗糙的图式再经过逻辑结构的加工，就可以变得更精细更准确，更符合客观事物的本质属性。逻辑结构是人脑中艺术符号的加工厂，粗糙的符号经它加工后就会变得准确精致，模糊的符号经它加工后就会变得清晰，旧的符号经它加工后就会变成新的概念等等。概言之，逻辑结构通过对艺术符号进行思维运作后，能够产生新观念新认识，使人们对艺术世界的掌握与认识更全面更精细。

在艺术教育活动中，形象思维升级为理性思维也是右脑转移左脑的过程。如果人的右脑就此完成交班任务，那么，人就停留在左脑时代。如果我们要升华到艺术创造阶段，就必须重新开发右脑，将艺术符号回归图式，并与图式再次结合。

艺术符号是艺术教育的核心内容。它不但能通过语言表现出来，再作用于人的感官，完成艺术教育思维的大循环，而且能直接通过一个与抽象结构有相反意义的思维结构——想象结构还原成或塑造成新的图式。为了与从客观事物刺激感官得来的图式有所区分，由艺术符号通过想象结构得到的图式，我们一般不再叫图式，而叫艺术意象。艺术意象虽然也是一种艺术图式，但它却是通过想象得到的，这就是艺术创造（见图 8-2）。

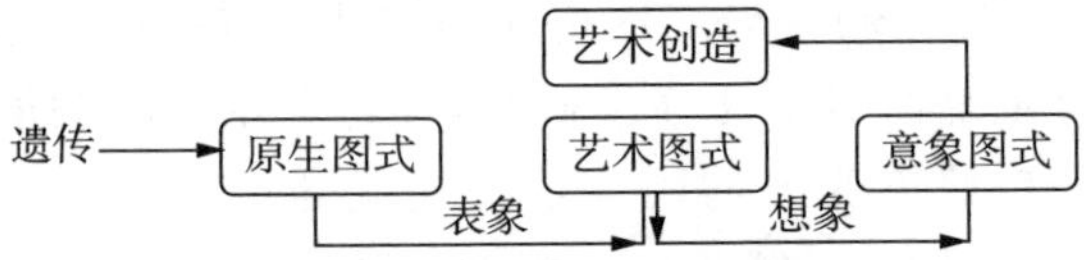

图 8-2　艺术创造过程

艺术创造的根本是产生新的艺术图式，因为艺术创造一般是不可能在逻辑和中性经验的推动下一步一步地前进，而是像格式塔转变一样，要么一下子出现，要么什么都没有。思维图式的产生具有无意识性的特点。如果我们问一位做出杰出贡献的艺术家这样的问题："请告诉我，你解决这个问题时是怎样想的，都想了些什么。"艺术家们很可能就会说："我自己也不知道问题解法是怎样找到的。"历史上很少会有哪位艺术家把他在研究过程的思路详细地陈述出来或记录出来。究其缘由是因为艺术图式的产生不是意识控制的结果，它是一个突发的过程。

在这个过程中，想象成为艺术图式和意象图式之间联系的桥梁。艺术图式将艺术表象转化为艺术符号，实现形象思维到理性思维的转化；而想象却正相反，它将艺术符号转化为意象，完成由抽象思维到形象思维的回复。就在这一往一复之间，人的艺术思维又向前跨进了一大步，构成了一个内在的向前发展的循环。这个内在的向前发展的循环就是创造性思维结构，是艺术创造的核心系统。在美术的范畴内，意象的回归不是艺术符号原封不动地照搬，而是再次的提炼、概括、浓缩、强化，再次的剪裁、取舍、夸张、想象甚至错位。抽象思维到形象思维的表现是最简单省力的，也是最复杂费力的。从理论上讲，这种回归是人为的主观意识，因此意象画最好画，只要会拿笔，只要画得怪，都可以称之为意象画。现今无论是国内还是国外，都有相当数量的人热衷于意象艺术，看似艺术繁荣，其实并不尽然，因为在这诸多的主张意象的画家中，有才气的画家视意象艺术为最美但又最难画，其中包含的艺术内涵太丰富，难以表现得有"理"有"术"。毕加索终生喜欢画牛。年轻时他画的牛体形庞大，有血有肉，威武雄壮。但随着年龄的增长，他画的牛越来越突显筋骨。到他八十多岁时，他画的牛只有寥寥数笔，乍看上去就像一副牛的骨架。那些牛的外在的皮毛、血肉全没有了，只剩一副具有牛的神韵的骨架了（见图 8-3）。

毕加索的意象舍弃了事物无关紧要的东西，保留其主要特征，也就是说，毕加索的艺术符号摆脱了事物原有的图式，上升到创新的领域。

图 8-3　毕加索的意象图

第二节　音乐教学思维训练

以美育为基本属性的音乐学科，在其教育、教学形式与过程中，与其他学科有着显著的区别，那就是：淡化教育活动中那种赤裸裸的知识传递过程，代之以师生双方主动投入、互相吸引的情感交流活动，并视这种活动本身为教育目的之一。

一、音乐教学思维概述

（一）音乐教学思维的原则

音乐教学作为审美教育的一种方式和手段，有着与一般学科不同的教学方法。主要体现为：从感性入手，以情动人，以美感人，重视教育的潜效应。概括地说，它遵循着下面一些原则：

1. 参与性原则

音乐教学的参与原则的基本含义是：在音乐教学过程中，教育者创设良好的音乐艺术与教育氛围，尽可能地激发学生积极主动地、全身心全方位地参与音乐实践活动，从而使他们获得音乐审美体验。对于中小学生而言，在一定程度上，音乐艺术主要还不是一门知识，而是一种内心体验，一种音乐审美愉悦的体验，而没有亲身参与到音乐活动之中的人，是不可能获得这样一种体验的。因此，音乐教学过程应该是一个在教师启发和指导下学生参与体验音乐的过程，没有学生主体的参与，就难有真正的音乐教学。

音乐艺术在很大程度上说就是那种“只能意会，不可言传”的东西，仅凭教师口头传授，而没有学生的亲身参与和体验，哪怕是音乐知识、音乐技能技巧，学生也是很难真正理解和掌握的，更不用说对音乐作品的欣赏与再创作了。只有当学生参与到音乐活动之中，与音乐融为一体，自己主动地去探寻、领悟、体验时，对音乐知识技能的真正理解和掌握，特别是对音乐的欣赏与创造，才会成为可能。

贯彻参与原则进行音乐教学，要求教师尽量地把音乐教学过程设计成一个个有利于学生主动参与的音乐活动，包括音乐鉴赏活动、音乐表现活动、音乐创作活动等，同时将有关的音乐基本文化知识内容融进音乐活动之中，让学生顺带地学习。在音乐教学的活动中，要确保学生在活动中的主体地位，学生是活动的主角而不只是观众，教师是策划人和欣赏者而不是裁判员或评委。教师应为学生的参与活动创造良好的物质环境，把学生从那种听讲式、没有多少移动余地的座位中解放出来。

2. 情感性原则

音乐是情感艺术，音乐给人情感的移入比其他艺术有力得多，能更直接更有力地进入人的情感世界。审美教育从本质上讲是一种情感教育。情感，是音乐审美过程中最活跃的心理因素，是音乐审美感受的动力和中介。在音乐教学中牢牢地把握住情感性原则，不时点燃学生的情感火花，会有效地打开学生的心灵之窗，使其在情绪的勃发与激动中，享受美感，陶冶淑性。

师生之间和谐的情感交流是音乐教学优化审美功效的重要标志。艺术不能容忍说教，审美不能依靠灌输，施教者与受教者凭借音乐审美媒介交流审美信息，这里没有智力教育和道德教育那种权威性和强迫性，教学双方完全是一种平等的关系。建立这种良好教与学的关系的关键在于施教者，音乐教师应把感情的纽带首先抛向学生，创造一种平等民主，相互交流的教学气氛。

3. 愉悦性原则

音乐作为人类最主要的精神食粮，人们之所以需要它，是因为它能够给人以愉悦，以享受，能使人在精神上产生愉悦和美感。可以说，审美愉悦性，是音乐艺术的本质特征之一。正是因为音乐具有愉悦性，人们才可能在心情舒畅的前提下去主动参与音乐审美活动。所以说，保持学生的良好心境，使学生充分感受音乐的愉悦，这既是音乐教学能否获得成功的一个前提条件，也是音乐教学的目的之一。音乐教学的愉悦性是审美教育发生情感体验和优化效应的心理机制。当学生处于愉悦状态的时候，最有利于形成优势兴奋中心。使“学习是一种艰苦劳动”披上一层乐于主动接受的色彩。这种变“苦学”为“乐学”的状况，最适于在音乐教学中体现，这就是所谓“乐（音乐）即是乐（快乐）”的道理。音乐教学方法的趣味化和游戏化，不仅给学生带来极大的快乐，而且会使他们对音乐发生浓厚的兴趣，使“要他唱”变为“他要唱”，进而产生持久的音乐学习动力。

（二）音乐教学思维特点

音乐教学思维特点体现在三个方面，一是感觉思维的和谐性，二是非语义信息的联想性，三是音乐的融合性。

1. 和谐性

感觉思维的和谐性首先表现在音响美。音质清晰、悦耳的音响给人的听觉带来快感，并诱发美感的产生；而糟糕的音响则使人生厌、烦躁。在音乐教学中，教师应力避不良的音响产生，诸如录音机的音量过大，音质过尖，或不等音乐结束就啪的一声中断放音，弹奏音律欠准的钢琴、风琴，让学生吹奏由于簧片腐蚀而噪声迭出的口琴，等等。其次一个美好的视觉环境对音乐教学也是重要的。音乐教室的布置应优雅、艺术化。座位的安排与乐器的摆放应富有新意，诱人遐想。歌片、挂图应具有视觉欣赏的意义。其他教学手段（幻灯、录像、多媒体等）的运用无不应遵循努力创设一个具有审美气氛与情境的原则。

2. 联想性

音乐是一种非语义的信息，音乐的这种自由性、模糊性和不确定性特征给人们对音乐的理解与表现提供了想象、联想的广阔空间。音乐艺术的创作、表演、欣赏等各个环节均体现了鲜明的创造意识并伴随着独特的创造行为，因此，音乐是创造力最强的艺术之一。音乐艺术的这一特质，使音乐教育在发展孩子们的创造力方面表现出了极大的优势，这无疑为学生发散性思维和创新能力的培养提供了良好的心理基础。

3. 融合性

音乐教学应与包括舞蹈、戏剧、美术等在内的其他艺术形式结合起来进行教学。如让学生通过舞蹈、律动来表现音乐。音乐与美术融合即是听觉与视觉的结合，可使学生更形象地理解音乐；音乐与文学关系密切，音乐教学可与语文教学（诗词、戏剧段落等）沟通；音值、节奏等内容可与数学课中的数量概念结合讲解；节奏与自然界现象、与人的生理现象以及人的运动方式有关，教学时可与自然常识课沟通；体育课的广播操、韵律操等与音乐节奏感、旋律感的联系很紧，也能够有效结合；一定的音乐与这种文化产生的民族、地理、环境、历史条件、语言语音特点、生活习俗、文体交流等有着密切联系，故音乐课与历史课、地理课的结合也并非困难。最后，可有意识地把音乐课堂教学与课外音乐活动结合起来，把学校音乐教学与社会音乐环境结合起来，如社会音乐生活中的某些机制（广播、电视、艺术团体等）可为音乐教学所用，以形成合力，最大限度地提高音乐教学效果。

二、音乐教学的听觉训练

学生音乐素质和音乐能力的提高，音乐感知力和鉴赏力的建立，无不和教师的教学内容和教学方法有着直接的关系。采用什么方式让学生产生学习兴趣并能够积极主动地学习，是音乐教育工作者需要解决的问题。

（一）从音乐语汇出发，积累音乐语言

音乐语言丰富多彩，变化万千。就像汉语、英语的学习一样，首先要学习拼音或者字母，然后学习汉字或者单词，再到词语或者词组，慢慢地积累起语感和语义，构成对句子和段落的理解。学生听记能力的培养也是首先从音乐语汇出发，对构成音乐语言的各个要素和它们之间的各种组合方式有一个初步的掌握和了解，初步形成认知上的记忆，从而再达到对一个乐句和乐段理性的分析与记忆。因此，教师在教学过程中要注意学生音乐元素和音乐语汇的积累，运用量变和质变的哲学原理，让学生从一点一滴的积累中丰富自己的知识，在教师不断的刺激与反映的条件下，由感性的认知听辨上升到理性的认知听辨。要结合音乐的特点将培养学生音乐的旋律感、和声感、节奏感、调式调性感以及建立音乐多声思维音乐感知能力放在重要的位置上，要不断总结音乐语言要点，如根据三度叠置的和弦特点入手进行和弦听辨练习；根据民族音乐终止式与西方大小调体系的联系，进行终止式的和弦听辨；根据民族音乐中典型的节奏语汇变化来培养学生民族音乐节奏感等等；要从有特点的语汇出发，由简到繁，循序渐进地进行教学，使学生积累起大量的音乐语言，形成固定的音乐思维方式。元素和元素、语汇和语汇之间的联系和对比使学生更有目的性和主动性地去分析与听辨，摆脱了盲目地去听音程、和弦等要素的音响效果带来的负面效应。所以，从音乐语汇出发，积累音乐语言是学生听记能力“多元化”培养的基础。

（二）重视多声思维，回归音乐作品

音乐多声思维感的培养，是视唱练耳课的一项重要内容。在以往的视唱练耳教学中，在课时及学时的安排上都比较侧重于单声部的训练，而忽视了多声思维的发展和训练，音乐多声部视唱听记训练更是较为薄弱的一个教学

环节，如果对新中国成立以来视唱练耳学科教材提示略加审视的话，那么，就可以发现西方的多声部视唱练耳教材体系是占主导地位的。传统的教学似乎只重视学生单声部的视唱听记训练，忽视了多声部思维感的培养，这样带来的弊端是导致了学生对某些听记工具的依赖和对（多声部）音乐作品的“陌生”。我们认为，培养学生的音乐多声思维能力，不应只局限在学生单旋律声部能力的训练上，尤为重要的是要培养学生多声音乐思维能力，回归音乐本体的听觉训练上来。因为，音乐作品的形式多样、种类繁多，仅仅局限在单声部的旋律听记训练上，已经阻碍学生听记能力的发展和自身的认知需求。如果学生只会听记用钢琴弹奏出的单声部旋律，而分辨不出用不同乐器弹奏出的多声部音乐作品的话，音乐能力的培养只是一句空话，流于形式。不论是民族的还是世界的，都应当重视学生多声思维感的培养，在学习和借鉴国外先进的思想和理念基础上，发展和培养具有民族特色的多声思维感，建立具有民族特色的多声思维的视唱练耳教学体系，是以后视唱练耳教学研究过程中的重中之重。

（三）运用数字化多媒体技术音乐教学思维

随着时代的发展，现代技术的出现，视唱练耳软件和多媒体日益被引入课堂，它改变了传统的钢琴（风琴）作为唯一教学工具的状况。单一的钢琴（风琴）音色与单纯的听觉训练已经不能满足学生的认知需要，也不利于学生听觉能力的发展。目前能够结合电脑多媒体运用到视唱练耳民族音乐多声思维教学的相关软件有：①打谱软件：Encore4.5、Finale _ 2005、Sibelius4、Overture；②MIDI 制作软件：Cakewalk、TT 作曲大师、Sona6.0；③音频制作软件：Samplitudevs、Cool Edit、Cubase、Nuendo；④视唱练耳软件：Auralia、Earmaster、Earpower 等等。音乐软件的多种音色、多声部节奏和对音乐作品的分析与听辨正弥补了这一缺陷，它们的运用摆脱了由于老师的专业技术问题影响学生感知音乐的不利因素，如学生会听音程、和弦连接，但无法应用到相应的实际音乐作品中；会听用钢琴打击的节奏，却无法识别音乐作品中的节奏；能够在钢琴上听出旋律，但是听不出改变了音色的音乐作品的旋律等等。这些都是在实际教学中不断出现的问题。对此，教师可以充分发挥现代技术的作用，如教师在进行听写音程、和弦和旋律的时候，可以用多媒体和音乐软件播放事先准备好的资料，针对同一条练习，让学生从不同的音响效果的角度上去听辨，并与钢琴的音色作为比较，让学生从各个角度去认识和感知音乐，从培养学生音乐能力和素质的角度出发，通过利用不同的音响资料和音乐软件，对于丰富学生的听觉认知，提高学生的学习兴趣均具有积极的意义。

三、音乐教学的多元思维训练

如果说音乐听觉思维作为音乐思维教学的实践训练的前提条件的话，那么多元思维训练就是把技术理论知识运用到具体操作环节。通过积累丰富的音乐技术理论知识，不仅服务于学生的听记和演奏技巧，还通过对不同风格作品中各个要素的相互比较，包括旋律线条、调式调性、节奏节拍、作品结构以及各部分多声思维发展手法分析，积累丰富的艺术思维，进而为创造性思维和创造活动作准备。下面我们从旋律感、层次感和色彩感三个方面来探讨分析音乐教学多元思维训练。

（一）旋律感的思维培养

旋律感是对音乐旋律最初的领会。音乐作品中的旋律往往最容易被人们感知和接受。旋律听觉训练是音乐听觉训练的又一重要内容，它要求学生通过感知、记忆、思维等心理过程将感受到的旋律再现出来，可以是模唱，也可以是记谱。这是对学生综合音乐技能的训练和检测。在对音乐知识学习的过程中，学生音乐的旋律感的培养，是音感建立的前提和基础，在教学过程中首先需要让学生结合音高、调式调性、节奏等知识要素进行训练。

1. 五音组音高练习

音组练习是建立学生民族音乐旋律音感的基础，通过音组练习，学生可以了解到民族多声音乐旋律进行的特点，感受音与音之间的相互关系规律，培养对民族音乐的感知能力。我们以五种五声调式并结合七声调式，在各个调式上进行的音组练习，使学生能够更好地理解感知民族音乐，加深对民族调式旋律音感的体验。

如：

（1）弹唱。准确弹奏下列 C 宫调式中构成的五音组。

C 宫调：

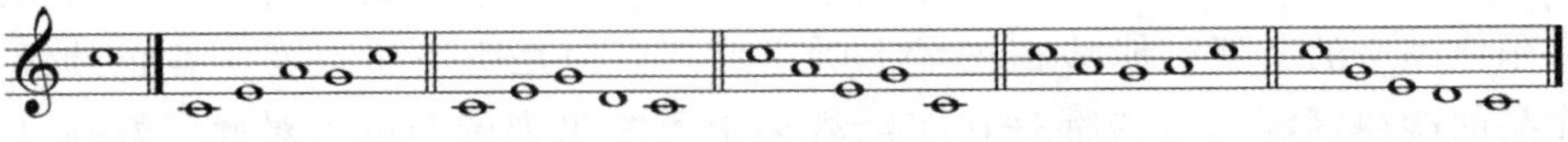

（2）对比练习。学生可以根据传统大小调五音组与民族和声五音组进行对比练习，通过分析加深他们之间的区别与联系。

自然小调：

C 宫羽调：

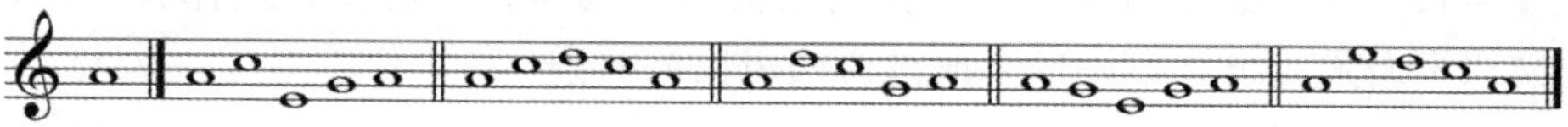

2. 旋律练习

（1）对照标准音，自主找到调式主音的音高，即唱下列旋律。注意音程之间的横向联系，并写出有代表性的三音组旋律音型，如山西民歌。

（2）完整聆听旋律，分析曲调的调性后进行模唱、默写。

练习步骤：

① 根据标准音确定调式调性、节拍、乐句；

② 提炼节奏型；

③ 分别模唱旋律和低音声部；

④ 分析声部间的音程关系；

⑤ 听记出二声部旋律。

3. 调性练习

在音乐思维训练的过程中，调性练习是十分重要的，它能使旋律不断地变化与丰富，增强旋律思想感情的表达。通过对音乐调式的练习，有助于学生全面、系统的感受五声调式的风格特征，感受各种音程的音高关系、和声音响及表现特点，进一步提高和把握多声部视唱听音记音准的能力。因此，我们在这一部分教学内容的顺序安排上，既可以在一段时间里集中练习，使学生对音乐音高与调式之间的相互关系及和声音程形成的音高关系等等，建立一个系统的印象和正确的音准感觉；也可在整个音乐思维教学过程中，通过多声部作品的调式风格及音程音位关系的需要，来感知和理解民族音乐变化规律和特点。如：调性分析；弹高唱低弹低唱高以下旋律；旋律音阶调性转换练习调式音级练习，以下曲谱为四川民歌曲谱。

除了以上提出的培养调式音感的方法外，也可以通过音级的练习，来培养学生的调式音感。学生通过不同民族调式的音级、音名和唱名之间的转换练习，形成对民族调式的认知，建立调式音感。

（二）层次感的思维培养

1. 音程的练习

旋律音程是构成旋律的横向连续，和声音程是纵向的和声运动基础。音程练习对准确歌唱，以及和声听觉的培养都是重要方法之一。

音程练习应该先唱后听。首先应通过歌唱旋律音程，建立对音程距离、音响的感觉，掌握控制、调整音程距离能力，逐渐发展内心听觉。如果不通过歌唱感受音程的音高距离和音响，而急于听辨和判断，就会把注意力集中于对唱名、音名的猜测，干扰了音乐听觉上整体把握音响的专注性。所以，感知音程时要首先通过唱，获得对音程的体验与感受；再通过听，获得对音程的感知，才能做出正确的理解和判断。在五声调式和声的声部进行中，由于五声调式的风格特点而产生了一些规律性的东西。了解这些规律性的东西，可以帮助我们在进行和声音程构唱和听记时，正确把握音准，以便更好地体验民族和声色彩。在民族调式的声部进行中，三度与纯四度结合进行以及纯四度结合的两声部平行进行与五声调性旋律的民族风格相协调；而单独的三度不断连续进行，会产生三度间音与五声性旋律相矛盾的进行；较长时间的连续四度平行地进行，会形成带有双重调性的效果；影响民族风格的体现；大二度与小三度、大六度与小七度交替平行结合的进行，由于其音响突出了不协和效果除非特殊效果的需要才使用。因此，我们在练习时要注意结合民族和声音程特点有针对性地进行练习。

民族音乐要素音程的练习形式很多，根据具体情况，选择适合的练习建议，才能事半功倍。如：

（1）在不同的调高上移调，横向与纵向的构唱音程。

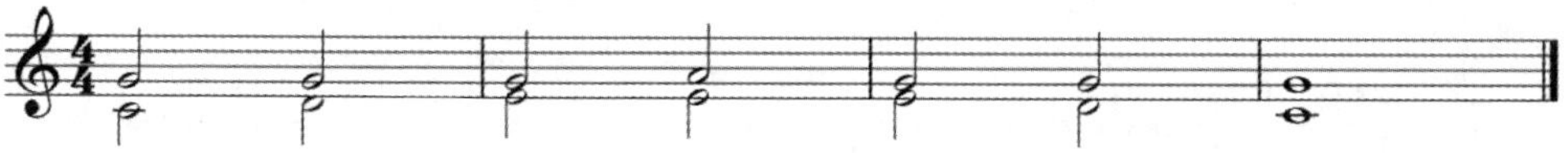

① 横向唱

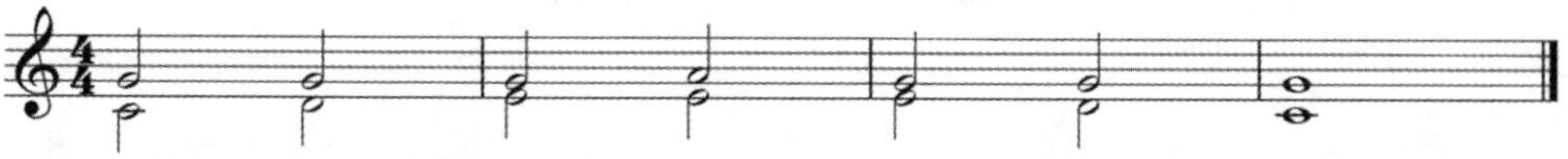

② 纵向唱

（2）和声音程构唱，并在钢琴上横向地弹高唱低或弹低唱高音程连接。

判断调式调性，有无转调，把握和声音程纵向联系，进行弹低唱高练习，以陕西民歌《纳金匣》为例，解克夫编。

2. 节奏练习

节奏是构成音乐的一个重要因素。在乐音的高低、长短、强弱、音色四种物理属性中，乐音的长短和强弱两种属性主要通过节奏和节拍的形式表现出来。结合民族音乐美的感受进行立体节奏训练，将使学生在心灵深处对民族音乐节奏的结构有更为深刻全面的领悟在节奏训练中，从基本节奏型的掌握入手，再结合有中国特色的基本节奏型，以此为基础循序渐进地进行变化节奏型组合的训练。这样，便于学生在感性记忆各类节奏型的基础上，理性地记忆各类较复杂的节奏型，并能将他们组合成具有民族音乐节奏特点的节奏组合，从而提高对民族音乐节奏的记忆力、想象力、创造力，进而体验民族音乐的节奏美。如：结合音乐作品进行节奏律动，培养多声部节奏感知能力，以山东民歌曲谱为例。

练习步骤：

（1）根据旋律视唱高音声部，分析此作品的调式调性并听记；

（2）根据旋律提炼节奏音型进行练习，节奏原型；

（3）根据谱例节奏音型，分声部配合练习；

（4）教师弹奏旋律，同学分两组嘴唱旋律声部，两手拍上下声部节奏；

（5）教师弹奏旋律，学生根据同一节奏声部进行卡农式节奏往复练习。

（三）音色感的培养

音色感的培养主要是考查学生对各种乐器音色的了解情况，使他们增强对各种音色的感知程度。通过运用多媒体手段或者组织学生来演奏作品，让学生感受音乐各个声部的发展变化，使他们摆脱传统以钢琴为主要听觉习惯的视唱练耳教学。在平时的视唱练耳教学中，由于学生水平的限制和演奏乐器数量问题，我们无法将所有的乐器都搬到课堂上来，这就需要在教学时借用一定的科技手段来辅助教学，利用多媒体的技术将各种音色音源引用到我们的教学中来。它的便利之处就在于能将各种音色音响的声音模拟再现出来，并能根据教学的需要随意组合，让学生在课堂上就能直接获得听觉上的实际音响效果，从而具有教学的实用价值。因此，我们主要以电脑多媒体手段辅助教学，在采用传统的训练方法基础之上，循序渐进的融入内心音色感的训练内容。

1. 用不同的作品感受乐器的音色

学生之所以缺乏对各种乐器的辨别能力，最主要的原因在于在平时的教学中，教师较少结合音乐作品让学生听辨乐器音色，学生的听觉习惯以单一的旋律声部听辨为主，常常混淆各器乐声部之间的联系。教师可以根据不同的作品让学生感受各种乐器的音色、演奏技法以及在作品中的表现作用等。比如：二胡曲《听松》《二泉映月》；琵琶曲《十面埋伏》《大浪淘沙》；古琴曲《阳关三叠》《酒狂》；潮州筝曲《寒鸦戏水》；浙江筝曲《高山流水》；管子《江河水》等。通过欣赏主题片段使学生建立对民族乐器音色上的感知能力，了解各种民族乐器的演奏技法和表现作用，加深对各种民族器乐音色的感知能力。

2. 用同一作品感受不同乐器的音色

首先，根据以下作品用多媒体技术将此旋律用钢琴以外的民族乐器模拟声音奏出来（如用二胡、唢呐、笛子、洞箫、扬琴的音色），让学生在听写旋律的同时将演奏乐器名称标出来，并在老师的指导下按照乐器的正确记谱法记谱。

随后，用多媒体技术将此作品多声部旋律形式用两种不同的乐器分声部演奏，我们将此作品用笛子、扬琴、二胡分为三个声部演奏，让学生感受各声部旋律色彩变化。教学中可以摘录一个乐句对作品进行多声部的分析与听辨，进而达到对乐器演奏技法和在作品中不同的色彩表现加以理解。

最后，再将此作品用多媒体手段或者以弹奏的形式，用钢琴的音色与上述所用民族乐器从音色上进行对比、感受练习，丰富学生听觉思维习惯，建立对音乐的敏锐听觉。

四、音乐教学的创造思维训练

从音乐学习的角度来看，音乐本身是一门极富创造性的艺术。音乐中充满了创造，可以说，没有创造就没有音乐。音乐是人类在社会实践中提炼和创造出来的产物，它是一切艺术中最自由的艺术。它采用的物质材料是在时间过程中展开的转瞬即逝的声音，它的表现既不受造型艺术那种具体形象的限制，亦不受语言文字中概念的约束。所以，这种自由的艺术为人们提供的创造空间最为广阔，它使得人在音乐的审美中，所产生的想象与思索是最大限度和多向辐射的。

（一）音乐与创造性思维

音乐与创造性思维之间有着密切的内联与外延。创造性思维一方面是音乐素质不可缺少的重要组成部分，音乐活动包括创作、表演和欣赏，分别又被称为音乐的第一创作、第二创作和第三创作，因此无论从事哪一项音乐活动都需要有创造性思维作基础。音乐艺术是人类非凡的创造能力的结晶，每一部音乐作品，无论是流芳百世的还是稍纵即逝的，都是创作者创造力和创造性思维的结晶。可以说，没有创造就没有音乐。综观中外浩如烟海的优秀音乐作品，或是作曲家对未来美好生活激情想象；或是对现实生活的情感抒发；或是对音响声态的创造性组合，无一不是经过作曲家的创造性思维活动而精心创作出来的。例如：法国印象派作曲家德彪西，他在创作中打破了旧的逻辑原则，用音响的色彩对比原则取代了功能逻辑，创造出了富有梦境般的印象色彩，极具感染力。又如：肖邦在惊闻华沙起义遭沙皇军队镇压，华沙失陷后，引发了强烈的愤慨，因而创作了著名的C小调革命练习曲。另一方面创造性思维能力的提高又能对音乐素质的全面发展起到有力的推动作用。许多音乐教育家越来越清醒地认识到音乐对于发掘和培养人的创造性思维有特殊意义。奥尔夫、柯达伊、达尔克罗兹等音乐教育家都从不同角度将创造性和创造性思维的音乐教育理念渗透在自身的音乐教育体系之中。其中奥尔夫认为从即兴开始的教育才是真正创造性的教学，达尔克罗强调把即兴创作作为创造性的实践活动，柯达伊则通过民间音乐音调的感性积累与实践应用来培养学生的创造能力。

（二）音乐教学的创造思维训练

从学科自身特点来看，音乐课本身就是一门创造性非常强的学科。音乐教学是教师和学生共同探讨如何通过音乐语言来表达作品的思想感情和音乐形象的教与学的过程。音乐的非语义性需要演奏者在演奏过程中创造性的理解和表现音乐。因此在音乐教学过程中最为注重的是通过音乐技能技巧的学习来培养和发展学生对音乐语言的感受能力、表达能力和创造能力，使学生能正确的有创造性地塑造作品的音乐形象。许多著名钢琴教育家都非常注重在教学中对学生创造力的培养。著名的音乐教育家周广仁先生在钢琴教学中这样要求学生："我要求琴音未出时，自己先要有想象的琴音。要引导学生充分发挥旋律的丰富表现力。"他在教学中他十分强调培养学生艺术创造的想象力，强调要爱护和诱发学生在艺术上的独立创造精神，引导学生走进艺术创造的天地。因而创造力、创造性思维的培养在钢琴教学过程中占有举足轻重的地位。

1. 通过听辨能力培养学生的创造性思维

教师在学生掌握大量的和声语汇的基础上，引导学生去想象各种组合的可能，从而培养学生独立思考的习惯和创造性的思维，掌握听辨音乐和声思维的方法。如在音乐多声思维节奏感的培养和训练方面，教师可以根据从整个作品角度出发，先把作品旋律中典型的节奏型摘抄出来让学生练习，然后根据此节奏型让学生进行纵向的节奏创编，由浅入深、循序渐进的由单声部扩展到多声部，从而锻炼学生声部间的协作能力和创造思维能力，进而培养学生多声思维节奏感知能力。

2. 通过音乐创编活动培养学生的创造性思维

音乐创编活动的形式各种各样。有利用简单的打击乐器创编节奏的形式，也有给歌曲编歌词和编配动作的形式。如创编节奏，教师可以引导学生利用已学过的知识给体育课上的踏步口令编节奏：

2/4　　x o | x o | x x | x o | ………

　　　　一　　一　　一二　一

也可以自编节奏在班上演示，然后再根据自编节奏编旋律。还可以根据歌曲创编音乐活动。如有个音乐教师在教学音乐剧《黄河的故事》时，在学生了解剧情及人物，熟悉歌曲的基础上，设计了一系列的表演活动：从“黄河奔流向东方”到“麦苗儿肥呀豆花儿香，男女老少喜洋洋”为第一段，男同学用舞蹈动作表演出黄河奔流，滋润土地的动态，而女同学则表演村姑们喜气洋洋的神情，整个一片祥和的景象。从“自从鬼子来，百姓遭了殃”到“丢掉了爹娘，回不了家乡”为第二段，学生表演鬼子进村，烧杀掳掠，将张老三抓去当苦力，百姓妻离子散，四处逃亡的凄惨场面。从“黄水奔流日夜忙，”到“妻离子散各一方”为第三段，学生表演了百姓扶老携幼，四处逃亡的悲惨情景。在活动之后问及学生的体会，他们个个义愤填膺，深切痛恨鬼子的侵略行径，同时流露出对老百姓的同情。

通过音乐创编活动使学生体会到了音乐学习的乐趣，提高了学习的兴趣，同时培养了学生的创造思维能力，发展了学生的情感。

3. 通过发散训练培养学生的创造性思维能力

比如，学生已经了解了什么是音乐中的二拍子，并通过走路，体会到了二拍子音乐的特点。教师就可以进一步引导学生去想：不用走路，能不能用其他的方法体会到二拍子的特点呢？学生会给老师做出多种有二拍子特点的动作。这样引导学生，既加深了学生对二拍子的理解，又激发了学生的学习热情，发展了学生的创造性思维能力。

4. 通过歌谱创作练习来培养学生的创造思维能力。

这一训练的具体做法为：第一，破除作曲的神秘感，培养学生强烈的创作愿望。教师经常把报刊上发表的学生创作的歌曲介绍给同学，或请同学欣赏同龄人创作的歌曲，可以将学生的好奇心转化为学习动机，将胆怯心理转化为信心。通过探索、发现、创造，调动学生作曲练习的积极性。第二，教给学生作曲的简单方法，帮助学生克服学习上的障碍。如：可以让学生根据第一乐句的旋律，按所给的节奏创作第二乐句；根据第一乐句（起句），创作第二乐句（承句）；创作一条四小节的旋律，提示为坚定有力的进行曲、优美轻快的舞句。在此基础上，为两句歌词写出两乐句的旋律（如草原雾茫茫，群星闪闪亮），接着试为四句歌词配写旋律（大地盼望春天来，春天盼望百花开，如今祖国春满园，盼望我们早成材）；这样循序渐进，为学生模仿习作提供思维阶梯，会收到事半功倍的效果。

第三节　美术教学思维训练

《义务教育美术课程标准（2022 版）》规定："美术课程能逐步培养学生欣赏和创作等教学中，通过眼、脑和手的协调训练，不断提高学生的视觉思维的质量，培养学生的创造能力。""美术课程应特别重视对学生个性与创新精神的培养，采取多种方法，使学生思维的流畅性、灵活性和独特性得到发展，最大限度地开发学生的创造潜能，并重视实践能力的培养，使学生具有将创新观念转化为具体成果的能力。"事实证明，美术教学对于培养学生的视觉感受能力、想象能力以及思维能力具有明显的功能，在培养学生的创造性才能方面具有得天独厚的特殊优势。思维能力是智力的核心内容，创造性是美术学科的显著特征，而学生创造力的培养离不开形象思维和抽象思维。因此，要按照美术新课程标准的要求，把视觉思维训练与创造性能力培养结合起来，在美术绘画、写生的训练中培养学生的观察能力和形象思维能力，启发学生的想象能力和创造能力。

一、美术教学的视觉思维训练

（一）视觉演练概述

人类右脑的心理图式首先是对视觉经验的保持。人的视觉经验是有限的，所以视觉演练是扩大和深化动作经验的重要渠道。它是根据一定的训练目的，人为地控制和模拟自然现象，使图式刺激发生或重演，以便在比较纯粹的形态下使我们的遗传性图式或反射动觉图式得以施展和巩固。

视觉演练具有科学的操作性，可以对错综复杂的现象通过实验进行简化与纯化，把次要现象因素排除掉，以便突出主要的操作关系与过程，这样比较容易形成富有成效的动作经验。

视觉演练具有诱发性，其所设计的内容通常是被我们在日常生活中忽略的，对这些奇特的现象进行演练，可以激活我们大脑的潜能，使我们的形象认知得到更多渠道的延伸，为我们的新发现、新创造另辟蹊径。

视觉演练最大的特点是可验证性，它不仅可以纠正我们许多未知的错误，还可以用于心理科学实验，是实验心理学发展的必走之路。

视觉演练还具有趣味性，其间反色法、投射法、遮挡法、变角法、动静互制法、空间变距法、叠加生成法、线面延伸法等等操作演练会派生出千奇百怪的心理现象，使我们从中感受到无穷的乐趣。

（二）视觉演练举例

我们已将视觉演练建成题库，分六个子库，300余题，即空间演练、时间演练、操作性演练、分拆与组合演练、翻转演练、反色演练等。

1. 空间演练

空间是具体事物的组成部分，是运动的表现形式，是人们从具体事物中分解和抽象出来的认识对象。空间演练是将具体形象放置不同的空间位置来进行演练，从而达到训练的目的。空间演练最基本的类型为远距演练和近距演练两种。

（1）远距演练

近距演练是常规性的命题，因为一般情况下，我们距离被观察事物越近，看得越清楚。下面的测题正相反，是远距演练。这道题附加了一个故事：小伙子爱上了美丽的姑娘，但是不好意思直接讲出来。他将下面写有乱码的图片交给了姑娘，可是姑娘不知道如何翻译这些乱码，对这幅图左看右看也看不出名堂，你能帮助她吗？

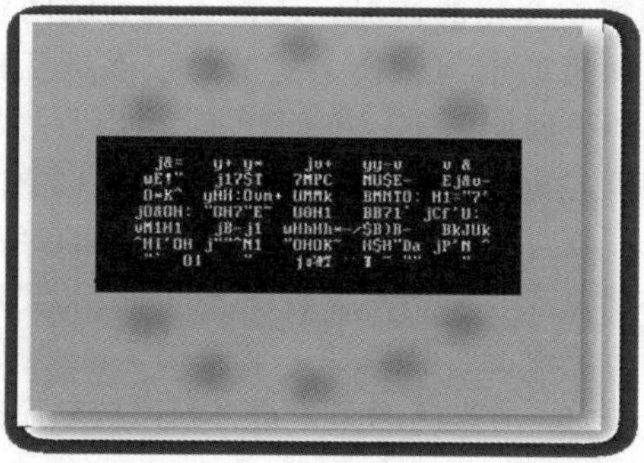

【参考答案】这个需要退后两米才会清楚地看到图片上的5个大字：我好喜欢你。

（2）近距演练

同一个画面，从不同的距离能观察到不同的内容，甚至决定生与死的不同结果。你把下图放远一点，再放近一点，分别看到什么？

【参考答案】放远处看，是一个骷髅，是死亡的象征；放近处看，是一对情侣共度良宵，是生命的象征，真是“生死距离”。

2. 时间演练

时间演练是对人脑发送图式信息的顺序性训练。时间演练一般从上到下推移，没有插叙或倒叙，显示对象之间随着时间的推移而交换的消息或函数。时间演练有两种形态来显示：一般形态和实例形态。

（1）一般形态

一般形态会描述实物变化的情况，通常表现为空间转换的顺序。例如，一个由左向右或由远而近的空间转换。复杂的形态是几种空间转换的集合，或两个以上实物在不同平面同时进行空间转换。进行一般形态的训练，首先应认真分析画面与画面之间存在相互联系的信息，当你分析出画面与画面之间存在的顺序规律后，该对象中的一项活动就会启动，我们把这一过程称做激活。激活会显示控制焦点，表明对象在某一个时间点开始执行。因此，时间演练的关键在于画面分析能否被激活。下图提供的是某电影片头的几个画面，即为一般形态的画面。所提问题是：请将画面按顺序排列好。

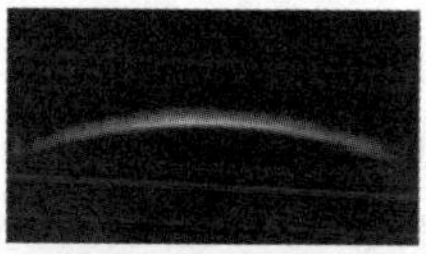
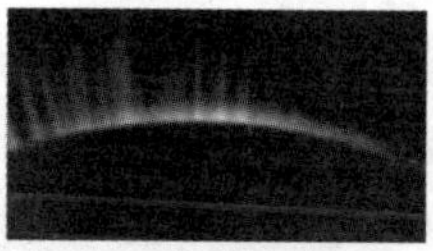

（1）　（2）　（3）

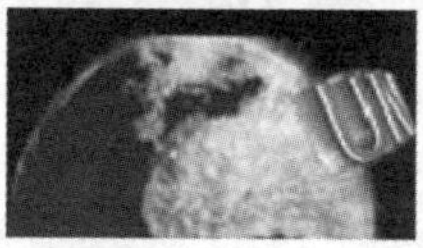

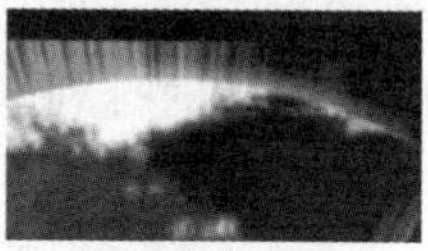

（4）　（5）　（6）

【参考答案】如上图，其中既有由远而近的地球，也有由右向左转出的字幕，画面的信息是递增的，但是要排除错误的信息，例如，本题不能根据画面的大小排序，如果按画面的大小排序，我们可能把图（3）放在图（5）前面，这就错了。正确的解法是：首先确定图（1）是起始点，其排列顺序应是（1）（2）（6）（4）（3）（5），如下图：

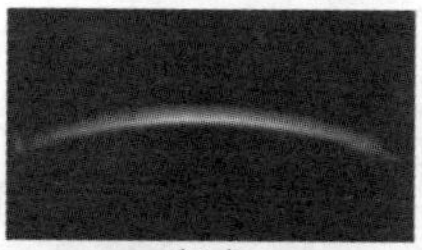
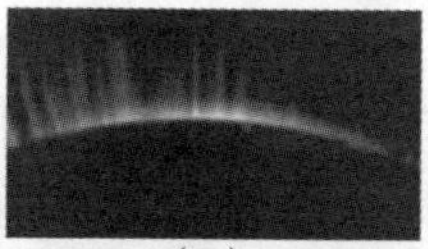

（1）　（2）　（3）

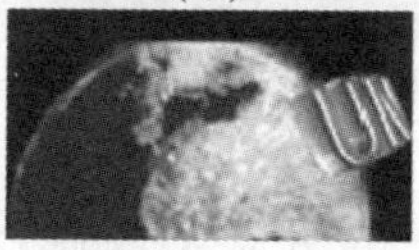

（4）　（5）　（6）

（2）实例形态

实例形态会较详细地描述一个特定情节，或展示主题服务的有因果联系的生活事件。这个事可能是真实的事，也可能是虚构的事。实例形态的训练提供了推进事态流动的信息，只要我们按照画面的因果关系，让命题的语言信息和画面信息统一起来，将其按顺序排列起来就可以了。如下图：

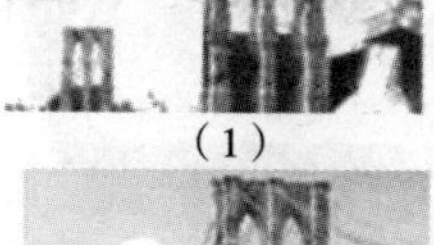
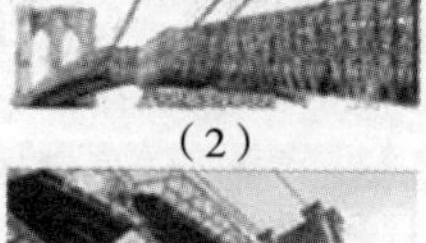
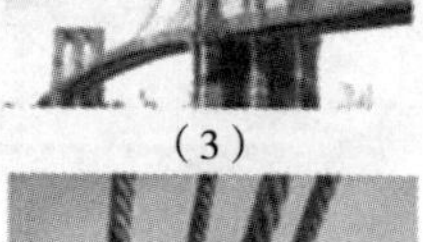

（1）　（2）　（3）

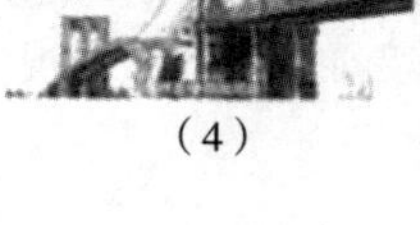

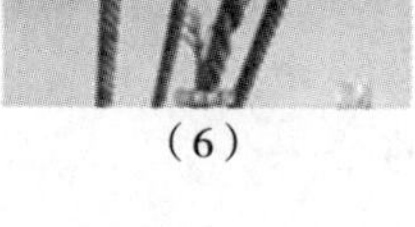

（4）　（5）　（6）

这是一座年久失修的钢索斜拉大桥，风蚀的钢索断裂，使桥面断裂，裂面越来越大，桥面轰然下塌，最终只剩下光光的桥墩。

【参考答案】从所给的事态流动的信息，我们可以分析出图（3）符合“这是一座年久失修的钢索斜拉大桥”的指示语，图（2）符合“风蚀的钢索断裂”的指示语。“年久失修”和“钢索断裂”是“因”，后面发生的为“果”，还原画面正确的排列顺序如下：

3. 操作性演练

操作性演练是根据可观察、可测量、可操作的特征来进行形象训练的方法，即从具体形象的特征、指标上对变量的操作进行训练，将图式的概念转换成可观测、可检验的项目。操作性演练对图式的实证性研究尤为重要，它是图式研究是否有价值的重要前提。操作性演练的形式较丰富，有遮挡、变焦、叠加、以静制动、以动制静、手眼协同等等。

下面两个圆内线条的不同，不要用任何工具，仅凭你的眼睛，如何使右图变形？

【参考答案】盯着左手边的格栅看三十秒或更久，保持不要动，然后再迅速盯着右手边的格栅栏看，你会发现右边的弯曲变形了，这是视觉后像叠加在另一图像的结果。

与以上试验不同，下面你将在眼前制造出一个悬浮的手指。把你的双手放在与眼睛同一水平线上，伸出食指让指尖也保持与眼睛在同一水平线，盯着离手指几英寸远的墙看，你将看到一个悬浮的手指。试着将手指逐渐移近脸，发生了什么？

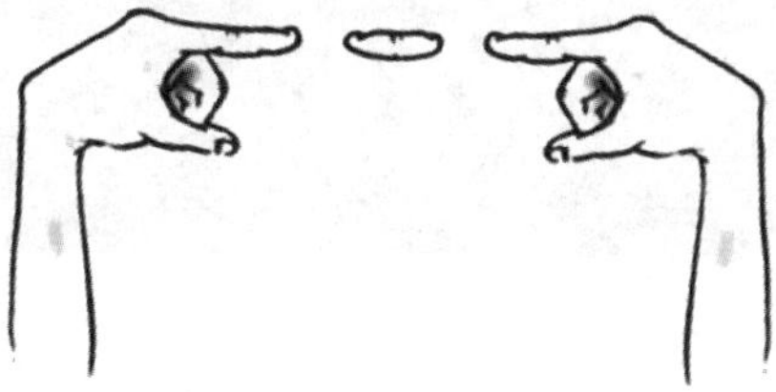

【参考答案】如果你盯着手指而不是墙，幻觉会消失。从操作方法上讲，这是转移演练法。

4. 分拆与组合演练

形象的分拆和组合是互相转化的。我们对某个形象进行具体地分析，一旦确实确定了它的基础图形之后，这时我们的思维方向就开始倒转，分拆开始向组合转化。于是我们就将它们按内在联系贯穿起来，形成对象统一的认识，形成完整的形象。一旦形成完整的形象，更高层次的分拆又开始了，这次分拆，人们就会克服由于视野的局限所造成的缺陷，对具体对象的认识发生深刻的变化，从现象到本质，从不深刻的本质到更深刻的本质的无限深化的过程。因而形象分拆和组合的相互转化，使我们在认识由浅入深的循环往复的前进。

下面形象的分拆训练也有一个逐步抽象的过程，开始我们提供的形象材料是比较具体的，接下来我们主要使用的是分形图案，再往后，则是一些几何图案，希望能通过循序渐进的分拆练习，使我们养成对形象分拆和组合的习惯。

（1）具体形象分拆

下面是由一个具体图案翻转组合而成的。如果将其分拆，它的最小单位是什么？要求将它的最小单位勾勒出来。

【参考答案】最小单位勾勒如下：

（2）几何形象分拆

这幅名为内圆外方的几何图案，如果将其分拆，它的最小单位是什么？要求将它的最小单位勾勒出来。

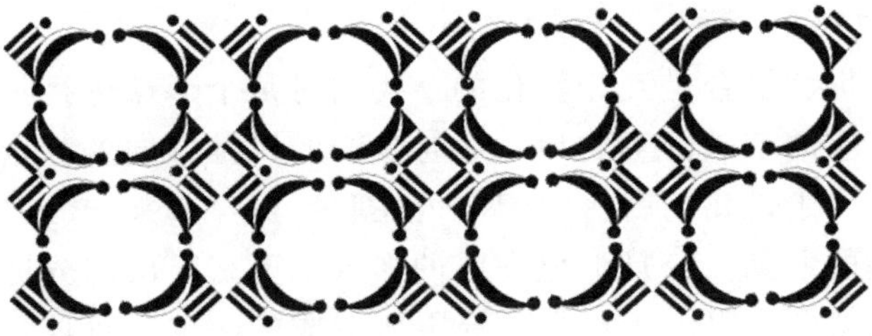

【参考答案】最小单位勾勒如下：

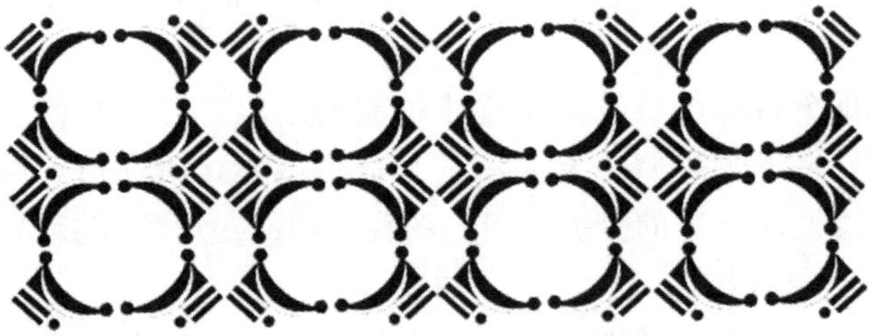

（3）相似形象分拆

下面是复杂一点的形象分拆命题，要求从不同的图形中提取相似的骨架。提取相似的骨架的一个目的是显现过去的经验，并且在需要的时候有效地恢复。这类命题的答案很难用语言表达，往往是勾勒性的，请你从下面5个图形中寻找出它们的相似的骨架。

【参考答案】相似的骨架如下：

5. 翻转演练

翻转属于视觉空间的命题，即事物围着或好像围着一个轴旋转的空间顺序。它可以分为平面翻转和立体翻转两种。

(1) 平面翻转

是指在一个平面内，把一个图形绕着某一点 O 旋转一个角度的图形变换，也就是我们平时所讲的旋转，点 O 叫作旋转中心，旋转的角叫作旋转角，如果图形上的点 P 经过旋转变为点 P'，那么这两个点叫作这个旋转的对应点。旋转有如下性质：①对应点到旋转中心的距离相等；②对应点与旋转中心所连线段的夹角等于旋转角；③旋转前、后的图形全等。旋转有三个要素：①定点——旋转中心；②旋转方向；③旋转角度。三要素中只要任意改变一个，图形就会不一样。在经典力学与几何学里，所有环绕着三维欧几里得空间的原点的旋转，组成的群，定义为旋转群。

下图不是鸡犬升天图，而是电脑制作的云天遨游场景。酣畅淋漓的旋转、流畅欢快的线条，给我们无限的遐想。请你从图（1）开始，将其旋转的顺序排列出来。

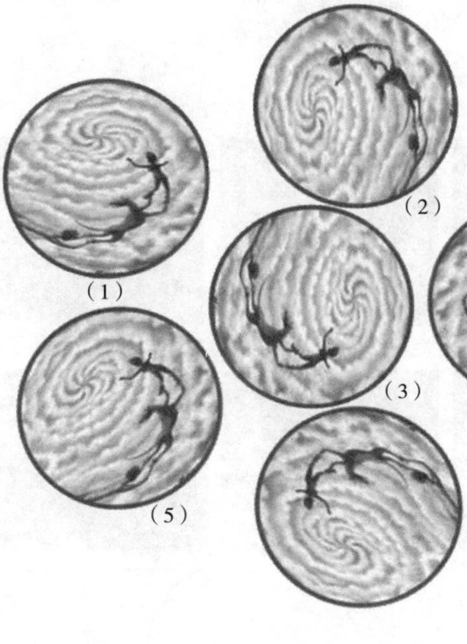

【参考答案】(1) — (5) — (2) — (6) — (4) — (3)

(2) 立体翻转指在一个立面空间内，把一个图形绕着某一点O翻转一个角度的图形变换，也就是我们平时所讲的空间翻转。空间翻转较之平面翻转要复杂得多，也显得丰富多彩，我们熟悉的体操运动、花样滑冰运动等就有许多令人炫目的空间翻转项目。下面6幅图是一个序列，女运动员被抛起后，在空中做360度的高难度动作，集各种旋转，跳跃转体和燕式平衡动作为一体。请你将下面的图片从(1)的托举开始，按顺序排好。

【参考答案】顺序如下：

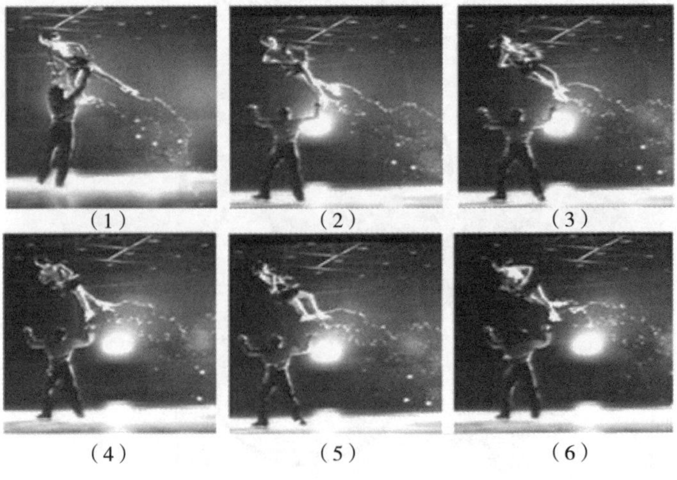

7. 反色演练

色觉是视器的重要功能之一，色觉功能的好坏，对要求辨色力的工作具有一定的影响，而对国防军事尤其是特种兵具有重要意义。如在空军航空兵中，必须辨别各种颜色的信号。为此，在选兵时色觉检查被列为重要的检查项目之一。颜色是不同的波长（380～760nm）的光引起的一种主观感觉，是观察者的一种视觉经验。光本身没有颜色，物体也是没有颜色的，虽然颜色的产生取决于光的物理参数（波长等），但它的感知是大脑神经元对这些物理参数的一种复杂抽象，完全是一种认知学现象，是一种主观经验。我们之所以看不见颜色的物体是因为物体反射不同波长组合的光线。不同波长的光给同一观察者的颜色知觉不同；同一波长的光给不同观察者的颜色知觉也不尽相同。因此颜色是一种以波长为基础的主观视觉经验。

凡·高作为后印象派画家，他的画最主要的特点就是开辟了用色彩表现艺术家主体的情感世界的一条道路，这也是区别于同时代其他画家忠实于色服从于光的理念。在他的作品中色彩强烈到将要破坏空间和形象的地步，展现了一个为火热的激情所灼烧的世界。如下面《星空》色彩斑斓的笔触，飘逸的星云曲线与其说是自然的幻象，不如说是画家灵感的飞舞。下面小图中哪一张是《星空》的反色图？

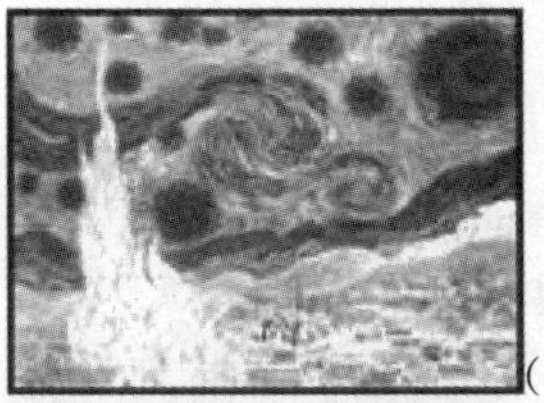
(1)
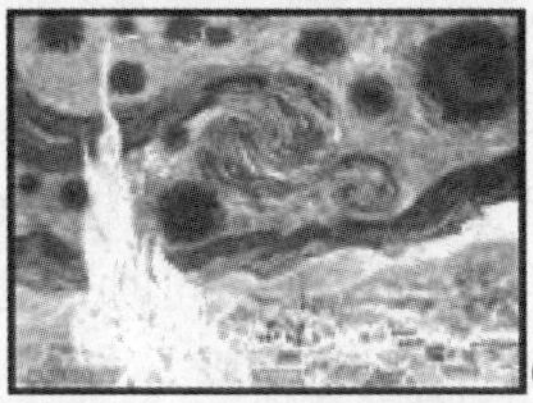
(2)

(3)

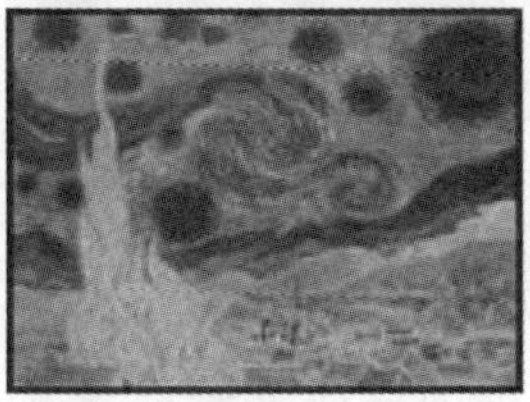
(4)
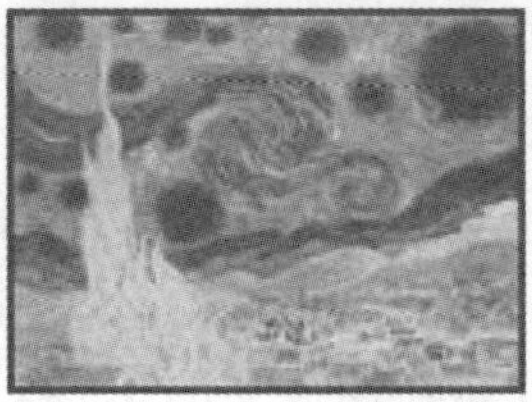
(5)
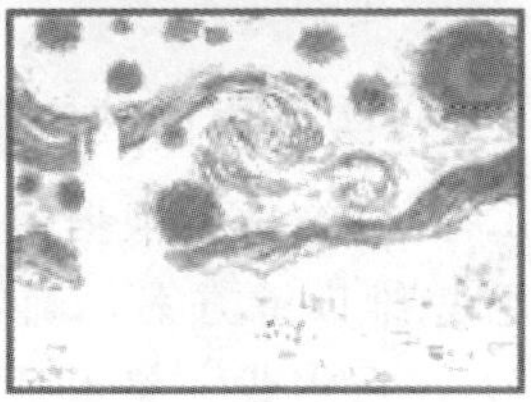
(6)

二、美术教学的思维训练

美术创作本身就是一种思维活动，它要求艺术家运用视觉语言，通过点、线、面、色彩、形状等基本元素来表达情感、观念或记录生活。因此，在美术教学中加强思维训练，能够帮助学生更深入地理解艺术创作的本质，学会如何观察、分析、想象、创造和评价，从而培养他们的创新思维、逻辑思维和批判性思维。

（一）美术教学中的思维训练策略

1. 观察力训练：开启创作之门

观察是艺术创作的第一步，也是思维训练的起点。教师应引导学生学会细致入微地观察自然、社会和生活中的美，教会他们从不同角度、不同光线、不同距离下观察同一对象，发现其独特之处。通过素描、速写等练习，培养学生的视觉敏感度，让他们学会捕捉并表达所见所感。

2. 想象力激发：拓展创作空间

想象力是艺术创作的灵魂。在美术教学中，教师可以通过故事讲述、情景模拟、音乐引导等方式，激发学生的想象力，鼓励他们跳出常规思维的框架，勇于尝试新的表现手法和创作题材。同时，可以组织创意工作坊、头脑风暴等活动，让学生在轻松愉快的氛围中自由发挥，碰撞出创意的火花。

3. 逻辑思维培养：构建创作框架

艺术创作虽以感性为主，但同样需要逻辑思维的支撑。教师应指导学生在创作前进行构思，明确创作主题、风格、色彩搭配等要素，通过草图、草图修改等环节，逐步完善作品结构。此外，还可以引入设计思维的概念，让学生在解决具体问题时，运用逻辑思维进行分析、推理和决策，从而提升他们的综合能力。

4. 批判性思维训练：提升审美鉴赏力

批判性思维是评价艺术作品、提升审美鉴赏力的重要工具。教师应鼓励学生以批判性的眼光审视自己和他人的作品，分析作品中的优点与不足，探讨艺术语言的运用、表现手法的创新等。同时，通过组织作品展示、交流讨论等活动，让学生在相互学习中拓宽视野，提升审美鉴赏力和批判性思维能力。

（二）实施中的注意事项

1. 因材施教：根据学生的年龄、兴趣、能力等因素，制定个性化的教学计划和思维训练方案，确保每位学生都能在适合自己的节奏下成长。

2. 注重实践：美术是一门实践性很强的学科，思维训练应紧密结合实践操作，让学生在动手实践中深化理解、提升能力。

3. 鼓励创新：创新是艺术创作的生命力所在，教师应鼓励学生大胆尝试、勇于创新，即使失败也要从中汲取经验，不断进步。

4. 强化反馈：及时、有效的反馈是促进学生进步的关键。教师应给予学生充分的关注和支持，对他们的创作成果给予正面评价和建设性建议，帮助他们建立自信、明确方向。

概言之，美术教学中的思维训练是一个系统工程，需要教师具备高度的专业素养和创新精神，不断探索和实践有效的教学策略和方法。通过系统的思维训练，不仅能够提升学生的艺术素养和创作能力，还能促进他们全面发展，成为具有创新思维和审美能力的新时代人才。

三、美术教学的创意训练

除了视觉思维训练外，美术教学必须与创造性能力培养结合起来，在美术绘画、写生的训练中启发学生的想象能力和创造能力，美术创意训练是题中旨意。

（一）美术创意概述

美术创意是什么？美术创意是传统的叛逆；是打破常规的哲学；是导引递进升华的圣圈；是一种智能拓展；是一种文化底蕴；是一种闪光的震撼；是破旧立新的创造与毁灭的循环；是宏观微照的定势；是点题造势的把握；是跳出庐山之外的思路，超越自我、超越常规的导引；是智能产业神奇组合的经济魔方；是思想库、智囊团的能量释放；是深度情感与理性的思考与实践；是思维碰撞、智慧对接；是创造性的系统工程；是投资未来、创造未来的过程。简而言之，美术创意就是美术创造思维的训练和对象化。

美术创意一般分三个阶段。我们以著名的苹果电脑标志为例，从下面三幅图中，我们可以看同样的苹果图形，怎么从实体演变为标志的：

（1）　　（2）　　（3）

图（1）为实体设计。它以“实体化”为目标。比如这款苹果图形就以“苹果就是苹果”为概念，标志设计就像绘画一样真实表现实体。“实体化”的标志当然缺乏思想性和艺术性。

图（2）为润泽设计。它在实体设计的基础上再深入简化图形的非重要部分（比如简化苹果的枝叶），更精炼化主要部分（比如圆润苹果的果身），以便于增加美感和记忆元素。

图（3）才是创意设计。因为它除了具备了实体设计和润泽设计的因素外，更融入了“与众不同的设计理念——创意”，以苹果为标志的公司太多了，设计师必须以苹果公司的公司理念为基础来思考图形的创意，因此这个理念也是设计过程中时刻要注意和表现的，它要求创意设计作品必须脱离实体化或在仅仅止于润泽的倾向，要具备不雷同的气质形态，并且给不同视觉受众群以不同的美好联想，这就是创意设计的要求达到的目标和与普通设计的区别。

美术创意不是在头脑里将图片进行拼凑，而是一种创造性的图式。例如在广告创意中，你可能需要将文字语言视觉化，也可能要将平面设计立体化，但这些都仅仅是设计的手段。对于设计人来说，最为重要的不是掌握什么样子的设计工具和手段，而是你有什么样的设计思维。铅笔和尺子是设计工具，电脑也是设计工具，但是不等于电脑先进就能做出比铅笔尺子更好的设计，因此在设计上有想法、有创造力，突破普通的思维方式去寻求设计表现的创造，就是美术创意。按照英国的定义，创意产业是起源于个人创造、技巧及才能，透过智力财产权的生成与利用，而有潜力创造财富和就业机会的产业。在此定义之下，英国的创意产业包含 13 个项目：广告、建筑、艺术及古董市场、工艺、设计、流行设计与时尚、电影与录影带、休闲软体游戏、音乐、表演艺术、出版、软体与电脑服务业、电视与广播。

心理科学认为，创造过程包括“显意识激励”“发散性思维”“联想思维”“创造想象”（或“直觉判断”）“论证检验”五个环节。如果这一结论是正确的，那么其中属于美术创意的部分是“发散性思维”“联想思维”“创造想象”（或“直觉判断”）三个环节。围绕这三个环节，我们设计了多种创意命题，除广告创意外，还有功能创意、涂鸦创意、漫画创意、艺术创意等等。当然，我们的训练并不能穷尽所有的创意形式，但可以帮助我们建树自己的创造图式。

（二）美术创意例举

1. 功能创意（一）

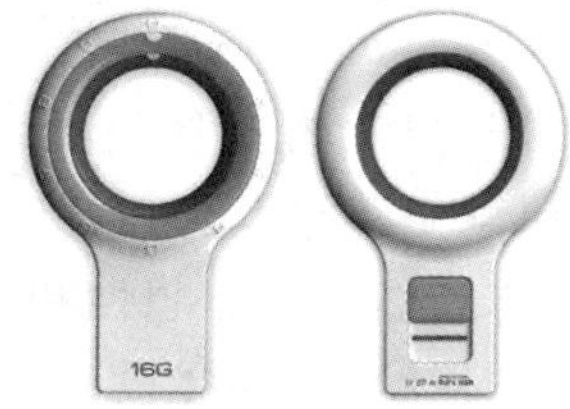

创造思维的功能首先是主体对实践过程中的各种信息进行调节和控制的能力。如同认识与实践的关系一样，创造思维的功能识别与创造思维的潜能也是密切联系的。下图是 Yun Hwan Sung 设计的钥匙优盘（正反面）。请你设想该设计增添了优盘的什么功能？

2. 功能创意（二）

请你设想该设计增添了钟表的什么功能？

3. 功能创意（三）

现代生活，人们越来越有一种贴近大自然的冲动，而家具设计师们正是看到人们这种心理需求，在自己的产品设计中融入了自然的气息。下面这些设计都是同一功能的生活用品，你知道是什么吗？

（1）

（2）

（3）

（4）

4. 涂鸦创意

下面的行人斑马线够创意的吧，但还不能令人耳目一新。你对斑马线有什么创意？

5. 双关创意

下面这幅爱因斯坦的头像，如果仔细观察，可以发现其面部寓意较为含蓄，你能将其可能双关的轮廓勾勒出来吗？（提示：爱因斯坦的面部由三个人物与五官构成双关）

6. 漫画创意

三天之内，某编辑部连续收到大漫画家华君武寄来的表现同一主题的三幅漫画。他的三次随画附言先后是："忽得一画，不知能用否？""刚寄一画，感到（主题）不甚明确，又想了一幅，可否将前画取消？""前两画均不满，今天重作一幅，请将前两幅取消。"

（1）请指出下面三幅画哪一幅是第一稿，哪一幅是第二稿，哪一幅是改定稿。

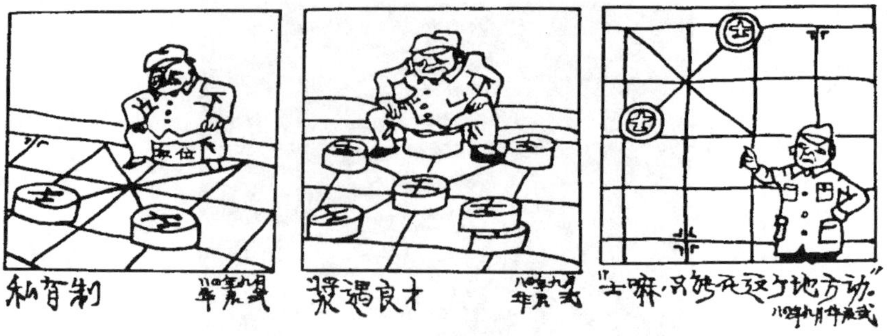

(2)“浆遇良才”中“浆”是不是“将”的误写?

(3) 有一幅画上画了许多个“士”(棋子),请说一说这样画违反了真实吗?

(4) 请以这三幅画为材料,从中提炼出一个正确的观点。

7. 九子创意

下图(1)是著名的九子图,无数心理学家不厌其烦地用它来做创造案例,它一般要求:

(1) 用四条直线把所有九个点连接起来;

(2) 不能移动任何点;

(3) 连线必须一笔完成;

(4) 连线画完前,笔不能离开纸面。

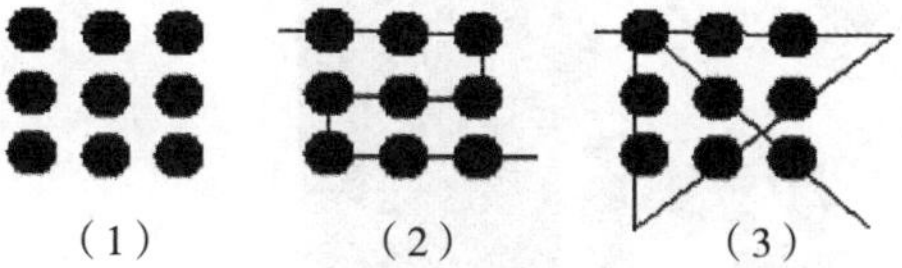

(1)　(2)　(3)

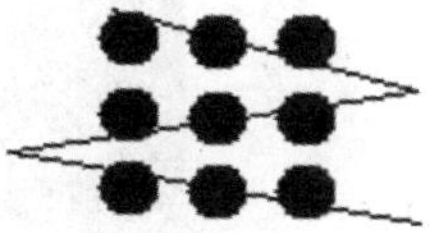

大家知道5条直线是很容易做到的,如图(2),但是四条直线的难度就陡然增大了。多数第一次思考这道题的人都一筹莫展,当你绞尽脑汁快要放弃并几乎认为不可能时,一旦下图的答案出现在你面前时,你会惊得哑口无言。是的,这是一个近乎完美的答案,如图(3),这里既没有脑筋急转弯的机智,也不存在偷换命题的狡辩,它符合了一切前定的规则,可我们为什么做不出来呢?这个答案后面真正的意义是什么呢?那就是——发散越界思维。人们在惊讶自己不自觉地陷入九子图边框的同时,发现了隐匿在思维深处的障碍,这是一种无形的边界,它之所以难以逾越是因为人的思考会屈从于一种前提性假设,尽管问题中并未规定直线的长短以及是否可以逾越,但思考总是倾向于将九子图当作封闭的整体,九子图的边界与人们头脑中无形的框式不谋而合了。边界就这样作为前提被无意识地限定了。

还是这九子图(1),没有心理学家敢做进一步要求,现在我们要求用三条直线把所有九个点连接起来,其他条件不变。你能做到吗?

8. 图式创意·补缺创意

现在,当人们见到维纳斯雕像时,也许认为当时从土中被发掘时就是这个样子。可实际上,被发现时是破碎的断片,经过修复加工结合起来才成为现在这个样子(如图)。维纳斯雕像在卢浮宫展出后,人们立刻卷入了对雕像争论的漩涡,其争论范围发展到了美术史和整个美学领域。其中雕像所缺两臂的姿态，也许是最使人兴奋的论题了。

这个振奋现代人的杰作，因为欠缺，引起了人们各种想象。你又是怎么想的呢？你能讲出或画出维纳斯所缺两臂的姿态吗？请你提出几个方案来。

9. 组合创意

很多创意是根据需要，将不同的事物或同一事物的内部要素进行重新匹配组合，择优除劣，优势互补，从而创造出新事物的过程。右面这幅图就是这样匹配组合的，寓意着理性思维与感性思维的完美结合。请你指出其原来的样子。

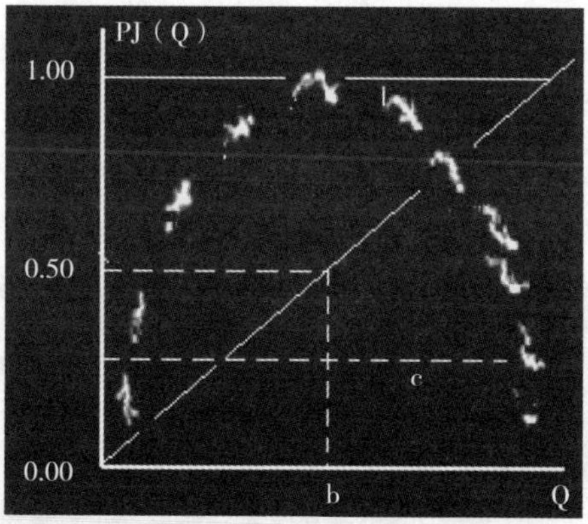

10. 拼图创意

美国悬疑大师塞姆·利外德创造了这个精彩的难解之谜。你可以用重叠或剪拼的方法让骑师骑在骡子背上（将骑士插入骡背上就可以了），蹊跷在于，你不用加入任何别的东西，就可以让这头安闲漫步的骡子奔跑起来吗？

【参考答案】

1. 钥匙优盘如果仅仅只是一个外表很像钥匙的优盘，显然有些华而不实。不如这款带锁的优盘：它真真正正地实现了将优盘加密，而且是纯硬件加密方式。在上方有一个圆环，四周有很多数字，在使用优盘前需要转动圆环，就像打开保险柜那样，然后才可以用一个推送装置将优盘的接头推出来，进行使用。这样的方式极大地提高了优盘内数据的安全性，如果不进行毁灭性的破解，那么如果没有密码的情况下，是休想得到优盘内数据的。让我们回顾一下：移动存储设备由软盘—光盘—优盘。直到现在提出要将优盘加锁，这个过程已经足以说明：人们已经慢慢地习惯将重要数据保存在电子设备中了，所以安全问题是重中之重，不可忽视，哪怕只是一个优盘，里面也可以存储无数个账号和密码。

2. 钟表如果仅仅只是增添外表的色彩，显然是不够的，该设计的功能是让钟表到时能使灯泡亮起来，聋哑者对这种功能尤为欢迎。

3. 这些都是防滑垫。在防滑垫的产品设计中融入了自然的气息，使得原本简单的东西变得丰富多彩起来。

4. 下面四图都是欧美国家的设计，这些设计较充分的挖掘心理暗示的作用，有的与人行道的功能意义相结合，有的与城市美容相结合，有一定的新颖性。

5. 爱因斯坦的面部由三个沐浴中的女性与五官构成双关，如下图：

6.（1）“士嘛，只能在这个地方动”为第一稿，“私有制”为第二稿，“浆遇良才”为改定稿；第一稿原意在讽刺人才的“私有制”，但是，根据象棋规则，“士嘛，只能在这个地方动”这句话并不错。这样，画的主题就“不甚明确”了。第二稿主题明确，但是，与改定稿相比，无论表现主题的深度还是角度，都略逊一筹。

（2）“浆”不是误写。这里运用的是谐音双关的修辞手法，不仅含有“将”的意思，还含有“糊涂干部”的意思。

（3）符合艺术真实。漫画运用夸张手法，更突出人才积压的弊端。

（4）表现了漫画家艺术上精益求精的严谨态度。

7. 如图：首先改变九个点的属性，将源自希腊几何学关于点的定义重新界定。长期以来在平面几何的思维中，“点”是“没有部分的东西”，“点只是一个坐标”，但是，眼前我们所看到的点却是一个具体的、活生生的、有一定面积的特定的“点”。我们并没有用希腊的定义界定过它，凭什么一定是抽象的“点”呢？可见，从抽象到具体的超越，从理论到现实的超越，才是问题的关键。唯有对问题属性的越界思维，唯有这决定性的一跃，才会顺理成章地想到用切线的方法求解。

8. 如图：

①　②　③　④

第一种说法：维纳斯左手拿苹果，手臂搭在木台上，右手紧贴腰布（图①。为什么手腕必须放在台座上？难道苹果太重了吗？）

第二种说法：维纳斯两手拿着胜利的花环（图②。好像是女神正在进行曲艺表演？）

第三种说法：维纳斯右手拿着鸽子，左手拿着苹果（图③。是喂鸽子吗？）

第四种说法：维纳斯正要入水沐浴，左手曳着头发，右手提着腰布（图④）。有这样入水的吗？）……

9. 该图是由运动员跳高连续图和项目特性曲线图整合而成。首先将运动员跳高连续图，见后图（1），整合为一幅图，见后图（2），然后，将图（2）

与项目特性曲线图（图 3）整合到一起，即可变为图（4）。这一整合，寓意着理性思维与感性思维的完美结合。

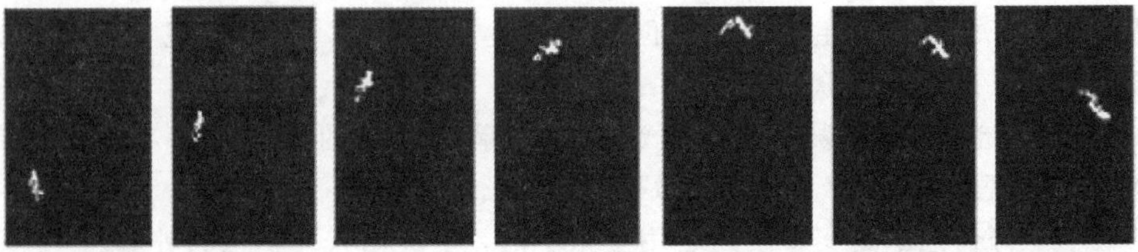

（1）

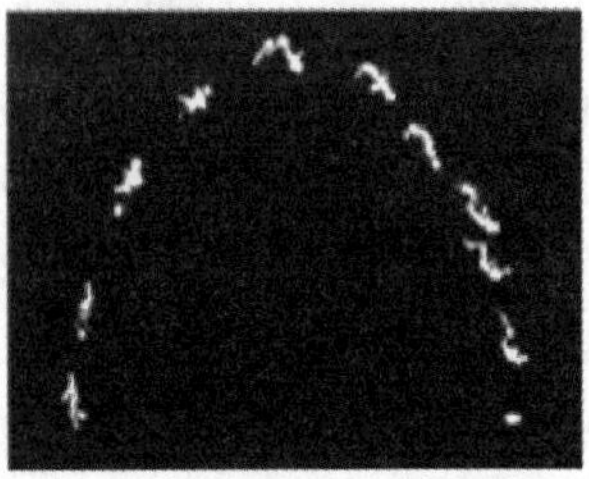

（2）

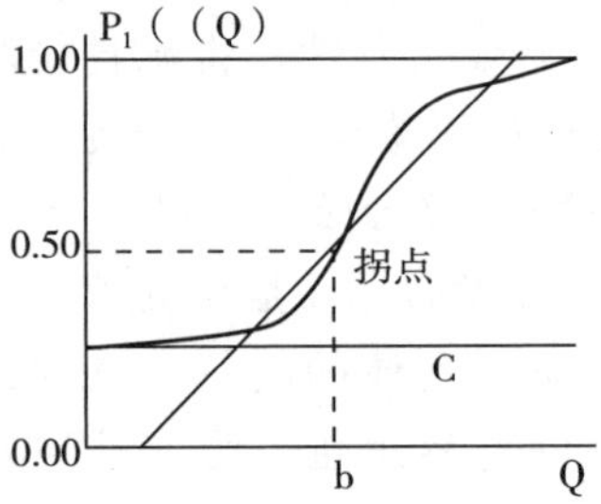

（3）

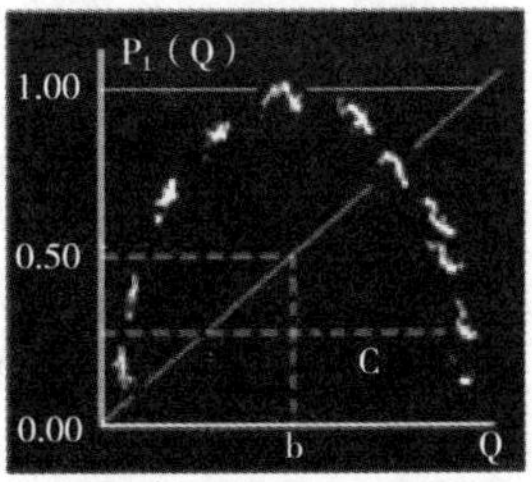

（4）

10. 解决的办法与幻觉直接有关。因为骡子的身体引发了歧义。办法是把骡子从中间剪开（下图 1)，而后将后腿旋转 270°，与骡子的前部分拼合成奔跑的样子（下图 2)，再将骑士插入中间就可以了（下图 3)。注意，后腿旋转 270°后，与骡子的前部分要有点距离才可以。

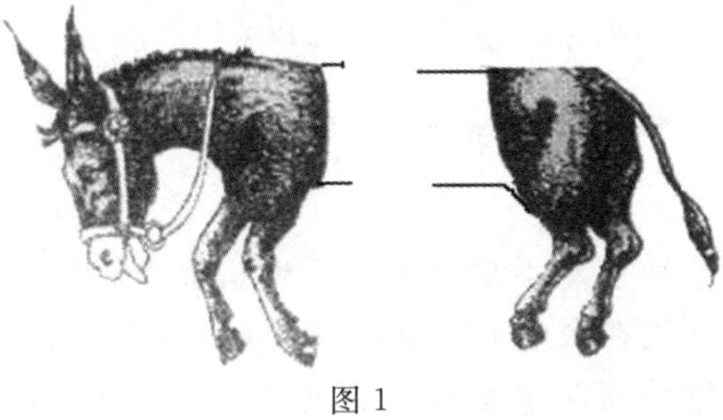

图 1

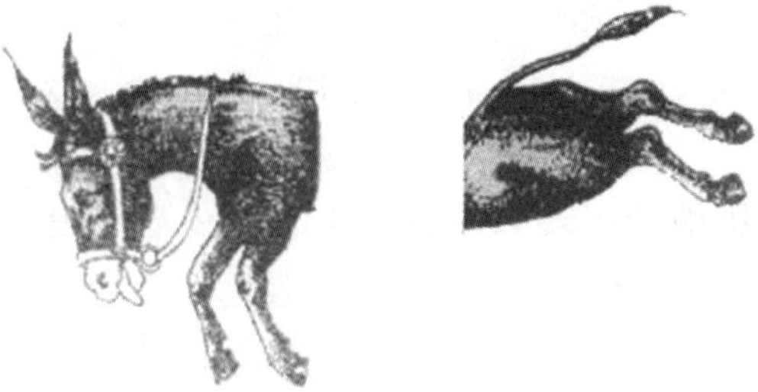

图 2

图3

第四节　ChatGPT赋能艺术教学

以知识图谱绘制出ChatGPT领域的知识映射地图，研究该领域核心内容、核心结构，以探索ChatGPT的脉络及前沿研究动态，在此基础上对标中小学音乐与美术教学的融合的瓶颈，提出创新的知识路线，促进中小学音乐与美术教学的融合高质量发展，是本文的一个尝试。

一、ChatGPT知识图谱的绘制与解读

（一）ChatGPT知识图谱源数据

首先将中国知网作为原始数据源，主题设定为“ChatGPT”，无时间设定。题录检索后，剔除了那些明显与“ChatGPT”主题不相关的文章，最后共得到3097条相关文献。将文献利用最小二乘法原理，导入EndNote后再进而利用VOSviewer绘制出标签视图、密度视图、聚类密度视图等三种知识图谱。其中标签视图为原始视图，密度视图（Density View）和聚类密度视图（Clustic Density View）属于衍生性视图。

（二）ChatGPT知识图谱所展现的核心技术

用VOSviewer软件分析因子间相关的知识图谱，可以得到关键词的验证表，该表有两个重要的计量：一个是选定的事件因子（Occurrences）计量，一个是因子连接总强度（Total link strength）的计量。这两个计量可反过来佐证对知识图谱的解读。第一张验证表的事件因子计18个，所有连接总强度均≥60（见图8-4、图8-5）：

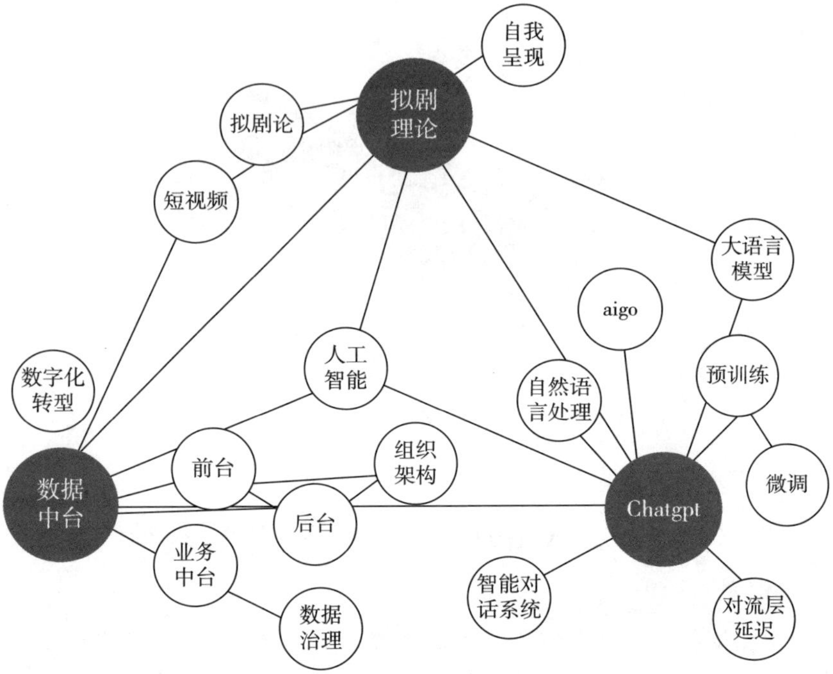

图 8-4　ChatGPT 的知识图谱图

Verify selected keywords

Selected	Keyword	Occurrences	Total link strength
☑	chatgpt	446	642
☑	人工智能	181	392
☑	拟剧理论	150	310
☑	数据中台	154	222
☑	自我呈现	99	193
☑	gpt	80	157
☑	数字化转型	59	147
☑	aigc	36	124
☑	短视频	41	97
☑	业务中台	38	90
☑	前台	24	79
☑	拟剧论	27	77
☑	后台	21	74
☑	组织架构	11	70
☑	自然语言处理	27	68
☑	大语言模型	14	64
☑	对流层延迟	24	62
☑	数据治理	32	62

图 8-5　ChatGPT 的关键词验证表（频次≥60）

知识图谱一般采用三元解读法。首先对由头（Head），关系（Relation）和尾（Tail）三元进行解构分析。三元结构通常用 $G=(H, R, T)$ 表示。H 是知识库中头实体的集合，$H=\{e_1, e_2, \cdots, e_n\}$；$R$ 表示知识库中关系的集合，$R=\{r_1, r_2, \cdots, r_n\}$；$T$ 表示知识库中尾实体的集合，且 $T \subseteq H \times R \times H$。解构分析之后进行分项集成。分项集成又称数据聚类。很像“合并同类项”，在相同类别的样本彼此之间会比在不同类别间的样本更具有相似性。不同的度量（相似度、相关度），其宽容度（样本范围、长度）也不同。通过分项集成得到“深度学习”“数据中台”和“拟剧理论”三个关键因子。从图1看到，也能明显看到这3个色彩较为浓厚的大类团，类团各自形成穹顶效应，自成系统。类团与类团的节点和节点之间有较为细密的连线，显示其具有较强的关联性。用三个关键因子分别回溯相关文献，可实现ChatGPT核心技术的解读。

二、ChatGPT 核心技术解读

（一）ChatGPT“深度学习”

ChatGPT无疑是最大的知识类团。他与“深度学习”“预训练”“人工智能技术”“大规模语言模型”“神经网络”“文本生成”“聊天机器人”等关联度最密切。“人工智能技术”“大规模语言模型”“神经网络”定性了ChatGPT的本质属性，意味着人工智能从感知智能时代进入认知智能的网络时代。作为一种具有强大信息整合能力、自然语言处理能力和多模态交互能力的神经网络，ChatGPT类人工智能以泛在、智能、拟人的优势，迅速突破“文本生成”“深度学习”“聊天”等功能瓶颈，优先融入人类社会生活和教育领域已经成为必然。

“深度学习”是ChatGPT核心技术中的核心。具体而言，它基于转换器（Transformer）的生成式预训练模型（Generative Pre－trained Transformer，GPT），使用了大规模无监督学习方法，例如自回归语言建模和掩码语言建模，来训练一个庞大的神经网络模型。这个模型可以处理文本序列，并从中学习语言结构、语义和上下文信息。其中自回归语言建模是指通过上下文中已有的词，来预测下一个词，从而学习语言的连续性和概率分布。而掩码语言建模则是指将输入文本中的一些词随机遮盖，让模型来预测这些词。以此学习词与词之间的联系和语义表示，这些训练方法可以使GPD模型自动学习大量的语言知识和模式，从而在各种NLP任务中表现出色。

“预训练”一直伴随着“深度学习”的演化。预训练数据容量的递增促使ChatGPT五年走了四大步：ChatGPT－1（2018年6月）为5GB，最大参数

1.17（亿）；ChatGPT－2（2019 年 2 月）为 40GB，最大参数 15（亿）；ChatGPT－3（2020 年 6 月）为 45TB，最大参数 1750（亿）；ChatGPT－4（2023 年 3 月）尽管发布时未公布其预训练数据容量和参数，但是据相关报道估计达 ChatGPT－3 的 6 倍（见图 8－6）。

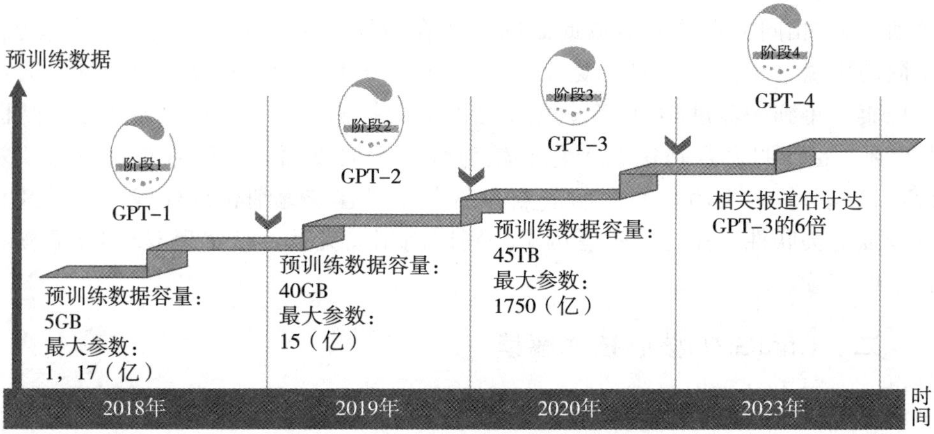

图 8－6　ChatGPT 预训练数据容量的递增

在训练数据多样性基础上，ChatGPT 类技术给出的答案也呈现针对性更强、准确率更高的特征。2018 年 ChatGPT 生成式预训练变换器，着重无监督地训练一个大型语言模型，然后再根据经典自然语言任务有监督地微调模型。ChatGPT2.0 在 ChatGPT 模型的基础上：通过数据量与算力规模的不断扩大，在仅使用任务引导词而不给出任务示例（Zero－shot）的情况下，不经过精心设计也能够完成特定任务。ChatGPT3.0 在 ChatGPT2.0 模型的基础上：改变了无示例的处理方式，在训练过程中提供少量的情景示例引导。额外的示例信息让模型更加容易捕捉到不同语言任务的输入输出模式，从而在实际应用中不花额外代价就能适应各种语言任务。ChatGPT3.5 使用“语言模型＋人类反馈强化”的方式，通过评价 ChatGPT3.5 的问答表现和奖惩措施进行优化更新。根据不同语言任务的提示引导，反馈强化模型能给出任务区分的奖励值，这使得 ChatGPT 能在多个语言任务上接近人类表现。新一代 ChatGPT 经过半年多的调试改进，在算法上，解决了人类反馈强化学习（RLHF）、生成对抗网络（GAN）等诸多难题，进一步采用了多模态模型，提高了人工智能对现实世界的理解，支持了图像的输入，将语言到多模态的连通从可能变成了现实。同时利用图像数据增强了语言能力，不再只依靠庞大的语言数据提升模型性能，实现了更自然、真实、毒性更小的内容生成，且不会因为训练数据产生明显的偏好。

概言之，ChatGPT 深度学习的“预训练”，涉及三个要素：模型算法＋训练数据＋算力。“靶的”越具体，“靶矢”内涵越丰富，模型约束越多，则外延越小，训练任务越重，要求的算力越强，数据加工的创新性越强。

（二）ChatGPT“数据中台”

中台是最早由阿里“大中台、小前台”战略规划中演化出来的概念，现在成为 IT 行业最热门的技术，有人将 2022 年称之为“中台爆门年”。中台更强调标准化和通用能力，使核心数据库所有业务领域实现“复用性能”。ChatGPT 与数据中台是语言模型的基础。数据中台包括预训练语料与微调语料两个部分，其中预训练语料包括 OpenAI 从书籍、杂志、百科、论坛等渠道收集，并初步清理后形成的海量无标注文本数据；ChatGPT 的预训练语料总体量约 753 GB。都是在 ChatGPT－3 等模型的数据基础上改进优化而来。具体分布见表 8－1 所列。微调语料包括从开源代码库爬取、专家标注、用户提交等方式收集和加工的高质量有校标注文本数据。这些文本数据为 ChatGPT 上下文学习与利用知识，提供了方式。

表 8－1 ChatGPT－n 的基础预训练数据 （单位：GB）

模型	维基百科	书籍	期刊	Reddit 链接	CommonCrawl
GPT－1	/	4.6	/	/	/
GPT－2	/	/	/	40	/
GPT－3	11.4	21	101	50	570

ChatGPT 中台的整体架构如图 4 所示，插入和编辑的功能由 text－davinci－001 模型提供支撑，text－davinci－001 模型是在人工标注数据集上对 ChatGPT－3 进行指令微调后所得。将数据、信息、知识、智慧分成四级，形成一个金字塔形状，每升高一层都加了不同的内涵。具体而言，在数据集中随机抽取问题，使用 PPO 模型生成回答，并利用上一阶段训练好的奖励模型给出质量分数。将该分数依次传递，由此产生策略梯度，通过强化学习的方式以更新 PPO 模型参数。

ChatGPT－4 之前，中台的整体架构更像是人类对不同的数据概念在外延上进行了经验性整理而归纳总结出的概念关系的一般规律，缺乏特定情境下在具象化目标驱动下进行数据加工的动力过程。人的行为都是有情感的，因而在架构中引入“拟剧理论”是合乎逻辑的，这样会得到一个更有分类聚类情感分析功能的操作性的工艺流程。

（三）ChatGPT“拟剧技术”

拟剧理论是美国学者戈夫曼提出的一种人类行为学的理论。其核心概念是“印象整饰”，意即在人际互动过程中，行动者有意无意地选择适当的言辞、人体语言来整饰自我印象，使他人契合或接受自己，达到共情或交流目的。“拟剧理论”帮助 ChatGPT－4 构建拟剧的话语料，生成、问答、聊天等超过 9 种类型的标注数据，通过对话语料的微调，使 ChatGPT 能够应对人类常见的聊天情景并开拓了 ChatGPT－4 推理现实世界的场景应和能力，我们称之为“拟剧技术”。它能够准确识别任意图片中包含的物体，并且可以就其进行包括隐喻性语言、肢体语言或者表情的推理分析。对“背后的意思”的准确理解使得 ChatGPT－4 的拟剧程度大大提升。“拟剧程度”主要依靠数据量与算力规模的不断扩大。为了训练这一模型，2020 年，微软专为 OpenAI 打造了一台拥有超 28.5 万个 CPU 核与一万余个 GPU 核的超级计算机。在全球超算 ToP 500 排行榜中，名列第 5。ChatGPT－4“拟剧”系统将在积累量变的过程中形成质变，从而获得其各个组成部分都不具有的全新特性。当然，ChatGPT 的拟剧能力还有很长的路要走：（1）如何通过语气赢得观众进一步的认可；（2）如何将社会公认的价值、规范、标准纳入“拟剧理论”，并使 RM 模型 InstructChatGPT 更接近人类表现；（3）如何在 SFT 模型生成的 n 个答案排序中，排除地域文化差异，选择更符合人类表现的答案，反之则意味着该答案偏离人类表现；（4）如何补救口误或应答时的失误。

三、ChatGPT 核心技术在艺术教学中的运用

核心技术能否运用于靶向，首先是判断不同领域的知识或技术是否可以相互迁移或迁移到真实世界中有关联的对象上。如果找到知识技术能表征同一个对象，则在真实世界与这些知识或技术之间构建对标关系，同时实现融合和聚集。其基本流程如图 8－7 所示。

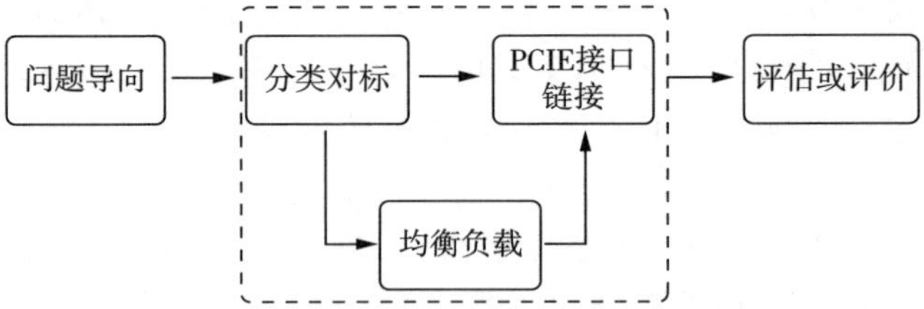

图 8－7 知识图谱与真实世界的对标/链接流程

中小学的音乐、美术融合尝试虽然取得长足的成绩，但还存在一些发展中的瓶颈短板，例如音乐、美术融合的数据中台、教学场景、融合技术等。ChatGPT 所采用的“深度学习”技术中的自回归语言建模，其本质上与音乐、美术的感知、记忆、理解很相仿，其核心技术可以帮助我们推进音乐、

美术融合，促进潜能的开发。同理，ChatGPT 数据中台技术是否可以对标/音乐、美术融合的数据中台；ChatGPT“拟剧”理论是否可以对标/音乐、美术融合教学场景……这种知识技术的对标研究，思路极简约，却很实惠。

（一）ChatGPT“深度学习”对标艺术潜能开发

1. 问题导向

我国潜能发展学说创立者程跃教授认为，艺术天才对于每个个体而言，不是可望而不可即的神话，天才发展实际上是每个个体遗传潜能范围内的一种理想的表达方式。每个人在其遗传提供的潜能范围内，可以中常发展、可以低常发展，可以超常发展，也可以天才发展。关键在于后天训练。艺术天才也是“深度学习”打磨出来的。有没有科学的训练方法开发人的艺术潜能？答案是肯定的。例如视唱练耳课程包括视、唱练耳，练耳即训练听觉能力，是这门学科的难点和重点。练耳分两方面：其一是训练耳朵的生理听觉能力，训练学生通过耳朵分辨音的高低与长短的能力，同时，通过物体不同频率的振动刺激人体听觉器官产生不同的感觉，强化学生的音乐听觉记忆力。流行音乐视唱练耳听觉能力教学内容分为音高、节奏、音色、旋律等多个方面。具体来讲，音高又细化为单音、音程、和弦，音色听辨是分辨不同乐器声音的训练，以及对流行音乐的调式、调性、速度的听辨和多声部训练；其二是训练内心听觉能力，内心听觉是音乐素养的体现，也是衡量听音能力的标准，音乐通过耳朵进入大脑时能激发我们的音乐记忆，从而引起听者的共鸣。学生要学习音乐的基础理论，参与音乐活动实践，多听、多分析、多练习，培养内心听觉。工欲善其事，必先利其器，能否利用“深度学习”技术训练提升内心听觉，从内涵发展角度升华艺术潜能，是本文的一个靶向。

2. 对标/链接

在深度学习和神经网络的研究中，语言数据资源不足是一个严重的问题。由于受限于数据规模、计算能力，基于语言系统规则的模板不能应对超出规则之外的语言现象。比如听觉分为生理听觉和内心听觉。生理听觉即声音通过空气传导，被耳廓收集，通过外耳道传至鼓膜引起振动，简单来说，生理听觉就是耳朵直接听见的外界声音的高低、强弱以及长短。生理听觉能力要配合有固定音高的乐器循序渐进地训练，顺序可以由单音、音阶、音程、和弦深入到歌曲。音阶练习以自然音阶为基准，进阶加以旋律音阶、民族调式等进行调式记忆的听辨训练，培养调式的稳定感，每一首流行音乐作品都是由固定的调性、调式组成的，因此，要多唱、多听各类音阶，这对于熟悉调式的调性结构基础尤为重要，同时，这对于音准、各类旋律以及音乐感受的强化具有良好的效果。音程的听觉训练是练耳的基础，其对于和弦、旋律从协和音程开始，比如纯一度、纯四度、纯五度等，再逐渐添加升降号；其次是不完全协和音程，如大小三度；再次是不协和音程，可以从大小二度、大小七度及所有增减音程开始，再添加升降号。和弦可以通过流行音乐作品进行练习，要听出歌曲中每小节的第一个音，由此判断和弦的根音，分析其和弦。内心听觉又分为两大类：一是和声性，二是旋律性。和声性内心听觉需要学生结合和声理论知识，通过实际的弹奏与听辨训练进行强化，从而对和声与复调音乐进行内心想象与创作。旋律性内心听觉是一种对旋律记忆的提取能力。因此，大量的视谱模唱、背谱默唱再到默写能够加强对各种风格旋律的积累和记忆。我国著名音乐家王福增教授曾说："要在内心建立起声音的概念，要在内心的想象中准确地知道声音的形象。用'内心听觉'指挥和控制身体机能，寻找最美的音乐，我认为这是一种最好、最快的学习方法。"一切美妙的音乐都建立在听觉基础上。再比如，我国著名钢琴教育家周广仁先生对内心听觉对实际演奏所起的作用分享了亲身体会："我于 1995 年赴英国伦敦演奏莫扎特《A 大调钢琴协奏曲》时，在出场演奏之前，看着乐谱在内心中默唱了全曲一遍。出台独奏时，我不仅稳定了自己的情绪，而且对作品的典雅、流畅的感情表现得更为自如。"无论是演奏古典音乐还是流行音乐，演奏前的默唱都可以唤起内心的听觉记忆，从而在演奏中再现音乐记忆。演奏过程当中，应先在内心听觉里提取记忆中的声音，然后在演奏时努力再现这种声音，最终达到想要的效果。通过对流行音乐的模唱、默唱、背唱，可以训练音乐听觉能力，进而提高创作能力。

ChatGPT"深度学习"预训练语言模型使用大规模文本语料库数据（Large - scale text corpus）进行预训练（Pre - training），建立预训练语言模型（Pre - trained language models），然后使用面向特定任务的小规模语言数据集（Task datasets），根据迁移学习的原理进行微调（Fine - tuning），形成下游任务的模型（Models for downstream tasks）。这样的预训练语言模型使得我们能够降低自然语言处理系统的研制难度，从而加快了自然语言处理系统研究创新的步伐。

潜能发展理论有一个梯度学习策略。它的核心是"层级"式的"小步骤、阶梯化"的发展策略，其中，阶梯化的发展策略，配以柔性强度的原则，以及"过一点与退一步"的反馈操作原则，要求从低水平起点出发，小步走、快步走、不停步，以步步成功的方式来达成阅读潜能开发最终的目标（程跃，2010）。ChatGPT 的 PPO 模型在数据集中随机抽取问题，生成回答，并利用上一阶段训练好的奖励模型给出质量分数。将该分数依次传递，由此产生策略梯度，通过强化学习的方式以更新 PPO 模型参数。这一设计非常契合潜能发展的“梯度学习”策略。我们只要找到它们的接口，就可以把 PPO 模型迁移到实验中。

深度学习之父辛顿（Geoffrey Hinton）说：“深度学习的下一个大的进展应当是让神经网络真正理解文档的内容。”让神经网络真正理解文档的前提是将人因工程学、认知科学与人工智能相结合，在上下文感知、眼动跟踪、手势识别、三维输入、语音识别、表情识别等多个方面抽象出人类共性特征才能实现突破。而基于 Transformer 架构的自回归语言建模和掩码语言建模，采用大规模无监督学习方法为训练一个庞大的阅读技术神经网络模型提供了技术支持。

3. 评估与评价

目前人工智能的发展基本停留在弱人工智能阶段，没有成熟的可参照的镜对产品，使用这样的“预训练范式”，研究人员设计出各种预训练模型，可以把通过预训练从大规模文本数据中学习到的语言知识，迁移到下游的自然语言处理和生成任务模型的学习中。预训练模型在几乎所有自然语言处理的下游任务上，都表现出了优异的性能，进一步验证了预训练模型确实是一个功能强大的大语言模型，在自然语言处理的研究和应用领域产生了广泛的影响。由 OpenAI 公司开发的基于转换器（Transformer）的生成式预训练模型（Generative Pre - trained Transformer）已经成为当前自然语言处理研究的核心技术。GPT 利用转换器模型的编码器和解码器，从语言大数据中获取了丰富的语言知识，在自然语言生成任务上达到了相当高的水平。这样一来，生成式预训练模型 GPT 便成为深度学习神经网络时代自然语言处理研究最重要的语言模型。

ChatGPT 尽管已经取得了很大进步，已经具有强大的处理人类语言数据的能力，但是它处理外在阅读潜能开发方面的常识以及心理学背景还十分有限。从本质上说，ChatGPT 具备的智能还不能完成我们的课题任务，要进一步提高人类阅读潜能处理的水平，让计算机真正地理解潜能的奥秘，仍然还是一个极为困难的任务。

（二）ChatGPT 数据中台对标多学科融合数据中台

1. 问题导向

美术学科与音乐学科之间的融合，与综合实践课也有着密切的联系，在初中教学的教材中都有综合探索这一单元，这个单元所涉及的知识非常广，包括信息技术、舞蹈、戏剧、历史、地理等学科知识，要想将美术学科、音乐学科与综合实践活动有机融合到一起，这就需要老师要了解这些知识，对人文科学与自然科学知识都要有所掌握，并且将所有的知识融会贯通。这对大多数教师来说是一个难题。中小学知识包罗万象，基础性很强，教师受学历和教学经验局限，很难将综合探索与综合素养培养的任务担当起来。比如“听画”与“画音乐”的综合探索，就内涵许多综合素养的东西。听德彪西《大海》欣赏莫奈的《日出·印象》，用贝多芬《第五交响曲》去欣赏康定斯基的《第七乐章》。这需要教师不仅深刻体会到画者的心境，还要懂得影响画面色调的道理，不仅感受到通过静止的画面产生音乐的动态感受，还要在画面发现跳跃的线条、鲜艳的色块、变化的点和色彩。这些通感正是艺术潜能表达的多学科融合的真实体现。对于教师个体从不同的角度多方位地进行思考理解，实现知识的深化升华，不借助人工智能，恐怕很难解决实际问题。

2. 对标/链接

ChatGPT 使用了深度学习技术，通过预训练学习大量的自然语言文本，通过自注意力机制和 Transformer 网络结构，最终实现生成文章、回答问题、翻译等自然语言处理任务，可以帮助中小学校数据中台以一整套数据治理体系，实现跨学科的综合探索：（1）通过利用多模态处理技术，可以更准确高效检索和推荐跨类型信息资源。例如，基于多学科融合及用户检索，采用“5W 模式”，从 Who、What、Which Channel、Whom、What Effect（人物、内容、渠道、受众、效果）五个方面，自动关联多模态信息资源，进行交互检索，结合自动化内容生成综合探索的信息；（2）通过 ChatGPT－4 自然语言生成图像，或者通过图像识别生成文字描述，依托多模态技术跟进，有望进一步拓展音乐、美术多形式的黏合，例如音频、视频等。同时，通过进一步对大模型语义理解和推理进行优化，可提升教师多模态信息理解和分析的精准度；（3）ChatGPT 类技术可以使用无监督学习的方式，即不需要使用标注数据就可以进行模型训练。这种方式不仅减少了标注数据的需求，还可以对数据资源进行汇合、采集、计算、存储、分析和沉淀，生成更加可靠的跨模态内容，建构艺术潜能开发的大数据中台，有效减轻教师备课的困境；（4）通过 ChatGPT 类技术对用户学科偏好、学科层次、学科兴趣信息进行标签化处理，进行个性化的精准推荐，构建动态的定向的学科集群。

3. 评估与评价

中小学数据中台受自然语言 AI 能力、分类聚类情感分析功能不成熟的约束，成为多学科融合的藩篱。与 ChatGPT 中台整体架构的对标，能促进音乐、美术融合教学 AI 能力、数据共享查询、数据可视化报表、数据核验、数据文件上传、数据文件导出、数据分类及情感分析、数据辅助决策等功能的提升。其价值在于：（1）它应该能够汇集各学科数据，完成数据分析，整合各种资源，为不同年级、不同学科的教学从海量信息中提炼出“小范围的有吸引力的信息”；（2）能为教师快速制定结构性补缺、专业提升的继续教育计划，甚至能为他们的艺术教学提供量身定制的快速响应与支撑；（3）中台的核心能力是统筹音乐、美术资源最大可能地进行复用，并在此基础上提升学科融合活动的频率和规模。

（三）ChatGPT“拟剧”理论对标/链接教学场景

1. 问题导向

当下中小学都面临教学场景“同质化”的问题。过去是一张讲台、一本书、一盒粉笔，现在加上多媒体。数字赋能下，传统的教学场景已经无法取得应有的成效。因此，如何借助GPT“拟剧”技术，迎合教学需求，采用ChatGPT“拟剧”场景化模式，创新艺术潜能开发工作，成为中小学亟须解决的问题。

2. 对标/链接

ChatGPT的“拟剧”对话微调语料集囊括了生成、问答、聊天等超过9种类型的标注数据，通过对话语料的微调，使ChatGPT能够应对人类常见的聊天情景，除了对话类型多样外，该语料集还涵盖了20种语言，包括英语、汉语、法语、西班牙语等。对话微调语料以人工标注为主，这些语料来源于标注人员撰写和早期用户的提交。这为中小学阅读场景的焕发提供了可能。

（1）开启“独学”新模式。“独学”是阅读的一个术语。德国人汉娜·阿伦特诠释说，当我们心无羁绊地进入书的世界时，就会与另一个心灵开始对话。每本书蕴藏着作者独一无二的灵魂。你会自觉不自觉地把自己的思想揉成一个对话者与之频频交流，原先的思想会随之产生“同化”“顺应”和“平衡”。ChatGPT从心理学角度剖析这种“灵魂对话”的阅读场景与阅读心理相融合的规律，将心灵的符号互动变成知识的问答和情感交融。戈夫曼把情境分为了前台和后台两个区域。前台是人际表演舞台，受人伦环境和社会制度制约，因而约束了自我。后台是去掉面具的自我，表演者在后台得以放松和休息，暂时地脱下“理想化”的面具，宣泄情绪，为前台的表演做准备。新模式将阅读者（前台）和ChatGPT（后台）同置于一个空间，“独读”者可以随心所欲地发问、探讨、宣泄，更多地表现出自发性的主我，使“独读”取得别样的效果，以建构阅读者人生观、价值观，甚至个性和气质之间的路径。创建更智能的虚拟学伴，提出问题、自测练习、模拟诊断等，为学生提供多元开放的信息资源，帮助学生自主学习。此外，ChatGPT促进了全球科学教育优质资源共享与流动，并通过收集和分析学生的学习数据，促使艺术潜能评价的智能化。

（2）开启“群学”新模式。该源自美国爱阿华大学图书馆的“信息拱廊（Information Arcade，简称IA），后来又引入建构主义的协作学习

(Cooperative Learning. 简称 CL) 理论，要求其学习场景要契合检索—情境—协作—交流—意义重构—创新的整个流程，以实现“从个体艺术潜能建构走向群体艺术潜能建构”。在 IA＋CI 基础上，清华大学程跃教授等人将 ChatGPT 技术引入群学场景，建构了“现代信息技术与潜能开发技术相融合”的新模式。该模式集智慧空间、数字阅读、影像阅读于一身，其核心部位就是 ChatGPT，它可以通过强化学习、进化算法等技术，实现更智能、自适应的决策过程，更便捷地解决检索—情境—协作—交流各个环节的问题，快速生成不同类型或风格的文本，给人们带来新式样的“场馆体验”。随着 ChatGPT 算力和网络的新技术、新模式不断发展，“群读”应用场景还会发生翻天覆地的改变，出现无限延伸的新趋势。

3. 评估与评价

ChatGPT 在阅读场景领域会产生情感放大。人机交流的过程可以看作背景知识不断被唤醒的过程。ChatGPT 引入了多模态数据，语言到多模态的连通将其强大的语言能力通过模型扩散到学习场景的理解与生成中。ChatGPT 的“拟剧”对话微调语料正能力在每一个细节设计时就考虑客户端的情感需求。就像搭乐高一样，如果我们要搭出各种栩栩如生的形态，就需要每一个乐高的小块儿都做得非常精准，这样才能组合出来非常完美的形象。交流过程中客户的情感需求如果在细节上反复得到体验，人机共情和同理心通常会不断被放大。故我们在定义“拟剧”对话背景知识时，必须将艺术潜能开发过程中的各种人文要素嵌入其中，并通过人机交互来提高用户情感价值和社会价值，从而推动共创行为的发生。

ChatGPT 的“拟剧理论”在阅读场景在增强知识传播能力的同时，也优化个性化定制任务。个性化定制任务通常使用独有的数据微调或者重训模型，而这个过程需要庞大的个性数据及夸张的计算代价，这是一般中小学难以提供支持的。ChatGPT 使用的庞大训练数据不仅提供了艺术潜能开发的数据支持，还保证了这类任务的良好质量。ChatGPT 提供了信息交互的语言自由和形式自由。将各种“不可能、想不到”的群智创新任务变成了现实。

概言之，在 ChatGPT 带来的革命浪潮时，我们一方面要积极拥抱这一先进技术，但也要清醒认识到 ChatGPT 类技术的局限性：一是 ChatGPT 复杂性使得其难以解释，难以理解其生成输出的原因和过程，这对于一些信息处理来说可能会成为障碍。二是 ChatGPT 可以生成自然语言的内容，但由于 ChatGPT－4 尚不具备自己发现错误的能力，其生成的代码中可能引入安全漏洞，带来新的网络攻击风险。三是 ChatGPT 的训练需要海量数据，但数据往往包含大量的个人信息和隐私，如何保护这些数据的安全和隐私，规避信息泄露和滥用以及防止虚假信息、避免抑制创新等成为ChatGPT应用中不可回避的问题。ChatGPT并不是技术的创新性突破，而是在应用层面上选对了落脚点，迎来了人工智能应用的奇点。它本质上尚未真正突破“弱人工智能”的技术范式，更不具备人类创造性解决问题的能力。四是ChatGPT-4的文字处理上限提升至2.5万字，并具备多语言能力。这使得用户能够直接将长篇论文或海量程序代码提供给ChatGPT-4，利用其生成内容摘要或指挥其修改程序漏洞，并能有效逃避Paper YY、PaperRay等查重软件检查，容易助长学术不轨的风气。另外，相关领域学者对ChatGPT可能产生的产业垄断也产生了新的紧张焦虑。但是这些并不妨碍我们根据ChatGPT知识图谱对标中小学艺术潜能开发的数据中台、教学场景的目标靶向，实现知识和技术的融合和聚集，拓展基础教育的路径，促进艺术潜能高质量开发。

图8-8呈现了多模态AI技术与虚拟现实、增强现实结合的艺术教学场景。通过多模态AI与VR/AR结合，能为学生营造沉浸式艺术学习环境，助力艺术教学变革，拓展基础教育路径，促进艺术潜能高质量开发。在当今数字化时代，人工智能（AI）正以其强大的功能和多模态的技术应用，为艺术教学带来了全新的变革与机遇。美术和音乐作为重要的艺术领域，也在AI的赋能下迈向新的发展阶段。

图8-8 多模态的AI技术可以与虚拟现实（VR）和增强现实（AR）相结合

第九章 AI时代的教师角色转变模式

本章探讨在AI时代教师角色的转变。随着科技的发展，教师从传统的知识传授者转变为引导者势在必行。这一章详细阐述了教师角色转变的必要性，明确了引导者角色的具体职责与任务，提出了转变的策略与方法，并通过案例进行分析。同时，强调了教师技术素养提升的重要性，明确了技术素养要求以及提升的途径与方法，还通过培训案例和信息技术大赛案例加以说明。此外，还探讨了教师与AI的协作模式，分析了协作的优势与挑战，阐述了构建原则与方法，并通过实践案例进行解读，最后以探索深度协作教学模式的案例收尾。

第一节 从知识传授者到引导者

一、教师角色转变的必要性

（一）教育理念的变革

随着时代的发展，教育理念也在不断更新。传统的教育注重知识的传授，以教师为中心，学生被动接受知识。而现代教育教学更加注重学生的全面发展，强调培养学生的创新能力、实践能力和综合素质。在这种教育理念下，教师不再是知识的唯一来源，而是学生学习的引导者、组织者和促进者。教师需要引导学生主动探索知识，培养学生的自主学习能力和创新思维，帮助学生在学习过程中实现自我价值。

（二）信息技术的发展

信息技术的飞速发展给教育带来了巨大的变革。互联网、多媒体、人工智能等技术的应用，使得学生获取知识的渠道更加多元化。学生可以通过网络、在线课程、电子书籍等方式自主学习，不再依赖于教师的课堂讲授。在这种情况下，教师需要转变角色，从知识传授者转变为引导者，帮助学生筛选和整合信息，指导学生正确使用信息技术进行学习，提高学生的信息素养和学习能力。

（三）学生需求的变化

现代学生成长在信息时代，他们具有更强的自主意识和创新精神，对学习的需求也更加多样化。他们不再满足于被动地接受知识，而是希望能够积极参与到学习过程中，与教师和同学进行互动交流，共同探索知识的奥秘。同时，学生的学习方式也发生了变化，他们更加倾向于个性化、自主化的学习方式。在这种情况下，教师需要根据学生的需求和特点，转变角色，成为学生学习的引导者，为学生提供个性化的学习指导和支持，满足学生的学习需求。

二、引导者角色的具体职责与任务

（一）激发学生的学习兴趣

1. 了解学生的兴趣爱好和需求

教师要通过与学生的交流、观察和调查等方式，了解学生的兴趣爱好和学习需求。只有了解学生的兴趣爱好和需求，才能更好地激发学生的学习兴趣。

2. 创设生动有趣的教学情境

教师要根据教学内容和学生的特点，创设生动有趣的教学情境。教学情境可以是故事、游戏、实验、案例等，通过创设教学情境，让学生在轻松愉快的氛围中学习，激发学生的学习兴趣。

3. 采用多样化的教学方法

教师要根据教学内容和学生的特点，采用多样化的教学方法。教学方法可以是讲授法、讨论法、演示法、探究法等，通过采用多样化的教学方法，让学生在不同的学习方式中体验学习的乐趣，激发学生的学习兴趣。

（二）引导学生自主学习

1. 培养学生的自主学习意识

教师要通过教育和引导，让学生认识到自主学习的重要性，培养学生的自主学习意识。让学生明白自主学习是一种主动的、积极的学习方式，能够提高学习效率和学习质量。

2. 指导学生制定学习计划

教师要指导学生根据自己的学习目标和学习需求，制定合理的学习计划。学习计划要具体、可行，包括学习内容、学习时间、学习方法等。通过制定学习计划，让学生有计划地进行学习，提高学习的效率和质量。

3. 提供学习资源和学习方法指导

教师要为学生提供丰富的学习资源，包括书籍、杂志、网站、视频等。同时，教师还要为学生提供学习方法指导，让学生掌握正确的学习方法，提高学习的效率和质量。

（三）促进学生的合作学习

1. 组建学习小组

教师要根据学生的特点和学习需求，组建学习小组。学习小组可以是同质小组，也可以是异质小组。同质小组是指小组成员在学习水平、学习能力等方面比较接近；异质小组是指小组成员在学习水平、学习能力等方面存在差异。通过组建学习小组，让学生在小组中相互学习、相互帮助、共同进步。

2. 明确小组学习任务和目标

教师要为学习小组明确学习任务和目标。学习任务和目标要具体、明确，具有可操作性。通过明确学习任务和目标，让学生在小组中有明确的学习方向和动力。

3. 指导小组学习过程

教师要指导学习小组的学习过程，包括小组讨论、合作探究、成果展示等。教师要引导学生在小组中积极参与讨论、合作探究，充分发挥每个学生的优势和特长，共同完成学习任务和目标。同时，教师还要指导学生进行成果展示，让学生在展示中提高表达能力和自信心。

（四）培养学生的创新思维

1. 鼓励学生质疑和提问

教师要鼓励学生质疑和提问，培养学生的批判性思维和创新思维。让学生敢于对书本上的知识、教师的讲解提出疑问和不同的看法，通过质疑和提问，激发学生的思维活力，培养学生的创新思维。

2. 提供创新思维训练

教师要为学生提供创新思维训练，包括头脑风暴、思维导图、创意设计等。通过创新思维训练，让学生掌握创新思维的方法和技巧，提高学生的创新思维能力。

3. 创设创新实践机会

教师要为学生创设创新实践机会，让学生在实践中锻炼创新思维能力。创新实践机会可以是科技竞赛、社会实践、课题研究等，通过创新实践机会，让学生将所学知识应用到实际中，培养学生的创新实践能力。

三、教师角色转变的策略与方法

（一）更新教育观念

1. 学习现代教育教学理念

教师要通过阅读教育书籍、参加培训、学术交流等方式，学习现代教育教学理念。了解现代教育教学的发展趋势和要求，掌握以学生为中心、素质教育、创新教育等教育理念的内涵和实施方法。

2. 反思传统教育观念

教师要对传统教育观念进行反思，认识到传统教育观念的局限性和不足之处。反思传统教育观念下教师的角色定位、教学方法、评价方式等，找出与现代教育教学理念不相符的地方，进行改进和创新。

3. 树立新的教育观念

教师要在学习和反思的基础上，树立新的教育观念。新的教育观念要以学生为中心，注重学生的全面发展和个性差异，强调培养学生的创新能力和实践能力。教师要将新的教育观念贯穿于教学的各个环节，指导自己的教学行为。

（二）提升专业素养

1. 加强学科知识学习

教师要不断加强学科知识的学习，提高自己的学科素养。教师要关注学科的发展动态，学习新的学科知识和教学方法，拓宽自己的知识面和视野。同时，教师还要将学科知识与实际生活相结合，让学生在学习中感受到学科的价值和意义。

2. 提高教育教学能力

教师要提高自己的教育教学能力，包括教学设计能力、教学实施能力、教学评价能力等。教师要学习现代教育教学技术，掌握多媒体教学、网络教学等教学方法，提高教学的效果和质量。同时，教师还要注重教学反思，不断总结教学经验，提高自己的教学水平。

3. 培养创新能力和实践能力

教师要培养自己的创新能力和实践能力，成为学生创新思维和实践能力的榜样。教师要积极参与教育教学改革和创新实践，探索新的教学方法和教学模式。同时，教师还要指导学生进行创新实践活动，提高学生的创新实践能力。

（三）改变教学方式

1. 采用探究式教学

教师要采用探究式教学，引导学生主动探索知识。探究式教学是以问题为导向，让学生通过自主探究、合作学习等方式解决问题，从而掌握知识和技能。探究式教学能够激发学生的学习兴趣和创新思维，提高学生的自主学习能力和实践能力。

2. 开展合作学习

教师要开展合作学习，让学生在小组中相互学习、相互帮助、共同进步。合作学习能够培养学生的合作意识和团队精神，提高学生的沟通能力和协调能力。同时，合作学习还能够让学生在小组中分享学习经验和成果，提高学习的效率和质量。

3. 运用现代教育教学技术

教师要运用现代教育教学技术，丰富教学内容和教学形式。现代教育教学技术包括多媒体教学、网络教学、虚拟现实教学等，能够为学生提供更加生动、直观、形象的教学内容，提高学生的学习兴趣和学习效果。同时，现代教育教学技术还能够为学生提供个性化的学习支持，满足学生的不同学习需求。

（四）建立新型师生关系

1. 尊重学生的主体地位

教师要尊重学生的主体地位，把学生作为学习的主人。教师要关注学生的需求和兴趣，为学生提供个性化的学习指导和支持。同时，教师还要鼓励学生积极参与教学活动，发挥学生的主观能动性和创造性。

2. 与学生平等交流

教师要与学生平等交流，建立民主、平等、和谐的师生关系。教师要倾听学生的意见和建议，尊重学生的个性差异和独特见解。同时，教师还要与学生分享自己的经验和知识，与学生共同成长和进步。

3. 关心学生的成长和发展

教师要关心学生的成长和发展，不仅要关注学生的学习成绩，还要关注学生的身心健康和综合素质。教师要为学生提供心理支持和帮助，引导学生树立正确的世界观、人生观和价值观。同时，教师还要为学生提供职业规划和发展指导，帮助学生实现自己的人生价值。

四、教师角色转变案例分析

（一）案例背景

李老师是一位中学语文教师，在传统的教学模式下，她主要以知识传授者的角色进行教学。然而，随着教育理念的不断更新和信息技术的发展，李老师意识到自己需要转变角色，成为学生学习的引导者。于是，她开始积极探索新的教学方法和策略，努力实现从知识传授者到引导者的转变。

（二）转变过程

1. 学习现代教育教学理念

李老师通过阅读教育书籍、参加培训和学术交流等方式，学习现代教育教学理念。她了解到以学生为中心的教学模式，强调培养学生的自主学习能力和创新思维。李老师深刻认识到自己需要从传统的知识传授者转变为学生学习的引导者，激发学生的学习兴趣和主动性。

2. 改变教学方法

李老师开始采用探究式教学和合作学习等方法。在课堂上，她提出一些具有启发性的问题，引导学生进行自主探究和合作学习。例如，在讲解一篇课文时，李老师会让学生分组讨论课文的主题、人物形象和写作手法等问题。学生们在小组中积极发言，分享自己的观点和想法。李老师则在旁边倾听和引导，帮助学生深入理解课文内容。

3. 运用现代教育教学技术

李老师还学会了运用现代教育教学技术，如多媒体教学、网络教学等。她制作了精美的课件，将课文内容以图片、视频等形式呈现给学生，让学生更加直观地感受课文的魅力。同时，李老师还利用网络教学平台，为学生提供在线学习资源和交流互动的机会。学生们可以在平台上完成作业、提交问题和与老师同学进行交流讨论。

4. 建立新型师生关系

李老师注重与学生建立新型师生关系。她尊重学生的主体地位，与学生平等交流，关心学生的成长和发展。在课堂上，李老师鼓励学生积极发言，表达自己的观点和想法。她不会轻易否定学生的回答，而是引导学生进行深入思考和讨论。在课外，李老师也会与学生进行交流互动，了解学生的学习和生活情况，为学生提供心理支持和帮助。

（三）效果分析

1. 学生学习兴趣提高

通过采用探究式教学和合作学习等方法，学生们的学习兴趣得到了极大的提高。他们不再被动地接受知识，而是积极主动地参与到学习过程中。学生们在小组中相互交流、相互启发，共同探索知识的奥秘。这种学习方式让学生们感受到了学习的乐趣和成就感，激发了他们的学习兴趣和主动性。

2. 学生自主学习能力增强

在李老师的引导下，学生们逐渐学会了自主学习。他们能够根据自己的学习需求和兴趣，制定合理的学习计划，选择适合自己的学习资源和方法。

同时，学生们也学会了在学习过程中进行自我反思和评价，及时调整自己的学习策略，提高学习效率和质量。

3. 学生创新思维得到培养

通过提出具有启发性的问题和引导学生进行自主探究，学生们的创新思维得到了培养。他们不再局限于书本上的知识，而是能够从不同的角度思考问题，提出自己的独特见解和创新想法。在小组合作学习中，学生们也能够相互启发、相互借鉴，共同创造出更加优秀的学习成果。

4. 师生关系更加融洽

建立新型师生关系后，师生之间的距离更近了，关系更加融洽。学生们不再害怕老师，而是把老师当成自己的朋友和学习伙伴。他们愿意与老师交流互动，分享自己的学习和生活情况。老师也能够更好地了解学生的需求和心理状态，为学生提供更加个性化的学习指导和支持。

五、教师角色转变培训的案例

（一）案例背景

某学校为了适应教育改革的需要，提高教师的教育教学水平，决定开展教师角色转变培训。学校希望通过培训，让教师们认识到教师角色转变的必要性，掌握引导者角色的具体职责和任务，学会教师角色转变的策略和方法，从而实现从知识传授者到引导者的转变。

（二）培训内容

1. 现代教育教学理念培训

学校邀请教育专家为教师们进行现代教育教学理念培训。培训内容包括以学生为中心的教学模式、素质教育、创新教育等教育理念的内涵和实施方法。通过培训，让教师们认识到传统教育理念的局限性和不足之处，树立新的教育观念。

2. 引导者角色职责和任务培训

学校组织骨干教师为教师们进行引导者角色职责和任务培训。培训内容包括激发学生学习兴趣、引导学生自主学习、促进学生合作学习、培养学生创新思维等方面的具体职责和任务。通过培训，让教师们明确引导者角色的具体要求，掌握引导学生学习的方法和技巧。

3. 教师角色转变策略和方法培训

学校邀请教育技术专家为教师们进行教师角色转变策略和方法培训。培训内容包括更新教育观念、提升专业素养、改变教学方式、建立新型师生关系等方面的策略和方法。通过培训，让教师们学会如何实现从知识传授者到引导者的转变，提高教育教学质量。

4. 实践案例分享和交流

学校组织教师们进行实践案例分享和交流活动。教师们可以分享自己在教学过程中实现教师角色转变的成功经验和做法，也可以提出自己在转变过程中遇到的问题和困惑。通过分享和交流，让教师们相互学习、相互启发，共同提高教师角色转变的能力和水平。

（三）培训方式

1. 集中培训

学校组织教师们进行集中培训，邀请教育专家、骨干教师和教育技术专家为教师们进行专题讲座和培训。集中培训可以让教师们系统地学习教师角色转变的相关知识和技能，提高培训的效率和质量。

2. 分组讨论

学校将教师们分成小组，进行分组讨论。小组讨论可以让教师们在互动交流中深入思考教师角色转变的问题，分享自己的经验和做法，提高教师们的参与度和积极性。

3. 案例分析

学校为教师们提供一些教师角色转变的实践案例，让教师们进行案例分析。案例分析可以让教师们通过具体的案例了解教师角色转变的方法和技巧，提高教师们的实际操作能力。

4. 实践反思

学校要求教师们在教学实践中尝试实现教师角色转变，并进行实践反思。实践反思可以让教师们在实践中不断总结经验教训，提高教师角色转变的能力和水平。

（四）培训效果

1. 教师教育观念更新

通过培训，教师们的教育观念得到了更新。他们认识到传统教育观念的局限性和不足之处，树立了以学生为中心、素质教育、创新教育等新的教育观念。教师们开始关注学生的全面发展和个性差异，注重培养学生的创新能力和实践能力。

2. 教师教学方式改变

教师们在培训后开始尝试改变教学方式。他们采用探究式教学、合作学习等方法，引导学生主动探索知识，培养学生的自主学习能力和创新思维。教师们还学会了运用现代教育教学技术，丰富教学内容和教学形式，提高教学的效果和质量。

3．教师专业素养提升

培训也促进了教师专业素养的提升。教师们通过学习和实践，不断加强学科知识的学习，提高自己的教育教学能力和创新能力。教师们还注重教学反思，不断总结教学经验，提高自己的教学水平。

4．师生关系更加融洽

教师角色转变后，师生关系更加融洽。教师们尊重学生的主体地位，与学生平等交流，关心学生的成长和发展。学生们也更加愿意与老师交流互动，分享自己的学习和生活情况。师生之间的距离更近了，关系更加和谐。

概言之，教师角色转变是教育改革的必然趋势。通过开展教师角色转变培训，教师们可以认识到教师角色转变的必要性，掌握引导者角色的具体职责和任务，学会教师角色转变的策略和方法，从而实现从知识传授者到引导者的转变。这将有助于提高教师的教育教学水平，促进学生的全面发展。

第二节　教师的技术素养提升

一、教师应具备的技术素养要求

（一）信息技术基础知识

了解计算机系统的基本组成和操作方法，包括硬件设备（如电脑、投影仪、打印机等）和软件系统（如操作系统、办公软件、教学软件等）。

掌握网络基础知识，包括网络的类型、连接方式、网络安全等。能够熟练使用网络资源进行教学和学习，如在线搜索教学资料、使用在线教育平台等。

熟悉多媒体技术，包括图像、音频、视频等多媒体文件的制作和编辑方法。能够运用多媒体技术丰富教学内容，提高教学效果。

（二）教学软件应用能力

熟练掌握教学常用软件，如办公软件（Word、Excel、PowerPoint 等）、教学辅助软件（如课件制作软件、在线教学平台等）。能够运用这些软件进行教学设计、制作教学课件、开展在线教学等。

了解教育类 App 的使用方法，能够根据教学需求选择合适的 App 辅助教学。例如，利用在线作业 App 布置和批改作业、使用教育游戏 App 提高学生学习兴趣等。

掌握虚拟实验室、教育游戏等新型教学软件的使用方法，能够将其融入教学中，为学生提供更加丰富的学习体验。

（三）信息化教学能力

能够设计和实施信息化教学方案，根据教学目标和学生特点，合理选择信息技术手段，如多媒体教学、在线教学、混合式教学等。

具备良好的信息素养，能够引导学生正确使用信息技术进行学习，培养学生的信息意识和信息能力。例如，教会学生如何进行信息搜索、如何辨别信息的真伪等。

能够运用信息技术进行教学评价，如使用在线测试平台进行考试、利用数据分析软件对学生学习情况进行分析等，以提高教学评价的科学性和准确性。

（四）技术创新与应用能力

具有创新意识，能够关注信息技术的发展动态，积极探索新技术在教学中的应用。例如，尝试使用虚拟现实、增强现实等技术进行教学创新。

能够结合教学实际，对现有教学软件和技术进行二次开发和应用，以满足个性化教学需求。例如，根据教学内容制作个性化的教学课件、开发教学小程序等。

能够与其他教师合作，共同开展技术创新与应用项目，推动学校信息化教学的发展。例如，参与学校的信息化教学改革项目、开展教学技术研究等。

二、技术素养提升的途径与方法

（一）自主学习

利用网络资源进行学习，如在线课程平台、教育技术博客、教育技术论坛等。可以通过观看教学视频、阅读技术文章、参与讨论等方式，不断提升自己的技术素养。

阅读教育技术相关书籍和期刊，了解最新的教育技术理论和实践成果。可以选择一些经典的教育技术书籍和权威的教育技术期刊，定期进行阅读和学习。

参加在线学习社区和专业组织，与其他教师进行交流和学习。可以加入一些教育技术在线学习社区，如微信群、QQ 群等，与其他教师分享经验和资源；也可以参加一些教育技术专业组织，如中国教育技术协会等，参加专业培训和学术交流活动。

（二）参加培训

参加学校组织的技术培训，如信息技术基础培训、教学软件应用培训、信息化教学能力提升培训等。学校可以根据教师的实际需求，定期组织各种技术培训，提高教师的技术素养。

参加教育部门组织的培训，如骨干教师培训、信息技术应用能力提升工程培训等。教育部门会定期组织各种培训活动，为教师提供学习和交流的机会。

参加企业组织的培训，如教育技术产品培训、技术创新应用培训等。一些教育技术企业会为教师提供产品培训和技术创新应用培训，帮助教师更好地使用他们的产品和技术。

（三）实践应用

在教学中积极应用信息技术，如制作教学课件、开展在线教学、使用教育软件进行教学评价等。通过实践应用，不断提高自己的信息技术应用能力。

参与学校的信息化教学项目，如智慧课堂建设、在线课程开发等。通过参与项目，了解最新的信息技术应用趋势，提高自己的技术创新与应用能力。

开展教学反思和总结，对自己在教学中应用信息技术的情况进行反思和总结，找出存在的问题和不足，不断改进自己的教学方法和技术应用策略。

（四）合作交流

与同事进行合作交流，共同探讨信息技术在教学中的应用。可以开展教学观摩、集体备课等活动，分享经验和资源，共同提高技术素养。

与教育技术专家进行合作交流，寻求技术支持和指导。可以邀请教育技术专家来学校进行讲座和培训，也可以通过网络等方式与专家进行交流和咨询。

与学生进行合作交流，了解学生对信息技术的需求和使用情况。可以通过问卷调查、座谈会等方式，听取学生的意见和建议，改进自己的教学方法和技术应用策略。

三、教师技术素养培训的案例分析

（一）案例背景

某中学为了提高教师的技术素养，组织了一次为期一个月的教师技术素养培训。培训内容包括信息技术基础知识、教学软件应用、信息化教学能力提升等方面。培训方式采用集中授课、实践操作、小组讨论等多种形式。

（二）培训内容

1. 信息技术基础知识培训

包括计算机系统的基本组成和操作方法、网络基础知识、多媒体技术等方面的培训。通过培训，教师们了解了计算机硬件设备的基本组成和操作方法，掌握了网络的连接方式和网络安全知识，学会了多媒体文件的制作和编辑方法。

2. 教学软件应用培训

包括办公软件、教学辅助软件、教育类 App 等方面的培训。通过培训，教师们熟练掌握了办公软件的基本操作方法，学会了使用课件制作软件制作教学课件，了解了一些教育类 App 的使用方法，能够根据教学需求选择合适的 App 辅助教学。

3. 信息化教学能力提升培训

包括信息化教学方案设计、信息素养培养、教学评价等方面的培训。通过培训，教师们能够根据教学目标和学生特点，设计和实施信息化教学方案，引导学生正确使用信息技术进行学习，培养学生的信息意识和信息能力，能够运用信息技术进行教学评价，提高教学评价的科学性和准确性。

（三）培训方式

1. 集中授课

邀请教育技术专家进行集中授课，讲解信息技术基础知识、教学软件应用、信息化教学能力提升等方面的知识和技能。集中授课可以让教师们系统地学习技术素养相关知识，提高培训的效率和质量。

2. 实践操作

安排实践操作环节，让教师们在实际操作中掌握信息技术的应用方法。实践操作可以让教师们将理论知识与实际应用相结合，提高教师们的信息技术应用能力。

3. 小组讨论

组织小组讨论活动，让教师们在小组中交流和分享自己在教学中应用信息技术的经验和体会。小组讨论可以让教师们相互学习、相互启发，共同提高技术素养。

（四）培训效果

1. 教师技术素养得到提升

通过培训，教师们的技术素养得到了显著提升。教师们掌握了信息技术基础知识和教学软件的应用方法，能够设计和实施信息化教学方案，运用信息技术进行教学评价，提高了教学质量和效率。

2. 教学方法得到改进

教师们在培训后，将信息技术应用于教学中，改进了教学方法。例如，采用多媒体教学、在线教学等方式，丰富了教学内容，提高了学生的学习兴趣和积极性。

3. 教师团队合作能力得到增强

培训过程中，教师们通过小组讨论和合作实践等活动，增强了团队合作能力。教师们能够相互学习、相互支持，共同解决教学中遇到的问题。

四、教师技术素养提升实例

（一）案例背景

某小学为了提高教学质量，组织教师参加了一次技术培训。培训内容包括教学软件应用、信息化教学能力提升等方面。培训后，教师们将所学知识应用于教学中，取得了显著的教学效果。

（二）培训前的教学情况

在培训前，教师们主要采用传统的教学方法，如讲授法、演示法等。教学手段比较单一，主要依靠黑板、粉笔等传统教学工具。学生们的学习兴趣不高，教学效果不理想。

（三）培训后的教学变化

1. 教学方法多样化

教师们在培训后，将信息技术应用于教学中，采用了多样化的教学方法。例如，采用多媒体教学、在线教学、小组合作学习等方式，丰富了教学内容，提高了学生的学习兴趣和积极性。

2. 教学资源丰富化

教师们学会了使用教学软件和网络资源，丰富了教学资源。例如，制作教学课件、使用在线教育平台、下载教学视频等，为学生提供了更加丰富的学习资源。

3. 教学评价科学化

教师们能够运用信息技术进行教学评价，提高了教学评价的科学性和准确性。例如，使用在线测试平台进行考试、利用数据分析软件对学生学习情况进行分析等，及时了解学生的学习情况，调整教学策略。

4. 师生互动增强

教师们通过在线教学平台和教育类 App 等工具，增强了与学生的互动。例如，在线答疑、布置作业、开展讨论等，及时了解学生的学习需求，提高了教学效果。

（四）案例总结

通过这个案例可以看出，教师技术素养的提升对教学有着重要的影响。

教师们通过参加技术培训，掌握了信息技术的应用方法，将其应用于教学中，改进了教学方法，丰富了教学资源，提高了教学评价的科学性和准确性，增强了师生互动，提高了教学质量和效率。

五、教师信息技术大赛促进技术素养提升的案例

（一）案例背景

为了提高教师的技术素养，某地区教育部门组织了一次教师信息技术大赛。大赛旨在鼓励教师积极应用信息技术进行教学创新，提高教学质量和效率。

（二）大赛内容

1. 教学设计比赛

要求教师根据教学目标和学生特点，设计一个信息化教学方案。教学设计方案应包括教学目标、教学内容、教学方法、教学过程、教学评价等方面的内容。

2. 课件制作比赛

要求教师根据教学设计方案，制作一个教学课件。教学课件应包括文字、图片、音频、视频等多媒体元素，具有良好的交互性和实用性。

3. 课堂教学比赛

要求教师根据教学设计方案和教学课件，进行一堂信息化教学课。课堂教学应体现信息技术与教学的深度融合，具有良好的教学效果和创新性。

（三）大赛组织

1. 宣传发动

教育部门通过文件通知、网络宣传等方式，向各学校宣传教师信息技术大赛的目的、意义和要求，鼓励教师积极参与。

2. 培训指导

教育部门组织专家对参赛教师进行培训指导，讲解信息技术在教学中的应用方法和技巧，提高教师的技术素养和参赛水平。

3. 初赛选拔

各学校组织教师参加初赛，选拔优秀教师参加复赛。初赛可以采用教学设计比赛、课件制作比赛等形式，评选出优秀作品和教师参加复赛。

4. 复赛决赛

教育部门组织复赛和决赛，评选出一、二、三等奖和优秀奖。复赛和决赛可以采用课堂教学比赛、现场答辩等形式，对参赛教师的教学设计、课件

制作、课堂教学等方面进行综合评价。

(四) 大赛效果

1. 教师技术素养得到提升

通过参加教师信息技术大赛，教师们的技术素养得到了显著提升。教师们在教学设计、课件制作、课堂教学等方面，积极应用信息技术，提高了教学质量和效率。

2. 教学方法得到创新

教师们在大赛中，积极探索信息技术与教学的深度融合，创新了教学方法。例如，采用翻转课堂、项目式学习等教学方法，提高了学生的学习兴趣和积极性。

3. 教师团队合作能力得到增强

大赛过程中，教师们通过团队合作，共同完成教学设计、课件制作、课堂教学等任务，增强了团队合作能力。教师们能够相互学习、相互支持，共同提高技术素养和教学水平。

4. 教育信息化得到推进

教师信息技术大赛的举办，推动了该地区教育信息化的发展。大赛激发了教师们应用信息技术进行教学创新的热情，提高了教育信息化的应用水平，为该地区教育现代化的发展奠定了基础。

概言之，通过开展教师信息技术大赛，可以有效地促进教师技术素养的提升，推动教育信息化的发展。教育部门和学校应积极组织教师参加各种信息技术大赛，为教师提供学习和交流的平台，提高教师的技术素养和教学水平。

第三节　教师与 AI 的协作模式

一、教师与 AI 协作的优势与挑战

(一) 优势

1. 个性化教学

AI 可以根据学生的学习数据和特点，为每个学生提供个性化的学习路径和内容推荐。教师可以结合 AI 的分析结果，更好地了解学生的需求，进行有针对性的教学，满足不同学生的学习进度和能力水平。

2. 提高教学效率

AI可以自动批改作业、分析学生答题情况，为教师节省大量时间。教师可以将更多精力放在教学设计、与学生互动和个别辅导上，提高教学效率。

3. 丰富教学资源

AI可以生成多样化的教学资源，如虚拟实验、动画演示等，丰富教学内容。教师可以利用这些资源，使教学更加生动有趣，提高学生的学习兴趣。

4. 辅助教学决策

AI可以通过对学生学习数据的分析，为教师提供教学决策的参考。例如，指出学生普遍存在的问题、建议调整教学进度等，帮助教师做出更科学的教学决策。

5. 拓展教学场景

AI可以支持远程教学、在线学习等多种教学场景，使教学更加灵活便捷。教师可以与学生在不同的地点进行互动，打破时间和空间的限制。

（二）挑战

1. 技术掌握难度

教师需要学习和掌握一定的AI技术知识和操作方法，这对于一些教师来说可能存在一定的难度。需要进行相关的培训和学习，才能更好地与AI协作。

2. 数据安全与隐私

AI系统涉及大量学生的学习数据，如何确保数据的安全和隐私是一个重要问题。教师需要了解数据保护的相关法规和技术措施，与技术团队共同保障学生数据的安全。

3. 教学方法调整

与AI协作可能需要教师调整传统的教学方法，适应新的教学模式。例如，如何在AI辅助下进行个性化教学、如何引导学生利用AI资源进行自主学习等，都需要教师进行探索和实践。

4. 人机关系平衡

在教师与AI协作的过程中，需要找到人机关系的平衡。教师不能过度依赖AI，而应发挥自己的专业优势，与AI相互补充，共同促进学生的成长。

5. 伦理道德问题

AI在教育中的应用可能引发一些伦理道德问题，如算法偏见、学生评价的公正性等。教师需要关注这些问题，与技术团队共同探讨解决方案，确保教育的公平性和公正性。

二、协作模式的构建原则与方法

（一）构建原则

1. 以学生为中心

协作模式的构建应以学生的需求和发展为中心，充分发挥教师和 AI 的优势，为学生提供更好的教育服务。

2. 互补性原则

教师和 AI 应具有互补性，各自发挥自己的优势。教师的专业知识、情感关怀和人际交往能力与 AI 的数据分析、资源生成和自动化处理能力相结合，共同促进教学效果的提升。

3. 循序渐进原则

协作模式的构建应循序渐进，根据教师和学生的实际情况逐步推进。可以先从一些简单的应用开始，如作业批改、资源推荐等，逐步探索更深入的协作方式。

4. 开放性原则

协作模式应具有开放性，鼓励教师和学生积极参与，共同探索和创新。同时，应与其他教育机构和技术团队进行合作，共享经验和资源，推动协作模式的不断发展。

5. 可持续发展原则

协作模式的构建应考虑长期发展，不断更新和完善。随着技术的不断进步和教育需求的变化，协作模式也应不断调整和优化，以适应新的形势。

（二）构建方法

1. 明确协作目标

教师和技术团队应共同明确协作的目标，如提高学生的学习成绩、培养学生的创新能力等。根据目标确定协作的具体内容和方式。

2. 选择合适的 AI 工具

根据教学需求和学生特点，选择合适的 AI 工具。可以考虑工具的功能、易用性、数据安全等因素，确保工具能够有效地支持教学。

3. 培训教师

为教师提供相关的培训，帮助他们了解 AI 技术的基本原理和操作方法。培训内容可以包括 AI 工具的使用、数据分析的解读、个性化教学的实施等。

4. 建立协作机制

建立教师与 AI 协作的机制，明确双方的职责和分工。例如，教师负责教学设计、与学生互动，AI 负责作业批改、资源推荐等。同时，建立沟通渠道，及时解决协作中出现的问题。

5. 评估与反馈

对协作模式进行定期评估和反馈，了解其效果和存在的问题。根据评估结果进行调整和优化，不断提高协作模式的质量和效果。

三、教师与AI协作的实践案例

（一）案例一：智能作业批改与个性化辅导

1. 背景

某中学数学教师希望提高作业批改效率，同时为学生提供个性化的辅导。引入了一款智能作业批改系统，该系统可以自动批改学生的数学作业，并生成详细的分析报告。

2. 协作过程

教师在布置作业时，将作业题目输入到智能作业批改系统中。学生完成作业后，通过系统提交作业。系统自动批改作业，并生成分析报告，包括学生的答题情况、错误类型、知识点掌握程度等。教师根据分析报告，了解学生的学习情况，针对学生的问题进行个性化辅导。例如，对于错误较多的学生，教师可以单独辅导，帮助他们理解知识点；对于掌握较好的学生，教师可以提供一些拓展性的学习任务。

3. 效果

通过与智能作业批改系统的协作，教师的作业批改效率大大提高，有更多的时间进行个性化辅导。学生也能够及时了解自己的学习情况，得到针对性的帮助，学习成绩得到了明显提升。

（二）案例二：虚拟实验与课堂教学结合

1. 背景

某小学科学教师希望通过实验教学提高学生的学习兴趣和动手能力，但由于实验设备有限，无法满足所有学生的需求。引入了一款虚拟实验软件，该软件可以模拟各种科学实验。

2. 协作过程

教师在课堂教学中，先讲解实验的目的、方法和注意事项。然后，让学生通过虚拟实验软件进行实验操作。学生可以在虚拟环境中进行实验，观察实验现象，记录实验数据。教师在旁边指导学生，解答学生的问题。实验结束后，教师组织学生进行讨论，总结实验结果，引导学生深入理解科学知识。

3. 效果

通过与虚拟实验软件的协作，教师解决了实验设备有限的问题，让每个学生都有机会进行实验操作。学生在虚拟实验中感受到了科学的魅力，提高了学习兴趣和动手能力。同时，教师也能够更好地掌握学生的学习情况，进行有针对性的教学。

（三）案例三：智能学习助手与自主学习

1. 背景

某高中英语教师希望培养学生的自主学习能力，提高学生的英语水平。引入了一款智能学习助手软件，该软件可以根据学生的学习情况提供个性化的学习建议和资源推荐。

2. 协作过程

教师在学期初，向学生介绍智能学习助手软件的功能和使用方法。学生在课余时间，使用智能学习助手软件进行自主学习。软件根据学生的学习进度和能力水平，为学生推荐适合的学习内容，如单词学习、语法练习、阅读理解等。学生可以根据自己的需求选择学习内容，并进行学习记录。教师定期查看学生的学习记录，了解学生的学习情况，给予指导和鼓励。

3. 效果

通过与智能学习助手软件的协作，学生的自主学习能力得到了提高，英语水平也有了明显进步。教师能够更好地了解学生的学习需求，为学生提供更有针对性的教学支持。

四、教师与 AI 协作案例解读

（一）案例背景

某初中语文教师准备讲授一篇文言文课文，希望借助 AI 教师助手提高备课效率和质量。

（二）协作过程

1. 确定教学目标

教师首先根据课程标准和学生的实际情况，确定了本节课的教学目标，包括知识目标、能力目标和情感目标。然后，将教学目标输入到 AI 教师助手系统中。

2. 分析学生情况

AI 教师助手系统根据学生的学习数据和历史表现，分析学生的学习情况，包括学生的知识储备、学习能力、学习兴趣等。教师根据分析结果，了解学生的需求和难点，为教学设计提供参考。

3. 生成教学资源

AI 教师助手系统根据教学目标和学生情况，生成了一系列教学资源，如课件、教案、练习题等。教师对这些资源进行筛选和修改，使其更符合自己的教学风格和学生的需求。

4. 设计教学活动

教师根据教学目标、学生情况和教学资源，设计了一系列教学活动，如导入、讲解、讨论、练习等。在设计过程中，教师充分考虑了学生的参与度和互动性，确保教学活动能够激发学生的学习兴趣和积极性。

5. 进行教学反思

在备课完成后，教师对整个备课过程进行了反思。教师结合 AI 教师助手系统的分析结果和自己的教学经验，总结了备课过程中的优点和不足，为今后的教学提供参考。

(三) 案例解读

1. 提高备课效率

通过与 AI 教师助手的协作，教师节省了大量查找教学资源和分析学生情况的时间，提高了备课效率。教师可以将更多的时间和精力放在教学设计和教学反思上，提高备课质量。

2. 个性化教学

AI 教师助手系统根据学生的学习情况生成教学资源和建议，使教学更加个性化。教师可以根据学生的需求和特点，调整教学内容和方法，提高教学效果。

3. 数据驱动教学

AI 教师助手系统通过对学生学习数据的分析，为教师提供了教学决策的参考。教师可以根据数据结果，调整教学进度和方法，实现数据驱动的教学。

4. 促进教师专业发展

与 AI 教师助手的协作过程中，教师需要不断学习和掌握新的技术和方法，这有助于促进教师的专业发展。同时，教师也可以从 AI 教师助手系统的分析结果中获得新的教学思路和方法，提高自己的教学水平。

五、探索教师与 AI 深度协作教学模式的案例

(一) 案例背景

某学校为了提高教学质量，探索教师与 AI 深度协作的教学模式。学校成立了专门的研究团队，对教师与 AI 协作的教学模式进行研究和实践。

(二) 协作模式的构建

1. 搭建智能教学平台

学校搭建了一个智能教学平台，该平台集成了多种 AI 工具，如智能作业

批改系统、虚拟实验软件、智能学习助手等。教师和学生可以通过平台进行教学和学习，实现教师与 AI 的深度协作。

2. 培训教师

学校为教师提供了全面的培训，包括 AI 技术的基本原理、智能教学平台的使用方法、个性化教学的实施等。通过培训，教师掌握了与 AI 协作的方法和技巧，能够更好地利用平台进行教学。

3. 建立协作机制

学校建立了教师与 AI 协作的机制，明确了双方的职责和分工。教师负责教学设计、课堂教学、与学生互动等工作，AI 负责作业批改、资源推荐、学习分析等工作。同时，建立了沟通渠道，及时解决协作中出现的问题。

4. 评估与反馈

学校对教师与 AI 协作的教学模式进行了定期评估和反馈。通过问卷调查、课堂观察、学生成绩分析等方式，了解教学模式的效果和存在的问题。根据评估结果进行调整和优化，不断提高教学模式的质量和效果。

（三）实践案例

1. 语文阅读教学

在语文阅读教学中，教师利用智能教学平台为学生推荐适合的阅读材料，并布置阅读任务。学生在阅读过程中，可以使用平台上的智能阅读助手，如字典、注释、翻译等工具，帮助理解阅读材料。阅读完成后，学生通过平台提交阅读心得和问题。教师根据学生的提交情况，进行针对性的讲解和辅导。同时，AI 系统对学生的阅读情况进行分析，为教师提供教学决策的参考。

2. 数学实验教学

在数学实验教学中，教师利用虚拟实验软件为学生设计实验任务。学生在虚拟环境中进行实验操作，观察实验现象，记录实验数据。实验结束后，学生通过平台提交实验报告。教师根据学生的报告，进行总结和评价。同时，AI 系统对学生的实验数据进行分析，为教师提供教学建议。

3. 英语听说教学

在英语听说教学中，教师利用智能学习助手为学生提供个性化的听说练习。学生可以根据自己的水平和需求，选择不同的练习内容和难度。练习过程中，智能学习助手会对学生的发音、语调、语速等进行实时评价和反馈。教师可以通过平台查看学生的练习情况，给予指导和鼓励。

（四）案例效果

1. 提高教学质量

通过教师与 AI 的深度协作，教学质量得到了显著提高。学生的学习兴趣和积极性得到了激发，学习成绩也有了明显提升。教师的教学效率和专业水平也得到了提高。

2. 促进教育公平

智能教学平台为学生提供了丰富的学习资源和个性化的学习支持，使每个学生都能得到适合自己的教育。这有助于促进教育公平，缩小城乡和区域之间的教育差距。

3. 推动教育创新

教师与AI的深度协作教学模式为教育创新提供了新的思路和方法。学校的研究团队不断探索和实践，为教育创新做出了积极贡献。

概言之，教师与AI的协作是未来教育的发展趋势。通过构建合理的协作模式，教师可以充分发挥自己的专业优势，与AI相互补充，共同为学生提供更好的教育服务。同时，教师也需要不断学习和掌握新的技术和方法，适应教育的发展变化。

第十章　AI时代的学生素养培养模式

本章聚焦于AI时代的学生素养培养。在这个数字化的时代，学生的数字素养与信息辨别能力至关重要。这一章首先阐述了数字素养的内涵与重要性，介绍了信息辨别能力的培养方法以及提升两者的策略，并通过案例加以说明。同时，注重培养学生的创新思维与问题解决能力，探讨了创新思维的培养途径、问题解决能力的训练方法以及两者的融合培养，同样以案例展示实际成效。此外，还强调了合作学习与沟通能力，包括合作学习的组织形式与方法、沟通能力的重要性以及培养策略，并通过游戏活动培养少儿合作学习与沟通能力的案例生动呈现。

第一节　数字素养与信息辨别能力

一、数字素养的内涵与重要性

（一）数字素养的内涵

数字素养是指在数字环境中获取、理解、评估、创造和交流信息的能力。它包括以下几个方面：（1）数字技能：掌握使用数字设备和软件的基本技能，如计算机操作、网络浏览、办公软件应用等；（2）信息素养：能够有效地获取、评估和利用信息，包括信息搜索、筛选、分析和综合等能力；（3）数字安全意识：了解数字安全风险，掌握保护个人信息和数字资产的方法，如设置密码、防范网络诈骗等；（4）数字伦理道德：遵守数字世界的伦理道德规范，如尊重知识产权、不传播虚假信息、不进行网络暴力等；（5）数字创造力：能够利用数字工具和平台进行创新和创造，如制作多媒体作品、开发软件应用等。

（二）数字素养的重要性

1. 适应数字化时代的需求

随着信息技术的飞速发展，数字化已经成为当今社会的主要特征之一。

在数字化时代，人们需要具备数字素养才能更好地适应社会的发展和变化。无论是在学习、工作还是生活中，数字素养都成了必备的能力。

2. 提高学习效率和质量

数字素养可以帮助学生更好地利用数字资源进行学习，提高学习效率和质量。学生可以通过网络搜索获取丰富的学习资料，利用在线学习平台进行自主学习，使用数字工具进行学习成果的展示和交流等。

3. 增强就业竞争力

在当今的就业市场中，数字素养已经成了许多岗位的基本要求。具备数字素养的人能够更好地适应数字化工作环境，提高工作效率和质量，因此更容易获得就业机会和职业发展空间。

4. 促进社会发展和进步

数字素养的提高可以促进社会的发展和进步。人们可以利用数字技术进行创新和创造，推动经济的发展和社会的进步。同时，数字素养也可以促进信息的流通和共享，提高社会的透明度和民主程度。

二、信息辨别能力的培养方法

（一）提高信息意识

1. 认识信息的价值和作用

让学生了解信息在学习、生活和工作中的重要性，认识到信息是一种宝贵的资源。同时，让学生了解信息的多样性和复杂性，认识到不同类型的信息具有不同的价值和作用。

2. 培养信息需求意识

引导学生学会发现自己的信息需求，明确自己在学习、生活和工作中需要哪些信息。同时，让学生学会根据自己的信息需求制定信息搜索计划，提高信息搜索的针对性和效率。

3. 增强信息安全意识

让学生了解信息安全的重要性，认识到信息泄露和网络攻击等安全风险。同时，让学生学会保护自己的个人信息和数字资产，掌握防范网络诈骗和恶意软件的方法。

（二）掌握信息搜索技巧

1. 选择合适的信息搜索工具

让学生了解不同类型的信息搜索工具，如搜索引擎、数据库、学术资源平台等，并学会根据自己的信息需求选择合适的搜索工具。同时，让学生学会使用高级搜索功能，提高信息搜索的准确性和效率。

2. 制定合理的信息搜索策略

引导学生学会制定合理的信息搜索策略，如确定关键词、选择搜索范围、筛选搜索结果等。同时，让学生学会利用信息搜索工具的推荐功能和相关搜索功能，扩大信息搜索的范围和深度。

3. 评估信息搜索结果

让学生学会评估信息搜索结果的质量和可靠性，如查看信息来源、作者、发布时间等。同时，让学生学会利用信息搜索工具的评价功能和用户反馈功能，了解其他用户对信息搜索结果的评价和反馈。

(三) 学会信息分析和综合

1. 分析信息的内容和结构

引导学生学会分析信息的内容和结构，如提取信息的关键内容、分析信息的逻辑关系、判断信息的真实性和可靠性等。同时，让学生学会利用信息分析工具，如文本分析软件、数据可视化工具等，提高信息分析的效率和准确性。

2. 综合信息的观点和结论

让学生学会综合信息的观点和结论，如比较不同信息来源的观点和结论、分析信息的优缺点、提出自己的观点和结论等。同时，让学生学会利用信息综合工具，如思维导图软件、报告生成工具等，提高信息综合的效率和质量。

(四) 培养批判性思维

1. 质疑信息的真实性和可靠性

引导学生学会质疑信息的真实性和可靠性，如对信息来源进行核实、对信息内容进行分析和验证等。同时，让学生学会利用批判性思维工具，如逻辑推理工具、辩论技巧等，提高批判性思维的能力和水平。

2. 分析信息的偏见和局限性

让学生学会分析信息的偏见和局限性，如了解信息发布者的背景和立场、分析信息的目的和意图等。同时，让学生学会利用多元化的信息来源，避免单一信息来源的偏见和局限性。

提出自己的观点和结论引导学生学会提出自己的观点和结论，如在分析和综合信息的基础上，提出自己的见解和主张。同时，让学生学会用证据支持自己的观点和结论，提高观点和结论的可信度和说服力。

三、提升数字素养与信息辨别能力的策略

(一) 课程设置与教学方法改革

1. 开设数字素养课程

学校可以开设专门的数字素养课程，系统地培养学生的数字素养和信息

辨别能力。课程内容可以包括数字技能、信息素养、数字安全意识、数字伦理道德和数字创造力等方面。

2. 整合数字素养教育内容

将数字素养教育内容整合到各学科教学中，让学生在学习学科知识的同时，提高数字素养和信息辨别能力。例如，在语文教学中，可以培养学生的信息搜索和综合能力；在数学教学中，可以培养学生的数据分析和可视化能力；在科学教学中，可以培养学生的数字实验和探究能力等。

3. 采用多样化的教学方法

采用多样化的教学方法，如项目式学习、问题解决式学习、合作学习等，让学生在实际情境中提高数字素养和信息辨别能力。例如，通过项目式学习，让学生利用数字工具和平台完成一个实际项目，提高数字创造力和团队合作能力；通过问题解决式学习，让学生利用信息搜索和分析能力解决一个实际问题，提高问题解决能力和批判性思维能力。

（二）教师培训与专业发展

1. 开展教师数字素养培训

学校可以开展教师数字素养培训，提高教师的数字素养和信息辨别能力。培训内容可以包括数字教学工具的使用、在线教学方法的应用、信息搜索和分析技巧等方面。

2. 促进教师专业发展

鼓励教师参加数字素养相关的专业发展活动，如学术研讨会、培训课程、在线学习社区等，提高教师的专业水平和教学能力。同时，学校可以建立教师数字素养发展机制，激励教师不断提高自己的数字素养和信息辨别能力。

（三）校园文化建设与学生活动组织

1. 营造数字素养校园文化

学校可以通过校园广播、宣传栏、校园网站等渠道，宣传数字素养的重要性和方法，营造数字素养校园文化。同时，学校可以开展数字素养主题活动，如数字素养竞赛、数字创意作品展示等，激发学生的学习兴趣和积极性。

2. 组织学生社团活动

学校可以组织学生社团活动，如计算机俱乐部、科技创新社团等，让学生在社团活动中提高数字素养和信息辨别能力。同时，学校可以邀请专家学者和行业人士来校开展讲座和培训，拓宽学生的视野和知识面。

（四）家庭与社会合作

1. 加强家庭教育指导

学校可以通过家长会、家长学校等渠道，加强家庭教育指导，让家长了解数字素养的重要性和方法，引导家长在家庭中培养孩子的数字素养和信息辨别能力。

2. 开展社会实践活动

学校可以与社会机构合作，开展社会实践活动，让学生在实际情境中提高数字素养和信息辨别能力。例如，与图书馆合作开展信息检索培训活动；与企业合作开展数字创新实践活动等。

四、学生数字素养培养案例

（一）案例背景

某小学为了提高学生的数字素养，开展了一系列数字素养教育活动。学校希望通过这些活动，让学生掌握数字技能，提高信息辨别能力，培养数字安全意识和数字伦理道德，增强数字创造力。

（二）活动内容

1. 数字技能培训课程

学校开设了数字技能培训课程，包括计算机操作、网络浏览、办公软件应用等方面的内容。课程采用小班教学的方式，由专业的信息技术教师授课。学生在课程中学习了如何使用计算机进行文字处理、表格制作、幻灯片演示等操作，掌握了网络搜索、信息筛选、文件下载等技能。

2. 信息素养主题班会

学校组织各班级开展信息素养主题班会，让学生了解信息的价值和作用，掌握信息搜索和分析的方法。主题班会采用小组讨论、案例分析、角色扮演等形式，让学生在轻松愉快的氛围中学习信息素养知识。例如，在一次主题班会中，学生们通过分析一个虚假新闻案例，了解了如何判断信息的真实性和可靠性。

3. 数字安全知识讲座

学校邀请了网络安全专家来校开展数字安全知识讲座，让学生了解数字安全风险，掌握保护个人信息和数字资产的方法。讲座内容包括网络诈骗防范、密码设置技巧、恶意软件识别等方面。学生们在讲座中积极提问，与专家进行互动交流，提高了数字安全意识。

4. 数字创意作品比赛

学校举办了数字创意作品比赛，鼓励学生利用数字工具和平台进行创新和创造。比赛项目包括数字绘画、动画制作、网页设计等方面。学生们在比赛中充分发挥自己的想象力和创造力，制作出了许多优秀的数字创意作品。比赛不仅提高了学生的数字创造力，还激发了学生的学习兴趣和积极性。

（三）活动效果

1. 学生数字技能得到提高

通过数字技能培训课程的学习，学生们掌握了计算机操作、网络浏览、办公软件应用等基本技能，能够熟练地使用数字设备和软件进行学习和生活。

2. 学生信息辨别能力增强

通过信息素养主题班会的学习，学生们了解了信息的价值和作用，掌握了信息搜索和分析的方法，能够有效地获取、评估和利用信息。同时，学生们的批判性思维能力也得到了提高，能够质疑信息的真实性和可靠性，分析信息的偏见和局限性。

3. 学生数字安全意识增强

通过数字安全知识讲座的学习，学生们了解了数字安全风险，掌握了保护个人信息和数字资产的方法，能够有效地防范网络诈骗和恶意软件。同时，学生们的数字伦理道德意识也得到了提高，能够遵守数字世界的伦理道德规范，不传播虚假信息、不进行网络暴力等。

4. 学生数字创造力得到激发

通过数字创意作品比赛的举办，学生们的数字创造力得到了激发，能够利用数字工具和平台进行创新和创造。同时，学生们的团队合作能力和沟通能力也得到了提高，能够在比赛中与队友合作完成作品，展示和交流自己的创意。

五、通过信息检索课程培养学生信息辨别能力的案例

（一）案例背景

某中学为了培养学生的信息辨别能力，开设了信息检索课程。学校希望通过这门课程，让学生掌握信息搜索和分析的方法，提高信息辨别能力，培养批判性思维和创新能力。

（二）课程内容

1. 信息检索基础知识

课程首先介绍了信息检索的基础知识，包括信息的类型、信息检索的方法和技巧、信息检索工具的使用等方面的内容。学生们在学习中了解了不同类型的信息资源，如书籍、期刊、报纸、数据库、网络资源等，掌握了信息检索的基本方法和技巧，如关键词检索、布尔逻辑检索、高级检索等。同时，学生们还学习了如何使用信息检索工具，如搜索引擎、数据库、学术资源平台等。

2. 信息分析与评估

课程的重点内容是信息分析与评估，让学生学会分析信息的内容和结构，评估信息的真实性和可靠性。学生们在学习中了解了信息分析的方法和技巧，如提取信息的关键内容、分析信息的逻辑关系、判断信息的真实性和可靠性等。同时，学生们还学习了如何评估信息的来源、作者、发布时间等因素，了解信息的权威性和可信度。

3. 批判性思维培养

课程注重培养学生的批判性思维能力，让学生学会质疑信息的真实性和可靠性，分析信息的偏见和局限性。学生们在学习中了解了批判性思维的概念和方法，如逻辑推理、证据分析、辩论技巧等。同时，学生们还通过案例分析和小组讨论等形式，锻炼了批判性思维能力，能够对信息进行深入的分析和评估。

4. 创新能力培养

课程的最后部分是创新能力培养，让学生学会利用信息进行创新和创造。学生们在学习中了解了创新的概念和方法，如头脑风暴、思维导图、创意设计等。同时，学生们还通过项目式学习等形式，利用信息检索和分析的结果进行创新和创造，提高了创新能力和实践能力。

（三）教学方法

1. 案例教学法

教师在教学中采用案例教学法，通过实际案例让学生了解信息检索和分析的方法和技巧。例如，教师可以选择一个虚假新闻案例，让学生分析新闻的来源、内容、逻辑关系等因素，判断新闻的真实性和可靠性。通过案例教学，学生们能够更好地理解信息检索和分析的实际应用，提高学习效果。

2. 小组合作学习法

教师在教学中采用小组合作学习法，让学生在小组中共同完成信息检索和分析的任务。例如，教师可以将学生分成小组，让每个小组选择一个研究课题，然后通过信息检索和分析的方法，收集和整理相关信息，撰写研究报告。通过小组合作学习，学生们能够提高团队合作能力和沟通能力，同时也能够更好地掌握信息检索和分析的方法和技巧。

3. 项目式学习法

教师在教学中采用项目式学习法，让学生通过实际项目提高信息检索和分析的能力。例如，教师可以让学生设计一个网站或制作一个多媒体作品，要求学生在项目中运用信息检索和分析的方法，收集和整理相关信息，进行创意设计和制作。通过项目式学习，学生们能够提高创新能力和实践能力，同时也能够更好地掌握信息检索和分析的方法和技巧。

（四）课程效果

1. 学生信息辨别能力得到提高

通过信息检索课程的学习，学生们掌握了信息搜索和分析的方法，能够有效地获取、评估和利用信息。同时，学生们的批判性思维能力也得到了提高，能够质疑信息的真实性和可靠性，分析信息的偏见和局限性。

2. 学生创新能力得到培养

通过信息检索课程的学习，学生们学会了利用信息进行创新和创造，提高了创新能力和实践能力。例如，在一次项目式学习中，学生们设计了一个关于环保的网站，通过信息检索和分析的方法，收集了大量关于环保的信息，进行了创意设计和制作。网站内容丰富、形式新颖，得到了教师和同学们的好评。

3. 教师教学能力得到提升

通过信息检索课程的教学，教师们也得到了锻炼和提高。教师们在教学中不断探索和创新教学方法，提高了教学水平和专业素养。同时，教师们也通过与学生的互动交流，了解了学生的需求和兴趣，为今后的教学提供了参考和借鉴。

概言之，数字素养和信息辨别能力是当今社会人们必备的能力之一。通过课程设置与教学方法改革、教师培训与专业发展、校园文化建设与学生活动组织、家庭与社会合作等策略，可以有效地提升学生的数字素养和信息辨别能力。同时，通过学生数字素养培养案例和信息检索课程培养学生信息辨别能力的案例，可以为其他学校和教育机构提供参考和借鉴。

第二节　创新思维与问题解决能力

一、创新思维的培养途径

（一）营造创新氛围

1. 创设开放的学习环境

学校和教师可以通过布置富有创意的教室、提供多样化的学习资源等方式，为学生创造一个开放、自由的学习环境。在这样的环境中，学生能够更加大胆地表达自己的想法，尝试新的事物。

2. 鼓励质疑与提问

教师要鼓励学生质疑书本上的知识、教师的讲解以及生活中的各种现象。通过质疑和提问，激发学生的思考，培养他们的批判性思维和创新意识。

3. 尊重学生的个性差异

每个学生都有自己独特的个性和思维方式。教师要尊重学生的个性差异，不将学生进行简单的比较和评价。对于学生的不同想法和创意，要给予充分的肯定和鼓励。

（二）开展创新教学活动

1. 项目式学习

项目式学习是一种以学生为中心的教学方法，通过让学生参与真实的项目，培养他们的创新思维和问题解决能力。在项目式学习中，学生需要自主确定项目主题、制定计划、收集资料、进行实践和展示成果。教师则扮演指导者和促进者的角色，为学生提供必要的支持和帮助。

2. 探究式学习

探究式学习是一种让学生通过自主探究来获取知识和技能的教学方法。在探究式学习中，教师提出问题或创设情境，引导学生进行观察、实验、调查等活动，从而发现问题、提出假设、验证假设并得出结论。这种教学方法能够激发学生的好奇心和求知欲，培养他们的创新思维和科学探究能力。

3. 头脑风暴

头脑风暴是一种激发创新思维的有效方法。教师可以组织学生进行头脑风暴活动，让学生在规定的时间内尽可能多地提出各种想法和创意。在头脑风暴过程中，不进行评价和批评，鼓励学生自由发挥。活动结束后，再对学生的想法进行整理和分析，从中筛选出有价值的创意。

（三）培养创新思维习惯

1. 多角度思考问题

教师要引导学生从不同的角度思考问题，打破常规思维的束缚。例如，可以让学生从不同的学科角度、不同的利益相关者角度、不同的时间维度等方面来思考问题，从而发现更多的解决问题的方法和途径。

2. 联想与想象

联想和想象是创新思维的重要组成部分。教师可以通过引导学生进行联想和想象，激发他们的创造力。例如，可以让学生通过观察一幅图片、一段音乐或一个故事，展开联想和想象，创造出属于自己的作品。

3. 勇于尝试与冒险

创新往往伴随着风险和失败。教师要鼓励学生勇于尝试新的事物，不怕失败。在学生尝试和冒险的过程中，教师要给予他们充分的支持和鼓励，帮助他们从失败中吸取教训，不断改进和完善自己的想法和创意。

二、创造思维"孵化巢"的构成模式

图 10－1 是创造思维"孵化巢"的整体模型。该模型由四个部分构成，左面是"智慧场"。右面是"协作场"，而中间则是"孵化巢"，它们的基础是"数据库"。

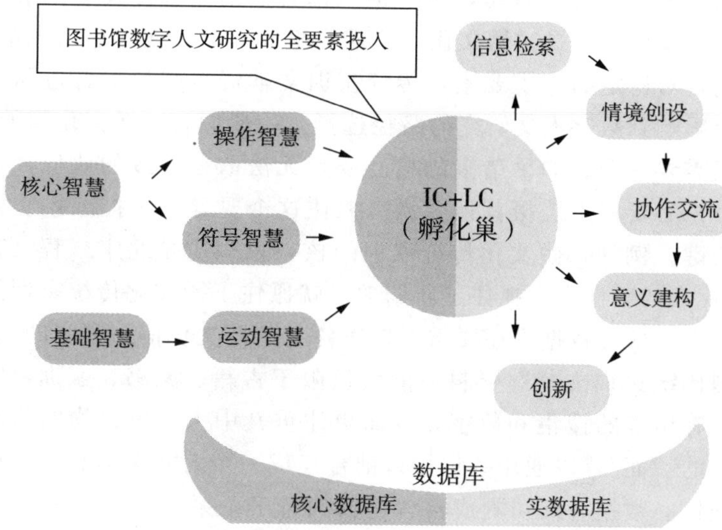

图 10－1　创造思维"孵化巢"的整体构成模型

（一）孵化巢的数据库

图 10－2 是对图 10－1（"孵化巢"的整体构成模式）根基部分的细分。是基于大数据环境 A，所建的核心数据库 B 和实验数据库 C。

1. 核心数据库

核心数据库也就是在大数据环境基础数据库之上构建的分支功能库。它需要将冗余信息删汰掉，将有一定价值的目标信息提升到有一定组织结构和功能特点的层面。我们在构建"中国传统家训文献资料整理与优秀家风研究"核心库时就感到其内容的繁

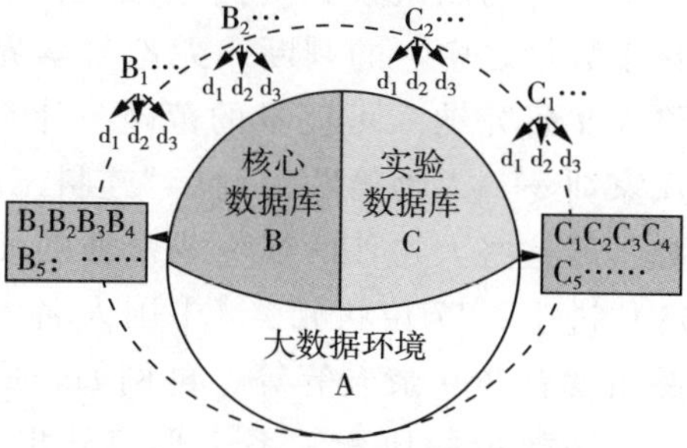

图 10－2　孵化巢的数据库模型

复冗杂，繁复冗杂到无法用明晰的概念以文献归类的方式提挈出来。以家训为例，其历史之悠远、名人之粲然、内容之庞杂，皆无以复加。有史可鉴的《尚书·无逸》开启家训先河之后，历朝历代都强调“耳熟家训”“少习家训”……绵延不断，直至晚清民国。与家训有关的名人如颜之推，司马光、朱熹、陆游、袁采、方孝孺、曾国藩等都传有脍炙人口的家训名言。我国古代刊印流传的家训作品更是汗牛充栋，以古徽州为最。徽州祠堂被称为“三绝（即民居、祠堂、牌坊）”之一。一姓一祠堂，一村几祠堂，境内大大小小、风格迥异的祠堂有千百座，每个祠堂都有家谱家训，表达一个家族的基本价值观和道德风貌，是“徽文化”的重要组成部分。面对这么庞杂的信息，如果不确立相对稳定的基本要素，传统家训文献资料就是不着边际或模棱两可的，从而影响到数字人文研究的路径选择。一般而言，在文化圈的结构中，核心要素只需要一个。如果诸多的核心要素无法取得一致的认识，我们必须抓住某一个核心要素来统摄其他要素。抓住这个要素对于提炼核心数据或许可以说是关键。例如，徽文化传统家训的核心思想应是北宋二程（程颢、程颐）、朱熹代表的新儒学，抓住了新儒学也就抓住了徽文化传统家训的灵魂与核心……等等。核心数据库还要求有贯通各主题性文化信息之间的关联纽带，例如“中国传统家训文献”资料不能仅仅限于古籍、家书、家训、家教、拓片、舆图、牌坊等的搜集和数字化，而更注重其中人、事、物的跨时空、立体交叉关联的“面”，以通用数据接口耦合集成一个对相关信息进行标引的工作平台。把核心数据合理切割成富含逻辑的若干子系统 B_1、B_2……，每个子系统又负荷几个下一层级 d_1、d_2、d_3等从属概念的人文内容。所谓“标引”，就是将每个子系统之间用带箭头的线连结，表示它们之间的数据流动和控制关系。

2. 实验数据库

几乎所有的哲学家都赞同古希腊毕达哥拉斯学派提出“万物皆数”的观点；几乎所有的测量家都赞同桑戴克所说的“随便什么东西，只要存在的，总存在于数量之中”的判断。无论哲学界还是科学界都试图借助物的量化理论，将人文研究纳入可度量的范畴。什么是可以量化的标引揭示？以“徽文化家风家训——人物篇”为例，“连科三殿撰，十里四翰林”“父子丞相，同胞翰林”等这些人物佳话都负载密度的元素。更明晰的是数量：明清两代出了 168 位进士、17 位状元。《中国人名大辞典》共收集清以前历代名人 4 万人，徽州就有 800 余人等等。再例如，民俗中有“十三在邑，十七在外”之说，也是用数量的比配关系来形容外出人数之多。除人物外，地理、历史、器物等文化都具有长度、密度、数量、比配等可度量的元素，都是数字文化库的灵魂，是其他内容的基础。如果不确立适用于数字人文研究的基本要素，同样会影响到数字人文研究的路径选择。而这些只有人文学者从专业角度的介入，才能构成适合人文学者掌控和理解的数据。同核心数据一样，把实验数据合理切割成富含逻辑的若干子系统 C_1、C_2……，每个子系统又负荷几个下一层级 d_1、d_2、d_3 等内容。另外，在实验过程中，会产生新的数据，如初测数据、后测数据、相关数据、对比数据、信度数据、效度数据等等，故我们还另建了一个开放型的实验数据库。

（二）数据运作模式

数据库的运行大致包括数据挖掘、命题假设、工具使用、数学计算、分析研判、交流评估等六个层面（见图 10－3）。

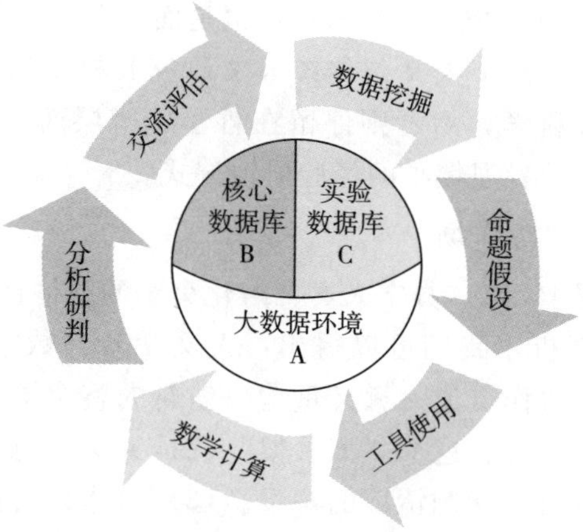

图 10－3　孵化巢的数据运作模型

1. 数据挖掘层是采用数字挖掘技术对数据库的数据进行探索和分析，找寻未知的、隐秘的或模糊的人文信息，并将其消化、整合、概括为假设依据。数据挖掘的主要方法有神经网络方法、遗传算法、决策树方法、粗集方法、统计分析方法和模糊集方法等。

2. 命题假设层就是将关联数据、分类数据、问题数据、匹配数据、反馈数据作为命题假设的依据。是一个目标定向的思维过程。

3. 从挖掘层、假设层上升到工具实用层，是数字人文区别于传统人文研究的标志，这不仅需要研究者有深厚的人文素养，同时还需要对信息技术较为娴熟的把握。当前，有 5 种数字工具常被数字人文引入，一是抽样工具，二是中文分词工具，三是 GIS 空间测定工具，四是同类术语分析工具，五是时间或人物密度分析工具，六是网络新词梳理工具等等。这些技术可灵活组配，不断丰富数字人文研究的命题假设。随着数字人文的进一步实践，会有更多新工具面世。

4. 工具层与计算层毗邻，有时工具层就能完成简单的计算任务。稍微复杂的就不得不在计算层翻来覆去运作了。计算层有相关计算、信度计算、效度计算等数学模型。

5. 在计算层的数字基础上，人文学者结合学科本身的学理进行思辨、比较，印证相关假设或发现新的知识。经过数字洗礼，分析研判层也可使研究者回归人文学科自身的逻辑。什么作者生平探究、什么场景描述、什么性格差异、什么投射比较……凡人文学者娴熟的思辨或人文情怀都可以在这个层面淋漓尽致地展开。但是，这里经过数字检验的分析研判无疑增加了科学层面的信度和效度。

6. 交流与评估层既是成果发布平台，也是面向数字人文项目的交流平台，更是成果的检验平台。数字人文与传统人文研究其根本区别就在于前者是可以重复试验，是实证科学，后者则停留在哲学思辨层面。但是，交流与评估层并不一概排斥人文学者习惯了的经验研讨方式。

（三）孵化巢的"协作场"

图 10－4 是对图 10－1（数字人文"孵化巢"的整体构成模式）右半部分的细分。对其进行剖析，我们可以得出：人文学者与数字技术之间的协作，要契合检索—情境—协作交流—意义重构—创新的整个流程：(1) 信息检索是个"搭脚手架"的过程。这个"脚手架"就是人文信息的数据库。(2) 情境创设是将人文学者引入问题情境的桥梁。(3) 协作、交流是通过小组协商、讨论，使原来态度纷呈、多种意见矛盾的局面逐渐趋于一致起来。(4) 意义重构是最关键的一环，即在数字人文研究过程中的吐故纳新，丢弃旧的图式，建立对当前研究课题内容的新概念、新联系、新图式。(5)"孵化巢"的最高阶段是创新，但并不要求一定要达到这一层级。该模型发端于 20 世纪后期日内瓦学派的建构主义教学，被誉为"当代教育心理学中正在发生着的一场革命"。我们在进行"中国传统家训文献资料整理与优秀家风研究"课题实验时，将"孝道"标引的相关资料，如"二十四孝"中有"弃官寻母、

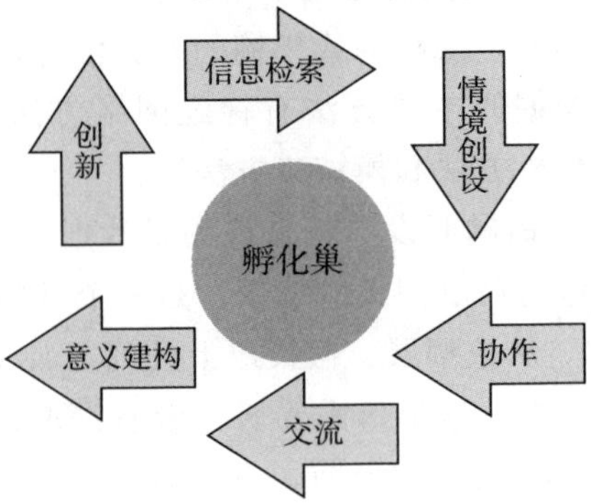

图 10－4　数字人文"协作场"模型

尝粪忧心、卧冰求鲤、乳姑不怠、扼虎救父、恣蚊饱血、涤亲溺器”等典故，通过制作数码视频，在多媒体教室创设虚拟情境让研究者鉴赏。然后通过学习小组协作交流，将其中符合社会主义核心价值观的与封建糟粕的区别开来。从而很容易对中国传统“孝道”的行为文化进行了意义建构，升华出具有社会主义核心价值的优秀家风。

（四）孵化巢的“孵化巢”

图 10－5 是对图 10－1（“孵化巢”的整体构成模式）中间部分的形象展示。数字人文“孵化巢”的空间构成叫“孵化巢”。“孵化巢”应该是 IC＋LC 的构建模式。LC 是近年图书馆打造的基于网络环境的信息共享空间（Information Commons，简称 IC）。LC 也称为协作学习（Cooperative Learning，简称 LC），是在 IC 基础上的再建。所谓协作学习，是学习者以小组形式参与、为达到共同的学习目标、在一定的激励机制下为获得最大化个人和小组习得成果而合作的一切相关行为。LC 是把 IC 收编到一个以数字人文“孵化”为目标的物理环境里，其空间的功能特点比较明确，即通过研究室、小组讨论室的交流来强化“孵化”的效果，而研究室、小组讨论室是在 IC 环境支持下的。所以，LC 是一种定向 IC，是一个整合了的 IC。也就是说，可以在保持原本构造的前提下实现 IC＋LC。从这个意义上讲，IC＋LC 就是数字人文的“孵化巢”。IC＋LC 突出之处在“集体学习区”和“协作研习区域”。除了数量众多的计算机、荧屏显示器 LCD 投影机外，还有网络联结的可以容纳 6 至 8 人的小组讨论室，讨论室还可通过视频系统与 IL 之外的人文专家或信息技术专家对话或请教专门知识。

图 10－5 “孵化巢”设计图

（五）孵化巢的“智慧场”

图 10－6 是对图 10－1（“孵化巢”的整体构成模式）左半部分的细分。

数字人文的“孵化巢”是集智慧与情境为一体、思维相互纠缠和相互作用的智慧场。智慧场是精神存在的基本形态之一。场本身具有能量和动量，而且在特定前提下可以和物质彼此转化。根据心理学原理，场与群体心理因素有着不可分割的联系，人们的情绪总被场的氛围感染着、吸引着；人们的思维被场的力量推动着、酝酿着。如同电子旋转于电子场、光子贴服于电磁场一样——它可以激活大脑 α 波活跃。α 波活跃到一定程度时，可以使大脑的两个半球同频共振，一些“素昧平生”的细胞突然间“通电”而得以联结，这种脑细胞的联结为创意提供更多的可能。群体在这种环境下很容易派生出“孵化效应”，一种集形、声、美于一体的创造环境，使数字人文参与者在一种愉悦、亢奋的情绪之中产生“智慧风暴”。每个人不仅可以从“孵化场”获得智慧的温床，并在“孵化场”找到人文思想的“座位”和共振的契机。

数字人文孵化巢研究成员以 6～8 人为宜，应该有其内在的知识和智慧结构。它对个人的独创性留有更浩大的空间和更多样的表现形式。由此，我们在构建智慧场时，最好满足以“人类特征智慧”的框架。“人类特征智慧”是潜能发展学说的核心理论之一。是一种以大脑运动智慧为基础智慧，符号整合和操作智慧为核心智慧的模型。根据该模型，人类操作智慧包括绘画操作、音乐操作、言语操作、科技操作、工具操作这五大类。工具操作这里主要是指文字处理、Internet 的使用、数字挖掘、影像制作等技术；符号智慧包括绘画符号、音乐符号、言语符号、科技符号、工具符号五大类；大脑运动智慧包括感知智慧、意向智慧、逻辑智慧和创造智慧。该模型张开的三翼表示各种智慧在数量上的比配关系：操作智慧和符号智慧这两翼的数量比配中，都以言语为主，也就是说，数字人文研究中，言语操作量最大；大脑运动智慧一翼的感知、意向、逻辑和创造则是由低层次向高层次递减的。

对其进行剖析，我们可以得出：（1）数字人文的“智慧场”应以大脑运动智慧为落脚点，符号智慧和操作智慧为核心。其参与者在这些领域的总体规模、性质，决定数字人文创造的深度和强弱。（2）我们强调特征智慧，同时也就强调了智慧结构的权重意义。影响数字人文研究的因素很多，有些因素的贡献要比另一些因素大得多。例如大脑运动智慧中，创造智慧无疑是层级最高的，感知智慧是最低的，我们没有必要去发展我们比鹰更强的视觉或比狗更强的嗅觉，我们要发展的是人类的特征智慧。（3）数字人文研究的动能源于“全要素”投入。所谓“全要素”投入，不仅包含人类特征智慧数据库的“硬要素”，还包含先进的数字技术、精神环境（Mental life space）、大脑思维状态、脑电波这类“软要素”。（4）“智慧场”强调不同人才的组合，强调知识与智慧的互补，强调符号智慧与操作智慧的相互作用，强调人文学

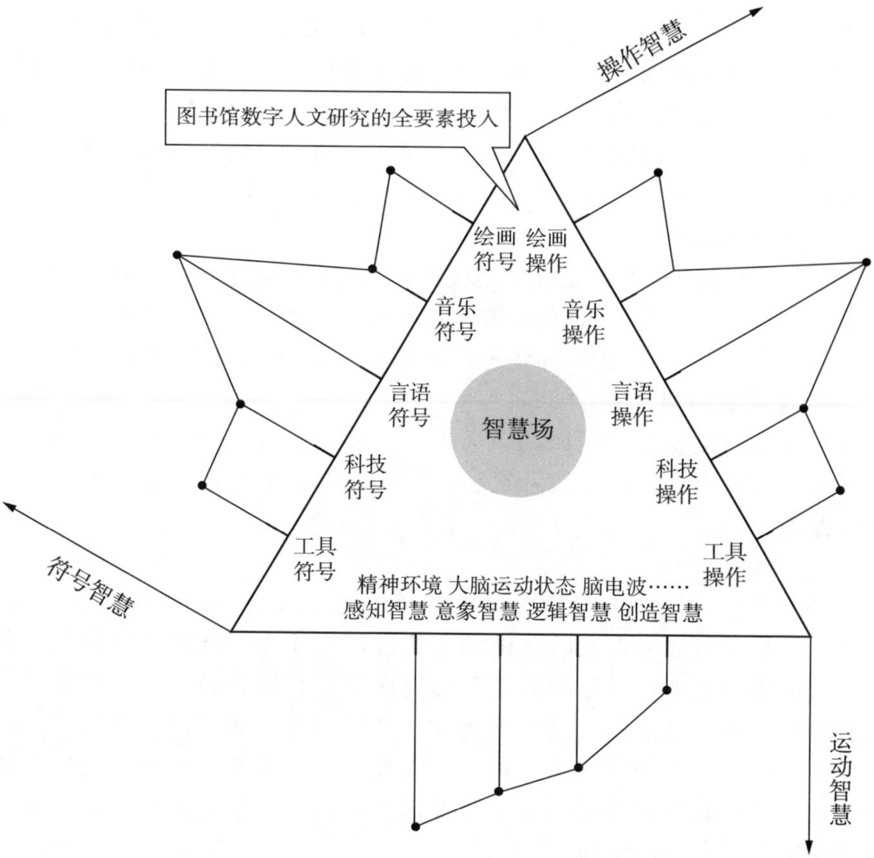

图 10-6　“智慧场”

者与数字技术人员的协作。只有这样，人文智慧才能够得到升华。

数字人文的“孵化巢”已不再是单纯地为用户提供文献信息服务，而是更多地为用户提供可以孵化数字人文的智慧空间。

三、“孵化巢”的机制模式

（一）机制模式创立的原则

孵化巢的创立要有一个明晰的思想指导：全过程设计、低重心起步、公平发展、梯度发展、心理激活、及时反馈。

1. 全程发展原则

全程设计活动项目，从总目标出发一体化地安排环环相扣的孵化活动，使数字人文的孵化始终保持可持续性，历久弥新，打下牢固的基础。

2. 低重心起步原则

我们在课题起步伊始，针对人文学者与数字技术人员之间存在的“互盲”现象，开展基础性的前期工作：如在线/混合课程设计和媒体创作、个人图书馆的建设、传统文化结构、人文思想的演化等课程培训，提供开展数字人文研究所需的 Bitbucket 代码库等，为人文学者介绍专门研究室的软硬件使用和空间布局等等。实现人文学者与数字技术人员无接口过渡。

3. 公平发展原则

数字人文孵化是所有社会成员的权力，任何在起点上失去平等的做法，都有悖于其基本目的。因此，任何以能力不足而剥夺他人进一步获得发展机会的做法等同于歧视；以任何方式导致忽视他人学习和发展的事情都应避免。

4. 梯度发展原则

数字人文的梯度发展强调循序渐进，一步一递进。一方面沿着原型—模仿—再创—创造的路径，另外沿着脑力开发、知识扩充、技能培养、个性张扬的线路进行。

5. 心理激活原则

心理激活包括注意力激活、兴趣激活、欲望激活、行动激活四个环节。注意力激活是开启数字人文孵化链的金钥匙，它使人们选择性地将精力集中在有意义的活动上来；兴趣激活在于使用户清楚意识到他们在孵化巢可以得到何种利益；欲望激活即在具体情境中，分析对方心理活动，找寻其兴趣发生的根本动机，如求知、求新、求美、求胜等，才能投其所好，激发其迫切欲望。行动激活既强调优势、又要降低压力，尽量满足对方的特殊需求，提供有助于决定和行动的便利。

6. 及时反馈原则

在数字人文孵化过程中，强调对“靶子”与“靶行为”设计，其中有一个效果鉴定的问题，即识辨出我们常说的所谓“命中率”（Hit rate）。如每一次活动结束之后的效果评估。行为主义强调效果与目的的一致性，勒温认为行为是个体与环境的函数，我们同样可以把数字人文孵化巢看作是一个动力的系统，一个个体与环境的函数，一个有整体特性的格式塔，强调不同鉴定内容之间的相互联系。概言之，数字人文的孵化需要轰轰烈烈、热热闹闹，但更需要目标、行为、效果的统一、活动设计与环境的统一，等等。

四、问题解决能力的训练方法

（一）明确问题

1. 问题识别

教师可以通过提出实际问题、展示案例或创设情境等方式，引导学生识别问题。在问题识别过程中，学生需要仔细观察、分析问题的现象和本质，明确问题的范围和目标。

2. 问题定义

在识别问题的基础上，学生需要对问题进行定义。问题定义包括明确问题的具体表现、影响因素、约束条件等方面。通过问题定义，学生能够更加准确地把握问题的本质，为后续的问题解决过程奠定基础。

（二）收集信息

1. 文献检索

学生可以通过查阅书籍、期刊、报纸、网络等渠道，收集与问题相关的信息。在文献检索过程中，学生需要学会筛选和评估信息的质量和可靠性，提取有用的信息。

2. 调查研究

学生可以通过问卷调查、访谈、实地观察等方式，收集与问题相关的第一手资料。在调查研究过程中，学生需要学会设计调查问卷、制定访谈提纲、进行实地观察和记录等方法，确保收集到的信息真实、准确、全面。

3. 团队合作

学生可以通过与同学、教师、专家等进行合作，共同收集信息。在团队合作过程中，学生需要学会分工协作、沟通交流、分享信息等方法，提高信息收集的效率和质量。

（三）提出解决方案

1. 头脑风暴

头脑风暴是一种快速产生大量解决方案的方法。学生可以在小组内进行头脑风暴活动，尽可能多地提出各种解决方案。在头脑风暴过程中，不进行评价和批评，鼓励学生自由发挥。

2. 思维导图

思维导图是一种将思维可视化的工具。学生可以通过绘制思维导图，将问题分解为若干个小问题，然后针对每个小问题提出解决方案。思维导图能够帮助学生系统地思考问题，提高解决方案的质量和可行性。

3. 借鉴与创新

学生可以通过借鉴他人的经验和方法，结合自己的实际情况，提出创新的解决方案。在借鉴与创新过程中，学生需要学会分析和评估他人的解决方案，提取其中的优点和不足，然后进行改进和创新。

（四）评估与选择方案

1. 标准制定

学生需要根据问题的性质和目标，制定评估方案的标准。评估标准可以包括解决方案的可行性、有效性、成本效益、可持续性等方面。

2. 方案评估

学生根据制定的评估标准，对提出的各个解决方案进行评估。在评估过程中，学生可以采用定量和定性相结合的方法，对解决方案的各个方面进行分析和比较。

3. 方案选择

学生根据评估结果，选择最优的解决方案。在方案选择过程中，学生需要综合考虑各个方面的因素，做出合理的决策。

（五）实施方案与反思

1. 制定计划

学生在选择了最优的解决方案后，需要制定详细的实施计划。实施计划包括明确实施的步骤、时间安排、责任人等方面。

2. 实施方案

学生按照实施计划，认真组织实施。在实施方案过程中，学生需要密切关注实施的进展情况，及时解决出现的问题。

3. 反思与总结

学生在实施方案完成后，需要对整个问题解决过程进行反思和总结。反思和总结包括分析问题解决的效果、总结经验教训、提出改进建议等方面。通过反思和总结，学生能够不断提高自己的问题解决能力。

五、创新思维与问题解决能力的融合培养

（一）以问题为导向培养创新思维

1. 问题驱动创新

教师可以通过提出具有挑战性的问题，激发学生的创新思维。学生在解决问题的过程中，需要不断地尝试新的方法和途径，从而培养他们的创新能力。

2. 问题解决过程中的创新

在问题解决过程中，教师要鼓励学生运用创新思维，提出独特的解决方案。例如，可以引导学生从不同的角度思考问题、运用联想和想象等方法，寻找创新的解决方案。

3. 问题解决后的创新

问题解决后，教师可以引导学生对问题解决的过程进行反思和总结，提出进一步改进和创新的方向。通过这种方式，培养学生的持续创新能力。

（二）以创新思维促进问题解决

1. 创新思维提供新的视角

创新思维能够帮助学生从不同的角度看待问题，提供新的解决问题的思路和方法。例如，运用逆向思维、发散思维等创新思维方法，能够打破常规思维的束缚，找到问题新的解决方案。

2. 创新思维激发创造力

创新思维能够激发学生的创造力，使他们能够提出更加独特、有效的解决方案。例如，通过头脑风暴、创意设计等活动，培养学生的创造力，提高问题解决的能力。

3. 创新思维促进合作与交流

创新思维往往需要学生进行合作与交流，共同探讨问题的解决方案。在合作与交流过程中，学生能够相互启发、相互学习，提高问题解决的能力。

（三）融合培养的教学策略

1. 设计综合性的学习任务

教师可以设计综合性的学习任务，将创新思维和问题解决能力的培养融入其中。例如，可以让学生设计一个创新的产品或服务，解决实际生活中的问题。在完成任务的过程中，学生需要运用创新思维和问题解决能力，进行调研、设计、实施和评估等环节。

2. 采用多元化的教学方法

教师可以采用多元化的教学方法，如项目式学习、探究式学习、案例教学等，培养学生的创新思维和问题解决能力。这些教学方法能够让学生在真实的情境中进行学习，提高他们的学习兴趣和参与度。

3. 提供及时的反馈与指导

教师要在学生学习的过程中，提供及时的反馈与指导。对于学生的创新想法和问题解决的尝试，要给予充分的肯定和鼓励；对于学生存在的问题和不足，要及时指出并给予指导，帮助他们不断改进和提高。

六、培养学生创新思维和问题解决能力的案例

在某中学的校园里，一场关于创新与问题解决能力的思维风暴悄然兴起，它不仅改变了学生们对日常问题的认知方式，更在实践中孕育出了一场智慧与汗水交织的变革。这场变革的起点，是那些矗立在城市心脏地带、承载着岁月痕迹的老旧小高层住宅区，它们曾是城市发展的见证者，却也因时代的变迁而显露出种种不便与瑕疵。

(一) 问题的萌芽：老楼的隐痛

改革开放的春风虽已吹遍大地，但这些六层平顶结构的小高层却似乎被时间遗忘。顶楼居民的苦楚尤为突出：屋顶渗水如慢性病般侵蚀着家的温馨，夏日酷暑难耐，冬日寒风凛冽，更别提那让人望而生畏的楼梯，对老年人而言简直是难以逾越的天堑［如图 10－7（a)］。而一楼、二楼的住户，也饱受光照不足的困扰，晾晒衣物成了奢侈的愿望。学生们目睹这一切，心中激起了改变现状的强烈愿望。

(二) 创新的萌芽：从爬到想［如图 10－7（b)］

在老师的带领下，学生们亲身体验了爬楼梯的艰辛，这份切身的感受成为他们创新动力的源泉。他们决定不再只是旁观者，而是成为改变现状的行动者。经过初步调研与讨论，除了“绑电梯”外［如图 10－7（c)］，还学习了上海“平改坡”经验。平改坡俗称“戴帽子”，即给平顶楼戴大屋顶的“帽子”［如图 10－7（e)］。所用材料是钢骨构架塑料瓦，由专门工厂预制，吊车吊上固牢就可。不仅省时省力，而且便宜（当时约 300～400 元/平方米）。结果政府只花不多的钱，就让整片老楼焕然一新。而且顶层住户的冬季室内温度普遍上升了 2 摄氏度。

“戴帽子”与“绑电梯”的改造方案应运而生，旨在从外观与功能上双管齐下，解决老楼的顽疾。

(三) 挑战与突破：从碰撞到融合

然而，方案的实施并非一帆风顺。底楼住户的反对如同一道难以逾越的障碍，让改造计划陷入了僵局。面对这一困境，学校适时引入了科技创新课

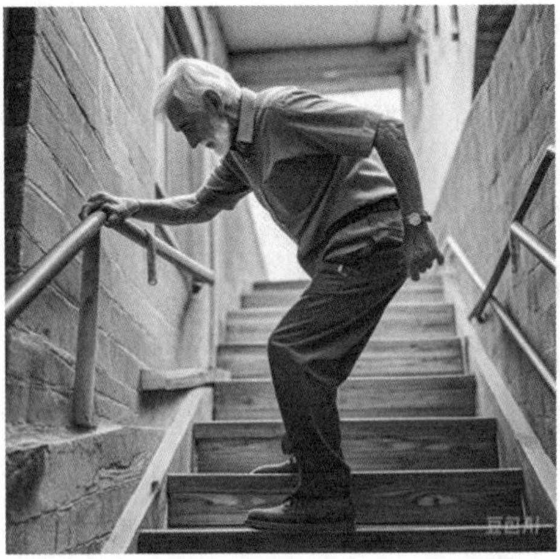

(a) 难以逾越的“天堑”

(b) 调研与讨论

（c）给老楼“绑电梯”

（d）“智慧碰撞社团”

（e）给屋顶戴“帽子”

（f）一役而四济

图 10－7　培养学生创新思维和问题解决能力的案例

程，以项目式学习和探究式学习为载体，激发学生的创新思维，培养他们的问题解决能力。学生们在课程中学会了如何运用创新思维工具，如设计思维、批判性思维等，去审视和重构问题。

（四）智慧碰撞：跨界合作的奇迹

为了进一步寻求突破，学校成立了“智慧碰撞社团”［如图 10－7（d）］，邀请了来自建筑、智能、信息、数学乃至心理学、社会学等领域的专家，与居民代表共同研讨。起初，意见分歧严重，但一位拓学者的“拓扑变换”提议如同一石激起千层浪，激发了众多专家的灵感。心理学家提出的角色置换、社会学家倡导的住户轮住、建筑学家设计的天窗储藏间……这些看似天马行空的想法，在群策群力下逐渐汇聚成切实可行的解决方案。

（五）一役而四济：创新的力量［如图 10－7（f）］

最终，一项兼顾各方利益的改造方案横空出世：（1）抬高楼顶“帽子”，增设天窗储藏间，既解决了渗水问题，又增加了实用空间；（2）通过销售储藏间使用权筹集资金，用于“戴帽子”与“绑电梯”项目，实现资金自筹；（3）优先分配朝南储藏间给底楼住户，实现空间与心理的双重置换，激发底楼住户对改造的支持；（4）剩余资金用于社区公共设施的改善，惠及全体居民。这一方案不仅解决了老楼的实际问题，更促进了社区的和谐与发展，真正实现了“皆大欢喜”。

（六）结语：创新的种子，未来的希望

这场由学生们发起并推动的创新活动，不仅是对老旧小高层住宅的一次成功改造，更是对学生创新思维和问题解决能力的一次深刻锻炼。它告诉我们，面对生活中的难题，只要有创新的勇气和智慧，就没有克服不了的困难。这颗创新的种子，已经在学生们的心中生根发芽，未来，他们必将带着这份宝贵的经历，继续在人生的道路上探索、前行，为社会的进步贡献自己的力量。

（七）活动效果

1．学生创新思维和问题解决能力得到提高

通过参加科技创新活动，学生的创新思维和问题解决能力得到了很大的提高。学生学会了从不同的角度思考问题，提出独特的解决方案；学生学会了运用创新思维方法，如头脑风暴、思维导图、逆向思维等，提高了解决问题的效率和质量；学生学会了在团队中合作与交流，共同解决问题，提高了团队合作能力。

2．学生科学素养得到提升

通过参加科技创新活动，学生的科学素养得到了提升。学生了解了科技创新的基础知识和方法，掌握了一些科学实验和探究的技能；学生学会了运用科学的方法解决问题，提高了自己的科学思维能力；学生对科学产生了浓厚的兴趣，树立了科学的世界观和价值观。

3．学校科技创新氛围浓厚

通过开展科技创新活动，学校的科技创新氛围变得更加浓厚。学校为学生提供了更多的科技创新资源和平台，鼓励学生积极参与科技创新活动；教师也更加注重培养学生的创新思维和问题解决能力，将科技创新教育融入日常教学中；家长也更加支持学生参加科技创新活动，为学生提供了必要的支持和帮助。

概言之，创新思维和问题解决能力是学生未来发展的重要能力。通过营造创新氛围、开展创新教学活动、培养创新思维习惯等途径，可以有效地培养学生的创新思维；通过明确问题、收集信息、提出解决方案、评估与选择方案、实施方案与反思等方法，可以有效地训练学生的问题解决能力。同时，通过以问题为导向培养创新思维、以创新思维促进问题解决、采用融合培养的教学策略等方式，可以实现创新思维与问题解决能力的融合培养。通过创新思维培养案例和某小学开展科技创新活动培养学生创新思维和问题解决能力的案例，可以为其他学校和教育机构提供参考和借鉴。

第三节　合作学习与沟通能力

合作学习与沟通能力是现代教育中不可或缺的核心要素。皮亚杰的发展理论及“最近发展区”理念均强调，在团队学习的氛围中，学生间的相互观察、交流与启发能显著提升学习效率，深化知识技能的掌握。这种互动不仅拓宽了思考边界，还促进了认知水平的飞跃，让学生在共同探讨中提升实践能力。因此，合作学习模式超越了传统独立学习的局限，通过促进成员间的有效沟通，构建了知识共享与创新的平台。它不仅提升了学生的知识获取效率，更关键的是，培养了学生面对复杂问题时协同作战、灵活应变的能力，为未来适应快速变化的社会奠定了坚实的基础。

一、合作学习的组织形式与方法

在中小学教学中，合作学习作为一种高效的教学策略，不仅能够促进学生之间的交流与互动，还能显著提升学生的学习效果与综合素质。为了确保合作学习的顺利进行并达到预期成效，教师需要精心策划与细致执行，以下是对合作学习策略的探讨与扩展。

（一）科学分组，奠定合作基础

合作学习首先要求合理分组，这是保障合作学习有效性的前提。在学生人数众多班级中，教师需根据班级规模和学生特点，灵活确定小组规模。通常，四至六人的小组较为理想，既能保证每位成员都有发言机会，又能促进多样化的思想碰撞。在分组时，教师应遵循“异质同构”的原则，即确保每个小组内成员在性格、基础、学习能力等方面具有差异性，以实现优势互补和相互促进。同时，通过性格互补，营造和谐融洽的合作氛围，激发每位学生的参与热情。

（二）充分准备，明确合作规则

合作学习前的准备工作至关重要，它直接影响到合作学习的效率与效果。教师应明确每个小组及成员的角色与职责，如小组长负责整体协调，记录员负责记录讨论要点，汇报员负责总结发言等。这些角色可定期轮换，以培养学生的多方面能力。此外，教师还需强调合作规则，如尊重他人发言、积极倾听、有序讨论等，确保合作学习有序进行。通过明确的规则与职责划分，学生能够迅速进入合作状态，提高学习效率。

（三）精准调控，确保合作深入

在合作学习过程中，教师需要发挥引导作用，精准调控合作进程。首先，教师应根据教学内容设定明确的合作目标与任务，确保学生围绕核心问题进行深入探讨。其次，教师应密切关注各小组的讨论情况，及时给予必要的指导与帮助，特别是在学生遇到难题或偏离主题时。同时，教师还需合理控制合作时间，确保既有充分的讨论时间，又不影响整体教学进度。最后，在成果展示环节，教师应鼓励学生积极发言，展示小组合作成果，并对各小组的表现给予客观评价与反馈。

（四）多元评价，促进全面发展

合作学习的评价应体现多元化与全面性，以促进学生综合素质的提升。教师可以采用形成性评价、小组互评、家长评价等多种评价方式，综合考虑学生的学习表现、团队合作能力、自我管理能力等因素。在评价过程中，教师应注重过程评价与结果评价相结合，既关注合作学习的成果，又重视学生在合作过程中的表现与成长。此外，教师还应建立激励机制，对表现优秀的学生给予表扬与奖励，对表现不佳的学生给予鼓励与指导，以激发全体学生的合作热情与积极性。

二、培养合作学习与沟通能力的策略

（一）构筑尊重与信任的师生关系基石

在培养合作学习与沟通能力的征途中，首要任务是建立一座坚固的师生情感桥梁。这要求教师深入每位学生的内心世界，理解并尊重他们的独特个性与差异，无论是学习上的偏好还是生活中的小困扰，都应给予足够的关注与倾听。通过日常的交流互动，教师可以传递出对学生的真诚关怀与深切期望，营造出一种民主、平等且充满爱的师生关系氛围。当学生感受到这份来自教师的尊重与信任时，他们的自信心与安全感将得到极大增强，从而为合作学习的顺利开展奠定坚实的心理基础。

【案例分析】在某小学的语文课上，李老师注意到班上一位平时较为内向的学生小张，在小组讨论时总是默默无言。于是，李老师特意在课后与小张进行了深入交谈，了解了他的兴趣与困惑，并在后续的教学中为他量身定制了参与机会。在一次关于《安徒生童话》的小组汇报中，李老师鼓励小张担任小组的记录员，负责整理大家的观点并撰写报告。小张在感受到老师的信任与支持后，逐渐打开了心扉，不仅出色完成了任务，还在汇报时勇敢地分享了自己的见解，赢得了同学们的掌声。这次经历极大地提升了小张的自信心，也促进了班级内更加和谐、积极的合作学习氛围。

（二）打造积极互动的学习环境生态

为了激发学生的合作学习热情，教师需要精心打造一个充满活力、开放包容的学习环境。这意味着要鼓励学生勇于表达自我，无论观点多么独特或稚嫩，都应得到尊重与肯定。同时，教师应提供多样化的学习资源与学习方式，如图书资料、网络资源、实地考察等，以满足学生不同的学习需求与兴趣偏好。此外，教师还可以设计一系列促进互动的教学活动，如角色扮演、辩论赛、团队合作游戏等，让学生在轻松愉快的氛围中体验合作学习的乐趣与价值。

【案例分析】在一所初中的科学课堂上，王老师为了让学生更好地理解生态系统中的食物链与食物网概念，组织了一次“生态模拟游戏”。学生们被分成若干小组，每组代表一个生态系统中的不同生物群落。他们通过角色扮演的方式，模拟生物之间的捕食与被捕食关系，以及它们如何共同维持生态系统的平衡。在游戏中，学生们不仅加深了对科学知识的理解，还学会了如何与他人有效沟通与合作，共同解决问题。这种积极互动的学习环境极大地提升了学生的合作学习与沟通能力。

（三）深耕细作培养合作意识与团队精神

合作意识与团队精神是合作学习的核心要素。为了培养学生的这些品质，教师可以通过多种途径进行渗透与强化。在课堂教学中，教师可以设计一些需要小组合作完成的任务或项目，让学生在实践中体验合作的力量与乐趣。同时，教师还可以利用主题班会、团队拓展活动等机会，进一步加深学生对合作重要性的认识与理解。通过这些活动，学生可以学会如何倾听他人的意见、如何协调团队内部的分歧、如何共同制定目标与计划等关键技能，为未来的学习与工作打下坚实的基础。

【案例分析】在高中数学的复习阶段，张老师组织了一次“数学小讲师”活动。他邀请学生自愿报名成为小讲师，为班级其他同学讲解自己擅长的数学知识点或解题技巧。为了确保讲解效果与质量，张老师鼓励学生们自由组队，共同准备讲稿、制作 PPT 并进行模拟试讲。在这个过程中，学生们不仅巩固了自己的数学知识，还学会了如何与他人分工合作、如何有效沟通与协调。最终，当一位位小讲师自信地站在讲台上为同学们讲解时，整个班级都沉浸在了一种浓厚的合作学习氛围中。这次活动不仅提升了学生们的数学学习兴趣与成绩，还让他们深刻体会到了合作的力量与价值。如图 10－8 所示，一群身着校服的学生围坐在操场上分享观点、讨论问题，这一画面生动体现了合作学习与沟通的情境。

图 10－8　培养合作学习与沟通能力

在培养合作学习与沟通能力的策略中，人工智能（AI）的融入正逐渐成为一股不可忽视的力量。以下是结合人工智能要素的具体策略。

三、利用人工智能技术营造良好的合作学习氛围

（一）个性化学习路径规划

人工智能可以通过分析学生的学习数据，如学习进度、兴趣偏好、掌握程度等，为学生量身定制个性化的学习路径。这种定制化的学习方案不仅提高了学习效率，还让学生在学习过程中感受到被关注和尊重，从而增强自信心和安全感，为合作学习创造更加积极的学习氛围。

（二）智能化的学习环境创设

利用人工智能技术，教师可以创建一个智能化的学习环境，如智能教室。在这个环境中，学生可以通过虚拟现实（VR）、增强现实（AR）等技术与学习内容进行互动，使学习过程更加生动有趣。同时，智能教室还能根据学生的反馈实时调整教学策略，确保每位学生都能获得最佳的学习体验。这种智能化的学习环境有助于激发学生的参与度和积极性，为合作学习提供有力支持。

（三）借助人工智能工具提升合作效率与沟通能力

1. 智能协作平台

人工智能协作平台如在线文档编辑工具、云会议系统等，可以极大地促进学生之间的合作与交流。学生可以在这些平台上共同编辑文档、讨论问题、分享资源，实现无缝的沟通与协作。此外，这些平台还能提供实时翻译、语音识别等功能，帮助不同语言背景的学生更好地沟通与合作。

2. 智能评估与反馈

人工智能可以对学生的学习成果进行快速而准确的评估，并给出详细的反馈。这种即时的反馈机制有助于学生及时了解自己的学习情况，调整学习策略，同时也为合作学习提供了重要的参考依据。在合作任务中，人工智能可以根据每位学生的表现给出个性化的建议，促进团队内部的相互学习与提升。

（四）通过人工智能促进深度学习与共创

1. 深度学习资源推荐

人工智能可以根据学生的学习历史和兴趣偏好，推荐相关的深度学习资源和拓展内容。这些资源可以帮助学生深入理解所学知识，拓宽视野，为合作学习提供丰富的素材和灵感。同时，学生还可以在这些资源的启发下，与团队成员共同探索新的学习领域和问题解决方案。

2. 人机共创项目

在人工智能的助力下，学生可以参与到人机共创的项目中。例如，利用AI辅助创作工具进行文学创作、艺术创作或科技创新等。在这些项目中，学生需要与AI系统进行互动与合作，共同完成任务。这种跨物种的合作方式不仅能够锻炼学生的创新能力和实践能力，还能让他们深刻体会到合作与沟通的重要性。

综上所述，人工智能在培养合作学习与沟通能力方面发挥着越来越重要的作用。通过个性化学习路径规划、智能化的学习环境创设、智能协作平台、智能评估与反馈以及人机共创项目等策略的实施，我们可以有效地提升学生的合作学习与沟通能力，为他们的未来发展奠定坚实的基础。

四、STAD模式的效果检验

（一）STAD模式概述

STAD模式的全称是Student Teams－Achievements Divisions，即“学生成绩分组”或“学生团队成就区分”。这一模式是美国约翰斯·霍普金斯大学的斯莱文（Slavin，R. E.）教授在1978年首次提出的，被认为是一种开发较早且应用广泛的合作学习方法。STAD模式通过设计组间竞争、组内合作的机制，推动学生掌握所学的知识和技能，特别适用于中小学（2—12年级）各学科基本知识和基本技能类（有标准答案的）教学。

在STAD模式中，学生被分成若干小组，每个小组的成员在学业成绩上尽量保持相近，以确保组间竞争的公平性。小组成员需要共同努力完成学习任务，并在学习过程中相互帮助和支持。通过定期的测验和评估，学生的个人进步分会被计算出来，并贡献给小组的总分。最终，小组的总分将决定其在班级中的排名和获得的奖励。

STAD模式强调团队合作和成就导向，旨在通过竞争与合作相结合的方式，激发学生的学习动力和积极性，提高他们的学习能力和社交能力。同时，该模式还注重个性化教学和差异化评价，以满足不同学生的需求和发展。

总的来说，STAD模式是一种有效的合作学习方法，它不仅能够提升学生的学业成绩，还能够培养他们的团队合作精神、沟通能力和解决问题的能力。因此，在教育实践中，STAD模式得到了广泛的应用和推广。

（三）STAD模式实验

STAD模式实验在国内外得到广泛的验证。张一铭在《STAD教学模式对高中生社会交往能力影响的实验研究—以山东省福山第一中学为例》一文，对两个班学生的五个维度（自我监测能力、社会认知能力、人际沟通能力、人际管理能力和解决社交问题能力）的调查当中，两个班对比社会交往能力，$P>0.05$，在统计学意义上不存在显著差异（表10-1）。

表10-1　实验前实验组与对照组社会交往能力统计对比分析（$n=45$）

项目	组别	均值	标准差	T值	P值
自我监控能力	实验班	20.76	1.798	−0.455	$P>0.05$
	对照班	21.2	1.636		
社会认知能力	实验班	28.89	1.526	0.396	$P>0.05$
	对照班	28.56	1.452		
人际沟通能力	实验班	18.24	1.681	0.561	$P>0.05$
	对照班	17.98	1.669		
人际管理能力	实验班	17.44	1.700	−0.443	$P>0.05$
	对照班	17.56	1.582		
解决社交问题能力	实验班	15.87	1.984	−0.562	$P>0.05$
	对照班	16.03	1.686		

而实验后则有明显差异（表10－2）：

表10－2　实验后实验组与对照组社会交往能力统计对比分析（$n=45$）

项目	组别	均值	标准差	T值	P值
自我监控能力	实验班	21.73	0.828	0.648	$P<0.05$
	对照班	21.36	1.636		
社会认知能力	实验班	29.21	0.953	0.253	$P>0.05$
	对照班	28.87	1.248		
人际沟通能力	实验班	21.15	0.322	0.437	$P<0.01$
	对照班	18.56	1.482		
人际管理能力	实验班	18.48	0.543	0.826	$P<0.05$
	对照班	18.12	1.524		
解决社交问题能力	实验班	20.21	0.858	1.031	$P<0.01$
	对照班	17.13	1.701		

在深入探讨STAD模式教学对学生社会交往能力的影响时，我们不仅要关注其在实验组与对照组之间的组间差异，还需要深入分析这一教学模式如何在学生个体内部引发积极变化，并探讨这些变化背后的潜在机制。

首先，从组间对比分析的视角来看，STAD模式教学在实验后显著提升了实验班学生的社会交往能力，而对照班虽然也有一定进步，但整体提升幅度较小。具体而言，在自我监控能力方面，实验班学生表现出更强的自我反思和自我调整能力，这有助于他们在社交场合中更加自信地应对各种情况。社会认知能力方面，实验班学生能够更准确地理解他人的情感和需求，从而建立更加和谐的人际关系。人际沟通能力上，实验班学生展现出更高的沟通技巧和表达能力，能够更有效地与他人进行交流和协商。在人际管理能力上，他们能够更好地处理人际关系中的冲突和矛盾，促进团队的和谐运作。最后，在解决社交问题能力上，实验班学生展现出更高的灵活性和创新性，能够迅速找到问题的根源并提出有效的解决方案。

进一步深入分析实验组内的数据，我们可以发现，STAD模式教学不仅促进了学生整体社会交往能力的提升，还在个体层面引发了显著的积极变化。实验前，许多学生在社交场合中表现出不自信、沟通不畅或处理人际关系困难等问题。然而，经过STAD模式教学的干预后，这些学生在多个维度上均实现了显著的成长。

自我监控能力的提升，使学生能够更加清晰地认识自己的优点和不足，从而在社交过程中更加主动地调整自己的行为。社会认知能力的增强，则使他们能够更深入地理解他人的内心世界，建立更加深厚的情感联系。人际沟通能力的飞跃，让学生学会了如何有效表达自己的观点和情感，同时也能够倾听和理解他人的声音。人际管理能力的改善，则帮助他们更好地处理人际关系中的复杂情况，促进团队的协作和进步。解决社交问题能力的提升，更是让学生在面对挑战时能够保持冷静和理智，迅速找到问题的解决方案。

（四）STAD 机制探讨

STAD 模式教学之所以能够在提升学生社会交往能力方面取得显著成效，主要得益于其独特的教学模式和理念。

首先，该模式强调团队合作，鼓励学生通过协作完成学习任务。这种合作方式不仅促进了学生之间的交流和互动，还培养了他们的团队精神和协作能力。在团队合作的过程中，学生需要学会如何与他人沟通、协商和妥协，从而不断提升自己的社交技能。

其次，STAD 模式教学注重成就导向。通过设定明确的学习目标和评价标准，该模式激发了学生的学习动力和积极性。为了达成目标并获得成就感，学生需要不断努力提升自己的学习能力和社交能力。这种以成就为导向的学习方式不仅提高了学生的学习效率，还促进了他们综合素质的全面发展。

最后，STAD 模式教学还注重个性化教学和差异化评价。针对不同学生的特点和需求，该模式提供了多样化的学习资源和支持服务。同时，通过差异化评价的方式，该模式能够更准确地反映学生的学习进展和成就水平，从而为他们提供更加个性化的指导和帮助。这种个性化教学和差异化评价的方式有助于激发学生的学习潜能和创造力，促进他们全面而有个性地发展。

综上所述，STAD 模式教学在提升学生社会交往能力方面表现出了显著的优势和成效。通过团队合作、成就导向和个性化教学等多种方式，该模式不仅促进了学生整体社会交往能力的提升，还在个体层面引发了显著的积极变化。因此，我们应该在教育实践中进一步推广和应用 STAD 模式教学，以更好地促进学生的全面发展和成长。

参考文献

[1] 马克思，恩格斯．马克思与恩格斯选集：第一卷［M］．北京：人民出版社，1995.

[2] 何新．何新集——反思/挑战/创造［M］．北京：时事出版社，2004.

[3] 朱志宏，赵晶．论社会的自组织演化特点——兼评五种社会形态论［J］．系统科学学报，2009（10）：53—57.

[4] 陆一夫，覃硕．日本制造谋求“社会5.0”升级：日立物联网战略启发中国企业［N］．时代周报，2017—11—28（02）．

[5] 杨冬．人工智能时代的大学教学变革［J］．高等理科教育，2020（3）：79—81.

[6] 李传珍．人工智能时代的程序设计课程教学改革探索与实践［J］．科技与创新，2021（01）：99—103.

[7] 张鑫．2019全球人工智能产业发展回顾与展望［J］．新经济导刊，2019（4）：46—50.

[8] 朱鸿鹏，袁赟．程序设计类课程教学改革实践研究——基于数字资源共享共建视域［J］．黑龙江科学，2019，10（19）：12—13.

[9] 何炉进．智媒体时代大学生思想政治教育面临的机遇、挑战及应对措施［J］．上海理工大学学报（社会科学版），2024（46）：159—163.

[10] 金德楠．思想政治教育过程理性主义原则刍论［J］．教学与研究，2022（1）：109—116.

[11] 何炉进．智媒体时代大学生思想政治教育面临的机遇、挑战及应对措施［J］．上海理工大学学报（社会科学版），2024（46）：159—163.

[12] 习近平．高举中国特色社会主义伟大旗帜为全面建设社会主义现代化国家而团结奋斗——在中国共产党第二十次全国代表大会上的报告［N］．人民日报，2022—10—26（001）．

[13] PIECH C，BASSEN J，HUANG J，et al. Deep knowledge tracing

[J] . Computer science，2015，3 (3)：19—23.

[14] GHOSH S，DUTTA A. An efficient non—recursive algorithm for transforming time series to visibility graph [J] . Physica a：statistical mechanics and its applications，2019，514 (2)：189—202.

[15] 郎波，樊一娜．基于深度神经网络的个性化学习行为评价方法 [J]．计算机技术与发展，2019 (7)：1—8.

[16] 唐烨伟，茹丽娜，范佳荣，等．基于学习者画像建模的个性化学习路径规划研究 [J]．电化教育研究，2019 (10)：53—57.

[17] 何婧琳，曹忠，李丹，等．案例教学法在分析化学理论教学中的实践研究 [J]．大学化学，2016，31 (8)：27—32.

[18] 黄涛，田俊，吴璐璐，等．信息技术助力农村教学点课堂教学结构创新与均衡发展实践 [J]．电化教育研究，2018 (5)：47—49.

[19] 国智丹．分歧中的互补：皮亚杰和维果茨基发展心理学理论的比较研究 [J]．心理学探新，2005，25 (9)：3—5.

[20] 邱章乐，程跃．智慧信息 [M]．北京：光明日报出版社，2014.

[21] 王传旭，邱章乐．思维测量学 [M]．北京：首都师范大学出版社，2014.

[22] 袁捷，沈俊，陆菊康．计算机操作系统基础与应用 [M]．北京：清华大学出版社，2003.

[23] 陈晨，朱晴晴，严睿，等．基于深度学习的开放领域对话系统研究综述 [J]．计算机学报，2019，42 (7)：28.

[24] 邱章乐．潜能评估 [M]．北京：中央编译出版社，2012.

[25] Salazar V L，Cabeza E M E，Peňa J L C，et al. A case based reasoning model for multilingual language generation in dialogues [J]. Expert Systems with Applications，2012，39 (8)：7330—7337.

[26] Ma X，Hovy E. End - to - end sequence labeling via bidirectional LSTM—CNNs—CRF [C] // Proceedings of the 54.

[27] Sun Y，Wang S，Li Y，et al. Ernie：enhanced representation through knowledge integration [C] . arXiv，2019.

[28] Yang Z，Dai Z，Yang Y，et al. XLNet：generalized autoregressive pretraining for language understanding [C] . Proceedings of the 33rd International Conference on Neural Information Processing Systems，2019.

[29] Zhu Chen Guang. Machine reading comprehension：algorithms and practice [M] . Beijing：China Machine Press，2020.

[30] Seo M, Kembhavi A, Farhadi A, et al. Bidirectional attention flow formachinecomprehension [C] //Proceedings of the 5th International Conference on Learning Representations (ICLR), 2017.

[31] Yu A W, Dohan D, Luong M T, et al. Qanet: combining local convolution with global self－attention for reading comprehension [C] //Proceedings of the 6th International Conference on Learning Representations (ICLR), 2018.

[32] Rajpurkar P, Zhang J, Lopyrev K, et al. SQuAD: 100, 000＋ questions for machine comprehension of text [C] //Proceedings of the Conference on Empirical Methods in Natural Language Processing (EMNLP), 2016.

[33] Bocklisch T, Faulkner J, Pawlowski N, et al. Rasa: open source language understanding and dialogue management [C]. arXiv, 2017.

[34] Peter S, Jaroslav T, Zlatko F, et al. Development of cognitive capabilities for robot NAOin center for intelligent technologies in Kosice [C]. 2nd International Conference onCognitive Infocommunications. Piscataway, NJ, USA: IEEE, 2011, 3 (16). 1－5.

[35] Hermann K, Koisky T, Grefenstette E, et al. Teaching machines to read andcomprehend [C]. Proceedings of the 28th International Conference on Neural Information Processing Systems, 2015.

[36] Devlin J, Chang M, Lee K, et al. BERT: pre－training of deep bidirectional transformers for language understanding [C]. Proceedings of NAACL－HLT, 2019.

[37] Radford A, Narasimhan K, Salimans T, et al. Improving language understanding by generative pre－training, https: //blog. openai. com/language－unsupervised, online Available: https: //s3－us－west－2. amazonaws. com/openai－assets/research－covers/languageunsupervised/language _ understanding _ paper. pdf, 2018.

[38] 夏润泽，李丕绩. ChatGPT大模型技术发展与应用 [J]. 数据采集与处理，2023 (5)：1017－1034.

[39] 邱源，程跃. 建构主义视野中的智慧图书馆 [J]. 图书馆论坛，2022 (3)：131－144.

[40] 许淑华，李伟峰，乔世东. 浅析专业竞赛在学校人才培养过程中的功能 [J]. 教育教学论坛，2019 (5)：231－232.

[41] 王传旭，邱章乐．教育思维学［M］．吉林：吉林大学出版社，2018.

[42] 郑永和，丁雨楠，郑一，等．ChatGPT类人工智能催生的多领域变革与挑战［J］．天津师范大学学报（社会科学版），2023（3）：49—63.

[43] OpenAI. ChatGPT：Optimizing Language Models for Dialogue［EB/OL］．［2023—03—12］．https：//openai. com/blog/chatGPT/.

[44] Else H. Abstracts written by ChatGPT fool scientists［J］．Nature，2023，613（7944）：423.

[45] 贵重，李云翔，王光涛．GPT-4带来的变化与挑战［J］．电信工程技术与标化，2023（4）：18—22.

[46] 罗戈，张新鹏．聚焦ChatGPT：发展、影响与问题［J］．自然杂志，2023（2）：106—118.

[47] 钱力，刘熠，张智雄等．ChatGPT的技术基础分析［J］．数据分析与知识发现，2023，7（3）：6—15.

[48] Chen M，Tworek J，Jun H，et al. Evaluating Large Language Models Trained on Code［EB/OL］．（2021—07—08）．http：//arxiv. org/abs/2107. 03374.

[49] Zhou C，Li Q，Li C，et al. A Comprehensive Survey on Pretrained Foundation Models：A History from BERT to ChatGPT［EB/OL］．（2023—02—18）．http：//arxiv. org/abs/2302. 09419.

[50] Schlenke. Impression management behavior：effects of the organizational system［J］．Journal of Managerial Psychology，2007（04）：3—5.

[51] OpenAI. API Guide Text Completion Editing Text［EB/OL］．［2023—03—13］．https：//platform. openai. com/docs/guides/completion/editing—text

[52] Cox AM，Pinfield S，Rutter S. The intelligent library［J］．Library Hi Tech，2019，37（3）：418—435.

[53] 程跃．潜能发展心理学与潜能教育［M］．北京师范大学出版社，2010.

[54] 冯志伟，张灯柯，饶高琦．从图灵测试到ChatGPT——人机对话的里程碑及启示［J］语言战略研究，2023（2）：20—25.

[55] Sun Q，Chen Y，Tao W，et al. A GAN—based approach toward architectural line drawing colorization prototyping［J］．The Visual Computer，2022（38）：1—18.

[56] 周琼，胡礼忠．图书馆员在“数字人文”中的作为——“2011 数字人文国际大会”后的感想 [J]，图书馆建设，2012 (3)：82—85.

[57]] Thorndike，E. L.. The Seventeenh Yearbook of the National Sociey for the of Education，Public School Publishuing Co. p16，1918.

[58] 孙辉．数字人文研究框架探析与思考 [J]．情报理论与实践，2018，41 (07)：7—13.

[59] 张凤鸣．新加坡“新一代图书馆”模式分析 [J]．图书馆建设，2017 (11)：12—17.

[60] 宋惠兰．从 IC 到 LC：大学图书馆服务模式的构建与拓展 [J]．图书馆学研究，2009 (7)：74—76.

[61] 杜卫．关于当前我国人文学科研究的特点、价值和功能问题 [J]．浙江师大学报，1997 (4)：66.

[62] 张一铭．STAD 教学模式对高中生社会交往能力影响的实验研究——以山东省福山第一中学为例 [D]．鲁东大学硕士学位论文，2021.

后　记

本书是2022年安徽省教育厅科学研究重点项目（项目编号：2022AH051561）和淮南师范学院2022年度校级科学研究重点项目（项目编号：2022XJZD035）的部分成果。本书资料主要来自作者与课题组诸多成员研究过程和实验过程。此外来自作者15年来自己与他人合作出版、发表的有关著作、论文，对这些资料又进行了再创作，并融入本书的框架系统中。

随着人工智能（AI）技术的迅猛发展，教育领域正经历着前所未有的变革。这场变革不仅体现在技术工具的迭代升级，更深刻重塑着教育的底层逻辑与价值取向。传统教育中“千人一面”的标准化培养模式正逐步让位于个性化学习路径设计，教师角色从知识传授者向学习引导者转型，教学评价从单一分数导向转向过程性、多维度能力评估。例如，智能算法可基于学习行为数据动态调整教学策略，虚拟现实技术重构了实验教学的时空边界，而自然语言处理技术则使智能辅导系统能够提供实时、精准的学术支持。这种变革正在推动教育系统向更加开放、灵活、包括的方向演进。回顾撰写《AI时代教育教学新模式》一书的过程，心中充满了感慨与期待。本书从AI时代的来临及其对教育带来的挑战与机遇出发，系统地探讨了AI技术在教育教学中的应用与实践，旨在为教育工作者、政策制定者及广大读者提供一个全新的视角和思考框架。

在编写过程中，我们深入研究了AI技术在教育领域的多个方面，包括个性化学习、智能教学辅助工具、虚拟实验室、AI教师助手等。通过丰富的案例和深入的分析，我们展示了AI技术如何逐步渗透到教育的各个环节，从教育理念、内容、模式到评价体系进行全面革新。这些变革不仅深刻影响了教学方式和学习方式，更在根本上挑战了传统的教学模式，推动了教育向更加个性化、智能化的方向发展。

在撰写过程中，我们深刻感受到AI技术为教育带来的巨大潜力。个性化学习路径的规划、智能评估与反馈系统的应用、虚拟实验室的构建等，都为学生提供了更加丰富、生动、高效的学习体验。同时，AI教师助手的出现，也为教师提供了强有力的支持，帮助他们更好地完成教学任务，提高教学效果。

然而，我们也清醒地认识到，AI 技术在教育领域的应用仍面临着诸多挑战。如何确保数据的隐私与安全、如何避免算法偏见、如何实现 AI 技术与传统教学的深度融合等，都是需要我们进一步探讨和解决的问题。因此，本书在阐述 AI 技术带来的机遇的同时，也对其面临的挑战进行了深入剖析，并提出了相应的应对策略。

在本书的编写过程中，我们得到了许多专家、学者和一线教师的支持与帮助，尤其得到清华大学程跃教授和淮南师范学院邱章乐教授的贴身指导，他们提供了宝贵的意见和建议，使得本书的内容更加丰富、完善。在此，我们向他们表示衷心地感谢。

展望未来，我们坚信 AI 技术将在教育领域发挥越来越重要的作用。随着技术的不断进步和应用场景的不断拓展，AI 将为教育带来更多的创新和变革。我们希望本书能够为读者提供一个窗口，让他们更好地了解 AI 时代的教育教学新模式，激发更多的思考和探索。同时，我们也期待与广大教育工作者和研究者一道，共同推动 AI 技术在教育领域的应用与发展，为培养适应未来社会需求的高素质人才贡献自己的力量。

本书两位作者有个基本分工：陈浩撰写第 1～4 章以及第 10 章；邱源撰写第 5～9 章。在此，衷心感谢合工大出版社张择瑞责编及所有参与本书修订和审阅工作的同仁们，以及一直以来支持和关注我们的读者朋友们。愿本书能够为 AI 时代的教育教学发展贡献一份微薄之力，也期待在未来的日子里，我们能够共同见证并参与这场伟大的教育变革。

作　者

2024 年 12 月 1 日